Código de Incentivos de Puerto Rico
Ley Núm. 60 de 1 de julio de 2019, según enmendada.

Folleto Gratis de las enmiendas posteriores
en **www.LexJurisBooks.com**

LexJuris de Puerto Rico
Publicaciones CD
Dirección Postal: PO Box 3185
Bayamón, P.R. 00960-3185
Teléfono: (787) 269-6435/ 6475
Email: Ayuda@LexJuris.com
Tiendita: www.LexJurisStore.com
ISBN: 9798745003851

Código de Incentivos de Puerto Rico.

Editora: LexJuris de Puerto Rico
Diseño y Contenido: Publicaciones CD
Preparado por: Lcdo. Juan M. Díaz
Digital: www.LexJuris.net

Hecho en Puerto Rico
Febrero 5, 2024

Código de Incentivos de Puerto Rico
Ley Núm. 60 de 1 de julio de 2019, según enmendada.

**Folleto gratis de las enmiendas posteriores
en <u>www.LexJurisBooks.com</u>**

LexJuris de Puerto Rico

Dirección Postal: PO BOX 3185
Bayamón, P.R. 00960
Tels.: (787) 269-6475 / 6435
Email: <u>Ayuda@LexJuris.net</u>
Website: <u>www.LexJuris.com</u>
Tiendita: <u>www.LexJurisStore.com</u>
Actualizaciones: <u>www.LexJurisBooks.com</u>
Formato Digital: www.LexJuris.net

Código de Incentivos de Puerto Rico
Ley Núm. 60 de 1 de julio de 2019, según enmendada.

Tabla de Contenido

Código de Incentivos de Puerto Rico.
Ley Núm. 60 de 1 de julio de 2019, según enmendada.

Sección 1000.01- Título (13 L.P.R.A. sec. 45001)

Este Código, dividido en Subtítulos, Capítulos, Subcapítulos y Secciones, se conocerá y se citará como el "Código de Incentivos de Puerto Rico".

(Julio 1, 2019, Núm. 60, sec. 1000.01)

Sección 1000.02- Clasificación de las Disposiciones (13 L.P.R.A. sec. 45002)

Las disposiciones de este Código quedan por la presente clasificadas y designadas de la siguiente manera:

Subtítulo A- Disposiciones Generales

Subtítulo B - Incentivos de Desarrollo Económico

Subtítulo C - Créditos Contributivos

Subtítulo D - Subsidios y Otros Programas

Subtítulo E - Fondos para Concesión de Beneficios

Subtítulo F - Disposiciones Administrativas

(Julio 1, 2019, Núm. 60, sec. 1000.02)

Sección 1000.03- Principios Rectores del Código de Incentivos (13 L.P.R.A. sec. 45003)

(a) Retorno de Inversión. - El término Retorno de Inversión según se usa en este Código se refiere a la relación entre el beneficio neto y el costo que resulte de una Concesión de Incentivos. Lo anterior incluye el resultado del total de beneficios menos el total de costos, dividido entre el total de costos. Los beneficios tomados en consideración incluyen: a) impuestos generados de nómina directa; b) impuestos de nómina indirecta e inducida; c) Impuestos de Ventas y Uso (IVU) generados por la actividad económica directa e indirecta; y d) impuestos generados sobre el consumo de no residentes. Los costos utilizados en el cómputo incluyen: a) créditos; b) inversiones; c) subsidios; y d) costos de oportunidad relacionados a exención de impuestos sobre ingresos. Estos cómputos varían por el tipo de industria y sus multiplicadores por producción y por tipo de empleo según las tablas del Sistema de Clasificación de la Industria Norteamericana (NAICS, por sus siglas en inglés). El DDEC considerará diferentes tipos de incentivos que se implementarán mediante el Reglamento de Incentivos, usando la fórmula de Retorno de Inversión, ROI, y otros factores para evaluar la efectividad de tales incentivos, incluyendo, sin limitación los siguientes factores:

(i) Las diversas fuentes de ingresos al fisco generados por la actividad;

(ii) La totalidad de los beneficios contributivos y económicos otorgados;

(iii)Los efectos directos, indirectos e inducidos basados en los factores multiplicadores oficiales provistos o endosados por la Junta de Planificación;

(iv) Compras locales, incluyendo compra de Productos Manufacturados en Puerto Rico y productos agrícolas de Puerto Rico; y

(v) Un análisis de los beneficios atribuibles a la actividad económica incremental y no redundante a la sostenible por la demanda local agregada relacionada a la transferencia de conocimiento, compromiso financiero con la banca y/o cooperativas locales, entre otros.

(b) Principios Rectores al establecer las condiciones de los decretos.- El Secretario del DDEC y la Oficina de Incentivos velarán que en la otorgación de decretos a las actividades de negocios promovidas por este Código, así como en la verificación de su observancia, se incluyan y se salvaguarden los siguientes parámetros:

(i) Empleos. - La actividad fomente la creación de nuevos empleos.

(ii) Integración armoniosa. — El diseño y la planificación conceptual de la actividad se realizará, primordialmente, tomando en consideración los aspectos ambientales, geográficos, físicos, así como los materiales y productos disponibles y abundantes del lugar donde se desarrollará.

(iii) Compromiso con la actividad económica. - El negocio exento adquirirá materia prima y productos manufacturados en Puerto Rico para la construcción, el mantenimiento, la renovación o la expansión de sus instalaciones físicas. Si la compra de esos productos no se justifica económicamente al tomar en consideración criterios de calidad, cantidad, precio o disponibilidad de estos en Puerto Rico, el Secretario del DDEC podrá eximirle de este requisito y emitir una dispensa particular a estos efectos.

(iv) Compromiso con la agricultura. - El negocio exento adquirirá productos agrícolas de Puerto Rico para ser utilizados en su operación. Si la compra de tales productos no se justifica económicamente al tomar en consideración criterios de calidad, cantidad, precio o disponibilidad de éstos en Puerto Rico, el Secretario del DDEC podrá eximirle de este requisito y emitir una dispensa particular a estos efectos.

(v) Transferencia de conocimiento. - El negocio exento debe adquirir sus servicios de profesionales o empresas con presencia en Puerto Rico. No obstante, de esto no ser posible por criterios de disponibilidad, experiencia, especificidad, destreza o cualquier otra razón válida que reconozca el

Secretario del DDEC, el negocio exento podrá adquirir tales servicios a través de un intermediario con presencia en Puerto Rico, el cual contratará directamente con el proveedor de servicios elegido por el negocio exento, a fin de que se le brinden los servicios solicitados.

Por "servicios" se entenderá, sin perjuicio de que el Secretario del DDEC pueda incluir otros por reglamento, la contratación de trabajos de:

(I) agrimensura, la producción de planos de construcción, así como diseños de ingeniería, arquitectura y servicios relacionados;

(II) construcción y todo lo relacionado con este sector;

(III) consultoría económica, ambiental, tecnológica, científica, gerencial, de mercadeo, recursos humanos, informática y de auditoría;

(IV) publicidad, relaciones públicas, arte comercial y servicios gráficos; y

(V) de seguridad o mantenimiento de sus instalaciones.

(VI) Compromiso financiero. - El negocio exento debe demostrar que depositan una cantidad considerable de los ingresos de su actividad económica y utilizan los servicios de instituciones bancarias o cooperativas con presencia en Puerto Rico. Se entenderá por ingreso considerable, y por ende, que cumple con esta Ley, si deposita un diez (10) por ciento de sus fondos provenientes de su actividad económica incentivada en instituciones bancarias o cooperativas con presencia en Puerto Rico.

Independiente de lo dispuesto específicamente en sus secciones particulares, las actividades incentivadas por este Código les aplicarán los principios rectores aquí dispuestos y deberán ser verificados, a fin de obtener el Certificado de Cumplimiento correspondiente.

(c) Informe Anual de Efectividad de Incentivos. - El DDEC analizará la efectividad de los incentivos y otras herramientas de desarrollo económico que se hayan utilizado durante el Año Fiscal previo del Gobierno de Puerto Rico, y someterá copia de tal informe antes de 1 de abril de cada año calendario al Gobernador de Puerto Rico a la Secretaría de ambos Cuerpos de la Asamblea Legislativa, así como a la Autoridad de Asesoría Financiera y Agencia Fiscal de Puerto Rico, a la Oficina de Gerencia de Permisos y al Departamento de Hacienda para su evaluación y divulgación a través de los portales electrónicos de estas entidades.

(d) Evitar Duplicidad de Reglamentación- En aquellos casos en que las actividades o transacciones permisibles por este Código a un Negocio Exento estén sujetas a legislación o reglamentación federal, el Secretario del DDEC evaluará sus procesos y reglamentos y podrá eliminar o enmendar cualquier duplicidad u obstáculo para la consecución de los objetivos de este Código por medio del Reglamento de Incentivos, orden administrativa, carta circular, memorando, o documento interpretativo.

(e) Fomentar Reciprocidad con otras Jurisdicciones- En aquellos casos en que las actividades o transacciones permisibles por este Código a un Negocio Exento estén cobijadas por cláusulas de reciprocidad con otras jurisdicciones que permitan a dichas entidades hacer negocios con otras jurisdicciones, el Secretario del DDEC tendrá la autoridad para dispensar, por medio del Reglamento de Incentivos, cualquier limitación para que la reciprocidad se pueda llevar a cabo en la medida que los actos u omisiones del Gobierno de Puerto Rico sean obstáculo para dicha reciprocidad.

(f) Información Pública- La existencia de un Decreto u otro beneficio provisto por este Código, el nombre de un Negocio Exento y el Capítulo del Subtítulo B de este Código bajo el cual se otorgó el Decreto se considera información pública, disponiéndose que cualquier otra información relacionada con el Negocio Exento se divulgará de forma agregada por sector o industria, y no por persona.

(g) Cualquier persona que interese que se establezcan nuevos incentivos deberá encausar dicho trámite a través del Secretario del DDEC para que éste analice el impacto de tales incentivos a base de la fórmula de Retorno de Inversión (ROI).

(Julio 1, 2019, Núm. 60, sec. 1000.03; Junio 30, 2022, Núm. 52, art. 11, enmienda el inciso (a), añade el inciso (b), enmienda y renumera el inciso (c) y renumera los siguientes.)

Sección 1000.04- Carta de Derechos de los Concesionarios y sus Accionistas (Bill Of Rights For Decree Holders) (13 L.P.R.A. sec. 45004)

(a) Todo Negocio Exento y sus accionistas tendrán derecho a recibir un trato digno, considerado e imparcial por parte de todos los funcionarios y empleados del DDEC en cualquier gestión que se realice ante este Departamento.

(b) Los Decretos de exención contributiva constituyen un contrato entre el Gobierno de Puerto Rico, el Negocio Exento y sus accionistas. Los términos y las condiciones que se acuerden en el contrato se honrarán durante la vigencia del Decreto de exención contributiva sujeto a que el Concesionario obtenga la Certificación de Cumplimento que valide que se encuentra en cumplimiento con los términos y condiciones del mismo.

(c) Los Decretos de exención contributiva son válidos en todo Puerto Rico, incluyendo sus municipios. Cuando un Negocio Exento comience operaciones en un nuevo Municipio, no tendrá que solicitar enmienda a su Decreto de exención contributiva para llevar a cabo las actividades cubiertas por el Decreto.

(d) Todo Negocio Exento y sus accionistas tendrán derecho a negociar con el Secretario del DDEC, como representante del Gobierno de Puerto Rico, en los asuntos de desarrollo económico y los Decretos contributivos. Respecto a asuntos de naturaleza contributiva y contable, será necesario el endoso del Secretario de Hacienda.

(e) Cuando una nueva ley se apruebe o un reglamento se adopte, que provea términos y condiciones más favorables a los que contiene el Decreto, el Negocio Exento podrá solicitar una modificación a su Decreto que refleje tales beneficios o mejores términos para el Negocio Exento y sus accionistas, sujeto a la discreción del Secretario del DDEC y el endoso del Secretario de Hacienda.

(f) Todo Negocio Exento y sus accionistas tendrán derecho a un proceso claro y expedito para la obtención de un Decreto de exención contributiva.

(g) Todo Negocio Exento y sus accionistas tendrán derecho a que se les garantice la confidencialidad de la información que someta al DDEC. Ninguna persona ajena al DDEC, que no esté autorizada por el Negocio Exento y sus accionistas, tendrá acceso a tal información, a menos que expresamente lo permita este Código u otra ley. El Negocio Exento y sus accionistas, además, tendrán derecho a conocer el propósito para el cual se le solicita la información, el uso que se le dará y las consecuencias de no proveerla.

(h) Todo Negocio Exento y sus accionistas tendrán derecho a que los asista cualquier persona autorizada a representarlos, excepto que, en el caso de los Profesionales Certificados, estos tendrán que ser abogados licenciados o contadores públicos autorizados en Puerto Rico.

(i) Todo Negocio Exento y sus accionistas tendrán derecho a que se les notifique por escrito de cualquier modificación al Decreto que realice el DDEC como resultado de no haber obtenido el Certificado de Cumplimiento, así como una modificación al referido certificado por existir un incumplimiento parcial con cualquiera de las disposiciones de su decreto. El DDEC notificará la naturaleza de la modificación del Decreto y los fundamentos para tales cambios, brindándole la oportunidad de ser oídos dentro del marco del debido proceso de ley (*due process*).

(j) Todo Negocio Exento y sus accionistas tendrán derecho a que no se les discrimine por motivo de raza, color, sexo, nacimiento, origen o condición social, afiliación política o religión del Negocio Exento, sus accionistas o de cualquier persona que lo represente.

El DDEC no impondrá o exigirá disposiciones arbitrarias en los Decretos que pudieran resultar en que el Negocio Exento y sus accionistas tengan que incurrir en gastos operacionales inoficiosos para cumplir con tales disposiciones.

Los Decretos constituyen un instrumento valioso que emplea el Estado para fomentar la inversión de capital y creación de empleos y riquezas en Puerto Rico, siendo éste el propósito creador de las exenciones de contribuciones que deberá regir su interpretación. Nada de lo dispuesto en esta Sección debe interpretarse como una limitación a los poderes del Secretario del DDEC o del Secretario de Hacienda para llevar a cabo investigaciones, siempre y cuando no se violen los derechos de los Negocios Exentos, sus accionistas o de las personas que los representen.

Será alta prioridad para el Gobierno de Puerto Rico promover la renovación de decretos existentes y la aprobación de nuevos decretos para mantener o expandir la actividad de manufactura en Puerto Rico, como sector primario de generación de recaudos para el gobierno y generación de actividad económica, generación de empleos e ingresos en la jurisdicción local.

(Julio 1, 2019, Núm. 60, sec. 1000.04; Junio 30, 2022, Núm. 52, art. 12, enmienda los incisos (b) y (i) en términos generales.)

SUBTÍTULO A- DISPOSICIONES GENERALES
CAPÍTULO 1- DECLARACIÓN DE POLÍTICA PÚBLICA

Sección 1010.01- Declaración de Política Pública (13 L.P.R.A. sec. 45011)

(a) Será política pública del Gobierno de Puerto Rico recoger en un Código los principios económicos propuestos para incentivar la competitividad, la innovación, la exportación y las actividades que aumenten el crecimiento económico sostenible a largo plazo de Puerto Rico. Este nuevo Código persigue proveer el ambiente, las oportunidades y las herramientas adecuadas para fomentar el desarrollo económico de Puerto Rico con el fin de ofrecer una mejor calidad de vida. Con este Código se desarrollarán modelos de gobierno que permitan: (i) atenuar los altos costos operacionales y flexibilizar las limitaciones reglamentarias que afectan la posición competitiva de Puerto Rico; y (ii) simplificar los procesos gubernamentales mediante el uso de la tecnología.

(b) Este Código busca garantizar una relación entre el sector privado y el Gobierno de Puerto Rico que se fundamente en la estabilidad, transparencia, certeza y credibilidad. Asimismo, se busca impulsar y ejercer controles a fin de lograr que seamos un destino atractivo para atraer la inversión foránea directa y fomentar la inversión de capital local, teniendo como resultado la atracción y el establecimiento de nuevos negocios, la creación de empleos y el crecimiento económico, así como retener las actividades de alto impacto, fortaleciendo así la cadena de suministros y de valor, y la creación de conglomerados en sectores estratégicos.

(c) Mediante este Código se ofrece a industrias con alto potencial de crecimiento una propuesta contributiva atractiva para poder competir con otras jurisdicciones y, a tenor con esto:

(1) Convertir a Puerto Rico en un destino turístico de primer orden a nivel mundial mientras se promueve el fortalecimiento fiscal de los municipios a través del turismo, entre otros;

(2) Incentivar la promoción y el desarrollo del Turismo Médico y las facilidades de servicios médicos en nuestra jurisdicción;

(3) Tomar acción contundente para modernizar la infraestructura y reducir los costos de energía mediante la inversión en infraestructura y las diferentes alternativas de Fuentes Renovables y alternas, así como incentivar el uso de tecnologías que fomenten la sostenibilidad y producción de utilidades que sean costo-eficientes y más limpias que las que proveen las infraestructuras actuales;

(4) Fomentar una industria de servicios que esté dirigida a la exportación de toda clase de servicios y tecnología;

(5) Desarrollar a Puerto Rico como un Centro Internacional de Servicios Financieros y de Seguros;

(6) Promover a Puerto Rico como una localidad única para la industria cinematográfica y actividades relacionadas, incluyendo postproducción;

(7) Ofrecer a las industrias de manufactura, incluyendo su sector de investigación y desarrollo, y de alta tecnología, como sectores primarios de la economía, una propuesta contributiva y una estructura de incentivos atractiva para que puedan preservar y expandir su inversión actual y generar nueva inversión en Puerto Rico, así como exportar bienes y servicios de una forma más competitiva respecto a otras jurisdicciones;

(8) Fortalecer el sector agrícola y fomentar la exportación y el valor añadido de sus productos; y

(9) Fortalecer el sector de construcción para viabilizar aquellas obras importantes para la reactivación económica y la reconstrucción de Puerto Rico.

(d) Este Código se regirá por los siguientes principios guías:

(1) Maximizar la transparencia, mediante la publicación de todos los costos y beneficios de cada incentivo disponible para asegurar la responsabilidad fiscal;

(2) Minimizar el riesgo para el gobierno;

(3) Tomar las decisiones de política pública económica basadas en hechos y supuestos informados;

(4) Evitar incentivar actividades económicas redundantes que se llevarían a cabo igualmente sin los incentivos;

(5) Restaurar el crecimiento económico sostenible mejorando la competitividad;

(6) Medir continuamente el rendimiento sobre la inversión (ROI) de todos los incentivos;

(7) Fiscalizar, a través del Certificado de Cumplimiento, la fiel observancia de los compromisos que hacen las empresas a cambio de beneficios económicos.

(Julio 1, 2019, Núm. 60, sec. 1010.01; Junio 30, 2022, Núm. 52, art. 13, enmienda el subinciso (7) del inciso (d) en términos generales.)

CAPÍTULO 2- DEFINICIONES

Sección 1020.01- Definiciones Generales (13 L.P.R.A. sec. 45012)

(a) Para los fines de este Código, los siguientes términos, frases y palabras tendrán el significado y alcance que se expresa a continuación, cuando no resultare manifiestamente incompatible con los fines del mismo:

(1) Acciones- Significa Acciones en una corporación, o intereses propietarios en una sociedad, compañía de responsabilidad limitada u otro tipo de Entidad.

(2) Afiliada- Significa dos (2) o más entidades donde el cincuenta por ciento (50%) o más del poder total combinado de todas las clases de Acciones con derecho al voto o más del cincuenta por ciento (50%) del

valor total de todas las clases de Acciones, según sea el caso, de estas entidades es directa o indirectamente poseída por la misma persona natural o jurídica, sucesión o fideicomiso.

(3) Año Contributivo- Significa el Período Anual de Contabilidad del Negocio Exento, sea Año Natural o Año Económico.

(4) Año Económico- Significa un período de contabilidad de doce (12) meses que termine en el último día de cualquier mes que no sea diciembre.

(5) Año Fiscal- Significa el año de contabilidad del Gobierno de Puerto Rico que cubre un período de doce (12) meses que comienza el 1 de julio y termina el 30 de junio del próximo año.

(6) Año Natural- Significa el período de doce (12) meses comprendido entre el 1 de enero y el 31 de diciembre de cada año.

(7) Auditor- Significa un Contador Público Autorizado (CPA) independiente con licencia para ejercer la profesión en Puerto Rico contratado por el Concesionario para desempeñar las funciones contempladas en este Código.

(8) Autoridad de los Puertos- Se refiere a la Autoridad de los Puertos de Puerto Rico.

(8A) Certificado de Cumplimiento. - Significa el documento suscrito por el Profesional de Cumplimiento que valida que la persona natural o jurídica que solicita, enmienda, o desea mantener un incentivo o beneficio contributivo cumple con los requisitos de esta Ley y con los requisitos dispuestos en su decreto.

(9) Circunstancias Extraordinarias- Significa cualquier causa de Fuerza Mayor o de naturaleza excepcional o cualquier otra causa fuera del control del Negocio Exento.

(10) Código- Se refiere al "Código de Incentivos de Puerto Rico" que aquí se adopta.

(11) Código de Rentas Internas de Puerto Rico o Código de Rentas Internas- Se refiere a la Ley 1-2011, según enmendada, conocida como el "Código de Rentas Internas de Puerto Rico de 2011", o cualquier ley posterior que la sustituya.

(12) Código de Seguros- Significa la Ley Núm. 77 de 19 de junio de 1957, según enmendada, conocida como "Código de Seguros de Puerto Rico".

(13) Comisionado de Instituciones Financieras- Significa el Comisionado de Instituciones Financieras de Puerto Rico, según se define por la Ley Núm. 4 de 11 de octubre de 1985, según enmendada.

(14) Comisionado de Seguros– Significa el Comisionado de Seguros de Puerto Rico, conforme a la Ley Núm. 77 de 19 de junio de 1957, según enmendada.

(15) Concesión- Significa un Decreto, según se define tal término en este Código.

(16) Concesionario- Significa cualquier Negocio Exento, según se define tal término en este Código.

(17) Crédito Contributivo– Aportación mediante un crédito a un Negocio Exento o una Persona Elegible para promover su desarrollo empresarial, sujeto a los límites y términos establecidos en este Código y el Reglamento de Incentivos y que se otorga mediante un contrato de incentivos.

(18) CRIM- Significa el Centro de Recaudación de Ingresos Municipales, creado por la Ley 80-1991, según enmendada, conocida como "Ley del Centro de Recaudación de Ingresos Municipales".

(19) DDEC– Significa el Departamento de Desarrollo Económico y Comercio de Puerto Rico.

(20) Decreto– Significa la concesión, mediante contrato, que emita el Secretario del DDEC permitiendo a un Negocio Elegible, gozar de los incentivos y/o créditos contributivos correspondientes a dicho Negocio Elegible, sujeto a que cumplan con los requisitos y la reglamentación aplicable, ya sea bajo este Código o Leyes de Incentivos Anteriores.

(21) Deducciones especiales– Significa las deducciones que se incluyen en la planilla que se conceden a inversiones en maquinaria, Energía Renovable u otros gastos operacionales relacionados, según la ley disponga.

(22) Desarrollador– Significa cualquier Persona, que esté afiliada con, sea poseída por o controlada directa o indirectamente por un Inversionista, directa o indirectamente responsable por o participante en la construcción, el desarrollo o la administración de un proyecto o actividad elegible de un Negocio Exento.

(23) Director de la Oficina de Turismo– Significa el Director de la Oficina de Turismo de Puerto Rico adscrita al DDEC.

(24) Director de Incentivos– Significa el Director de la Oficina de Incentivos para Negocios en Puerto Rico adscrita al DDEC.

(25) Entidad- Significa cualquier corporación, compañía de responsabilidad limitada, sociedad o cualquier otra persona jurídica. Asimismo, se reconoce el tratamiento contributivo que reciben estas entidades a tenor con el Código de Rentas Internas de Puerto Rico, incluyendo cualquier elección hecha por tales entidades bajo dicho Código.

(26) Exenciones municipales– Significa las exclusiones de pagos de impuestos sobre la propiedad, las patentes municipales y el Impuesto sobre Ventas y Uso (IVU) que corresponden a los municipios, según la ley disponga.

(27) Fuerza Mayor– Significa un evento que no puede ser previsto o que, de ser previsto, sea inevitable. Incluye los actos excepcionales causados por la propia naturaleza, como por ejemplo: terremotos, inundaciones y huracanes (i.e. actos de Dios).

(28) Gobernador – Significa el Gobernador de Puerto Rico.

(29) Gobierno Extranjero- Significa cualquier gobierno y todos sus municipios, instrumentalidades, subdivisiones políticas, agencias, corporaciones públicas o cuasipúblicas, que no sea el Gobierno de Puerto Rico.

(30) Gobierno de Puerto Rico– Significa el Gobierno de Puerto Rico y todos sus municipios, instrumentalidades, subdivisiones políticas, agencias, corporaciones públicas o cuasipúblicas.

(31) Individuo Residente de Puerto Rico- Significa un individuo residente según se define en la Sección 1010.01(a)(30) del Código de Rentas Internas de Puerto Rico.

(32) Ingreso Elegible o Ingreso Exento- Significa el ingreso devengado de las actividades elegibles por Negocios Exentos bajo este Código, según se dispone en el Subtítulo B de este Código.

(33) Institución Financiera– Significa una Persona o Entidad, según se describe en la Sección 1033.17 (f) (4) del Código de Rentas Internas de Puerto Rico.

(34) Inversión Elegible- Significa la cantidad de efectivo que utiliza un Negocio Exento conforme a este Código, o cualquier Entidad Afiliada a tal Negocio Exento, y que cualifique bajo una de estas categorías:

(i)   Inversión Elegible Turística

(ii) Inversión Elegible Especial

(iii) Inversión Elegible Creativa

(iv) Inversión Elegible de Energía Verde o Altamente Eficiente

(v) Inversión Elegible de Manufactura

(vi) Inversión Elegible de Operaciones Agroindustriales o Agropecuarias

(vii) Proyectos Estratégicos

(35) Inversión Elegible Especial- Para efectos de este Código, la definición del término "Inversión Elegible Especial" significa la cantidad de efectivo que utiliza el Negocio Exento que posee un Decreto concedido conforme a este Código o bajo alguna de las Leyes de Incentivos Anteriores, o cualquier Entidad Afiliada a dicho Negocio Exento en actividades de investigación y desarrollo realizada en Puerto Rico durante un Año Contributivo, según se definan en el Reglamento de Incentivos. El término Inversión Elegible Especial incluirá una inversión del Negocio Exento que se realiza con el efectivo proveniente de programas, un préstamo que esté garantizado por el propio Negocio Exento o por sus Activos, o cualquier Entidad Afiliada al Negocio Exento o por sus Activos. El término Inversión Elegible Especial también incluirá una inversión del Negocio Exento, efectuada con el efectivo proveniente de una beca, acuerdo o de alguna otra manera financiada por una entidad gubernamental de los Estados Unidos, pero no de Puerto Rico. El Secretario del DDEC, en consulta con el Secretario de Hacienda y/o el Secretario de Agricultura, según sea el caso, establecerá los criterios para identificar los costos que cualificarán como Inversión Elegible Especial en el Reglamento de Incentivos.

(36) Inversionista– Significa cualquier Persona que invierta en una actividad elegible o Negocio Exento bajo este Código.

(37) *Invest Puerto Rico Inc.*– Entidad sin fines de lucro creada por el DDEC, según autorizado por la Ley 13-2017, según enmendada, para complementar los esfuerzos del DDEC para atraer inversión de capital a Puerto Rico e identificar oportunidades de negocio que promuevan el desarrollo económico y la creación de empleos en la isla, además de propiciar el mercadeo de Puerto Rico como una jurisdicción pro negocios para atraer nueva inversión a la isla en colaboración con el DDEC y miembros del sector privado.

(38) Junta Financiera– Significa la Junta Financiera adscrita a la Oficina del Comisionado de Instituciones Financieras.

(39) "Ley de Condohoteles de Puerto Rico"– Significa la Ley 249-2008, según enmendada.

(40) "Ley de Patentes Municipales"– Significa la Ley Núm. 113 de 10 de julio de 1974, según enmendada, conocida como la "Ley de Patentes Municipales".

(41) "Ley de Juegos de Azar"– Significa la Ley Núm. 221 de 15 de mayo de 1948, según enmendada, conocida como la "Ley de Juegos de Azar".

(42) "Ley de Procedimiento Administrativo Uniforme"- Significa la Ley 38-2017, conocida como la "Ley de Procedimiento Administrativo Uniforme del Gobierno de Puerto Rico".

(43) Leyes de Incentivos Anteriores– Significa la Ley Núm. 135 de 9 de mayo de 1945, según enmendada, la Ley Núm. 72 de 21 de junio de 1962, según enmendada, la Ley 126 de 28 de junio de 1966, según enmendada, la Ley Núm. 54 de 21 de junio de 1971, según enmendada, la Ley Núm. 70 de 23 de junio de 1978, según enmendada, la Ley Núm. 47 de 26 de junio de 1987, según enmendada, la Ley Núm. 46 de 5 de agosto de 1989, según enmendada, la Ley 78-1993, según enmendada, la Ley 225-1995, según enmendada, la Ley 165-1996, según enmendada, la Ley 135-1998, según enmendada, la Ley 213-2000, la Ley 244-2003, según enmendada, la Ley 325-2004, según enmendada, la Ley 73-2008, según enmendada, la Ley 26-2008, según enmendada, la Ley 74-2010, según enmendada, la Ley 83-2010, según enmendada, la Ley 118-2010, según enmendada, la Ley 27-2011, según enmendada, la Ley 113-2011, según enmendada, la Ley 20-2012, según enmendada, la Ley 22-2012, según enmendada, la Ley 1-2012, según enmendada, la Ley 95-2013, según enmendada, la Ley 135-2014, según enmendada, el Artículo 7 de la Ley 171-2014, según enmendada, la Ley 185-2014, según enmendada, la Ley 187-2015, según enmendada y la Ley 14-2017, según enmendada.

(44) "Ley del Centro Bancario"- Significa la Ley Núm. 52 de 11 de agosto de 1989, según enmendada, mejor conocida como la "Ley Reguladora del Centro Bancario Internacional".

(45) Negocio Elegible- Significa aquellos individuos o actividades de negocios que cualifiquen para obtener un Decreto bajo este Código, incluyendo los siguientes:

(i) Individuos Residentes Inversionistas que se trasladen a Puerto Rico y Profesionales de Difícil Reclutamiento que cualifiquen para los beneficios contributivos conforme a lo establecido en el Capítulo 2 del Subtítulo B de este Código.

(ii) Médicos Profesionales conforme a lo establecido en el Capítulo 2 del Subtítulo B de este Código.

(iii) Investigaciones Científicas Elegibles, conforme a lo establecido en el Capítulo 2 del Subtítulo B de este Código.

(iv) Exportación de Servicios, Comercio de Exportación o Servicios de Promotor, conforme a lo establecido en el Capítulo 3 del Subtítulo B de este Código.

(v) Entidades Financieras Internacionales, Aseguradoras Internacionales, Planes de Activos Segregados y Compañías Tenedoras de Aseguradoras Internacionales, conforme a lo establecido en el Capítulo 4 del Subtítulo B de este Código.

(vi) Fondos de Capital Privado, conforme a lo establecido en el Capítulo 4 del Subtítulo B de este Código.

(vii) Actividades de la economía del visitante, incluyendo actividades de turismo tales como los Hoteles, los Condohoteles y las actividades de Turismo Médico y de Turismo Náutico, conforme a lo establecido en el Capítulo 5 del Subtítulo B de este Código.

(viii) Actividades de manufactura, conforme a lo establecido en el Capítulo 6 del Subtítulo B de este Código.

(ix) Otros negocios designados como Negocios Elegibles, conforme a lo establecido en el Capítulo 6 del Subtítulo B de este Código, entre ellos:

(A) Servicios Fundamentales a conglomerados de Negocios;

(B) Propiedad Dedicada a Desarrollo Industrial;

(C) Ciertas actividades de reciclaje; y

(D) Ciertas actividades de ciencia, tecnología e investigación.

(x) Actividades dedicadas a la infraestructura y energía verde o altamente eficiente conforme a lo establecido en el Capítulo 7 del Subtítulo B de este Código.

(xi) Actividades agrícolas y agroindustriales, conforme a lo establecido en el Capítulo 8 del Subtítulo B de este Código.

(xii) Actividades de Industrias Creativas, incluyendo Proyectos Fílmicos conforme a lo establecido en el Capítulo 9 del Subtítulo B de este Código.

(xiii) Actividades de empresarismo, conforme a lo establecido en el Capítulo 10 del Subtítulo B de este Código.

(xiv) Actividades de servicios de transporte aéreo y marítimo, conforme a lo establecido en el Capítulo 11 del Subtítulo B de este Código.

(46) Negocio Exento– Significa cualquier Negocio Elegible al que se le ha concedido un Decreto.

(47) Negocio Sucesor- Significa cualquier negocio que obtenga un Decreto bajo este Código, cuya actividad sea sustancialmente similar a la especificada en el Decreto de un Negocio Antecesor.

(48) Nueva PYME- Significa un Negocio Exento que cumple con la definición de PYMES de este Código que no haya comenzado operaciones a la fecha de efectividad de este Código. El Reglamento de Incentivos podrá disponer factores adicionales a ser analizados para determinar si se trata de una Nueva PYME.

(49) OCIF- Significa la Oficina del Comisionado de Instituciones Financieras, creada por la Ley Núm. 4 de 11 de octubre de 1985, según enmendada, conocida como la "Ley de la Oficina del Comisionado de Instituciones Financieras".

(50) Oficina Estatal de Política Pública Energética- Significa la Oficina Estatal de Política Pública Energética de Puerto Rico, según establecida por la Ley 57-2014 o cualquier oficina que la sustituya.

(51) Oficina de Incentivos– Significa la Oficina de Incentivos a Negocios en Puerto Rico adscrita al DDEC.

(52) Oficina de Turismo– Significa la Oficina de Turismo adscrita al DDEC de conformidad con el Plan de Reorganización Núm. 4-1994, según enmendado, disponiéndose que durante el periodo de transición para completar la consolidación de la Compañía de Turismo de Puerto Rico con el DDEC al amparo de la Ley 141-2018, conocida como "Ley de Ejecución del Plan de Reorganización del Departamento de Desarrollo Económico y Comercio de 2018", el término Oficina de Turismo se referirá a la Compañía de Turismo de Puerto Rico.

(53) *Opportunity Zones* (Zonas de Oportunidad)- Zonas designadas por el Departamento del Tesoro de los Estados Unidos para participar de un programa nacional de estímulo a la inversión.

(54) Período Anual de Contabilidad- Significa el período anual a base del cual el contribuyente regularmente determina su ingreso neto al llevar sus libros.

(55) Persona– Significa cualquier persona natural o jurídica, entidades conducto, sucesión o fideicomiso.

(56) Persona Doméstica- Significa un Individuo Residente de Puerto Rico, una Entidad jurídica incorporada u organizada bajo las leyes de

Puerto Rico, una persona cuyo sitio principal de negocios esté localizado en Puerto Rico, o una corporación extranjera que tenga una oficina u otro local fijo que, conforme a las disposiciones del Código de Rentas Internas de Puerto Rico y sus reglamentos se considere que está haciendo negocios en Puerto Rico.

(57) Persona Extranjera- Significa cualquier persona que no sea una Persona Doméstica.

(58) Portal– Significa el Portal para la Concesión de Incentivos de Negocios de Puerto Rico.

(59) Producción en Escala Comercial- Producción para la venta en el mercado en el curso normal de los negocios, en cantidades y a precios que justifiquen la operación de un Negocio Elegible, como un negocio en marcha.

(59A) Profesional de Cumplimiento: Significa el funcionario encargado de fiscalizar que los negocios elegibles cumplan las estipulaciones dispuestas en sus respectivos decretos. Disponiéndose que el profesional será un abogado o contador público autorizado con licencia vigente para ejercer en Puerto Rico.

(60) Propiedad Intangible– Significa patentes, inventos, fórmulas, procesos, diseños, patrones, conocimiento (know-how), derechos de autor (copyrights), secretos de negocios, composiciones literarias, musicales o artísticas, marcas de fábrica, sellos de fábrica, nombres de fábrica (trade names), nombres de marcas (brand names), franquicias, licencias, contratos, métodos, programas, sistemas, procedimientos, plusvalías, campañas, perspectivas (surveys), estudios, pruebas (trials), proyecciones, estimados, listas de clientes, data técnica o cualquier otra propiedad similar.

(61) Pequeñas y Medianas Empresas (PYMES). - son Negocios Exentos, según definido en este Código, que generan un volumen de negocio promedio de tres millones de dólares ($3,000,000.00) o menos durante los tres (3) años contributivos anteriores que preceden al Año Contributivo corriente. Para estos propósitos, y a tenor con la Sección 1061.15 del Código de Rentas Internas, el volumen de negocio será el total generado de las ventas de bienes, productos y servicios sin considerar el costo de los bienes o productos vendidos, por el Negocio Elegible e incluirá el volumen de negocio del grupo controlado, según dicho término lo define la Sección 1010.04 del Código de Rentas Internas, o del grupo de entidades relacionadas, según se define dicho término bajo la Sección 1010.05 del Código de Rentas Internas. Para propósitos de este Código, el

término PYMES no incluye a Individuos Residentes Inversionistas, Profesionales de Difícil Reclutamiento, ni los términos Servicios Médicos Profesionales e Investigaciones Científicas Elegibles. El término microempresas se entenderá como aquellas PYMES que generan un ingreso bruto menor de quinientos mil dólares ($500,000.00) anuales, y posee siete (7) empleados o menos.

(62) Proyectos Estratégicos- Significa aquellos proyectos según se disponga en el Reglamento de Incentivos conforme a lo dispuesto en la Sección 2014.01.

(63) Reembolsos y subsidios– Es el efectivo que se otorga por actividades de estímulo económico, tales como la creación de empleos, la inversión en infraestructura y los pagos de utilidades.

(64) *Return On Investment* o ROI- Significa el índice financiero que mide y compara el beneficio o la utilidad de un incentivo en relación a la inversión realizada por el Gobierno de Puerto Rico. Además, mide la rentabilidad de cada incentivo gubernamental y su capacidad de recuperar, y exceder ese valor al fisco.

(65) Reglamento de Incentivos. – Significa el documento o documentos que apruebe el Secretario del DDEC para la implementación del Código y su administración. En este Reglamento o reglamentos, el Secretario del DDEC adoptará aquellas guías necesarias, en consulta con las agencias pertinentes, cuando las áreas o materias a reglamentarse requieran la pericia de alguna agencia u oficina con conocimiento especializado sobre el sector económico a ser afectado. En cuanto a las materias fiscales y contributivas, las normativas se adoptarán en conjunto con el Secretario de Hacienda. Con respecto a la determinación del ingreso neto sujeto a contribución, la misma será bajo lo que establece la Ley 1-2011, según enmendada, y por tanto cualquier reglamentación a estos efectos será responsabilidad exclusiva del Secretario de Hacienda. Disponiéndose, además, que el Secretario de Hacienda podrá establecer reglamentación a los efectos de que el incumplimiento con la determinación del ingreso neto sujeto a contribución sobre ingresos y/o el incumplimiento con cualquier radicación de planillas, formularios o declaraciones requeridos por el Concesionario, conllevará la solicitud al Secretario del DDEC de la revocación del Decreto. Se dispone, además, que el Secretario del DDEC y el Secretario de Agricultura, podrán adoptar reglamentos conjuntos para aquellas actividades agropecuarias contenidas en este Código, siempre y cuando se mantengan procesos y sistemas integrados entre las dos agencias y se asegure que el agricultor cuente con personal y herramientas de apoyo en cada región del Departamento de Agricultura.

(66) Secretario de Agricultura- significa el Secretario del Departamento de Agricultura, conforme al Plan de Reorganización Núm. 4-2010, según enmendado.

(67) Secretario del DDEC- Significa el Secretario del Departamento de Desarrollo Económico y Comercio del Gobierno de Puerto Rico con las facultades que le confiere el Plan de Reorganización Núm. 4 de 22 de junio de 1994, según enmendado.

(68) Secretario de Hacienda– Significa el Secretario del Departamento de Hacienda del Gobierno de Puerto Rico.

(69) Secretario de Salud– Significa el Secretario del Departamento de Salud del Gobierno de Puerto Rico.

(70) *USA Patriot Act*- Significa la "Ley para la Unificación y Fortalecimiento de América mediante las Herramientas Apropiadas para Interceptar y Obstruir el Terrorismo", según enmendada, 115 Stat. 272 (2001).

(71) Valores- significa cualquier nota, bono, pagaré, evidencia de deuda, opciones, contratos de futuros, los llamados *forwards*, acciones, y cualquier otro instrumento similar o con características similares incluyendo instrumentos derivados según dispuestos mediante carta circular, determinación administrativa, reglamento o cualquier otro pronunciamiento conjunto entre el Secretario de Hacienda y el Secretario del DDEC.

(Julio 1, 2019, Núm. 60, sec. 1020.01; Abril 16, 2020, Núm. 40, sec. 73, enmienda los párrafos (34)(iv) y (45)(x) del apartado (a), para añadir la frase "o altamente eficiente"; Junio 30, 2022, Núm. 52, art. 14, añade los párrafos (8A), (59A) y enmienda el párrafo (65) del apartado (a); Marzo 17, 2023, Núm. 52, art. 1, enmienda el párrafo (61) del apartado (a).)

Notas Importantes
Enmiendas
-2023, ley 52- Esta ley 52, enmienda el párrafo (61) del apartado (a) e incluye estos artículos de aplicación:
Artículo 20. – Coordinación y Reglamentación -El Programa de Comercio y Exportación del Departamento de Desarrollo Económico y Comercio y el Negociado para el Fomento de Oportunidades de Trabajo del Departamento del Trabajo y Recursos Humanos deberán coordinar estrechamente para lograr los propósitos de esta Ley. En un término no mayor de ciento veinte (120) días a partir de la aprobación de esta Ley, el Departamento de Desarrollo Económico y Comercio y el Departamento del Trabajo y Recursos Humanos deberán adoptar un Reglamento Conjunto de

Incentivos para la Generación y Retención de Empleos en PyMEs que integre y reglamente el proceso de solicitud y otorgación de Acuerdos de Creación y Retención de Empleos mediante el Departamento de Desarrollo Económico y la otorgación de recursos económicos provenientes del Fondo para el Fomento de Oportunidades de Trabajo por concepto de reembolso parcial de salarios mediante el Departamento del Trabajo y Recursos Humanos, con el objetivo que el proceso no presente obstáculos adicionales para las PyMEs Elegibles posterior a la otorgación del Acuerdo.

Artículo 21. – Separabilidad.- Si cualquier cláusula, párrafo, artículo, sección, capítulo o parte de esta Ley fuere declarada inconstitucional, nulo o inaplicable por un tribunal con jurisdicción y competencia, la sentencia a tal efecto dictada no afectará, perjudicará ni invalidará el resto de esta Ley. El efecto de dicha sentencia quedará limitado a la cláusula, párrafo, artículo, sección, título o parte que hubiere sido específicamente anulada o declarada inconstitucional o inaplicable.

Artículo 22.– [Vigencia] Esta Ley comenzará a regir inmediatamente después de su aprobación.

Sección 1020.02- Definiciones Aplicables a Actividades de Individuos (13 L.P.R.A. sec. 45013)

(a) Para propósitos de actividades relacionadas con el Capítulo 2 del Subtítulo B de este Código relacionado con actividades que lleven a cabo individuos, los términos, frases y palabras tendrán el significado y alcance que se expresan a continuación:

(1) Acuerdo Especial para la Creación de Empresas- Significa el Acuerdo que se lleve a cabo entre un Joven Empresario (según se define en este apartado) y el Secretario del DDEC. El Joven Empresario deberá comprometerse al desarrollo de su empresa, a la creación de empleos, y a otras condiciones, según aplique, a cambio de los beneficios aplicables que se disponen en este Código. Los beneficios aplicables se enumerarán específicamente en el Acuerdo. El Acuerdo establecerá el término de su vigencia y vencerá cuando los beneficios que se conceden en él caduquen, según las disposiciones de este Código y las obligaciones pactadas en el Acuerdo.

(2) Mi Futuro– significa el programa de plan de ahorro para estudiantes establecido en la Sección 2026.01 de este Código.

(3) Dividendos Elegibles de Médicos Cualificados- Significa los dividendos provenientes de Ingresos Elegibles de Médicos Cualificados, que declara un Negocio de Servicios Médicos a favor de un Médico Cualificado, computado de conformidad con el Código de Rentas Internas.

(4) Individuo Residente Inversionista. — Significa un individuo elegible para obtener los beneficios de las Secciones 2022.01 y 2022.02 de este Código y que_es un Individuo Residente de Puerto Rico, que no haya sido un Individuo Residente de Puerto Rico entre el 17 de enero de 2006 y el 17 de enero de 2012, y que se convierta en un Individuo Residente de Puerto Rico no más tarde del Año Contributivo que finaliza el 31 de diciembre de 2035. Los estudiantes que cursen estudios fuera de Puerto Rico que residían en Puerto Rico antes de marcharse a estudiar, el personal que trabaje fuera de Puerto Rico temporalmente para el Gobierno de Puerto Rico, sus agencias e instrumentalidades, y personas en situaciones similares a las antes descritas, no cualificarán para considerarse como Individuos Residentes Inversionistas, ya que su domicilio en estos casos continúa siendo Puerto Rico por el período en que residan fuera de nuestra jurisdicción.

(5) Ingreso Elegible de Médico Cualificado- Significa el ingreso neto que se deriva de la prestación de Servicios Médicos Profesionales que se ofrecen en Puerto Rico, computado de conformidad con el Código de Rentas Internas.

(6) Institución de Educación Superior- Significa una institución educativa, pública o privada, acreditada conforme a la Ley 212-2018, según enmendada, conocida como "Ley de Registro y Licenciamiento de Instituciones de Educación" o por la *Middle States Commission on Higher Education de la Middle States Association of Colleges and Schools.*

(7) Investigaciones Científicas Elegibles- Significa cualquier investigación que lleve a cabo la Universidad de Puerto Rico u otra Institución de Educación Superior que reciba una concesión (grant) obtenida mediante una propuesta revisada por pares (peer reviewed) en una competencia abierta para obtener dicha concesión, para llevar a cabo un proyecto de investigación u otro proyecto similar incluyendo concesiones para entrenamiento, desarrollo de capacidades profesionales o desarrollo de la fuerza trabajadora (training, capacity development, and workforce development), de cualquiera de las organizaciones que componen los Institutos Nacionales de Salud o bajo programas o mecanismos similares auspiciados por cualquier otra agencia federal que promueva la investigación científica competitiva, incluyendo pero sin limitarse a, la Fundación Nacional de Ciencia (National Science Foundation), Departamento de Energía, Departamento de Defensa, NASA, NOAA, Agencia de Protección Ambiental, entre otras. Incluirán, además, las concesiones resultado de propuestas competitivas que provengan de fundaciones privadas, otras organizaciones sin fines de lucro, o empresas

privadas que provean concesiones competitivas para la investigación y desarrollo. Se consideran elegibles aquellas concesiones de propuestas competitivas donde la competencia esté restringida a poblaciones minoritarias (underserved minorities) según las definiciones de minorías a nivel federal. Serán elegibles también las concesiones por subcontrato de propuestas competitivas (research subawards) donde el investigador principal del subcontrato es una Persona Doméstica.

(8) Investigador o Científico Elegible- Significa un Persona Doméstica, durante el Año Contributivo, contratado por la Universidad de Puerto Rico u otra Institución de Educación Superior autorizada a operar en Puerto Rico, que se dedique, entre otras funciones docentes a llevar a cabo Investigaciones Científicas Elegibles y que haya sometido una propuesta de investigación científica una organización de las descritas en la definición de Investigaciónes Científicas Elegibles y que, con la aprobación de la propuesta, la institución académica reciba una concesión (grant) para investigación, según la definición de Investigaciones Científicas Elegibles, cuya cuantía cubra los costos de investigación, incluyendo, entre otros, la compensación del Investigador y del personal clave, compra de equipos y suministros, publicaciones y otros gastos relacionados, según sea aplicable. Salvo en el caso de Investigadores Principales Múltiples (Multiple Principal Investigators or Multi PI's), no habrá más de un individuo elegible para esta deducción por concesión aprobada, según la definición de Investigaciones Científicas Elegibles, incluyendo las concesiones por subcontrato.

(9) Joven Empresario- Significará todo Individuo Residente de Puerto Rico, cuya edad fluctúe entre los dieciséis (16) y treinta y cinco (35) años de edad, que interese crear y operar a largo plazo una nueva empresa en Puerto Rico, por un término indefinido, y que haya obtenido su diploma de escuela superior o una certificación equivalente del Departamento de Educación de Puerto Rico, o que aún se encuentren cursando estudios y presenten evidencia que certifique que cursan estudios conducentes a obtener un certificado o diploma de escuela superior conforme a los criterios que se adopten por reglamento.

(10) Médico Cualificado- Significa un individuo admitido a la práctica de la medicina general o de cualquier especialidad, de la podiatría; de la audiología; de la quiropráctica; de la optometría; sea un(a) cirujano(a) dentista o practique alguna especialidad de la odontología y que ejerce a Tiempo Completo su profesión. Esta definición incluye a los médicos que se encuentran cursando sus estudios de residencia como parte de un programa acreditado.

(11) Negocio de Servicios Médicos- Significa cualquier corporación de servicios profesionales o compañía de responsabilidad limitada que preste Servicios Médicos Profesionales en Puerto Rico, ya sea una Entidad doméstica o una Entidad foránea, y que esté autorizada para hacer negocios en Puerto Rico.

(12) Otros Activos- Significa mercancías (commodities), monedas, y cualquier activo digital basado en la tecnología de cadenas de bloques (blockchain).

(13) Profesional de Difícil Reclutamiento- Significa un individuo elegible para obtener los beneficios de la Sección 2022.03 de este Código y que es un Individuo Residente de Puerto Rico, con un empleo a tiempo completo, cuyo talento sea indispensable por su conocimiento especializado para las operaciones de un Negocio Exento bajo este Código o Leyes de Incentivos Anteriores. El término "difícil reclutamiento" será definido mediante el Reglamento de Incentivos.

(14) Servicios Médicos Profesionales- Significa servicios de diagnóstico y tratamiento que ofrece un Médico Cualificado.

(15) Tiempo Completo- Significa que un Médico Cualificado dedica al menos cien (100) horas mensuales a ofrecer Servicios Médicos Profesionales en un hospital público o privado, en una agencia federal o estatal, en una oficina privada dedicada a ofrecer Servicios Médicos Profesionales o en una escuela de medicina acreditada.

(Julio 1, 2019, Núm. 60, sec. 1020.02; Abril 16, 2020, Núm. 40, sec. 74, enmienda el primer párrafo y el inciso (4).)

Sección 1020.03- Definiciones Aplicables a Actividades de Exportación de Bienes y Servicios (13 L.P.R.A. sec. 45014)

(a) Para propósitos del Capítulo 3 del Subtítulo B de este Código relacionado a actividades de Exportación de Bienes y Servicios, los siguientes términos, frases y palabras tendrán el significado y alcance que se expresa a continuación:

(1) Comercio de Exportación- Significa aquellas actividades descritas en la Sección 2031.02(a) siempre que cumplan con los requisitos de la Sección 2031.02(b), y excluye cualquier actividad que tenga Nexo con Puerto Rico, conforme a lo dispuesto en la Sección 2031.02(c).

(2) Ingreso de Comercio de Exportación- Significa el ingreso neto derivado del Comercio de Exportación por un Negocio Exento, computado de conformidad con el Código de Rentas Internas de Puerto Rico.

(3) Ingreso de Servicios de Exportación- Significa el ingreso neto derivado de la Exportación de Servicios, o de un Servicio de Promotor, por un Negocio Exento, computado de conformidad con el Código de Rentas Internas de Puerto Rico. En el caso de los Servicios de Promotores, se considerará como Ingreso de Servicios de Exportación únicamente el ingreso neto derivado de Servicios de Promotor, prestados durante el período de doce (12) meses que termine el día antes de lo que ocurra primero, entre las siguientes alternativas:

(i) El comienzo de la construcción de facilidades en Puerto Rico que utilizará un Negocio Nuevo en Puerto Rico;

(ii) El comienzo de actividades del Negocio Nuevo en Puerto Rico; o

(iii) La adquisición u otorgamiento de un contrato para adquirir facilidades o el arrendamiento de facilidades en Puerto Rico por el Negocio Nuevo en Puerto Rico.

(4) Negocio Nuevo en Puerto Rico– Significa una Entidad que cumpla con los siguientes parámetros:

(i) Nunca ha llevado a cabo una industria o negocio en Puerto Rico;

(ii) La industria o negocio que se llevará a cabo en Puerto Rico no fue adquirida de un negocio que llevaba a cabo una industria o negocio o actividad para la producción de ingresos en Puerto Rico;

(iii) No es una Entidad Afiliada a una Entidad que lleva a cabo o ha llevado a cabo una industria o negocio o actividad para la producción de ingresos en Puerto Rico;

(iv) Durante el período de dos (2) años, contados a partir del comienzo de las operaciones que hacen al Promotor elegible para un Decreto, no más del cinco por ciento (5%) de sus Acciones son poseídas directa o indirectamente por uno (1) o más Personas Domésticas;

(v) Comienza operaciones en Puerto Rico, como resultado de los servicios de Promotor, según los criterios a ser determinados mediante el Reglamento de Incentivos, la carta circular o cualquier otro pronunciamiento;

(vi) No se dedicará a la venta al detal de productos o artículos; y

(vii) Lleva a cabo una actividad, industria o negocio que sea un Negocio Exento.

(5) Nexo con Puerto Rico- Se considerará que los Servicios de Exportación o el Comercio de Exportación, según sea el caso, tienen un Nexo con Puerto Rico cuando éstos tengan alguna relación con Puerto Rico, incluyendo los servicios que se describen en la Sección 2031.01(c) y las actividades que se describen en la Sección 2031.02(c).

(6) Promotor- Significa una persona que se dedica a la prestación de Servicios de Promotor.

(7) Servicios de Promotor- Los servicios de Promotor son aquellos elegibles relacionados al establecimiento de un Negocio Nuevo en Puerto Rico y que se designen por el Secretario del DDEC como servicios que pueden tratarse como servicios para exportación, independientemente de que tales servicios tengan un Nexo con Puerto Rico.

(8) Servicios de Exportación- Significa los servicios que se describen en la Sección 2031.01(a), siempre que cumplan con los requisitos de la Sección 2031.01 (b), y excluye cualquier servicio que tenga Nexo con Puerto Rico, conforme a los dispuestos en la Sección 2031.01(c).

(Julio 1, 2019, Núm. 60, sec. 1020.03)

Sección 1020.04- Definiciones Aplicables a Actividades de Finanzas, Inversiones y Seguros (13 L.P.R.A. sec. 45015)

(a) Para propósitos del Capítulo 4 del Subtítulo B de este Código relacionado a actividades de Finanzas, Inversiones y Seguros, los siguientes términos, frases y palabras tendrán el significado y alcance que se expresan a continuación:

(1) Activos- Incluirá:

(i) Dinero en efectivo y depósitos;

(ii) Inversiones, tales como instrumentos de crédito o deuda preferencial, valores de capital y de otro tipo, bienes muebles tangibles sujetos a arrendamiento, préstamos hipotecarios y propiedades inmuebles, préstamos de valores, transacciones de recompra (Repurchase Transactions), transacciones de recompra a la inversa (Reverse Repurchase Transactions), transacciones tipo rollo de dólar (dollar roll) y estrategias de previsión;

(iii) Dividendos declarados y no recibidos;

(iv) Intereses vencidos o acumulados; y

(v) Cuentas y reaseguro por cobrar sobre pérdidas pagadas y gastos relacionados.

(vi) Cualquier otro activo que permita el Secretario del DDEC, en consulta con el Secretario de Hacienda, mediante el Reglamento de Incentivos.

(2) Asegurador Internacional- Se refiere al Asegurador Internacional según se define en el Artículo 61.020 del Código de Seguros.

(3) Asesor de Inversiones Registrado o ADIR- Significa una empresa que:

(i) mediante contrato con otra empresa (que puede ser un Fondo) regularmente proporciona asesoría a dicha empresa respecto a la conveniencia de invertir en, compras o ventas de valores u otra propiedad, o está facultada para determinar qué valores u otros bienes serán comprados o vendidos por dicha empresa, o

(ii) cualquier otra persona que con arreglo a un contrato con una persona descrita en el inciso (i) regularmente realiza prácticamente la totalidad de las tareas emprendidas por tal persona descrita en ese inciso.

A. La persona deberá estar registrada (o exenta de registro) bajo la "Ley de Asesores de Inversiones de 1940 de los Estados Unidos", según enmendada (15 U.S.C. § 80b-1 et seq.), la Ley Núm. 60 de 18 de junio de 1963, según enmendada y conocida como la "Ley Uniforme de Valores de Puerto Rico" o cualquier ley análoga subsiguiente que la sustituya.

B. La persona deberá estar registrada con el *Securities and Exchange Commission* (SEC) o con OCIF, según aplique.

(4) *Bank Secrecy Act* o *BSA*- Se refiere a la ley federal titulada *Currency and Foreign Transactions Reporting Act*, codificada en 31 USC Secciones 5311-5330 y 12 USC Secciones 1818(s), 1829(b), y 1951-1959, o cualquier ley que le sustituya o enmiende.

(5) Control o Controlado- Significa la participación, directa o indirecta, como dueño, de más del cincuenta por ciento (50%) del poder de voto respecto a la persona controlada.

(6) Compañía Tenedora del Asegurador Internacional- Tendrá el mismo significado que se provee en el Artículo 61.040 del Código de Seguros.

(7) COSSEC- Significa la Corporación Pública para la Supervisión y Seguro de Cooperativas de Puerto Rico creada al amparo de la Ley 114-2001, según enmendada, o cualquier ley análoga subsiguiente que la sustituya.

(8) Entidad Bancaria Internacional o EBI- Significa una Entidad Bancaria Internacional a tenor con las disposiciones de la "Ley del Centro Bancario". Una persona, que no sea un individuo, a la cual se le ha expedido licencia para operar como Entidad Bancaria Internacional a tenor con la Sección 7 de la Ley Núm. 52 de 11 de agosto de 1989, según enmendada, conocida como "Ley Reguladora del Centro Bancario Internacional", y que no ha sido convertida en Entidad Financiera Internacional (EFI).

(9) Entidad Financiera Internacional o EFI- Significa cualquier persona, que no sea un individuo, incorporada u organizada bajo las leyes de Puerto Rico, de los Estados Unidos o de un país extranjero, o una unidad de tal, a la cual se le ha expedido una licencia a tenor con la "Ley del Centro Financiero Internacional".

(10) Empresa de Capital Privado o ECP- Significa una empresa que gestiona inversiones de capital privado a través de múltiples estrategias de inversión configuradas en Fondos tales como: Capital de Crecimiento (Growth), Compra Apalancada (Leveraged Buy Out), *Mezzanine*, *Distressed* (en apuros financieros) y Capital de Riesgo. Esta empresa típicamente se desempeña como Socio Gestor o Limitado.

(11) Estados Unidos- Se refiere a los Estados Unidos de Norteamérica, incluyendo cualquier estado de la nación, el Distrito de Columbia y toda posesión, territorio, subdivisión política y agencia del mismo, excepto Puerto Rico.

(12) FDIC- Significa la Corporación Federal de Seguro de Depósitos (Federal Deposit Insurance Corporation o *FDIC*).

(13) Fondo de Capital Privado- Significa cualquier sociedad o compañía de responsabilidad limitada, organizada bajo las leyes del Gobierno de Puerto Rico, de cualquier estado de los Estados Unidos o de cualquier jurisdicción foránea, que se dedique a inversiones en pagarés, bonos, notas (incluyendo préstamos con y sin colateral e incluyendo dicha colateral), Acciones, o cualquier otro valor de naturaleza similar emitidos por entidades que al momento de ser adquiridos, no sean cotizados o traficados en los mercados de valores públicos de los Estados Unidos o países extranjeros, cualificará para ser tratado como un Fondo, bajo las disposiciones del Capítulo 4 del Subtítulo B de este Código, durante cada Año Fiscal que cumpla con los siguientes requisitos:

(i) Oficina localizada en Puerto Rico, sea propia, de su socio gestor o ADIR;

(ii) un mínimo de ochenta por ciento (80%) del capital contribuido al Fondo por sus Inversionistas Acreditados (paid-in-capital), (excluyendo de dicho capital el dinero que el Fondo mantenga en cuentas de banco y otras inversiones que se consideren equivalentes a dinero en efectivo) esté invertido en pagarés, bonos, notas (incluyendo préstamos con y sin colateral e incluyendo dicho colateral), Acciones o cualquier otro valor de naturaleza similar que, al momento de ser adquiridos, no sean cotizados o traficados en los mercados de valores públicos de los Estados Unidos o países extranjeros;

(iii) el balance del capital que no haya sido invertido conforme a lo establecido en el inciso (ii) de este párrafo no excederá el veinte por ciento (20%) y deberá ser mantenido en alguna de las siguientes inversiones:

(A) obligaciones directas de, o garantizadas por los Estados Unidos o el Gobierno de Puerto Rico, en cuanto a capital e intereses que venzan dentro de un período de quince (15) meses desde la fecha de la inversión;

(B) acuerdos de reventa con instituciones aseguradas por FDIC, SIPC, COSSEC, EBI o EFI con un vencimiento de noventa (90) días o menos. Los valores subyacentes a los acuerdos de reventa deberán ser obligaciones directas de, o garantizadas en cuanto a principal e intereses por el Gobierno Federal de los Estados Unidos o aquellos de Puerto Rico con una clasificación de inversión mínima de grado de inversión. Los valores deberán mantenerse en una cuenta de custodia en una institución asegurada por el FDIC o SIPC;

(C) certificados de depósito con un vencimiento de un (1) año o menos, expedido por instituciones aseguradas por FDIC, o COSSEC;

(D) una cuenta de depósito en una institución asegurada por el FDIC, o COSSEC, sujeto a una restricción de retiro de un año o menos;

(E) una cuenta de cheques en una institución asegurada por el FDIC o COSSEC;

(F) cuenta con balance en efectivo por un monto razonable para gastos misceláneos; o

(G) certificados de inversión en EBI o EFI.

(14) Fondo de Capital Privado de Puerto Rico- Significa un Fondo de Capital Privado que cumpla con las disposiciones que se describen en el apartado (b) de la Sección 2044.03.

(15) Inversión- En relación con el Capítulo 4 del Subtítulo B, significa la propiedad transferida al Fondo a cambio de un interés propietario en tal Fondo.

(16) Inversionistas Acreditados- Significa:

(i) un banco, compañía de seguros, compañía de inversión registrada, empresa de desarrollo de negocio, compañía de inversión en pequeñas empresas, Banco de Desarrollo Económico, Aseguradora Internacional, Plan de Activos Segregados, Compañía Tenedora del Asegurador Internacional, según estos términos son definidos en el Código de Seguros, EBI o EFI. Se entenderá que las EBI y las EFI podrán ser Inversionistas Acreditados independientemente de lo dispuesto en este Código aplicable a los Centros Financieros Internacionales;

(ii) un plan de beneficios para empleados del Gobierno de Puerto Rico o cualquier plan de beneficios para empleados según definido en la "Ley de Seguridad de Ingreso para el Retiro para los Empleados del año 1974" (ERISA, por sus siglas en inglés), solo si un banco, compañía de seguros o Asesor de Inversiones Registrado realiza las decisiones de inversión, o si el plan tiene Activos totales de más de cinco millones de dólares ($5,000,000.00);

(iii) una organización benéfica, corporación o asociación con Activos que superan los cinco millones de dólares ($5,000,000.00);

(iv) un director, ejecutivo o socio general de la compañía vendiendo los valores;

(v) una persona natural que tiene patrimonio neto individual o valor neto conjunto a su cónyuge en exceso de un millón de dólares ($1,000,000.00) al momento de la compra, sin incluir el valor de la residencia principal de dicha persona;

(vi) una persona natural con ingresos de más de doscientos mil dólares ($200,000.00) en cada uno de los dos (2) años anteriores a la compra o ingresos en conjunto a su cónyuge de más de trescientos mil dólares ($300,000.00) para dichos años y una expectativa razonable del mismo nivel de ingresos en el año en curso;

(vii) un fideicomiso con Activos de más de cinco millones de dólares ($5,000,000.00), que no se haya formado para adquirir los valores ofrecidos y para el cual una persona sofisticada hace la compra; o

(viii) un negocio en el que todos los propietarios del capital son Inversionistas Acreditados.

(17) Inversionista Acreditado Residente- Significa: un Inversionista Acreditado que sea: (i) un Individuo Residente de Puerto Rico, (ii) un ciudadano de los Estados Unidos, (iii) una Entidad organizada fuera de Puerto Rico, si todos sus accionistas (o su equivalente), directos o indirectos, son residentes de Puerto Rico; y (iv) una Entidad organizada bajo las leyes del Gobierno de Puerto Rico. En el caso de una sociedad sujeta a las disposiciones del Capítulo 7 del Código de Rentas Internas de Puerto Rico, los socios de la sociedad se podrán considerar Inversionistas Acreditados Residentes.

(18) "Ley de Compañías de Inversiones de Puerto Rico"- Significa la Ley Núm. 6 de 19 de octubre de 1954, según enmendada, conocida como la "Ley de Compañías de Inversiones de Puerto Rico" o cualquier ley análoga subsiguiente que la sustituya.

(19) "Ley de Compañías de Inversión de Puerto Rico de 2013"- Significa la Ley 93-2013, según enmendada, conocida como "Ley de Compañías de Inversión de Puerto Rico de 2013" o cualquier ley análoga subsiguiente que la sustituya.

(20) "Ley de la Oficina del Comisionado de Instituciones Financieras" (OCIF)– Significa la Ley Núm. 4 de 11 de octubre de 1985, según enmendada, conocida como la "Ley de la Oficina del Comisionado de Instituciones Financieras".

(21) SBA- Significa la *Small Business Administration*, agencia federal creada al amparo de la *Small Business Investment Act* de 1958.

(22) SEC- Significa el *Securities and Exchange Commission* creada al amparo de la *Securities Exchange Act* de 1934.

(24) SIPC- Significa la *Securities Investor Protection Corporation*.

(25) Socios Gestores o Generales- Significa el grupo que forma el Fondo, encargado del día a día del Fondo y que típicamente conduce la actividad de inversión utilizando parte de su capital. A éste le atañe un deber fiduciario para con sus Inversionistas.

(26) Unidad- Con relación al Capítulo 4 del Subtítulo B de este Código, significa e incluye cualquier subdivisión o sucursal de cualquier persona que no sea un individuo, cuyos negocios y operaciones estén segregados de los otros negocios y operaciones de dicha persona, según lo requiere el Capítulo 4 del Subtítulo B de este Código y la "Ley del Centro Financiero Internacional.

(Julio 1, 2019, Núm. 60, sec. 1020.04)

Sección 1020.05- Definiciones Aplicables a Actividades de Economía del Visitante (13 L.P.R.A. sec. 45016)

(a) Para propósitos del Capítulo 5 del Subtítulo B y el Capítulo 1 del Subtítulo C de este Código relacionado a actividades relacionadas a la Economía del Visitante, los siguientes términos, frases y palabras tendrán el significado y alcance que se expresa a continuación:

(1) Actividades de Turismo Náutico– Significa el conjunto de servicios a ser prestados en contacto con el agua a turistas náuticos, que incluyen, pero no están limitados a:

(i) el arrendamiento o flete a turistas de Embarcaciones de Turismo Náutico para el ocio, recreación o para fines educativos por turistas, incluyendo excursiones;

(ii) el arrendamiento de embarcaciones pequeñas, motoras acuáticas, kayaks, botes de vela u otras embarcaciones similares, motorizadas o no, a turistas, según se establezca mediante el Reglamento de Incentivos, orden administrativa, carta circular o cualquier otro comunicado de carácter general; y

(iii) la Operación de un Programa Integrado de Arrendamiento de Embarcaciones.

(2) Agrohospedaje– Significa toda facilidad de hospedaje que se establezca en una explotación agropecuaria por un Agricultor *Bonafide*, con el propósito de alojar visitantes en tránsito para disfrutar de la contemplación de la naturaleza o de participar en actividades relacionadas con la actividad agropecuaria o el Agroturismo.

(3) Agroturismo– Significa el conjunto de actividades organizadas específicamente por un Agricultor *Bona Fide* en complemento de su actividad principal, a las cuales se invita a los turistas; y éstas constituyen otros servicios mediante paga.

(4) *Bed and Breakfast* (B&B)- Se refiere al programa de alojamiento y desayuno creado por la Oficina de Turismo para Hospederías de carácter residencial-turístico especial que cumplan con los requisitos dispuestos en el Reglamento de Incentivos.

(5) Casa de Huéspedes– Significa todo edificio, parte de él o grupo de edificios aprobado por la Oficina de Turismo que operará para fines turísticos; deberá consistir de no menos de siete (7) habitaciones para huéspedes en tránsito, y proveer personal administrativo durante las veinticuatro (24) horas del día, un baño privado por habitación y servicio de mucama; y podrá proveer las habitaciones necesarias para la vivienda de

sus dueños o administradores. Dichas Hospederías cumplirán con las disposiciones del Reglamento de Incentivos.

(6) Casino o Sala de Juegos- Significa una sala de juegos explotada por franquicia expedida de acuerdo con los términos de la "Ley de Juego de Azar".

(7) Condohotel. — Significa el conjunto de unidades residenciales, un edificio o grupo de edificios residenciales convertidos al régimen de propiedad horizontal o al régimen según la "Ley de Condohoteles de Puerto Rico", y que cumplan con los requisitos de un Hotel, en la cual no menos de quince (15) de las habitaciones o apartamentos se dediquen al alojamiento de personas transeúntes en todo momento por medio de un programa integrado de arrendamiento. Para propósitos del crédito para el Desarrollador dispuesto en la Sección 3000.02(a)(3), el término "Condohotel" también incluye un conjunto de unidades residenciales, un edificio o grupo de edificios residenciales convertidos al régimen de propiedad horizontal o al régimen según la "Ley de Condohoteles de Puerto Rico", dentro de un destino o complejo turístico (resort) que cumpla además con uno o más los siguientes requisitos:

(i) El conjunto de unidades residenciales, edificio o grupo de edificios residenciales ostente la marca de una cadena hotelera internacional;

(ii) Las unidades reciban servicios afines a una operación hotelera por parte de un Hotel en el complejo turístico (resort); o

(iii) Las unidades dedicadas al alojamiento de personas transeúntes a través de un programa integrado de arrendamiento sean administradas por el operador de un Hotel en el complejo turístico (resort).

(8) Costo Total del Proyecto de Turismo- Significa todos los gastos y desembolsos incurridos por el Negocio Exento que posea un Decreto bajo el Capítulo 5 del Subtítulo B de este Código, incluyendo:

(i) todos los gastos y desembolsos incurridos por el Negocio Elegible por:

(A) salarios pagados a sus empleados, adquisición de los terrenos, construcción, habilitación y mercadeo hasta el momento de la apertura;

(B) gastos de preapertura y ceremonia de apertura; y

(C) gastos de nómina y mercadeo durante los primeros doce (12) meses de operación. En el caso de un Negocio Exento que consista de un plan de derecho de Multipropiedad o Club Vacacional, el Secretario del DDEC podrá autorizar que se incluyen los gastos y desembolsos de promoción, mercadeo y venta, relacionados con la venta de derechos de

Multipropiedad o Club Vacacional hasta por los primeros sesenta (60) meses después de la apertura de todas las facilidades de dicho Negocio Exento;

(ii) los intereses y cargos sobre el financiamiento (por ejemplo, commitment fees) obtenido que hayan sido capitalizados durante el período de construcción y durante los primeros doce (12) meses de operación;

(iii) los costos directos (hard costs) e indirectos (soft costs) de construcción incurridos en la renovación o expansión sustancial de un Negocio Exento;

(iv) los gastos relacionados con la compra de muebles, instalaciones y equipo (furniture, fixtures and equipment), y los suministros y equipos operacionales (operating supplies and equipment) durante los primeros doce (12) meses de operación;

(v) los gastos relacionados con la emisión de la deuda para obtener capital para el Negocio Exento;

(vi) cualquier cuenta de reserva o contingencia requerida por el "Fondo para el Desarrollo del Turismo de Puerto Rico" o cualquier acreedor o Institución Financiera;

(vii) los gastos relacionados con la construcción y desarrollo de infraestructura y utilidades necesarias para la construcción y desarrollo del Negocio Exento;

(viii) los costos de adquisición, o el valor en el mercado (fair market value) a la fecha de la aportación, de facilidades utilizadas en una Actividad Turística durante el período de treinta y seis (36) meses anteriores a la fecha de su adquisición o aportación que cumpla con el requisito de renovación o expansión que exceda el cien por ciento (100%) del precio de compra establecido para Negocios Nuevos de Turismo; y

(ix) cualquier otro gasto, desembolso o inversión que el Secretario del DDEC, en consulta con el Secretario de Hacienda, determine mediante reglamentación.

(x) Disponiéndose, no obstante, que el Costo Total del Proyecto de Turismo excluirá, como regla general y salvo en aquellas situaciones en que a discreción del Secretario del DDEC, en consulta con el Secretario de Hacienda, los mejores intereses de Puerto Rico requieran lo contrario: (i) el dinero que haya sido invertido antes de la fecha de efectividad de la ley, y (ii) el dinero que haya sido invertido antes de la celebración de la Reunión para presentar el propuesto Proyecto de Turismo (Pre-application conference). Bajo ninguna circunstancia se considerará para el cómputo de lo que constituye el Costo Total del Proyecto de Turismo el costo estimado del tiempo invertido por el Desarrollador o por cualquier accionista del Negocio Exento.

(9) Distribución de Ingresos de Desarrollo Turístico– Significa cualquier distribución de dividendos o ganancias de un Negocio Exento o una distribución en liquidación de un Negocio Exento y que consista de Ingresos de Desarrollo Turístico.

(10) Ecotécnicas– Significa prácticas de diseño y construcción ecológicamente responsables con el fin de minimizar significativamente el impacto ambiental directo o indirecto y reducir costos, tales como, pero sin limitarse a, la utilización de tecnología limpia, energía solar, tratamiento y reciclaje de desperdicios, producción de composta con basura orgánica, manejo de aguas usadas, suplido alternativo de aguas para usos domésticos o comerciales.

(11) Embarcaciones de Turismo Náutico- Significa embarcaciones, de motor o vela, que tengan la capacidad de transportar a seis (6) o más pasajeros, operadas por empresas de excursión o disponibles para alquiler a ser destinadas para Actividades de Turismo Náutico, incluyendo Mega Yates para Fines Turísticos cuando el Secretario del DDEC determine que tal operación es conveniente para el desarrollo del turismo en Puerto Rico.

(12) Emisión Primaria (Primary issue or offering)– Significa la primera ocasión en que un valor, acción o participación se pone a la disposición del público. Los Inversionistas que adquieran Acciones en una corporación o participaciones en una sociedad o compañía de responsabilidad limitada de un subscriptor o una corporación pública o pública-privada del Gobierno de Puerto Rico, los cuales adquirieron dichas Acciones o participaciones en su oferta inicial para completar el balance de la inversión de capital requerida para el cierre del financiamiento para un Proyecto de Turismo, se considerarán también que las adquirieron en su Emisión Primaria para propósitos de los Créditos Contributivos provistos en la Sección 3010.01 de este Código.

(13) Hotel– Significa todo edificio, parte de él, o grupo de edificios endosado por la Oficina de Turismo, para dedicarse apropiadamente y de buena fe a proporcionar alojamiento mediante paga principalmente a huéspedes en tránsito, y deberá contar con no menos de quince (15) habitaciones para alojamiento de huéspedes. Sus facilidades serán operadas bajo las normas y condiciones de sanidad y eficiencia aceptables por la Oficina de Turismo.

(14) Ingresos de Desarrollo Turístico– Significa los ingresos de un Negocio Exento por concepto de la operación de una Actividad Turística, y

los ingresos de la reinversión en Puerto Rico de las ganancias de un Negocio Exento obtenidos de una Actividad Turística, siempre y cuando dicha reinversión sea en una Actividad Turística. Si el Negocio Exento es un Hotel, Condohotel, Paradores Puertorriqueños o Casa de Huéspedes, los ingresos sujetos a la tasa fija de contribución sobre ingresos que se establece en la Sección 2052.01 de este Código incluirán los ingresos de:

(i) El alquiler de habitaciones y cargos por servicios relacionados con la Actividad Turística.

(ii) La venta de comidas y bebidas.

(iii) La operación de tiendas al detal dentro de las facilidades físicas, pero únicamente si dichas tiendas al detal son propiedad de y operadas por el Negocio Exento.

(iv) La operación de campos de golf y otras facilidades deportivas y recreativas que formen parte de la Actividad Turística del Negocio Exento.

(v) El arrendamiento de espacio comercial dentro del Hotel, Condohotel, Paradores Puertorriqueños o Casa de Huéspedes para la operación de negocios que provean servicios de utilidad al huésped transeúnte.

(vi) Si el Negocio Exento es una Marina Turística sólo se considerará Ingresos de Desarrollo Turístico aquellos ingresos generados por las Actividades de Turismo Náutico, por lo que los ingresos generados por los servicios provistos a personas que mantienen sus embarcaciones en la Marina de manera permanente para su uso privado, no se considerarán como Ingresos de Desarrollo Turístico.

(vii) El ingreso neto devengado por un Concesionario por la operación de un Casino.

(15) Inversión Elegible Turística– Significa:

(i) la cantidad de efectivo que haya sido aportada a un Negocio Exento bajo el Capítulo 5 del Subtítulo B de este Código o a un Negocio Elegible que posteriormente recibe Decreto bajo el Capítulo 5 del Subtítulo B de este Código, para ser utilizada en una Actividad Turística a cambio de:

(A) Acciones en la corporación, de ser el Negocio Exento una corporación, o

(B) la participación o el aumento en la participación, en una compañía de responsabilidad limitada, sociedad o empresa en común, o

(C) una unidad en un Condohotel, siempre y cuando dicha unidad sea dedicada al programa de arrendamiento integrado del Condohotel por un período de diez (10) años y por nueve (9) meses de cada año calendario y el Inversionista tenga el pleno dominio de la unidad;

(ii) el valor de terrenos y estructuras existentes que se aportan a un Negocio Exento o a un Negocio Elegible que posteriormente recibe un Decreto bajo el Capítulo 5 del Subtítulo B de este Código, para ser utilizados en una Actividad Turística a cambio de:

(A) Acciones en la corporación, de ser el Negocio Exento una corporación, o

(B) la participación o el aumento en la participación, en una compañía de responsabilidad limitada, sociedad o empresa en común, de ser el Negocio Exento una compañía de responsabilidad limitada, sociedad o empresa en común. El valor aportado del terreno o de la estructura existente será el valor justo en el mercado, reducido por el balance de las hipotecas que graven el terreno, o estructura existente, al momento de la aportación. El valor justo en el mercado se determinará a base de una tasación del terreno o de la estructura existente realizada por uno (1) o más tasadores profesionales licenciados en Puerto Rico. El Secretario del DDEC deberá aprobar el valor neto determinado del terreno o estructura existente antes de que el mismo sea aportado al Negocio Exento;

(iii) aportaciones en efectivo hechas por una corporación pública del Gobierno de Puerto Rico o cualquiera de sus subsidiarias a cambio de:

(A) las Acciones o participaciones en un Negocio Exento, o en un Negocio Elegible que posteriormente recibe un Decreto bajo este Capítulo, que posea dichas corporaciones o subsidiarias, o

(B) la deuda subordinada que tenga un Negocio Exento o un Negocio Elegible que posteriormente recibe un Decreto bajo este Capítulo con dichas corporaciones o subsidiarias;

(iv) préstamos otorgados, compromisos de financiamiento emitidos o compromisos de hacer inversiones de capital legalmente exigibles, siempre y cuando los mismos hayan sido realizados por la Corporación de Desarrollo Hotelero, mejor conocida como HDC, por sus siglas en inglés.

(v) préstamo que esté garantizado por el propio Negocio Exento, o Negocio Elegible que posteriormente reciba un Decreto, o por sus activos, o cualquier entidad, matriz o afiliada al Negocio Exento, o Negocio Elegible que posteriormente reciba un Decreto, o por sus activos.

(vi) Solo se considerarán como inversiones elegibles turísticas aquellas cuyos fondos son utilizados en su totalidad única y exclusivamente para la adquisición de terrenos, estructuras, construcción y habilitación de las facilidades de un Negocio Nuevo de Turismo o para la renovación o expansión sustancial de las facilidades de un Negocio Existente de Turismo, según definido en este Capítulo. Cualquier otra inversión cuyos fondos no sean utilizados directamente y en su totalidad para la adquisición, construcción, habilitación, renovación o expansión sustancial de las facilidades de un Negocio Elegible, quedará excluida de la definición de Inversión Elegible Turística de este Capítulo. Sin embargo, el uso de fondos para la adquisición de, construcción o mejoras a una embarcación dedicada al Turismo Náutico de embarcaciones pequeñas, motoras acuáticas, kayaks, botes de vela u otras embarcaciones similares, motorizadas o no, no se considerará como una Inversión Elegible Turística. Además, salvo en aquellos casos en que a discreción del Secretario del DDEC los mejores intereses de Puerto Rico requieran lo contrario, sólo se considerarán inversiones elegibles aquellas inversiones hechas luego de la celebración de una reunión con los oficiales designados de la Oficina de Turismo para presentar el propuesto Proyecto de Turismo (pre-application conference).

(vii) En el caso que se efectúe una de las aportaciones descritas en los incisos (i) o (ii) del párrafo (15), la aportación se considerará como Inversión Elegible Turística sólo si dicha inversión se hace en la Emisión Primaria de las Acciones o participaciones. No obstante, en el caso de los Negocios Exentos, dichas aportaciones no requerirán la emisión de Acciones o participaciones adicionales a los Inversionistas que al momento de la aportación sean o constituyan accionistas, socios, miembros u otros dueños del Negocio Exento. En el caso de Condohoteles, se considerará Inversión Elegible Turística la aportación de efectivo para la adquisición de una unidad de Condohotel que sea adquirida de la Entidad que desarrolló o construyó la misma.

(viii) En aquellos casos en que el Desarrollador de un Proyecto de Turismo estime que el Negocio Elegible va a necesitar incurrir en gastos en efectivo antes de la fecha del cierre del financiamiento para el Proyecto de Turismo y que las aportaciones para costear dichos gastos se caracterizarán en los libros del Negocio Exento como una deuda del negocio hasta tanto se cierre el financiamiento para el Proyecto de Turismo, dichas aportaciones se consideran como Inversión Elegible Turística si al momento del cierre del financiamiento se condona el principal de la deuda, excluyendo los intereses acumulados. La condonación se considerará como una aportación en efectivo a cambio de Acciones o participaciones en el Negocio Exento, siempre que el Secretario del DDEC acceda a que tales aportaciones se consideren como una Inversión Elegible Turística a través del Decreto para el Negocio Exento o una Determinación Administrativa a esos efectos;

(ix) El término Inversión Elegible Turística no incluirá inversión realizada con dinero desembolsado bajo contratos de pólizas de seguro.

(16) Marina– Significa una facilidad que ofrece muelles en agua, incluyendo boyas de amarre, para diez (10) o más embarcaciones, baños con ducha y recipientes para la basura. También incluye facilidades de *dry slips* y muelles secos.

(17) Marina Turística– Significa una Marina que provea áreas, servicios y muelles para: (i) el arrendamiento o flete de Embarcaciones de Turismo Náutico, (ii) embarcaciones de matrícula extranjera o documentadas por la Guardia Costanera de los Estados Unidos de América, cuya titularidad y posesión resida en una Persona Extranjera, o (iii) cualquier otra actividad de Turismo Náutico, según se establezca mediante el Reglamento de Incentivos, orden administrativa, carta circular o cualquier otro comunicado de carácter general.

(18) Mega Yates para Fines Turísticos– Significa una embarcación de ochenta (80) pies o más de eslora que cualifique como embarcación de Turismo Náutico bajo este Código, que se dedica a actividades para el ocio, recreacional o fines educativos para turistas a cambio de remuneración en aguas dentro y fuera de Puerto Rico. Para que se considere elegible, una embarcación tendrá que: (1) estar disponible en Puerto Rico para dichas actividades durante un período no menor de seis (6) meses durante cada año; y (2) rendir informe trimestral a la Oficina de Turismo, que contendrá un registro o bitácora de uso de la embarcación que evidencie el uso de la misma en la Actividad Turística. La obligación de rendir el informe trimestral vencerá el vigésimo (20mo.) día del mes siguiente al último mes de cada trimestre.

(19) Negocio Existente de Turismo– Significa un negocio que esté dedicado a una Actividad Turística al momento que se radique una solicitud de concesión de incentivos al amparo del Capítulo 5 del Subtítulo B de este Código, o que de otro modo no califica como un Negocio Nuevo de Turismo, según se define en esta Sección, y que emprende una renovación o expansión sustancial de las facilidades físicas existentes que se utilizarán en una Actividad Turística.

(20) Negocio Nuevo de Turismo– Significa un negocio que no esté operando al momento que se radique una solicitud de concesión de incentivos al amparo del Capítulo 5 del Subtítulo B de este Código y que se dedicará a una Actividad Turística, utilizando facilidades físicas que no hayan sido utilizadas en una Actividad Turística durante el período de treinta y seis (36) meses anteriores a la fecha de radicación de la solicitud. En el caso de aquellos Negocios Elegibles que vayan a utilizar facilidades

físicas que no han sido utilizadas en una Actividad Turística durante un término no menor de los dieciocho (18) meses previos a la radicación de una solicitud, el Secretario del DDEC podrá relevarlos del cumplimiento del mencionado requisito de treinta y seis (36) meses cuando a su discreción los mejores intereses de Puerto Rico así lo requieran. Asimismo, se considerará también como un Negocio Nuevo de Turismo a todo negocio o estructura existente que, aunque hayan sido dedicadas a una Actividad Turística durante el referido período de treinta y seis (36) meses para completar la inversión, sea adquirido o aportado al Negocio Exento con el propósito de que las estructuras que lo alberguen sean sometidas a una renovación o expansión de tal magnitud que su costo excederá del cien (100) por ciento del precio de compra del negocio, o del valor en el mercado (fair market value) a la fecha de la aportación, siempre y cuando tal cantidad se invierta en su totalidad dentro del período de treinta y seis (36) meses de la fecha de la adquisición o aportación. El Secretario del DDEC podrá extender el término de treinta y seis (36) meses cuando, a su discreción, los mejores intereses de Puerto Rico así lo requieran, pero nunca por un período adicional mayor de treinta y seis (36) meses. Un Condohotel sólo calificará para Negocio Nuevo de Turismo si las referidas unidades no se han utilizado anteriormente y fueran adquiridas de la Entidad que las desarrolló o construyó, excepto que una unidad que haya sido alquilada por la Entidad que las desarrolló o construyó, previo a su venta inicial por tal Entidad, calificará para Negocio Nuevo de Turismo.

(21) Paradores Puertorriqueños– Significa toda hospedería acogida al programa auspiciado por la Oficina de Turismo de Puerto Rico para el establecimiento de una red de unidades de alojamiento en todo el Gobierno de Puerto Rico que cumpla con las disposiciones del Reglamento de Incentivos.

(22) Pequeñas y Medianas Hospederías- Significa aquellas hospederías que sean consideradas como una Actividad Turística y que se conviertan en un Negocio Elegible luego de haber obtenido un Decreto y que pertenezcan a los Programas de *Bed & Breakfast* y Posadas de la Oficina de Turismo, las que cumplan con la definición de Casas de Huéspedes; según se definen en este Código, y aquellas que cumplan con la definición de Hotel hasta un máximo de veinticinco (25) habitaciones para alojamiento de huéspedes.

(23) Planes de Derecho de Multipropiedad y Clubes Vacacionales– Significa planes que posean una licencia emitida por el DDEC a tenor con las disposiciones de la Ley 204-2016, mejor conocida como "Ley de Propiedad Vacacional de Puerto Rico".

(24) Programa Integrado de Arrendamiento de Embarcaciones– Significa un negocio dedicado al alquiler de embarcaciones de vela o motor de treinta y dos (32) pies o más de eslora a turistas para el ocio o recreación. Se determinarán, mediante el Reglamento de Incentivos, orden administrativa, carta circular o cualquier otro comunicado de carácter general, los términos y las condiciones aplicables al programa, el cual requerirá que las embarcaciones que sean elegibles para el programa estén disponibles para alquiler en Puerto Rico durante un período no menor de seis (6) meses cada año.

(25) Propiedad Dedicada a una Actividad Turística– Significa:

(i) propiedad inmueble, incluyendo terrenos y mejoras dedicadas a la operación de una Actividad Turística; y

(ii) todo conjunto de maquinaria, muebles, bienes muebles fijos, y equipo necesario o conveniente para un Negocio Exento en la operación de una Actividad Turística, incluyendo infraestructura equipo o mobiliario utilizado en Ecotécnicas.

(26) Proyecto de Turismo- significa las facilidades físicas que serán dedicadas a una Actividad Turística de un Negocio Exento.

(27) Reunión para presentar el propuesto Proyecto de Turismo (Pre-application Conference)– Significa la reunión que llevará a cabo un solicitante con los oficiales designados de la Oficina de Turismo para presentar un proyecto propuesto, y en la cual el solicitante explicará y presentará los méritos del proyecto propuesto, su aportación al desarrollo de la industria turística de Puerto Rico, una descripción de la actividad o actividades turísticas que se proponen llevar a cabo, el estimado de los costos que se espera incurrir para desarrollar y construir el proyecto, las fuentes de financiamiento, y cualquier otra información que el Secretario del DDEC pueda requerir, previo a la solicitud de un Decreto.

(28) Turismo Médico– Significa toda actividad que fomente el que pacientes viajen a Puerto Rico con el propósito de obtener cuido y tratamiento médico en facilidades o instalaciones médicas certificadas y acreditadas en Puerto Rico, según se disponga en el Reglamento de Incentivos.

(29) Turismo Náutico– Significa el conjunto de servicios que se rendirán en contacto con el agua a turistas náuticos, los cuales incluyen, pero no están limitados a:

(i) el arrendamiento o flete a turistas de Embarcaciones de Turismo Náutico para el ocio, la recreación o para fines educativos por turistas, incluyendo excursiones;

(ii) el arrendamiento de embarcaciones pequeñas, motoras acuáticas, kayaks, botes de vela u otras embarcaciones similares, motorizadas o no, a huéspedes de un Hotel, Condohotel, régimen de derecho de Multipropiedad o Club Vacacional, o el cual esté ubicado dentro de un destino o complejo turístico (resort), o en una Marina Turística o en áreas cercanas a los lugares antes mencionados, según se disponga por el Reglamento de Incentivos, carta circular o determinación administrativa; y

(iii) la operación de un Programa Integrado de Arrendamiento de Embarcaciones.

(Julio 1, 2019, Núm. 60, sec. 1020.05; Abril 16, 2020, Núm. 40, sec. 75, enmienda el inciso (7) en términos generales.)

Sección 1020.06- Definiciones Aplicables a Actividades de Manufactura (13 L.P.R.A. sec. 45017)

(a) Para propósitos del Capítulo 6 del Subtítulo B de este Código relacionado con actividades de manufactura, los siguientes términos, frases y palabras tendrán el significado y alcance que se expresa a continuación:

(1) Exención Contributiva Flexible- Significa la elección permitida a un Negocio Exento por la Sección 2011.05 de este Código.

(2) Ingreso de Desarrollo Industrial:

(i) El ingreso neto derivado de la operación de una actividad elegible por un Negocio Exento que posea un Decreto otorgado bajo este el Capítulo 6 del Subtítulo B de este Código, computado de acuerdo con el Código de Rentas Internas de Puerto Rico, ajustado por las deducciones especiales provistas por el Capítulo 6 del Subtítulo B de este Código, incluyendo el ingreso de la operación de dicho Negocio Exento cuando realice una elección de Exención Contributiva Flexible.

(ii) El Ingreso de Inversiones Elegibles, o bajo disposiciones análogas de leyes similares anteriores o subsiguientes.

(iii) El ingreso neto derivado por la operación de un Negocio Exento que posea un Decreto otorgado bajo el Capítulo 6 del Subtítulo B de este Código, como resultado del cambio de moneda (currency exchange), que sea atribuible a la venta de productos o a la prestación de servicios a países extranjeros, incluyendo el ingreso neto derivado de transacciones de cobertura (hedging transactions).

(iv) El ingreso recibido como dividendo o beneficio por una corporación o sociedad que tenga Acciones en el Negocio Exento, que posea un Decreto otorgado bajo este Código, que realiza la distribución y que tal ingreso sea atribuible a Ingreso de Desarrollo Industrial derivado por dicho Negocio Exento.

(v) El ingreso neto derivado por el Negocio Exento que posea un Decreto otorgado bajo el Capítulo 6 del Subtítulo B de este Código, por concepto de pólizas de seguros por interrupción de negocio (business interruption), siempre y cuando no haya reducción en el nivel de empleo en el Negocio Exento como resultado del acto que dio lugar al cobro de tal ingreso.

(vi) El ingreso neto derivado de la venta de Propiedad Intangible y cualquier otro derecho a recibir ingresos relacionados con actividades o Propiedad Intangible poseída por el Negocio Exento con un Decreto bajo el Capítulo 6 del Subtítulo B de este Código.

(3) Ingresos de Inversiones Elegibles-

(i) Los intereses y dividendos sobre fondos elegibles invertidos por el Negocio Exento, que posea un Decreto otorgado bajo el Capítulo 6 del Subtítulo B de este Código, en:

(A) préstamos para el financiamiento de la construcción, adquisición o mejoras de Viviendas en Puerto Rico;

(B) préstamos para la construcción, expansión o adquisición de edificios o terrenos, y para la adquisición de maquinaria y equipo o para capital de operaciones utilizados en Negocios Exentos;

(C) préstamos para la adquisición de Propiedad Intangible a ser utilizadas por el Negocios Exentos en sus operaciones en Puerto Rico, al igual que para el financiamiento de actividades de investigación, experimentación y desarrollo de nuevos productos o procesos industriales, o el mejoramiento de los mismos, que se lleven a cabo en Puerto Rico;

(D) obligaciones emitidas por el Fideicomiso de Conservación de Puerto Rico y por el Fideicomiso de Vivienda y Desarrollo Humano de Puerto Rico, siempre y cuando al emitir dichas obligaciones, el Secretario de Hacienda no haya revocado su determinación de que éstos son fideicomisos con fines no pecuniarios, conforme a los términos y las condiciones establecidos por el Comisionado de Instituciones Financieras;

(E) obligaciones de capital o Acciones preferidas según autorizadas por la Ley Núm. 55 de 12 de mayo de 1933, según enmendada, conocida como

"Ley de Bancos de Puerto Rico", al igual que obligaciones de capital emitidas por instituciones financieras, siempre que el monto del capital levantado mediante las obligaciones de capital o Acciones preferidas emitidas sea invertido en Puerto Rico, conforme a los términos y las condiciones establecidos por el Comisionado de Instituciones Financieras;

(F) obligaciones emitidas por cualquier subsidiaria de los *Farm Credit Banks of Baltimore* o de su sucesor el *AgFirst Farm Credit Bank* dedicada a financiar directa o indirectamente con dichos fondos, préstamos agrícolas, así como a agricultores en Puerto Rico, incluyendo préstamos a residentes rurales para financiar vivienda rural; préstamos a cooperativas poseídas y controladas por agricultores y dedicadas al mercadeo o distribución de productos agrícolas, a la compra de materiales, a proveer servicios a negocios agrícolas y a la adquisición de préstamos o descuentos de pagarés ya concedidos;

(G) préstamos para el financiamiento de operaciones marítimas y aéreas directamente relacionadas con el comercio y la industria de Puerto Rico, incluyendo, pero sin que se entienda como una limitación, el dinero utilizado en la construcción, adquisición y operación de todo tipo de embarcación o naves marítimas y aéreas;

(H) Acciones de Entidades que sean dueñas u operen negocios turísticos exentos bajo las disposiciones de este Código, la pasada Ley 78-1993, según enmendada, conocida como "Ley de Desarrollo Turístico de Puerto Rico de 1993", la Ley 74-2010, según enmendada, conocida como "Ley de Desarrollo Turístico de Puerto Rico de 2010", que constituyan una Inversión Elegible de acuerdo a la Sección 2(n) de dicha Ley.

(I) Acciones de Entidades que se establezcan como Fondos de Capital de Inversión bajo la Ley Núm. 3 de 6 de octubre de 1987, según enmendada, conocida como "Ley de Fondos de Capital de Inversión de Puerto Rico", siempre y cuando el Fondo invierta por lo menos un veinte por ciento (20%) del total de las aportaciones recibidas en actividades turísticas;

(J) cualesquiera otras obligaciones o préstamos que designe el Comisionado de Instituciones Financieras con la aprobación de los miembros del sector público de la Junta Financiera y del Secretario del DDEC.

(ii) Los intereses sobre fondos elegibles depositados o invertidos por el Negocio Exento que posea un Decreto otorgado bajo el Capítulo 6 del Subtítulo B de este Código, en instituciones dedicadas al negocio bancario, incluyendo el Banco de Desarrollo Económico para Puerto Rico, asociaciones de ahorro y préstamos, bancos de ahorro, casas de corretaje de valores y otras instituciones similares haciendo negocios en Puerto Rico, que el Comisionado de Instituciones Financieras, con la aprobación de los miembros del sector público de la Junta Financiera y del Secretario del DDEC, determine que son instituciones elegibles para recibir tales fondos elegibles. La reglamentación sobre instituciones elegibles deberá tomar en consideración, entre otros, que los fondos se canalicen hacia actividades que propulsen la producción, el ingreso y el empleo en Puerto Rico, tales como préstamos comerciales, industriales, agrícolas, de construcción o para la conservación de recursos naturales.

(iii) La reglamentación emitida bajo disposiciones equivalentes de Leyes de Incentivos Anteriores continuará en vigor y aplicará a las inversiones bajo este Código hasta tanto el Comisionado de Instituciones Financieras, con la aprobación de la Junta Financiera y del Secretario del DDEC, enmiende o derogue dicha reglamentación o emita un reglamento nuevo, específicamente para fondos invertidos al amparo de este Código.

(iv) En caso de que el Comisionado de Instituciones Financieras determine que una institución ha dejado de ser elegible para recibir los fondos, tal determinación no impedirá que los intereses devengados sobre los mismos, invertidos antes de la pérdida de elegibilidad de la institución, continúen considerándose como intereses elegibles bajo este Código hasta el vencimiento de dicha inversión.

(v) Para propósitos del párrafo (3), el término "fondos elegibles" incluirá los fondos generados en la actividad industrial o de servicios, cubierta por su Decreto de exención bajo el Capítulo 6 del Subtítulo B de este Código (incluyendo los años tributables cubiertos por una opción de Exención Contributiva Flexible) o disposiciones similares de Leyes de Incentivos Anteriores.

(4) Inversión de Manufactura- Significa el monto de la inversión por la cual se admite la deducción especial dispuesta en la Sección 2062.06 de este Código.

(5) Negocio Exento Antecesor de Manufactura– Significa cualquier negocio que disfrute o haya disfrutado de exención bajo el Capítulo 6 del Subtítulo B de este Código o Leyes de Incentivos Anteriores para la realización de una actividad económica sustancialmente similar a la especificada en el Decreto de un Negocio Sucesor de Manufactura; y es o fue poseído en un veinticinco por ciento (25%) o más de sus Acciones emitidas y en circulación u otro interés en propiedad, por el Negocio Sucesor de Manufacturado por cualesquiera de los accionistas o propietarios del Negocio Sucesor que posean un veinticinco por ciento (25%) o más de las Acciones u otro interés en propiedad del Negocio

Sucesor. Este último requisito no es de aplicación, cuando se hace referencia a Negocio Exento Antecesor de Manufatura en el párrafo (4) del apartado (a) de la Sección 2064.01 de este Código. La tenencia de Acciones se determinará de acuerdo con las reglas concernientes con la tenencia de Acciones de Entidades bajo el Subtítulo A del Código de Rentas Internas de Puerto Rico.

(i) Si cualesquiera de los accionistas o propietarios de un Negocio Sucesor de Manufactura afectados por dichas reglas pudiesen probar, a satisfacción del Secretario del DDEC y del Secretario de Hacienda, que el capital invertido o a invertirse en el Negocio Sucesor de Manufactura no proviene directa o indirectamente de sus cónyuges, ascendientes o descendientes en línea recta o de sus hermanos, sino que proviene de su propio pecunio, tales reglas no le serán aplicables.

(ii) Bajo ninguna circunstancia se considerará que un Negocio Exento es Negocio Exento Antecesor de Manufactura de sí mismo.

(6) Negocio Sucesor de Manufactura- Significa cualquier negocio que obtenga un Decreto bajo el Capítulo 6 del Subtítulo B de este Código para la realización de una actividad económica sustancialmente similar a la especificada en el Decreto de un Negocio Exento Antecesor de Manufactura.

(7) Producto Manufacturado- Significa e incluye productos transformados de materias primas, incluyendo materia vegetal o materia animal, en artículos de comercio, los artículos designados bajo Leyes de Incentivos Anteriores, y cualquier producto con relación al cual operaciones industriales sustanciales se realizan en Puerto Rico que a juicio del Secretario del DDEC, ameriten ser considerados como Productos Manufacturados bajo el Capítulo 6 del Subtítulo B de este Código, debido a su naturaleza y extensión, la tecnología requerida, el empleo sustancial que se provea, o cualquier otro beneficio que la operación represente para el bienestar de Puerto Rico. Un Negocio Exento que posea un Decreto otorgado bajo el Capítulo 6 del Subtítulo B de este Código, podrá subcontratar la producción en Puerto Rico de uno (1) o varios componentes o productos, o uno (1) o más procesos de manufactura, o servicios relacionados a dichos procesos de productos cubiertos bajo su Decreto o funciones claves necesarias para su operación y el subcontratista también cualificará como Negocio Elegible, siempre que el Secretario del DDEC determine que tal subcontratación resultará en los mejores intereses de Puerto Rico, en consideración a los factores esbozados en este apartado.

(8) Propiedad Dedicada a Desarrollo Industrial- Significa:

(i) Propiedad inmueble, incluyendo terrenos y mejoras, o partes de la misma, así como cualquier adición equivalente a no menos de veinticinco por ciento (25%) del área de la planta principal, dedicada a la explotación de una industria que es puesta a la disposición y utilizada o poseída por un Negocio Exento que posea un Decreto otorgado bajo el Capítulo 6 del Subtítulo B de este Código o bajo la Ley 135- 1997 y la Ley 73-2008, en su desarrollo, organización, construcción, establecimiento u operación.

(ii) Conjunto de maquinaria y equipo necesarios para que un Negocio Exento que posea un Decreto otorgado bajo el Capítulo 6 del Subtítulo B de este Código o bajo Leyes de Incentivos Anteriores, lleve a cabo la actividad que motiva su Concesión, que sea poseído, instalado, o de algún modo utilizado bajo contrato por dicho Negocio Exento.

(iii) Nada de lo dispuesto bajo este párrafo, aplicará a los denominados contratos de arrendamiento financiero (financing leases).

(9) Servicios Fundamentales a Conglomerados de Negocios (Clusters)- Significa la prestación en Puerto Rico de un servicio, mediante subcontratación, que sea fundamental para el proceso de producción de un Negocio Exento dedicado a la manufactura y que posea un Decreto bajo el Capítulo 6 del Subtítulo B de este Código o bajo Leyes de Incentivos Anteriores y que pertenezca a los conglomerados de negocios clasificados como de alto impacto económico por el Secretario del DDEC, disponiéndose que los criterios para clasificar un *Cluster* como de alto impacto económico serán establecidos mediante reglamentación por el Secretario del DDEC.

(10) Servicios de Suplidor Clave– Significa la prestación en Puerto Rico de servicios en escala comercial y de forma continua a un Negocio Exento bajo el Capítulo 6, del Subtítulo B de este Código, o bajo Leyes de Incentivos Anteriores como suplidor clave de dicho Negocio Exento que sea una Unidad dedicada a la manufactura. Se considera que un suplidor es clave si sus servicios permiten que el Negocio Exento que sea su cliente usual concentre sus actividades en las áreas de su competencia medular.

(A) En el caso de las unidades de servicios descritas bajo este inciso, no menos del ochenta por ciento (80%) de los empleados, técnicos y profesionales de la unidad de servicios serán Individuos Residentes de Puerto Rico.

(B) En el caso de unidades de servicios descritas bajo este inciso que estén operando en Puerto Rico antes de someter su solicitud, estarán sujetas a las limitaciones referentes al ingreso de período base, establecidas en la Sección 2062.01 (g) de este Código.

(C) Los servicios legales, de contabilidad o asesoría contributiva no constituirán servicios claves.

(D) A los fines de este inciso se podrán considerar como Servicios de Suplidor Clave aquellos servicios directamente relacionados a las actividades de manufactura, de un Negocio Exento con Decreto bajo el Capítulo 6, del Subtítulo B de este Código o bajo Leyes de Incentivos Anteriores, incluyendo, entre otros, los siguientes:

1. Almacenaje especializado.

2. Manejo de inventario de materia prima, material en proceso, producto terminado e inventario de piezas, incluyendo recibo, almacenaje e inspección.

3. Logística, en cuanto a la distribución y exportación de Productos Manufacturados, excepto servicios de transportación de material y documentos ofrecidos por negocios dedicados principalmente al negocio de transportación al consumidor y a empresas no exentas.

4. Inserción y distribución de material impreso requerido por leyes o reglamentos federales o estatales previo a que cualquier Producto Manufacturado pueda ser distribuido o puesto a la venta.

5. Digitalización de documentos.

6. Esterilización de instrumentos, equipos y vestimenta de cuartos limpios.

7. Servicios de control de calidad y validación de procesos, equipos y sistemas.

8. Calificación de equipo, utilidades o facilidades, y calibración y mantenimiento de equipos.

9. Reparación y remanufactura de productos.

10. Ingeniería de procesos, que podrá incluir, entre otros, el diseño de sistemas y procesos que mejoran la calidad y productividad de las operaciones cubiertas bajo el Decreto.

11. Servicios de programación y manejo de sistemas de datos.

12. Adiestramiento técnico especializado.

13. Desarrollo y reproducción de programas educativos.

14. Logística relacionada con la compra y venta de Producto Manufacturado.

(11) Unidad Industrial- Significa:

(i) Planta, fábrica, maquinaria o conjunto de maquinaria y equipo con capacidad para llevar a cabo las principales funciones utilizadas en la Producción de un producto en Escala Comercial, aun cuando use en común con otras Unidades Industriales ciertas facilidades de menor importancia tales como edificios, plantas de energía, almacenes, conductores de materiales u otras facilidades de producción de menor importancia, o realice algunas operaciones industriales fuera de tal Unidad Industrial.

(ii) Una Unidad Industrial podrá usar, en común con otras Unidades Industriales, facilidades de mayor importancia, cuando el Secretario del DDEC determine que tal uso en común es necesario y conveniente para el desarrollo industrial y económico de Puerto Rico, en vista de la naturaleza de las operaciones, de la inversión adicional y del número de empleos generados.

(iii) Cualquier Negocio Exento, que posea un Decreto otorgado bajo el Capítulo 6 del Subtítulo B de este Código, que establezca un Negocio Elegible para manufacturar un artículo separado o distinto de aquél producido por dicho Negocio Exento, con la maquinaria y equipo necesario para una operación eficiente, adicional a la de cualquier otra operación que haya gozado o esté gozando de exención, con un sistema de contabilidad que refleje claramente las operaciones de dicho Negocio Elegible de acuerdo a normas y principios de contabilidad generalmente aceptados.

(Julio 1, 2019, Núm. 60, sec. 1020.06)

Sección 1020.07- Definiciones Aplicables a Actividades de Infraestructura y de Energía Verde. (13 L.P.R.A. sec. 45018)

(a) Para propósitos del Capítulo 7 del Subtítulo B de este Código relacionado a actividades de Infraestructura y de Energía Verde o Altamente Eficiente, los siguientes términos, frases y palabras tendrán el significado y alcance que se expresa a continuación:

(1) Atributos Ambientales y Sociales– Significa todas las cualidades, propiedades de los CERs que son inseparables y que comprenden beneficios a la naturaleza, al ambiente y la sociedad que son producto de la generación de Energía Renovable Sostenible o Energía Renovable Alterna, pero excluyendo los Atributos Energéticos, según definido; para fines de este Capítulo, Atributos Ambientales y Sociales incluye, sin limitación, la

reducción de contaminantes ambientales, tales como el dióxido de carbono y otras emisiones gaseosas que producen el efecto invernadero.

(2) Atributos Energéticos– Se refiere a los beneficios de la producción de energía eléctrica (medida en unidades o fracciones de un megavatio-hora (MWh), resultando de una Fuente de Energía Renovable Sostenible o Energía Renovable Alterna, e incluye el uso o consumo de electricidad, y la estabilidad de la red, y la capacidad para producción y aportación al sistema de energía eléctrica de Puerto Rico.

(3) Biomasa Renovable– Significa todo material orgánico o biológico derivado de los organismos que tiene potencial de generar electricidad, tales como la madera, los desechos, y los combustibles derivados del alcohol; e incluye la biomasa natural, que es la que se produce en la naturaleza sin intervención humana; y la biomasa residual, que es el subproducto o residuo generado en las actividades agrícolas, silvícolas y ganaderas, así como residuos sólidos de la industria agroalimentaria, y en la industria de transformación de la madera; para propósitos de este Código incluye también cualquier biomasa de índole similar a las descritas, según sea designada por el DDEC, de conformidad con la Ley 17-2019, conocida como "Ley de Política Pública Energética de Puerto Rico".

(4) Centro Urbano- Significa aquella porción geográfica comprendida en el entorno del corazón o casco de un pueblo o ciudad que ha sido definida como tal por el municipio en un plan de área o designado como zona histórica o delimitada por la Junta de Planificación, en estrecha coordinación con el Alcalde del Municipio objeto de renovación.

(5) Certificado de Energía Renovable o CER– Significa un bien mueble que constituye un activo o valor económico mercadeable y negociable, que puede ser comprado, vendido, cedido y transferido entre personas para cualquier fin lícito, y que de forma íntegra e inseparable: representa el equivalente de un (1) megavatio-hora (MWh) de electricidad generada por una Fuente de Energía Renovable Sostenible o Energía Renovable Alterna, y a su vez comprende todos los Atributos Ambientales y Sociales, según definido.

(6) Energía de Fuentes Renovables– El término "Energía de Fuentes Renovables" significa Energía Renovable Alterna y Energía Renovable Sostenible, entre otras fuentes similares.

(7) Energía Renovable Alterna– Significa la energía derivada de las siguientes fuentes:

(i) combustión de gas derivado de un sistema de relleno sanitario;

(ii) digestión anaeróbica;

(iii) pilas o celdas de combustible (fuel cells);

(iv) calor residual (waste heat).

(8) Energía Renovable Sostenible– Significa la energía derivada de las siguientes fuentes:

(i) energía solar;

(ii) energía eólica;

(iii) energía geotérmica;

(iv) combustión de Biomasa Renovable;

(v) combustión de gas derivado de Biomasa Renovable;

(vi) combustión de biocombustibles derivados de Biomasa Renovable, o de otras fuentes como las microalgas;

(vii) energía hidroeléctrica calificada;

(viii) energía hidrocinética y marina renovable (marine and hydrokinetic renewable energy), según este término se ofrece en Sección 632 de la "Ley de Seguridad e Independencia Energética de 2007", de los Estados Unidos de América (The Energy Independence and Security Act of 2007, Pub.L. 110-140, 42 U.S.C. § 17211);

(ix) energía océano termal.

(9) Energía Verde- El término "Energía Verde" incluye conjuntamente los términos "Energía Renovable Sostenible" y "Energía Renovable Alterna".

(10) Familia de Ingresos Bajos o Moderados- Significa toda familia o persona que no posea una vivienda propia y cuyo ingreso anual no exceda el establecido para familias de ingresos bajos o moderados por los Programas de Vivienda de Interés Social del Gobierno de los Estados Unidos de América o del Gobierno de Puerto Rico, según establecido por el Secretario de la Vivienda a tenor con la reglamentación aplicable.

(11) Familia o Persona de Clase Media- Significa toda familia o persona que no posean una vivienda propia y cuyo ingreso anual exceda el establecido para Familias de Ingresos Bajos o Moderados por los Programas de Vivienda de Interés Social del Gobierno de Puerto Rico o del Gobierno de los Estados Unidos, hasta un máximo equivalente al sesenta y cinco por ciento (65%) de la cantidad máxima asegurable por el *Federal Housing Administration* (FHA) para el área.

(12) Fuente de Energía Renovable Alterna– Significa cualquiera de las fuentes de energía que produzcan energía eléctrica, mediante el uso de Energía Renovable Alterna, según este término se define en esta Sección.

(13) Fuente de Energía Renovable Sostenible– Significa cualquiera de las fuentes de energía que produzcan energía eléctrica o térmica, mediante el uso de Energía Renovable Sostenible, según este término se define en esta Sección.

(14) Generación Altamente Eficiente: Significa lo siguiente:

(A) En el caso de plantas eléctricas que pertenezcan o sean operadas por la Autoridad de Energía Eléctrica (o su sucesora) o por terceros que le vendan energía a la Autoridad de Energía Eléctrica (o su sucesora) a escala de utilidad ("utility scale") (lo cual excluye "net metering"), la producción de potencia eléctrica en un mínimo de sesenta por ciento (60%) de forma altamente eficiente, según establecido por el Negociado de Energía, de conformidad con la el Artículo 6.29 (a) de la Ley 57-2014, según enmendada; disponiéndose que en el caso de generación de energía en forma de electricidad y calor en conjunto, el estándar se modificará para contemplar la generación de calor; y

(B) En el caso de otras instalaciones generadoras de energía en Puerto Rico: (i) excepto en el caso de plantas cogeneradoras de energía y calor (conocidas como "combined heat and power" o "CHP"), los estándares de eficiencia en la generación de energía (incluyendo eléctrica y calor) que el Negociado de Energía establezca conforme al Artículo 6.29(a) (b) de la Ley 57-2014, según enmendada, o cualquier otro parámetro de la industria que garantice la eficiencia en la generación de energía, o

(ii) en el caso de plantas cogeneradoras de energía y calor (CHP), las mismas deberán cumplir con los mismos estándares de eficiencia promulgados por la Comisión Regulatoria Federal de Energía en las disposiciones de su reglamento aplicable a facilidades cualificadas de cogeneración codificadas en 18 C.F.R. §292.205(a)(2)(i) y (d) (1)-(3) y aplicará a instalaciones que utilicen gas natural, gas propano que cumpla con estos requisitos, o cualquier reglamentación posterior que sustituya o complemente la misma.

(15) Infraestructura de Vivienda— Significa el conjunto de obras y mejoras permanentes que se consideran fundamentales, incluyendo mejoras significativas a los servicios públicos, construidas en conjunto con la construcción de un Proyecto de Vivienda, tales como sistemas de acueductos y alcantarillados pluviales y sanitarios, incluyendo todos los sistemas para suplir, tratar y distribuir agua, sistemas de tratamiento y

eliminación de aguas de albañal, líneas o troncales sanitarias o de agua potable, estaciones de bombeo, plantas de tratamiento, tanques u otras facilidades para el servicio de agua potable o tratamiento de aguas servidas, sistemas de eliminación de desperdicios sólidos o peligrosos, sistemas de control de aguas pluviales, incluyendo lagos, canales y otras obras para manejar las aguas pluviales, sistemas de recuperación de recursos, sistemas de energía eléctrica, incluyendo líneas de distribución o conexión de energía eléctrica, subestaciones y cualquier otra obra o mejora permanente para brindar servicio de energía eléctrica, carreteras, accesos, intersecciones vehiculares, paseos peatonales, facilidades de estacionamiento, puentes, túneles, sistemas de transportación, incluyendo los de transportación colectiva, sistemas de comunicación, incluyendo líneas telefónicas, facilidades para televisión por cable, entre otras similares.

(16) Infraestructura de Impacto Regional o Municipal— Significa el conjunto de obras y mejoras permanentes que se consideran fundamentales que sea previamente requerida por una agencia a varios Desarrolladores o a un Combinado como condición al endoso de los Proyectos de Vivienda de cada uno de ellos, siempre y cuando: (1) dicha Infraestructura provea una capacidad en exceso de las necesidades de cada uno de los Proyectos de Vivienda en por lo menos un cincuenta por ciento (50%), según lo certifique la agencia concernida; (2) el Secretario de la Vivienda y el director de la agencia concernida, determinen que la construcción de la Infraestructura conlleva una inversión significativa, la cual considerará, entre otros factores, el número de habitantes a beneficiarse, ya sea directa o indirectamente; y (3) el Secretario de la Vivienda determine que promueve significativamente el desarrollo de viviendas en determinada área geográfica, municipio o región del país.

(17) Ingreso de Energía Verde o Altamente Eficiente o IEV o IEAE– Significa los ingresos que provienen o se derivan de las siguientes fuentes:

(i) El ingreso neto derivado de la operación de una actividad elegible por un Negocio Exento que posea un Decreto otorgado bajo este Código, computado de acuerdo con el Código de Rentas Internas de Puerto Rico, ajustado por las deducciones especiales provistas por este Código, incluyendo el ingreso derivado de la venta de CERs, así como el ingreso de la operación de dicho Negocio Exento cuando realice una elección de Exención Contributiva Flexible bajo este Código.

(ii) El ingreso recibido como dividendo o beneficio por una corporación o sociedad que tenga Acciones en el Negocio Exento que realiza la distribución, siempre que tal ingreso sea atribuible a IEV o IEAE derivado por dicho Negocio Exento.

(iii) El ingreso neto derivado por el Negocio Exento que posea un Decreto otorgado bajo este Código, por concepto de pólizas de seguros por interrupción de negocio (business interruption), siempre y cuando no haya reducción en el nivel de empleo en el Negocio Exento como resultado del acto que dio lugar al cobro de tal ingreso.

(iv) El ingreso neto derivado de la venta de Propiedad Intangible y cualquier otro derecho a recibir ingresos relacionados con actividades o Propiedad Intangible relacionada a la actividad elegible y poseída por el Negocio Exento con Decreto bajo el Capítulo 7 del Subtítulo B de este Código.

(18) Inversión Elegible de Energía Verde o Altamente Eficiente- Significa el monto de la inversión por la cual se admite la deducción especial dispuesta en la Sección 2072.06 de este Código.

(19) Negocio Exento Antecesor de Energía Verde– Significa cualquiera de los siguientes:

(i) Cualquier negocio que disfrute o haya disfrutado de exención bajo este Código o conforme a las Leyes de Incentivos Industriales o Contributivos para la realización de una actividad elegible sustancialmente similar a la especificada en el Decreto de un Negocio Sucesor de Energía Verde; y que es o fue poseedor en un veinticinco por ciento (25%) o más de sus Acciones emitidas y en circulación u otro interés en propiedad por el Negocio Sucesor de Energía Verde o por cualesquiera de los accionistas o propietarios del Negocio Sucesor de Energía Verde que posean un veinticinco por ciento (25%) o más de las Acciones del Negocio Sucesor de Energía Verde. Este último requisito no es de aplicación cuando se hace referencia a un Negocio Exento Antecesor de Energía Verde en la Sección 2074.02(a) (4) de este Código. Para los efectos de esta definición:

(A) La tenencia de Acciones se determinará de acuerdo con las reglas relacionadas con la tenencia de Acciones de Entidades bajo el Subtítulo A del Código de Rentas Internas de Puerto Rico.

(B) Si cualesquiera de los accionistas o propietarios de un Negocio Sucesor de Energía Verde afectados por dichas reglas pudiesen probar, a satisfacción del Secretario del DDEC y del Secretario de Hacienda, que el capital invertido o a invertirse en el Negocio Sucesor de Energía Verde no proviene directa o indirectamente de sus cónyuges, ascendientes o descendientes en línea recta, o de sus hermanos, sino que proviene de su propio peculio, tales reglas no le serán aplicables.

(20) Operador– Significa cualquier persona que controla, opera o administra una Unidad de Producción, un Sistema de Generación Altamente Eficiente, una Fuente de Energía Renovable Sostenible o una Fuente de Energía Renovable Alterna.

(21) Persona con Impedimento- Se refiere a toda persona con un impedimento físico o mental que lo limite sustancialmente en una o más de las actividades principales del diario vivir; o que tiene un historial de tal impedimento; o que es considerada o atendida como una persona con tal impedimento.

(22) Personas de Edad Avanzada- Se refiere a toda persona natural de sesenta (60) años o más de edad.

(23) Productor de Energía Altamente Eficiente— Persona que se dedique a la Generación Altamente Eficiente de Energía, ya sea como dueño y operador directo, o como dueño de un sistema que es operado por un tercero, o como operador de un sistema que es propiedad de un tercero, en cuyo caso ambos se considerarán como Negocios Elegibles bajo esta Ley. El término "Generación Altamente Eficiente" incluye la generación o venta a una o más personas que llevan a cabo una industria o negocio en Puerto Rico.

(24) Productor de Energía Renovable Alterna– Significa un Operador de una Fuente de Energía Renovable Alterna que genera o venda electricidad o energía térmica a escala comercial.

(25) Productor de Energía Renovable Sostenible– Significa un Operador de una Fuente de Energía Renovable Sostenible que genera o venda electricidad o energía térmica a escala comercial.

(26) Propiedad Dedicada a la Producción de Energía Verde– Significa cualquier:

(i) Propiedad inmueble, incluyendo terrenos y mejoras o partes de la misma, así como cualquier adición equivalente a no menos de veinticinco por ciento (25%) del área de la planta principal, dedicada a la explotación de un Negocio Exento y que es puesta a la disposición, utilizada o poseída por un Negocio Exento que posea un Decreto otorgado bajo el Capítulo 7, del Subtítulo B de este Código, en su desarrollo, organización, construcción, establecimiento u operación.

(ii) Conjunto de maquinaria y equipo necesario para que un Negocio Exento que posea un Decreto otorgado bajo el Capítulo 7, del Subtítulo B de este Código lleve a cabo la actividad que motiva su Concesión, que sea poseído, instalado o de algún modo utilizado bajo contrato por dicho Negocio Exento.

(iii) Para efectos del Capítulo 7, del Subtítulo B de este Código, el término "Propiedad Dedicada a la Producción de Energía Verde", no incluye los denominados contratos de arrendamiento financiero (financing leases).

(27) Proyecto Multifamiliar– Significa cualquier edificación o grupo de edificaciones que tenga no menos de diez (10) unidades de Vivienda, independientes unas de otras, pero propiedad de un mismo dueño.

(28) Sistema de Almacenaje de Energía. – Se refiere a un sistema interconectado con capacidad agregada de al menos un (1) megavatio (MW) que absorbe y almacena energía generada en un momento dado para ser utilizada posteriormente conforme a la necesidad del recurso.

(29) Unidad de Producción– Significa planta, maquinaria o conjunto de maquinaria y equipo, instalada en una o más localidades, pero que constituye un proyecto de Energía Verde integrado, con capacidad para llevar a cabo la Producción de Energía Verde, incluyendo equipos y estructuras suplementarias, tales como aquellas relacionadas con la distribución de la energía producida o con las funciones administrativas del Negocio Exento o proyecto de Energía Verde, aun cuando éste realice algunas operaciones fuera de los predios de tal unidad. La determinación de si un conjunto de maquinaria y equipo, y facilidades suplementarias, establecidos en diferentes localidades constituye un proyecto de Energía Verde integrado, se hará tomando en consideración factores tales como los clientes potenciales para la compra de la energía que se producirá, los acuerdos de financiamiento, las eficiencias operacionales, el control gerencial y la supervisión de recursos de capital y recursos humanos, y el control de riesgos.

(30) Vida Asistida– Significa el concepto de asistencia creado en programas de vivienda en donde cualquier Entidad cumple con los siguientes requisitos: (1) provea unas unidades amplias, según se definan en el Reglamento de Incentivos; (2) provea, directamente a través de los empleados de tal entidad o por medio de acuerdos con otra organización servicios personales individualizados para tres (3) o más Personas de Edad Avanzada que no están relacionados dentro del cuarto grado de consanguinidad o segundo de afinidad con el proveedor de dichos servicios; y (3) pueda aceptar pago o reembolsos de terceras personas, a favor o de parte de residentes, como pago o abono al canon de arrendamiento que sea establecido mediante el contrato residencial.

(31) Vivienda– toda estructura destinada a vivienda individual o colectiva, cuyo desarrollo o construcción haya comenzado después de la aprobación del Código, disponiéndose que en el caso de aquellos proyectos que se desarrollen o construyan por fases o unidades y que, a pesar de haber comenzado el proyecto previo a la fecha de vigencia de este Código, aún existan fases o unidades por desarrollar o construir luego de la vigencia de este Código, el Secretario del DDEC podrá considerar tales fases o unidades como elegibles bajo las disposiciones de este Código.

(32) Vivienda de Interés Social– Significa aquellas unidades para venta o renta cuyo precio de venta máximo no exceda la suma del Máximo Ajustado de Prestación a Cualificación por Composición Familiar (MAPCCF) y los elementos o factores de incrementación según se disponga en el Reglamento de Incentivos o cuyo canon de arrendamiento o valor de mercado no exceda de lo dispuesto en dicho Reglamento.

(33) Vivienda para Personas de Edad Avanzada– Significa la estructura sencilla, en hileras, de acceso peatonal o multipisos, destinada a viviendas de Personas de Edad Avanzada a Adultos Mayores, cuando son fomentadas o desarrolladas por el Departamento de la Vivienda o sus organismos operacionales, cuando son desarrolladas o promovidas o por empresas privadas.

(34) Zonas Históricas de Puerto Rico- Significa todas aquellas zonas declaradas por la Junta de Planificación de Puerto Rico o por el Instituto de Cultura Puertorriqueña según lo dispuesto por la Ley Núm. 374 de 14 de mayo de 1949, según enmendada, conocida como "Ley de Zonas Históricas, Antiguas o de Interés Público" y por la Ley Núm. 89 de 21 de junio de 1955, según enmendada, respectivamente, decretadas así por contener un gran número de estructuras de valor histórico, artístico, cultural o ambiental que constituyen nuestro patrimonio edificado y urbanístico.

(Julio 1, 2019, Núm. 60, sec. 1020.07; Abril 16, 2020, Núm. 40, sec. 76, enmienda el apartado (a) primera párrafo, subincisos (14), (17), (18), (23) y subinciso (28) fue eliminado y dejado como reservado; Enero 9, 2023, Núm. 5, art. 1, añade un nuevo subinciso (28) al apartado (a).)

Sección 1020.08– Definiciones Aplicables a Actividades de Agrícolas. (13 L.P.R.A. sec. 45019)

(a) Para propósitos del Capítulo 8 del Subtítulo B de este Código relacionado a actividades de Agricultura, los siguientes términos, frases y palabras tendrán el significado y alcance que se expresa a continuación:

(1) Agricultor *Bona Fide*.- Significa toda persona natural o jurídica que durante el Año Contributivo para el cual reclama deducciones, exenciones o beneficios provistos por el Capítulo 8 del Subtítulo B de este Código tenga una certificación vigente expedida por el Secretario de Agricultura, la cual certifique que durante dicho año se dedicó a la explotación de una actividad que cualifica como un negocio agroindustrial, según dicha actividad se describe en el párrafo (2) del apartado (a) de la Sección 2081.01, y que derive el cincuenta y un por ciento (51%) o más de su ingreso bruto de un negocio agroindustrial como operador, dueño o arrendatario, según conste en su planilla de contribución sobre ingresos o cincuenta y un por ciento (51%) del valor de la producción y/o inversión de un negocio agroindustrial como operador, dueño o arrendatario. La certificación de agricultor *bona fide* será expedida por el Secretario de Agricultura y tendrá una vigencia de cuatro (4) años. Se condiciona la posesión de esta certificación a la presentación anual de la planilla de contribución sobre ingresos ante el Secretario de Agricultura. Si de una evaluación llevada a cabo por el Secretario de Agricultura se determinara que se ha incumplido con alguna de las disposiciones de esta Ley, la certificación será revocada inmediatamente.

Cualquier persona a quien se le revoque una certificación de agricultor *bona fide* estará impedida de solicitar la certificación por el término fijo de un (1) año. Las deducciones, beneficios o exenciones reconocidas en esta Ley que hayan sido obtenidas ilegalmente serán devueltas a la agencia, corporación, departamento, instrumentalidad, municipio o negociado que las haya otorgado.

(2) Trabajadores Agrícola- Toda persona que trabaje mediante remuneración en labores que conduzcan a la producción agrícola o pecuaria, el mantenimiento de una finca o sus dependencias directas que incida en el almacenamiento, la transportación, la distribución y el mercadeo de los productos de la finca.

(Julio 1, 2019, Núm. 60, sec. 1020.08; Octubre 22, 2021, Núm. 51, art. 1, enmienda el inciso (a) en términos generales.)

Sección 1020.09– Definiciones Aplicables a Actividades de Industrias Creativas (13 L.P.R.A. sec. 45020)

(a) Para propósitos del Capítulo 9 del Subtítulo B de este Código relacionado a actividades de Industrias Creativas, los siguientes términos, frases y palabras tendrán el significado y alcance que se expresa a continuación:

(1) Distritos de Desarrollo de Industrias Creativas– Significa cada área geográfica según descrita en la Sección 2094.01 de este Código.

(2) Estudio– Significa un estudio de producción cinematográfica y de televisión integral de alta capacidad, construido para tales fines, desarrollado y operado en cualquier parte de Puerto Rico, apto para albergar estudios de sonidos (soundstages), escenografías exteriores, incluso facilidades para construir y diseñar escenografías, oficinas de producción y departamentos de servicios de producción que presten servicios a la comunidad productora y cualquier otra comodidad o facilidad necesaria dentro del estudio, según se determine mediante el Reglamento de Incentivos, orden administrativa, carta circular o cualquier otro comunicado de carácter general, cuyo presupuesto según certificado por el Auditor, sea igual o mayor quinientos mil dólares ($500,000.00).

(3) Estudio de Postproducción- Significa un estudio de finalización de material fílmico que contenga salas especializadas en edición de sonido, salas especializadas en edición de video, salas especializadas en corrección de color, equipo para la creación de efectos visuales, otros equipos y otras estructuras especializadas cuyo valor en equipos al momento de la compra e instalación o edificación haya sido igual o mayor a un millón de dólares ($1,000,000.00), siempre y cuando las salas tengan como propósito único el proceso designado y no se constituyan como salas de usos genéricos. Se excluirá de este monto el valor del edificio y tierra.

(4) Fianza– Significa una carta de crédito contingente e irrevocable emitida por una Institución Financiera autorizada a hacer negocios en Puerto Rico, una garantía de una compañía de fianzas o seguros, o una garantía emitida por una Persona con un buen historial crediticio, en cada caso aceptable para el Secretario de Hacienda o el Secretario del DDEC, según sea el caso, a efectos de que se completará un Proyecto Fílmico dentro de los términos y parámetros propuestos. En el caso de Proyectos Fílmicos, el término "Fianza" incluirá una "Fianza de Finalización" (completion bond).

(5) Fotografía Principal– Significa la fase de la producción durante la cual se filma un Proyecto Fílmico. El término no incluirá preproducción ni postproducción.

(6) Gastos de Producción– Significa aquellos gastos de desarrollo, preproducción, producción y postproducción incurridos directamente en la producción de un Proyecto Fílmico. Sólo se incluirán los gastos atribuibles al desarrollo de un Proyecto Fílmico cuando no menos del cincuenta por ciento (50%) de la Fotografía Principal del Proyecto Fílmico se lleve a cabo en Puerto Rico. Los gastos atribuibles a preproducción, producción y

postproducción no tendrán que cumplir con el requisito de cincuenta por ciento (50%) de la Fotografía Principal antes expresado para considerarse Gastos de Producción.

(7) Gastos de Producción de Puerto Rico– Significa los pagos realizados a Personas Domésticas o Personas Extranjeras por servicios prestados físicamente en Puerto Rico, directamente atribuibles al desarrollo, la preproducción, la producción y la postproducción de un Proyecto Fílmico. Sólo se incluirán los gastos atribuibles al desarrollo de un Proyecto Fílmico cuando no menos del cincuenta por ciento (50%) de la Fotografía Principal del Proyecto Fílmico se lleve a cabo en Puerto Rico. Los gastos atribuibles a preproducción, producción y postproducción no tendrán que cumplir con el requisito de cincuenta por ciento (50%) de la Fotografía Principal antes expresado para considerarse Gastos de Producción de Puerto Rico. Para ser Gastos de Producción de Puerto Rico, los pagos recibidos por Personas Domésticas y Personas Extranjeras estarán sujetos a contribuciones sobre ingresos en Puerto Rico, a tenor con el Capítulo 9 del Subtítulo B de este Código, ya sea directamente o mediante una corporación de servicios profesionales u otra Entidad. Los Gastos de Producción de Puerto Rico incluyen pagos relacionados con el desarrollo, la preproducción, la producción y la postproducción de un Proyecto Fílmico, incluso, pero no limitado a, lo siguiente:

(i) Salarios, beneficios marginales, dietas u honorarios de talento, administración o labor a una persona que es una Persona Doméstica o Persona Extranjera. No obstante, las dietas de una persona que no es una Persona Doméstica o Personas Extranjeras, se podrán incluir en la definición de Gastos de Producción de Puerto Rico, a discreción del Secretario del DDEC;

(ii) Intereses, cargos y honorarios pagados a Personas incluidas en el párrafo (4) del apartado (f) de la Sección 1033.17 del Código de Rentas Internas de Puerto Rico; o

(iii) Cualquiera de los siguientes bienes o servicios provistos por un suplidor que es una Persona Doméstica o Persona Extranjera:

(A) la historia y el guion que se utilizarán para un Proyecto Fílmico;

(B) la construcción y operación de escenografías, vestimenta, accesorios y servicios relacionados;

(C) fotografía, sincronización de sonido, iluminación y servicios relacionados;

(D) servicios de postproducción tales como edición de video, audio, corrección de color, efectos visuales y otros relacionados, incluyendo el alquiler de las salas especializadas y los equipos de postproducción dentro de las mismas;

(E) alquiler de facilidades y equipo;

(F) alquiler de vehículos, incluso aviones o embarcaciones, siempre y cuando el avión o la embarcación a alquilarse esté registrado en, y tenga como puerto principal Puerto Rico, y el alquiler esté limitado a viajes dentro de Puerto Rico, su espacio aéreo y aguas territoriales;

(G) comida y alojamiento;

(H) pasajes de avión, siempre y cuando se compren a través de una agencia o compañía de viajes basada en Puerto Rico para realizar viajes hacia y desde Puerto Rico, o dentro de Puerto Rico, directamente atribuibles al Proyecto Fílmico;

(I) cobertura de un seguro o Fianza, siempre y cuando sea adquirida a través de un productor de seguros autorizado a hacer negocios en Puerto Rico; y

(J) otros costos directamente atribuibles al Proyecto Fílmico, conforme a la práctica general aceptada en la industria del entretenimiento, según se determine mediante el Reglamento de Incentivos, orden administrativa, carta circular o cualquier otro comunicado de carácter general.

(iv) Quedan excluidos de la definición de Gastos de Producción de Puerto Rico:

(A) Aquellas partidas pagadas a Personas Domésticas con el efectivo de cualquier subsidio, donación, o asignación de fondos, provenientes del Gobierno de Puerto Rico. Aquellas partidas pagadas a Personas Domésticas con el efectivo de aportaciones hechas a un Proyecto Fílmico, que por su naturaleza y términos son reintegrables, tales como préstamos o inversiones, excluyendo aportaciones por el Fondo Cinematográfico según definido en la "Ley de Incentivos Económicos para la Industria Fílmica", a discreción del Secretario del DDEC, podrán ser incluidas en la definición de Gastos de Producción de Puerto Rico.

(B) el costo de bienes adquiridos o arrendados por Personas Domésticas, fuera de Puerto Rico, para su reventa o alquiler a un Concesionario que no cumpla con las reglas emitidas por el Secretario de Desarrollo mediante reglamento y/o carta circular y cuando, en opinión del Auditor, no hay sustancia económica en la transacción.

(C) Aquellas partidas pagadas a Personas Domésticas, primordialmente, por los servicios de Personas Extranjeras, excepto por Entidades que rindan los servicios de Personas Extranjeras.

(8) Industrias Creativas– Para fines de este Código, se consideran Industrias Creativas aquellas empresas registradas en el Registro de Industrias Creativas, que tengan potencial de creación de empleos y desarrollo económico, principalmente mediante la exportación de bienes y servicios creativos en los siguientes sectores: Diseño (gráfico, industrial, moda e interiores); Artes (música, artes visuales, escénicas y publicaciones); Medios (desarrollo de aplicaciones, videojuegos, medios en línea, contenido digital y multimedios); y Servicios Creativos (arquitectura y educación creativa).

(9) Operador de Estudio– Significa la Persona dedicada a administrar y operar un Estudio o un Estudio de postproducción.

(10) Productor Doméstico– Significa el empresario Persona Doméstica que:

(i) controla directa o indirectamente derechos de propiedad intelectual del Proyecto Fílmico y es responsable del financiamiento y de la producción del Proyecto Fílmico; y

(ii) directa o indirectamente, individualmente o junto a otros productores Personas Domésticas, tiene derecho a recibir no menos del treinta por ciento (30%) de las ganancias netas del Proyecto Fílmico a ser distribuidas entre los productores del Proyecto Fílmico, luego del repago del financiamiento y demás obligaciones económicas.

(11) Proyecto Fílmico– Significa una o más de las actividades contempladas en el párrafo (1) del apartado (a) de la Sección 2091.01 de este Código.

(12) Traspaso– Significa, según corresponda, el alquiler, la venta, la permuta, el traspaso, la cesión, o cualquier otra forma de traspaso, de propiedad mueble o inmueble, según sea el caso.

(Julio 1, 2019, Núm. 60, sec. 1020.09)

Sección 1020.10- Definiciones Aplicables a Actividades de Otras Industrias (13 L.P.R.A. sec. 45021)

(a) Para propósitos del Capítulo 11 de este Código relacionado a actividades cubiertas y relacionadas a Otras Industrias, los siguientes términos, frases y palabras tendrán el significado y alcance que se expresa a continuación:

(1) Ingreso Neto Proveniente de Actividades de Embarque— Significa el ingreso bruto proveniente de, o relacionado con, el uso, alquiler o arrendamiento para uso, de cualquier embarcación o parte de la misma utilizada en la transportación de carga entre puertos en Puerto Rico y puertos situados en países extranjeros o de cualquier propiedad de cualquier otra clase, mueble e inmueble utilizada en la operación de dicha embarcación.

(2) Transportación de Carga por Mar– Significa:

(i) la transportación de carga por mar entre puertos situados en Puerto Rico y puertos situados en países extranjeros, y

(ii) el alquilar o arrendar embarcaciones, que sean utilizadas en tal transportación, o propiedad de cualquier otra clase, mueble e inmueble, utilizada con relación a la operación de tales embarcaciones cuando la transportación cumpla con los requisitos mencionados en la Sección 2110.02 de este Código.

(Julio 1, 2019, Núm. 60, sec. 1020.10)

Sección 1030.01– Creación de Empleos (13 L.P.R.A. sec. 45022)

(a) El Secretario requerirá, como requisito indispensable para otorga los incentivos dispuestos en este Código, que el Negocio Exento, con un volumen de negocio anual, real o proyectado, mayor a tres millones de dólares (3,000,000.00) mantenga al menos el número de empleados directos dispuestos en el apartado (b) durante su año contributivo. Nada de lo aquí dispuesto impedirá que el Secretario imponga un requisito de empleos mayor a un Negocio Exento, considerando los mejores intereses de Puerto Rico.

(b) Todo Negocio Exento con un volumen de negocio anual, real o proyectado, mayor a tres millones de dólares (3,000,000.00), deberá mantener, durante la vigencia de la concesión, sujeto a lo dispuesto en el apartado (d) de esta Sección, al menos:

(1) Un (1) empleado directo a tiempo completo, si el decreto fue concedido bajo las disposiciones del Capítulo 3 del Subtítulo B.

(2) Tres (3) empleados directos a tiempo completo, si el decreto fue concedido bajo las disposiciones de Capítulo 6 del Subtítulo B.

(3) Todo decreto otorgado bajo las disposiciones de otra Sección o capítulo de este Código no tendrá un requisito de creación de empleos.

(c) Para propósitos de esta Sección, un "empleado directo" es todo individuo residente de Puerto Rico que el Negocio Exento ha contratado como empleado, sea a tiempo completo, parcial o temporero, para participar directamente en las actividades cubiertas por el decreto. Para propósito de determinar el número de empleados directos a tiempo completo mantenidos por el Negocio Exento durante el año contributivo, se deberá sumar el total de horas trabajadas por todos los empleados directos de éste durante el año y dividir la cantidad resultante por dos mil ochenta (2,080). El resultado, sin tomar en cuenta números decimales, será el número de empleados directos durante dicho año contributivo. Para estos propósitos, las horas de vacaciones y otras licencias autorizadas podrán tomarse en cuenta como horas trabajadas. No obstante, las horas de tiempo extra, en exceso de 40 horas semanales, no podrán considerarse.

(1) Además, en aquellos casos en que un empleado regular renuncie o sea despedido, el Negocio Exento contará con un periodo de noventa (90) días para contratar a un nuevo empleado. Si el Negocio Exento contrata a un nuevo empleado durante dicho periodo, los días en que estuvo la vacante serán consideradas horas trabajadas dentro del cómputo de las dos mil ochenta (2,080) horas.

(d) Determinación de Empleos– En la determinación de requisitos de empleo, el Secretario seguirá las siguientes reglas:

(1) En aquellos casos en que el requisito de empleo se impuso como consecuencia del Negocio Exento tener un volumen anual real de negocios mayor a tres millones de dólares $3,000,000.00, durante los primeros seis (6) meses luego de la concesión del decreto, deberá mantener veinticinco por ciento (25%) del requisito dispuesto; luego de los seis (6) meses pero antes de los doce (12) meses luego de la concesión del decreto, deberá mantener cincuenta por ciento (50%) del requisito dispuesto; luego de los doce (12) meses pero antes de los dieciocho (18) meses luego de la concesión del decreto, deberá cumplir con el setenta y cinco por ciento (75%) del requisito dispuesto; y luego de los dieciocho (18) meses luego de la concesión del decreto, deberá cumplir con el cien por ciento (100%) del requisito dispuesto.

(2) En aquellos casos en que el requisito de empleo se impuso como consecuencia del Negocio Exento tener un volumen anual proyectado de negocios, las disposiciones del inciso (1) de este apartado (d) comenzarán a aplicar en el año contributivo siguiente al año contributivo en que el Negocio Exento alcance un volumen de negocio mayor a tres millones de dólares ($3,000,000.00).

(3) El Secretario tomará en consideración a los dueños del Negocio Elegible que sean empleados a tiempo completo de la Entidad y reciban un salario por sus servicios;

(4) El Secretario tomará en consideración los empleados de otro patrono que han sido contratados por el Negocio Exento para proveerle servicios directamente relacionados a las actividades cubiertas por el Decreto, incluyendo aquellos trabajando bajo un contrato de arrendamiento de empleados.

(e) Cumplimiento Flexible– Todo Negocio Exento que incumpla con el requisito de empleos aquí dispuesto para un año contributivo:

(1) Si el Negocio Exento cumplió con al menos ochenta por ciento (80%) de los empleos requeridos, se entenderá que cumplió con dicho requisito. Esta excepción no podrá ser utilizada en más de tres (3) ocasiones durante la vigencia del Decreto.

(2) Si el Negocio Exento no cumplió con por lo menos el ochenta por ciento (80%) de los empleos requeridos, deberá solicitar al Secretario que le permita cumplir con dicho requisito con la cantidad mantenida durante el año. Dicha solicitud contendrá las razones para el incumplimiento, las medidas correctivas que el Negocio Exento tomará para cumplir con el requisito y cualquier otra información que el Secretario requiera mediante reglamento u otra publicación de carácter general. Disponiéndose que el cumplimiento del requisito de empleos mediante este párrafo no podrá ser utilizado en más de dos (2) ocasiones durante la vigencia del Decreto.

(3) Se faculta al Secretario a conceder las excepciones dispuestas en los párrafos (1) o (2) de este apartado en exceso de los años allí dispuestos si sirve a los mejores intereses de Puerto Rico.

(4) Decretos Existentes– Para años contributivos comenzados luego del 31 de diciembre de 2017, todo Negocio Exento con un decreto otorgado bajo la Ley 73-2008, según enmendada, la Ley 20-2012, según enmendada o la Ley 135-2014, según enmendada, podrá acogerse a las disposiciones de este apartado para cumplir con dicho requisito. Esta excepción no podrá ser utilizada en más de tres (3) ocasiones durante el remanente de la vigencia del Decreto.

(d) Todo Negocio Exento con un decreto otorgado bajo la Ley 73-2008, según enmendada; la Ley 20-2012, según enmendada o la Ley 135-2014, según enmendada, podrá solicitar una enmienda a dicho decreto, y el Secretario podrá concederla siempre que la misma sirva a los mejores intereses de Puerto Rico, para que le aplique el requisito de empleos dispuesto en el apartado (b) de esta Sección.

(Julio 1, 2019, Núm. 60, sec. 1030.01)

SUBTÍTULO B- INCENTIVOS DE DESARROLLO ECONÓMICO
CAPÍTULO 1- INCENTIVOS DE APLICACIÓN GENERAL
SUBCAPÍTULO A – REGLA GENERAL

Sección 2011.01- Disposiciones Generales (13 L.P.R.A. sec. 45031)

Los beneficios de este Subcapítulo serán de aplicación general a los Negocios Exentos bajo este Código, salvo que se disponga de otro modo en este Capítulo 1 y en los próximos Capítulos de este Subtítulo B.

(Julio 1, 2019, Núm. 60, sec. 2011.01)

Sección 2011.02– Contribución Sobre Ingresos (13 L.P.R.A. sec. 45032)

(a) Contribución sobre ingresos-

(1) En general- El Ingreso Exento generado en las actividades elegibles de un Negocio Exento bajo este Código estará sujeto a una tasa fija preferencial de contribución sobre ingresos de un cuatro por ciento (4%), en lugar de cualquier otra contribución sobre ingresos, si alguna, dispuesta por el Código de Rentas Internas de Puerto Rico o cualquier otra ley. Para propósito de esta exención, los fondos provenientes de una póliza de seguros por concepto de interrupción de negocio (business interruption) que cubra las actividades elegibles de un Negocio Exento, serán considerados Ingreso Exento.

(b) Distribuciones-

(1) Los accionistas o socios de una corporación o sociedad que es un Negocio Exento que posea un Decreto otorgado bajo este Código no estarán sujetos a contribución sobre ingresos sobre distribuciones de dividendos o beneficios del Ingreso Exento de tal Negocio Exento, o en el caso de un Negocio Exento que no sea una corporación doméstica, sobre distribuciones de dividendos o beneficios del ingreso de fuentes fuera de Puerto Rico devengado por el Negocio Exento, según se dispone en el Código de Rentas Internas de Puerto Rico.

(2) Imputación de Distribuciones Exentas-

(i) La distribución de dividendos o beneficios que hiciere un Negocio Exento que posea un Decreto otorgado bajo este Código, aun después de expirado su Decreto, se considerará que se hace de su Ingreso Exento si, a la fecha de la distribución, esta no excede del balance no distribuido de su Ingreso Exento acumulado, a menos que el Negocio Exento, al momento de hacer la declaración de la distribución, elija distribuir el dividendo o beneficio, total o parcialmente, de otras utilidades o beneficios. La cantidad, el año de acumulación y el carácter de la distribución que se hace del Ingreso Exento será la que designe el Negocio Exento mediante notificación enviada conjuntamente con el pago de la misma a sus accionistas o socios y sea informada al Secretario de Hacienda, mediante declaración informativa, no más tarde del 28 de febrero siguiente al año de la distribución.

(3) En los casos de una Entidad que a la fecha del comienzo de operaciones como un Negocio Exento tengan utilidades o beneficios acumulados, las distribuciones de dividendos o beneficios que se realicen a partir de dicha fecha, se considerarán que se hacen del balance no distribuido de tales utilidades o beneficios, pero una vez se agote el balance por virtud de tales distribuciones, se aplicarán las disposiciones del párrafo (1).

(4) Las distribuciones subsiguientes del Ingreso Exento que lleve a cabo cualquier Entidad también estarán exentas de toda tributación.

(c) Deducción y Arrastre de Pérdidas Netas en Operaciones—

(1) Deducción por Pérdidas Corrientes Incurridas en Actividades no Cubiertas por un Decreto de Exención- Si un Negocio Exento que posea un Decreto otorgado bajo este Código incurre en una pérdida neta en operaciones que no sean la operación declarada exenta bajo este Código, computada sin el beneficio de la deducción dispuesta en las Secciones 2062.06 y 2072.06, en los casos en que sean aplicables tales deducciones, ésta podrá utilizarse únicamente contra ingresos no cubiertos por un Decreto de exención y se regirá por las disposiciones del Código de Rentas Internas de Puerto Rico.

(2) Deducción por Pérdidas Corrientes Incurridas en la Operación del Negocio Exento- Si un Negocio Exento que posee un Decreto otorgado bajo este Código incurre en una pérdida neta en la operación declarada exenta bajo este Código, computada sin el beneficio de la deducción especial provista en las Secciones 2062.06 y 2072.06, en los casos en que sean aplicables tales deducciones, podrá deducir la pérdida contra su Ingreso de Desarrollo Industrial de la operación que incurrió la pérdida.

(3) Deducción por Arrastre de Pérdidas de Años Anteriores- Se concederá una deducción por arrastre de pérdidas incurridas en años anteriores, según se dispone a continuación:

(i) El exceso sobre las pérdidas deducibles bajo el párrafo (2) de este apartado podrá arrastrarse contra el Ingreso Exento de años contributivos subsiguientes. Las pérdidas se arrastrarán en el orden en que se incurrieron.

(ii) Cualquier pérdida neta que se haya incurrido en un año en que la elección de la exención contributiva flexible que se dispone en la Sección 2011.05 de este Código esté vigente, podrá arrastrarse solamente contra el Ingreso Exento generado por el Negocio Exento, bajo el Decreto bajo el cual se hizo la elección de la Sección 2011.05 de este Código. Las pérdidas se arrastrarán en el orden en que se incurrieron.

(iii) Una vez vencido el período de exención para propósitos de contribución sobre ingresos, las pérdidas netas incurridas en la operación declarada exenta bajo este Código, así como cualquier exceso de la deducción permitida bajo las Secciones 2062.06 y 2072.07, en los casos en que sean aplicables tales deducciones, que esté arrastrando el Negocio Exento a la fecha de vencimiento de tal período, podrán deducirse contra cualquier ingreso tributable en Puerto Rico, sujeto a las limitaciones que se proveen en el Subtítulo A del Código de Rentas Internas de Puerto Rico. Tales pérdidas se considerarán como incurridas en el último Año Contributivo en que el Negocio Exento que posea un Decreto bajo este Código disfrutó de exención contributiva sobre ingresos bajo el Decreto.

(iv) El monto de la pérdida neta en operaciones que se arrastrará se computará conforme a las disposiciones de la Sección 1033.14 del Código de Rentas Internas de Puerto Rico. En el caso de los Negocios Exentos que posean un Decreto otorgado bajo las disposiciones del Capítulo 6, del Subtítulo B de este Código, además de las excepciones, adiciones y limitaciones provistas en esa Sección, la pérdida será ajustada por los Ingresos de Inversiones Elegibles de tal Negocio Exento.

(d) Pago de la Contribución- En ausencia de disposición en contrario, las contribuciones retenidas o pagaderas se retendrán o pagarán en la forma y manera que disponga el Código de Rentas Internas de Puerto Rico para el pago de las contribuciones sobre ingresos y retenciones en general.

(Julio 1, 2019, Núm. 60, sec. 2011.02)

Sección 2011.03– Contribuciones Sobre La Propiedad (13 L.P.R.A. sec. 45033)

(a) Un Negocio Exento bajo este Código, tendrá un setenta y cinco por ciento (75%) de exención en la contribución sobre la propiedad mueble e inmueble según impuesta por la Ley 83-1991.

(b) Tipo contributivo- La porción tributable estará sujeta, durante el término del Decreto, al tipo contributivo que esté vigente a la fecha de la firma del Decreto, independientemente de cualquier enmienda posterior realizada al Decreto.

(c) Propiedad mueble e inmueble en proceso de construcción (*CIP*, por sus siglas en ingles)- La propiedad mueble e inmueble en proceso de construcción estará totalmente exenta de contribuciones sobre la propiedad mueble e inmueble durante el período de construcción en lugar de los términos y requisitos dispuestos en la "Ley de Contribución Municipal Sobre la Propiedad".

(Julio 1, 2019, Núm. 60, sec. 2011.03)

Sección 2011.04– Contribuciones Municipales (13 L.P.R.A. sec. 45034)

(a) El ingreso de actividades elegibles de un Negocio Exento bajo este Código tendrá un cincuenta por ciento (50%) de exención en las contribuciones municipales, entiéndase sobre las patentes municipales, arbitrios municipales y otras contribuciones municipales impuestas por cualquier ordenanza municipal. Los municipios podrán extender una exención mayor a la aquí dispuesta según lo establecido en los artículos 2.109, 2,110 y 7.239 de la Ley 107-2020, conocida como "Código Municipal de Puerto Rico", con excepción de la Contribución Municipal sobre la Propiedad, que se regirá según lo dispuesto en el Libro VII, Capítulo II de la Ley 107-2020.

(b) Tipo contributivo. – La porción tributable del volumen de negocios estará sujeta, durante el término del Decreto, al tipo contributivo que esté vigente a la fecha de la firma del Decreto, independientemente de cualquier enmienda posterior realizada al mismo.

(c) Exención del primer semestre. – El Negocio Exento que posea un Decreto otorgado bajo el Código gozará de exención total sobre las patentes municipales aplicables al volumen de negocios de dicho Negocio Exento durante el semestre del Año Fiscal del Gobierno en el cual el Negocio Exento comience operaciones en cualquier municipio, a tenor con lo dispuesto en el "Código Municipal de Puerto Rico".

(d) Período de prescripción para la tasación y cobro de la patente. – Todo Negocio Exento bajo este Código o bajo leyes de incentivos anteriores podrá renunciar al beneficio del descuento de cinco por ciento (5%) por pronto pago dispuesto en el Artículo 7.208 del "Código Municipal de Puerto Rico", y realizar el pago total de su patente municipal en la fecha dispuesta por dicha ley. Disponiéndose, que en el caso de los Negocios Exentos que opten por realizar el pronto pago y renunciar al descuento, el período de prescripción para la tasación y cobro de la patente impuesta bajo el "Código Municipal de Puerto Rico" será de tres (3) años a partir de la fecha en que se rinda la Declaración sobre el Volumen de Negocios, en lugar de los términos dispuestos en los apartados (a) y (b) del Artículo 7.216 del "Código Municipal de Puerto Rico".

(e) Ganancias de capital. – Las ganancias netas de capital, así como cualquier otra ganancia neta obtenida en la venta de cualquier activo o propiedad utilizada en las operaciones exentas estarán sujetas a contribuciones municipales (patentes), en la porción tributable, solamente en cuanto al monto de la ganancia neta, si alguna, en lugar de los términos dispuestos en el "Código Municipal de Puerto Rico" , sujeto a lo dispuesto en el inciso (a) de esta Sección.

(f) Arbitrios de construcción. – Un Negocio Exento que posea un Decreto otorgado bajo este Código y sus contratistas y subcontratistas estarán setenta y cinco por ciento (75%) exentos de cualquier contribución, impuesto, derecho, licencia, arbitrios de construcción, arbitrio, tasa o tarifa impuesta por cualquier ordenanza municipal sobre la construcción de obras a ser utilizadas por dicho Negocio Exento en sus operaciones, sin que se entienda que dichas contribuciones incluyen la patente municipal impuesta sobre el volumen de negocios del contratista o subcontratista del Negocio Exento. En aquellos Decretos bajo este Código o leyes de incentivos anteriores en donde sea aplicable la exención dispuesta en este apartado, se entenderá que: (1) una obra de construcción será utilizada por un Negocio Exento en la medida que se lleve a cabo dentro de los predios donde ubica la operación y para facilitar la operación del Negocio Exento, independientemente de si el Negocio Exento posee dichos predios o cualquier parte de este a título propietario, arrendamiento o cualquier otro modo, y (2) a tales fines, ni el Negocio Exento para cuyo beneficio se lleva a cabo una obra de construcción, ni sus contratistas o subcontratistas, tendrán que presentar una certificación emitida por un municipio como evidencia de haber pagado los arbitrios de construcción para la expedición de permiso alguno.

(Julio 1, 2019, Núm. 60, sec. 2011.04; Enero 10, 2024, Núm. 9, art. 1, enmienda en términos generales.)

Sección 2011.05– Exención Contributiva Flexible (13 L.P.R.A. sec. 45035)

Los Negocios Exentos que posean un Decreto otorgado bajo este Código tendrán la opción de escoger los años contributivos específicos a ser cubiertos bajo sus Decretos en cuanto a su Ingreso Exento siempre y cuando lo notifiquen al Secretario de DDEC junto al Secretario de Hacienda no más tarde de la fecha dispuesta en el Código de Rentas Internas de Puerto Rico para rendir su planilla de contribución sobre ingresos para dicho Año Contributivo, incluyendo las prórrogas concedidas para este propósito. Una vez dicho Negocio Exento opte por este beneficio, su período de exención se extenderá para propósitos de contribución sobre ingreso, por el número de años contributivos que no haya disfrutado de un Decreto.

(Julio 1, 2019, Núm. 60, sec. 2011.05)

SUBCAPÍTULO B – PEQUEÑAS Y MEDIANAS EMPRESAS (PYMES)

Sección 2012.01– Exención Contributiva (13 L.P.R.A. sec. 45041)

Un Negocio Exento que sea una Nueva PYME conforme a lo dispuesto en este Código, además de estar sujeto a las disposiciones aplicables a tal Negocio Exento bajo este Código, gozará de los beneficios dispuestos en este Subcapítulo. Un Negocio Sucesor de una PYMES no cualificará para los beneficios contenidos en este Subcapítulo. El Ingreso Exento de una Nueva PYME, estará sujeto a una tasa fija de contribución sobre ingresos de dos por ciento (2%) por un periodo de cinco (5) años, y cuatro por ciento (4%) por el periodo remanente del Decreto. Además, la Nueva PYME gozará de un cien por ciento (100%) de exención en contribuciones sobre la propiedad mueble e inmueble, así como de las contribuciones municipales por los primeros cinco (5) años del Decreto. El período remanente de exención contributiva gozará de setenta y cinco por ciento (75%) de exención en contribuciones sobre la propiedad mueble e inmueble, y cincuenta por ciento (50%) de exención en contribuciones municipales.

(Julio 1, 2019, Núm. 60, sec. 2012.01)

Sección 2012.02–Créditos Contributivos por Compras de Productos Manufacturados en Puerto Rico (13 L.P.R.A. sec. 45042)

Un Negocio Exento que se considere una Nueva PYME podrá solicitar al DDEC un Crédito Contributivo, por Compras de Productos Manufacturados en Puerto Rico de hasta un treinta por ciento (30%) de las compras de tales productos, sujeto a lo dispuesto en las Secciones 3000.01 y 3000.02 de este Código.

El crédito provisto en esta Sección será intransferible, excepto en el caso de una reorganización exenta. El monto del crédito no utilizado por el negocio exento en un año contributivo podrá ser arrastrado a años contributivos subsiguientes, hasta tanto se utilice en su totalidad, sujeto a las disposiciones del apartado (h) de la Sección 1051.16 del Código de Rentas Internas de Puerto Rico, si aplican. Este crédito no generará un reintegro.

(Julio 1, 2019, Núm. 60, sec. 2012.02; Junio 30, 2022, Núm. 52, art. 15, añade el segundo párrafo.)

SUBCAPÍTULO C – VIEQUES Y CULEBRA

Sección 2013.01– Negocios que operen en Vieques y Culebra (13 L.P.R.A. sec. 45051)

Los beneficios de este Subcapítulo aplicarán exclusivamente a las operaciones que lleve a cabo un Negocio Exento que opere en las islas municipio de Vieques o Culebra sujeto a los criterios y limitaciones que el DDEC y el Departamento de Hacienda fijen mediante el Reglamento de Incentivos. Los Negocios Exentos, además de estar sujetos a las disposiciones aplicables a tal Negocio Exento bajo este Código, gozarán de los beneficios dispuestos en este Subcapítulo.

(Julio 1, 2019, Núm. 60, sec. 2013.01)

Sección 2013.02 – Beneficios Contributivos (13 L.P.R.A. sec. 45052)

El Ingreso Exento generado por las actividades llevadas a cabo por un Negocio Exento en las islas municipio de Vieques y Culebra estará sujeto a una tasa fija de contribución sobre ingresos de dos por ciento (2%) por un periodo de cinco (5) años, y cuatro por ciento (4%) por el periodo remanente del Decreto. Además, el Negocio Exento gozará de un cien por ciento (100%) de exención en contribuciones sobre la propiedad mueble e inmueble, así como de contribuciones municipales por los primeros cinco (5) años del Decreto de Exención. El período remanente de exención contributiva gozará de setenta y cinco por ciento (75%) de exención en contribuciones sobre la propiedad mueble e inmueble, y cincuenta por ciento (50%) de exención en contribuciones municipales.

(Julio 1, 2019, Núm. 60, sec. 2013.02)

Sección 2013.03–Créditos Contributivos por Compras de Productos Manufacturados en Puerto Rico (13 L.P.R.A. sec. 45053)

(a) No obstante lo dispuesto en las Secciones 3020.01 de y 3000.02 este Código, un Negocio Exento bajo este Código que opere desde las islas municipio de Vieques o Culebra, pero sólo durante el período que opere desde las islas municipio de Vieques o Culebra, podrá solicitar al DDEC un Crédito Contributivo de hasta un treinta por ciento (30%) de las compras de Productos Manufacturados en Puerto Rico, sujeto a lo dispuesto en las Secciones 3000.01 y 3000.02 de este Código.

(b) El crédito provisto en esta Sección será intransferible, excepto en el caso de una reorganización exenta. El monto del crédito no utilizado por el negocio exento en un año contributivo podrá ser arrastrado a años contributivos subsiguientes, hasta tanto se utilice en su totalidad, sujeto a las disposiciones del apartado (h) de la Sección 1051.16 del Código de Rentas Internas de Puerto Rico, si aplican. Este crédito no generará un reintegro.

(Julio 1, 2019, Núm. 60, sec. 2013.03; Junio 30, 2022, Núm. 52, art. 16, enmienda el inciso (b) en términos generales.)

SUBCAPÍTULO D– OTROS INCENTIVOS

Sección 2014.01– Proyectos Estratégicos (13 L.P.R.A. sec. 45061)

El Secretario del DDEC, con el endoso favorable del Secretario de Hacienda, tendrá la facultad de designar mediante el Reglamento de Incentivos aquellas actividades y proyectos que se considerarán estratégicos para fines de este Código. Además, como parte de la reforma de capital humano del Gobierno, el Secretario del DDEC, con el endoso favorable del Secretario de Hacienda, a través del Fondo de Incentivos Económicos u otras fuentes, tendrá la potestad de otorgar incentivos que promuevan el desarrollo y creación de empleos en industrias de alto impacto que se consideren Proyectos Estratégicos. El Secretario del DDEC y el Secretario de Hacienda se asegurarán de que los incentivos estén basado en el mejor interés y para el bienestar económico y social de Puerto Rico.

(Julio 1, 2019, Núm. 60, sec. 2014.01)

Sección 2014.02– Actividad Novedosa Pionera (13 L.P.R.A. sec. 45062)

(a) El Secretario del DDEC, a través del Reglamento de Incentivos determinará aquella actividad económica que no haya sido producida ni llevada a cabo, o realizada en Puerto Rico con anterioridad a los doce (12) meses que terminan en la fecha en que se solicita la exención para la actividad novedosa pionera, y que ésta posee características, atributos o cualidades especiales e impactantes para el beneficio del desarrollo socioeconómico de Puerto Rico, incluyendo un perfil de los empleos a ser creados por la referida actividad novedosa pionera.

(b) Determinación de Actividad Novedosa Pionera— Para determinar si una actividad constituye una actividad económica novedosa pionera, el Secretario del DDEC considerará el impacto económico que dicha actividad representará para Puerto Rico, a base de factores prioritarios, en particular: (i) el grado o nivel de utilización e integración de actividades de investigación y/o desarrollo a ser llevado a cabo en Puerto Rico; (ii) el impacto contributivo que la actividad novedosa pionera pueda generar en Puerto Rico; (iii) la naturaleza de la actividad con particular interés en aquellas que aumenten la competitividad en mercados globales, que requiera o resulte en el desarrollo de capacidades de innovación, y que resulte en inversión de capital adicional en Puerto Rico; (iv) la inversión de capital a realizarse en planta, maquinaria y equipo; (v) la singularidad de la actividad novedosa pionera en Puerto Rico para el mercado internacional; (vi) las mejoras tecnológicas que serán parte de las operaciones, con particular interés en la implementación de tecnologías emergentes o de filo; y (vii) cualquier otro factor que amerite reconocer la actividad como una actividad novedosa pionera, en vista de que la misma resultará en los mejores intereses económicos y sociales de Puerto Rico.

(c) Los ingresos de una Actividad Novedosa Pionera estarán sujetos a una tasa fija preferencial de contribución sobre ingresos de cuatro por ciento (4%) la cual podrá ser reducida hasta un uno por ciento (1%) cuando el Secretario del DDEC, previa la recomendación favorable del Secretario de Hacienda, determine que la misma resultará en los mejores intereses económicos y sociales de Puerto Rico. El Secretario del DDEC, mediante el Reglamento de Incentivos promulgará la reglamentación necesaria para determinar lo que constituye una Actividad Novedosa Pionera, así como los requerimientos de información que se deberá presentar al Secretario del DDEC.

(Julio 1, 2019, Núm. 60, sec. 2014.02)

CAPÍTULO 2- INDIVIDUOS
SUBCAPÍTULO A– ELEGIBILIDAD

Sección 2021.01- Individuos Inversionistas que se Trasladen a Puerto Rico (13 L.P.R.A. sec. 45131)

Cualquier Individuo Residente Inversionista podrá solicitarle al Secretario del DDEC los beneficios económicos que se proveen en el Subcapítulo B de este Capítulo, sujeto a la limitación provista en la Sección 2022.03(b).

(Julio 1, 2019, Núm. 60, sec. 2021.01)

Sección 2021.02- Profesional de Difícil Reclutamiento. (13 L.P.R.A. sec. 45132)

Cualquier Profesional de Difícil Reclutamiento podrá solicitarle al Secretario del DDEC los beneficios económicos que se proveen en la Sección 2022.03 de este Código. Los Nuevos Residentes Profesionales de Difícil Reclutamiento que obtengan un Decreto bajo este Capítulo, estarán exentos de la aportación de diez mil dólares ($10,000) a entidades sin fines de lucro dispuesta en el apartado (b) de la Sección 6020.10.

(Julio 1, 2019, Núm. 60, sec. 2021.02)

Sección 2021.03– Médicos Cualificados (13 L.P.R.A. sec. 45133)

(a) Todo individuo admitido a la práctica de la medicina, de la podiatría, sea un(a) cirujano(a) dentista o practique alguna especialidad de la odontología, y que cumpla con los requisitos que se establecen en la Sección 2023.02 de este Código, podrá solicitarle al Secretario del DDEC la Concesión de los incentivos económicos dispuestos en la Sección 2022.04. Todo Médico Cualificado que sea residente en Puerto Rico, según definido en la Sección 1010.01(a)(30) del Código de Rentas Internas, tendrá hasta el 30 de septiembre de 2019 para solicitar un Decreto bajo este Capítulo. Por otro lado, todo Médico Cualificado que no sea residente de Puerto Rico a la fecha de vigencia de este Código, según definido en la Sección 1010.01(a)(30) del Código de Rentas Internas, tendrá hasta el 30 de junio de 2020 para solicitar un Decreto bajo este Capítulo. No se admitirán solicitudes que se reciban luego de las fechas antes dispuestas, excepto en el caso de los cirujanos dentistas que no practiquen alguna especialidad en odontología, quienes tendrán hasta el 30 de junio de 2020 para solicitar un Decreto bajo esta Ley. Disponiéndose, sin embargo, que las solicitudes presentadas luego del 21 de abril de 2019, serán consideradas bajo las disposiciones de este Código. Se recibirán solicitudes de nuevos decretos bajo este Código hasta el 30 de junio de 2022, luego de esta fecha no se aceptarán más solicitudes.

(1) Decreto Especial por Necesidad Apremiante de Médicos Especialistas o Subespecialistas / Facultad Discrecional

El Secretario del DDEC podrá otorgar los decretos dispuestos en esta Sección luego del 31 de diciembre de 2020 a Médicos Cualificados, residentes o no residentes de Puerto Rico, si previamente el Secretario de Salud ha emitido una Certificación Especial por Necesidad Apremiante de Médicos Especialistas o Subespecialistas. La Certificación Especial tendrá que ser solicitada por el Médico Cualificado al Secretario de Salud, quien decidirá si emitirlo a base de la necesidad apremiante de la ciudadanía, las condiciones médicas en Puerto Rico y de la escasez o ausencia de servicios en las especialidades o subespecialidades elegibles en alguna entidad pública o región de Puerto Rico. En la evaluación de la solicitud de Decreto el Secretario del DDEC podrá requerir aquella información y/o documentación que entienda pertinente. El decreto otorgado contendrá todos los beneficios y requisitos dispuesto en esta Ley aplicables a Médicos Cualificados. No obstante, el Secretario del DDEC podrá requerir otros requisitos adicionales de entenderlos necesarios y pertinentes para garantizar los objetivos que promueve el reclutamiento de médicos especialistas y subespecialistas bajo estas circunstancias excepcionales.

Todo decreto, antes de su otorgación, deberá contar con la aprobación del Secretario de Hacienda. De igual forma, la certificación expedida por el Secretario de Salud podrá limitar la elegibilidad del decreto a servicios en determinada entidad pública o determinada región o área de Puerto Rico donde exista la necesidad apremiante y escasez o ausencia de dicha especialidad o subespecialidad de la medicina. Asimismo, el Secretario del DDEC y el Secretario de Salud, ejercerán estas facultades excepcionales, tomando siempre las medidas necesarias para controlar el impacto fiscal de estas disposiciones incluyendo, pero sin limitarse, a la facultad de implementar, de forma restrictiva, sus disposiciones y facultades para recibir y aprobar solicitudes de decreto, así como para expedir las certificaciones dispuestas en esta Ley. Todo Médico Cualificado que sea residente en Puerto Rico, según definido en la Sección 1010.01(a)(30) del Código de Rentas Internas, tendrá hasta el 31 de diciembre de 2024 para solicitarle al Secretario de Salud una Certificación Especial bajo este Capítulo. De igual manera, todo Médico Cualificado que no sea residente de Puerto Rico a la fecha de vigencia de este Código, según definido en la Sección 1010.01(a)(30) del Código de Rentas Internas, tendrá hasta el 31 de diciembre de 2024 para solicitarle al Secretario de Salud una Certificación Especial bajo este Capítulo. No se admitirán solicitudes que se reciban luego de las fechas antes dispuestas.

(b) Los Médicos Cualificados que obtengan un Decreto bajo este Capítulo, estarán exentos de la aportación de diez mil dólares ($10,000) a entidades sin fines de lucro dispuesta en el apartado (b) de la Sección 6020.10.

(Julio 1, 2019, Núm. 60, sec. 2021.03; Abril 28, 2020, Núm. 47, art. 2, enmienda el inciso (a), en términos generales; Agosto 13, 2020, Núm. 106, sec. 1, enmienda el inciso (a) en términos generales, efectiva retroactiva al 30 de junio de 2020; Noviembre 4, 2021, Núm. 60, art. 1, añade un nuevo subinciso (1) al apartado (a); Junio 30, 2022, Núm. 52, art. 17, enmienda el apartado (a) en términos generales.)

Notas Importantes
-Enmiendas
-2021, ley 60, Esta ley 60, añade un nuevo subinciso (1) a inciso (a) e incluye los siguientes artículos de aplicación:
Artículo 2.-Deber y Responsabilidad de las Agencias / Informes
El Departamento de Salud tendrá el deber ministerial de evaluar las necesidades en el área de la salud en Puerto Rico y emitir una Certificación Especial por Necesidad Apremiante de Médicos Especialistas o Subespecialistas en o antes de treinta (30) días contados a partir de la aprobación de esta Ley.

El Departamento de Desarrollo Económico y Comercio tendrá el deber ministerial de evaluar y otorgar los decretos dispuestos en esta Ley de conformidad a lo establecido en la Sección 6020.01 del Código de Incentivos de Puerto Rico.

El Departamento de Desarrollo Económico y Comercio y el Departamento de Hacienda tendrán el deber ministerial de asegurar que todo decreto otorgado por concepto de la facultad excepcional concedida por la presente Ley cumpla con el Principio de Neutralidad Fiscal y, por ende, conlleve un impacto neutral en el Presupuesto Certificado para el Gobierno del Estado Libre Asociado de Puerto Rico o, en la alternativa, que el impacto en los ingresos al fisco para su implementación no sea significativamente inconsistente con este, mientras se encuentra en vigor la *Public Law* No. 114-187 *Puerto Rico Oversight, Management, and Economic Stability Act* (PROMESA).

El Departamento de Desarrollo Económico y Comercio y el Departamento de Salud tendrán el deber ministerial de preparar y enviar, por separado, un informe a la Asamblea Legislativa y al Gobernador de Puerto Rico en el cual detallen todo lo relacionado a la consecución de los objetivos dispuestos en esta Ley. El primer informe deberá ser recibido en la Secretaría de los Cuerpos Legislativos y en la Oficina del Gobernador en o antes de sesenta (60) días de contados a partir de la aprobación de esta Ley. Luego de este primer informe, el Departamento de Salud enviará al 1ro de febrero de cada año, un informe actualizando cualquier información pertinente respecto a este asunto. En dicho informe se incluirá, sin que se entienda como limitación, el impacto y beneficio para el Sistema de Salud de Puerto Rico de la implementación de las facultades aquí dispuestas, así como los ahorros para el Gobierno del Estado Libre Asociado de Puerto Rico, y su correlación con el impacto fiscal de la presente Ley.

Además del Informe aquí requerido, el Secretario de Salud notificará trimestralmente a la Asamblea Legislativa, copia de toda Certificación Especial por Necesidad Apremiante de Médicos Especialistas o Subespecialistas emitida por este, incluyendo las certificaciones especiales emitidas a determinada entidad pública o determinada región o área de Puerto Rico donde exista la necesidad apremiante y la escasez o ausencia de servicios en dicha especialidad o subespecialidad de la medicina. Para dicha notificación trimestral cada copia de una Certificación Especial por Necesidad Apremiante de Médicos Especialistas o Subespecialistas debe venir acompañada de una explicación del Secretario de Salud que justifique la Certificación Especial a base de la necesidad apremiante de la ciudadanía, las condiciones médicas en Puerto Rico o de la escasez o ausencia de servicios en las especialidades o subespecialidades elegibles en alguna entidad Pública o región de Puerto Rico. De igual manera, el Secretario del DDEC notificará trimestralmente a la Asamblea Legislativa, copia de los Decretos Especiales por Necesidad Apremiante de Médicos Especialistas o Subespecialistas otorgados y rechazados.

Artículo 3.-Separabilidad- Si cualquier artículo, disposición, párrafo, inciso o parte de esta Ley, fuese declarada nula o inconstitucional por cualquier Tribunal competente, se entenderá que el resto de sus disposiciones mantendrán su validez y vigencia.

Artículo 4.-Vigencia.- Esta Ley entrará en vigor inmediatamente, luego de su aprobación.

-2020, ley 106- Esta ley 106, enmienda el inciso (a) e incluye las siguientes secciones de aplicación:

Sección 2.- El Departamento de Hacienda deberá identificar y certificar las medidas específicas necesarias para cubrir el costo fiscal para que la Ley 47-2020, según enmendada, para que dicha Ley sea fiscalmente neutral.

Sección 3.- Esta Ley será retroactiva al 30 de junio de 2020.

Sección 2021.04- Investigadores o Científicos (13 L.P.R.A. sec. 45134)

(a) Todo Investigador o Científico Elegible, según se define en este Código, podrá solicitarle al Secretario del DDEC los incentivos económicos establecidos en la Sección 2022.05 de este Capítulo.

(Julio 1, 2019, Núm. 60, sec. 2021.04)

SUBCAPÍTULO B- BENEFICIOS CONTRIBUTIVOS

Sección 2022.01- Exención al Ingreso por Intereses y Dividendos Devengados por Individuo Residente Inversionista (13 L.P.R.A. sec. 45141)

(a) El ingreso de todas las fuentes que devengue un Individuo Residente Inversionista, luego de haber advenido residente de Puerto Rico, pero antes del 1 de enero de 2036, que conste de intereses y dividendos, incluyendo, pero sin limitarse a, intereses y dividendos que provengan de una compañía inscrita de inversiones, según descrita en la Sección 1112.01 del Código de Rentas Internas de Puerto Rico, estará totalmente exento del pago de contribuciones sobre ingresos de Puerto Rico, incluyendo la contribución básica alterna provista en el Código de Rentas Internas de Puerto Rico. Además, el ingreso derivado por un Individuo Residente Inversionista luego de haber advenido residente de Puerto Rico, pero antes del 1 de enero de 2036, que conste de intereses, cargos por financiamiento, dividendos o participación en beneficio de sociedades recibidos de Entidades Bancarias Internacionales autorizadas conforme a la "Ley del Centro Bancario", estará totalmente exento del pago de contribuciones sobre ingresos en Puerto Rico, incluyendo la contribución básica alterna provista en el Código de Rentas Internas de Puerto Rico.

(Julio 1, 2019, Núm. 60, sec. 2022.01)

Sección 2022.02- Contribución Especial a Individuo Residente Inversionista- Ganancia Neta de Capital (13 L.P.R.A. sec. 45142)

(a) Apreciación antes de convertirse en Individuo Residente de Puerto Rico- La parte de la ganancia neta de capital a largo plazo que genere un Individuo Residente Inversionista que sea atribuible a cualquier apreciación que tuvieran Valores u Otros Activos, que posea éste antes de convertirse en Individuo Residente de Puerto Rico, que sea reconocida luego de transcurridos diez (10) años de convertirse en Individuo Residente de Puerto Rico y antes del 1 de enero de 2036, estará sujeta al pago de una contribución de cinco por ciento (5%), en lugar de cualesquiera otras contribuciones que impone el Código de Rentas Internas de Puerto Rico, y no estará sujeta a la contribución básica alterna provista por el Subtítulo A del Código de Rentas Internas de Puerto Rico. Si tal apreciación se reconoce en cualquier otro momento, la ganancia neta de capital con relación a tales Valores u Otros Activos estará sujeta al pago de contribuciones sobre ingresos conforme al tratamiento contributivo que provee el Código de Rentas Internas de Puerto Rico. El monto de esta ganancia neta de capital a largo plazo estará limitado a la porción de la ganancia que se relacione con la apreciación que tuvieron los Valores u Otros Activos mientras el Individuo Residente Inversionista vivía fuera de Puerto Rico. Para años contributivos posteriores al 31 de diciembre de 2016, la ganancia de capital se considerará ingreso de fuentes fuera de Puerto Rico para propósitos de la contribución sobre ingresos que dispone el Código de Rentas Internas de Puerto Rico.

(b) Apreciación después de convertirse en Individuo Residente de Puerto Rico- La totalidad de la ganancia neta de capital que genere un Individuo Residente Inversionista relacionada con cualquier apreciación que tuvieran Valores u Otros Activos, luego de éste convertirse en Individuo Residente de Puerto Rico, que se reconozca antes del 1 de enero de 2036, estará totalmente exenta del pago de contribuciones sobre ingresos de Puerto Rico, incluyendo la contribución básica alterna que provee el Código de Rentas Internas de Puerto Rico. Si tal apreciación se reconoce luego del 31 de diciembre de 2035, la ganancia neta de capital con relación a tales Valores u Otros Activos estará sujeta al pago de contribuciones sobre ingresos conforme al tratamiento contributivo que provee el Código de Rentas Internas de Puerto Rico. El monto de esta ganancia neta de capital se refiere a la porción de la ganancia que se relacione a la apreciación que tuvieron los Valores u Otros Activos que el Individuo Residente Inversionista poseía al momento de convertirse en Individuo Residente de Puerto Rico y a los que éste adquiera luego de convertirse en Individuo Residente de Puerto Rico.

Sección 2022.03- Contribución Especial a un Profesional de Difícil Reclutamiento (13 L.P.R.A. sec. 45143)

(a) El ingreso por concepto de salarios, según dicho término es definido en la Sección 1062.01 del Código de Rentas Internas de Puerto Rico, devengados por un Profesional de Difícil Reclutamiento hasta un monto de cien mil dólares ($100,000) estarán sujetos al pago de contribuciones sobre ingresos según dispuesto en el Código de Rentas Internas de Puerto Rico. Los salarios y beneficios en exceso de cien mil dólares ($100,000) estarán totalmente exentos del pago de contribución sobre ingresos, incluyendo la contribución básica alterna dispuesta en el Código de Rentas Internas de Puerto Rico.

(b) Para recibir este beneficio contributivo por concepto de salarios devengados, el Profesional de Difícil Reclutamiento tendrá que ocupar un puesto a Tiempo Completo en un Negocio Exento con un Decreto vigente, según se establece en este Código. Además, para acogerse a los beneficios dispuestos en esta Sección, el Profesional de Difícil Reclutamiento no podrá beneficiarse de lo dispuesto en las Secciones 2022.01 y 2022.02 ni ostentar un decreto bajo la Ley 22-2012, según enmendada, conocida como "Ley para Incentivar el Traslado de Individuos Inversionistas a Puerto Rico".

(Julio 1, 2019, Núm. 60, sec. 2022.03)

Sección 2022.04- Contribución Especial para Médicos Cualificados (13 L.P.R.A. sec. 45144)

(a) Se dispone que comenzando el 1 de julio de 2022, pero no más tarde del 30 de junio de 2022, los beneficios contributivos que contiene esta sección cesarán, disponiéndose que todo aquel Médico Cualificado que posea un Decreto bajo este Código continuará disfrutando de los beneficios contributivos de su Decreto, de acuerdo a los términos y condiciones del mismo y este Código.

(b) Beneficios contributivos–

(1) Contribución sobre ingresos–

(i) Los Ingresos Elegibles devengados por Médicos Cualificados que posean un Decreto bajo este Código estarán sujetos, en lugar de cualquier otra contribución sobre ingresos dispuesta por el Código de Rentas Internas de Puerto Rico o cualquier otra ley, a una tasa fija preferencial de contribución sobre ingresos de cuatro por ciento (4%). El Ingreso Elegible será aquel generado al ofrecer Servicios Médicos Profesionales durante todo el período del Decreto, a partir su fecha de efectividad. La fecha de efectividad se fijará como sigue:

(A) La fecha de efectividad de un Decreto será el 1 de enero del Año Contributivo en el cual el Médico Cualificado presente la solicitud de Decreto.

(B) Cuando el Decreto corresponda a un Médico Cualificado que no sea un Individuo Residente a la fecha de aprobación del Decreto, su fecha de efectividad será el 1 de enero del Año Contributivo en que el Médico Cualificado traslade su práctica médica a Puerto Rico y se convierta en un Individuo Residente de Puerto Rico.

(C) Cuando el Decreto corresponda a un Médico Cualificado que sea un Individuo Residente de Puerto Rico y se encuentre cursando estudios de residencia como parte de un programa acreditado a la fecha de aprobación del Decreto, su fecha de efectividad será el 1 de enero del Año Contributivo en que el Médico Cualificado establezca su práctica médica en Puerto Rico.

(D) Cuando el Decreto corresponda a un Médico Cualificado que se encuentre cursando estudios de residencia como parte de un programa acreditado que no sea un Individuo Residente a la fecha de aprobación del Decreto, su fecha de efectividad será el 1 de enero del Año Contributivo en que el Médico Cualificado establezca su práctica en Puerto Rico, y se convierta en un Individuo Residente de Puerto Rico.

(ii) Exención aplicable al ingreso por concepto de dividendos devengados.– Los Dividendos Elegibles de Médicos Cualificados estarán exentos de retención de contribución sobre ingresos en el origen y del pago de contribuciones sobre ingresos de Puerto Rico, incluyendo la contribución básica alterna provista por el Código, hasta un tope de doscientos cincuenta mil dólares ($250,000) por Año Contributivo.

(c) Período de Exención- Todo Médico Cualificado que posea un Decreto de exención bajo este Código, disfrutará de los beneficios de este Código por un período de quince (15) años siempre que durante dicho término cumpla con los requisitos mencionados.

(d) Extensión del Decreto. — Cualquier Médico Cualificado que, a través de todo su período de exención, haya cumplido con los requisitos o las condiciones establecidos en el Decreto, y que demuestre al Secretario del DDEC que la extensión de su Decreto redundará en los mejores intereses económicos y sociales del pueblo de Puerto Rico, podrá solicitar al Secretario una extensión de su Decreto por quince (15) años adicionales, para un total de treinta (30) años. Se dispone que cualquier Médico Cualificado tendrá hasta el 30 de junio de 2022 para solicitar al Secretario una extensión de su Decreto según dispone este apartado, no se recibirán más solicitudes pasada dicha fecha. Disponiéndose que durante un periodo, que nunca excederá de tres (3) años, en que el Médico Cualificado preste servicios como funcionario de agencias o instrumentalidades del Gobierno de Puerto Rico o corporaciones públicas, aunque éstos no sean servicios médicos, podrá ser base para que el Médico Cualificado solicite al Secretario una dispensa de cumplimiento con el requisito de servicio a tiempo completo como Médico Cualificado para que no se le revoque el Decreto. El Secretario evaluará la solicitud utilizando, como mínimo, los mismos requisitos dispuestos en este apartado para la evaluación de extensión de un Decreto.

(Julio 1, 2019, Núm. 60, sec. 2022.04; Junio 30, 2022, Núm. 52, art. 18, añade el inciso (a), renumera los siguientes incisos y enmienda el inciso (d) en términos generales.)

Sección 2022.05- Exención a Investigadores o Científicos (13 L.P.R.A. sec. 45145)

(a) Se provee una exención de contribución sobre ingresos para la compensación que reciba un Investigador o Científico Elegible por servicios que preste a la Universidad de Puerto Rico y todas aquellas otras instituciones de educación superior autorizadas a operar en Puerto Rico, por concepto de Investigaciones Científicas Elegibles, hasta una cantidad igual al máximo establecido por el NIH para concesiones (grants) como salario para investigadores que reciben concesiones de tal el NIH para el período aplicable conforme a los avisos publicados por éstos; sin embargo, la cantidad exenta no excederá de ciento noventa y cinco mil dólares ($195,000). Se excluye de este beneficio cualquier ingreso que un Investigador o Científico Elegible pueda devengar por servicios prestados a otras personas, naturales o jurídicas, que no sean la Universidad de Puerto Rico u otra Institución de Educación Superior.

(b) Se provee una exención de contribución sobre ingresos para la compensación que reciba un Investigador o Científico Elegible por servicios que preste por concepto de actividades de investigación y desarrollo de ciencia y tecnología que se lleven a cabo en el distrito establecido en el Artículo 7 de la Ley 214-2004, según enmendada, hasta la cantidad de doscientos cincuenta mil dólares ($250,000). Para propósitos de este párrafo, el término "Investigador o Científico Elegible" significa un Individuo Residente de Puerto Rico durante el Año Contributivo, contratado por una institución en el distrito de la Ley 214-2004, que se dedique principalmente a llevar a cabo actividades de investigación y desarrollo de ciencia y tecnología. El Secretario del DDEC tomará la determinación final conforme al Reglamento de Incentivos, carta circular, determinación administrativa o cualquier otro documento informativo.

(c) Todo investigador o científico que se beneficie bajo esta Sección, tendrá que rendir por lo menos sesenta (60) horas anuales de servicio comunitario en áreas y tareas designadas por el Secretario del DDEC.

(Julio 1, 2019, Núm. 60, sec. 2022.05)

Sección 2022.06- Programa de Repago de Préstamos Estudiantiles a Médicos o Dentistas, Veterinarios y Científicos Investigadores con Grados Doctorales Intensivos en Investigación en el Área de la Salud (13 L.P.R.A. sec. 45146)

(a) Sujeto a la disponibilidad de fondos, el Secretario del DDEC establecerá un programa de incentivos dirigido a subvencionar la deuda estudiantil de médicos, dentistas, veterinario y científicos investigadores con grados doctorales intensivos en investigación en el área de la salud que se gradúen luego de la fecha de vigencia de este Código y, en el caso de médicos, dentistas y veterinarios que cumplan con los requisitos del *United States Medical Licensing Examination* o la Reválida de Medicina Dental o los requisitos de licenciamiento aplicable a veterinarios, según aplique, que se comprometan a establecer su práctica médica, de odontología, veterinaria o de investigación científica en el área de la salud, y permanecer en Puerto Rico por un periodo de siete (7) años consecutivos. El Secretario del DDEC deberá dar prioridad a aquellos médicos, dentistas, veterinarios o investigadores que cursaron sus estudios básicos de medicina, medicina dental, veterinaria o de investigación científica en el área de la salud en Puerto Rico. La subvención podrá ser de hasta un máximo de sesenta y cinco mil dólares ($65,000) para sufragar su deuda estudiantil en sujeto a la reglamentación que apruebe el Secretario y considerando la disponibilidad de fondos. La subvención será pagadera al comienzo del periodo de siete (7) años, el cual comenzará a transcurrir una vez el médico, dentista, veterinario o investigador científico en el área de la salud y el Secretario del DDEC otorguen el contrato de incentivos correspondiente. El periodo de siete (7) años podrá quedar interrumpido mientras el médico cursa un grado de especialidad o subespecialidad fuera de Puerto Rico. En caso de incumplimiento durante los primeros dos (2) años con el periodo de compromiso de siete (7) años, el médico, dentista, veterinario o investigador científico en el área de la salud deberá devolver al Gobierno el cien por ciento (100%) de la subvención percibida. Si el incumplimiento sucede el tercer (3er) año, la penalidad será la devolución de un setenta por ciento (70%) de la subvención percibida y si sucede del cuarto (4to) año en adelante, se dispone que el por ciento de devolución antes dispuesto se reducirá a razón de un cinco por ciento (5%) por año hasta finalizar término de siete (7) años.

(b) El Secretario de DDEC establecerá mediante reglamento los requisitos de elegibilidad, las cantidades máximas y los términos bajo los cuales se otorgará este beneficio, entre los cuales se podrán considerar, sin que se entienda como una limitación, los siguientes criterios: (i) especialidades o subespecialidades médicas, de odontología, veterinarias o de investigación científica en el área de la salud para las cuales existe escasez de médicos; (ii) áreas geográficas con escasez de médicos primarios, dentistas, veterinarios o investigadores científicos en el área de la salud y (iii) áreas geográficas en las que el médico, dentista, veterinario o investigador científico en el área de la salud prestará servicios. No obstante, en el caso de la práctica de la pediatría, este criterio de área geográfica no aplicará. Disponiéndose, sin embargo, que para esta práctica de pediatría será de aplicación el resto de los criterios.

(c) Los fondos para este programa provendrán del Fondo de Incentivos Económicos.

(d) Todo científico investigador que se beneficie bajo cualquiera de las Secciones 2022.05 y 2022.06 de este Código, tendrá que rendir por lo menos sesenta (60) horas anuales de servicio comunitario en áreas y tareas designadas por el Secretario del DDEC.

(Julio 1, 2019, Núm. 60, sec. 2022.06)

Sección 2022.07- Fideicomisos de Individuo Residente Inversionista (13 L.P.R.A. sec. 45147)

(a) Fideicomisos Para Beneficios del Fideicomitente- Todo Individuo Residente Inversionista al cual se le emita un Decreto bajo las disposiciones de este Código podrá establecer fideicomisos bajo las leyes de Puerto Rico, y al así hacerlo podrá elegir que dichos fideicomisos se traten como fideicomisos para beneficio del fideicomitente ("grantor trust") para propósitos de contribución sobre ingresos de Puerto Rico. Dicha elección se realizará de conformidad con las reglas que establezca el Secretario de Hacienda, irrespectivamente de que dicho fideicomiso no se considere de otro modo un fideicomiso para beneficio del fideicomitente bajo las reglas aplicables de contribución sobre ingresos bajo el Código de Rentas Internas. En tal caso la naturaleza de cualquier partida de ingreso, ganancia, pérdida, deducción o crédito incluida en el ingreso atribuible al fideicomitente bajo el Código de Rentas Internas se determinará como si tal partida fuese realizada directamente de la fuente de la cual fue realizada por el fideicomiso, o devengada en la misma manera que fue devengada por el fideicomiso. Una elección realizada bajo este inciso, una vez realizada, solo podrá ser revocada mediante el procedimiento que a dichos efectos establezca el Secretario de Hacienda.

(b) Fideicomisos Revocables- Todo Individuo Residente Inversionista al cual se le emita un Decreto bajo las disposiciones de este Código podrá establecer fideicomisos revocables o irrevocables bajo las leyes de Puerto Rico, según establezca el fideicomitente en la escritura constitutiva; disponiéndose que a falta de disposición al respecto, se presumirá irrevocable. Los fideicomisos revocables establecidos de acuerdo con esta disposición solo podrán ser revocados por los fideicomitentes, o por aquel fideicomitente que retenga esta facultad en la escritura constitutiva.

(c) Fideicomisos Otorgados Fuera de Puerto Rico- Las disposiciones de cualquier Fideicomiso válidamente otorgado fuera de Puerto Rico, por un Individuo Residente Inversionista al cual se le emita un Decreto bajo las disposiciones de este Código, no podrán ser impugnadas por persona alguna basándose en cualquier Ley o Reglamento de Puerto Rico que pudiese ser contraria o inconsistente con las disposiciones de dicho Fideicomiso. Esta Sección continuará siendo aplicable a dichos Fideicomisos con posterioridad a la terminación de las exenciones concedidas bajo este Código siempre y cuando el Decreto no hubiese sido revocado a tenor con la Sección 6020.09(a).

(d) Todo Individuo Residente Inversionista al cual se le emita un Decreto bajo las disposiciones de este Código podrá transferir o donar libremente en vida, y a su entera discreción, todo o parte de sus bienes a los fideicomisos descritos en esta Sección, irrespectivamente de que se trate de bienes muebles o inmuebles, tangibles o intangibles, de la localización de dichos bienes, y de cualquier disposición legal o reglamentaria en Puerto Rico que resulte contraria o inconsistente con dicha transferencia, donación, disposición testamentaria del caudal y/o los términos y condiciones de dichos Fideicomisos, incluyendo pero no limitado a las disposiciones del Código Civil de Puerto Rico. Esta Sección continuará siendo aplicable a dichos individuos con posterioridad a la terminación de las exenciones concedidas bajo este Código siempre y cuando el Decreto no hubiese sido revocado a tenor con la Sección 6020.09(a).

(Julio 1, 2019, Núm. 60, sec. 2022.07)

SUBCAPÍTULO C- REQUISITOS PARA LA CONCESIÓN DE EXENCIÓN

Sección 2023.01- Requisitos para las Solicitudes de Decretos (13 L.P.R.A. sec. 45151)

(a) Regla General- Cualquier individuo que cualifique para los beneficios que se establecen en este Capítulo podrá solicitar los beneficios de este Código mediante la presentación de una solicitud ante el Secretario del DDEC, conforme lo dispuesto en el Subtítulo F de este Código.

(b) Cualquier persona podrá solicitar los beneficios aplicables de este Código siempre y cuando cumpla con los requisitos de elegibilidad del Subcapítulo A de este Capítulo, y con cualquier otro criterio que el Secretario del DDEC establezca, mediante el Reglamento de Incentivos, orden administrativa, carta circular o cualquier otro comunicado de carácter general, incluyendo como criterio de evaluación la aportación que tal Negocio Elegible hará al desarrollo económico de Puerto Rico.

Todo Individuo Residente Inversionista comenzando el segundo Año Contributivo de haber recibido su Decreto, junto con los informes anuales deberá incluir evidencia de haber realizado una aportación anual de por lo menos diez mil dólares ($10,000) a entidades sin fines de lucro que operen en Puerto Rico y estén certificadas bajo la Sección 1101.01 del Código de Rentas Internas de Puerto Rico, que no sea controlada por la misma persona que posee el Decreto ni por sus descendientes o ascendientes. La evidencia de la aportación anual a entidades sin fines de lucro deberá incluirse como parte del informe anual requerido por el apartado (a) de la Sección 6020.10.

(Julio 1, 2019, Núm. 60, sec. 2023.01)

Sección 2023.02- Requisitos para las Solicitudes de Decretos para Médicos Cualificados (13 L.P.R.A. sec. 45152)

(a) Los solicitantes deberán cumplir con los siguientes requisitos:

(1) mantener su estatus de Médico Cualificado, según se define en este Código;

(2) practicar la medicina general o de cualquier especialidad, la podiatría; de la audiología; de la quiropráctica; de la optometría; sea un(a) cirujano(a) dentista o practique alguna especialidad de la odontología a Tiempo Completo;

(3) ser un Individuo Residente de Puerto Rico;

(4) cumplir con su responsabilidad contributiva conforme a este Código o cualquiera otra ley que le aplique;

(5) prestar las horas de servicio comunitario según se establece en el párrafo (1) del apartado (b) de esta Sección;

(6) Práctica médica-

(i) Cuando el solicitante sea un Médico Cualificado que se encuentre cursando estudios de residencia como parte de un programa acreditado sea o no un Individuo Residente de Puerto Rico, si la determinación del Secretario del DDEC es favorable, se podrá otorgar el Decreto, y el Médico Cualificado tendrá un término de ciento veinte (120) días a partir de la fecha de obtener el grado de especialidad o subespecialidad para establecer su práctica médica o dental en Puerto Rico. Este inciso también aplica a un Médico Cualificado que no esté cursando estudios de residencia, que no sea un Individuo Residente de Puerto Rico, y que tenga su práctica médica o dental fuera de Puerto Rico.

(ii) Cuando el solicitante sea un Médico Cualificado que no sea un Individuo Residente de Puerto Rico, si la determinación del Secretario del DDEC es favorable, se podrá otorgar el Decreto y el Médico Cualificado tendrá un término de ciento veinte (120) días para establecer su residencia en Puerto Rico y comenzar su práctica médica o dental en el área geográfica que indicó en su solicitud.

(7) Cumplir con cualquier otro requisito que se establezca en el Decreto.

(b) Requisitos–

(1) Servicios Comunitarios-

(A) Todo Médico Cualificado que posea un Decreto concedido bajo este Código cumplirá con el equivalente a ciento ochenta (180) horas anuales de servicios comunitarios sin remuneración conforme a las normas adoptadas por el Secretario de Salud.

(B) Entre los servicios comunitarios elegibles que podrá brindar el Médico Cualificado se incluirán, sin limitación:

(i) asistir o formar parte de la facultad en hospitales de enseñanza y en escuelas de medicina en la educación de estudiantes de medicina, planes de práctica intramural de escuelas de medicina, médicos residentes y otros profesionales de la salud; (ii) prestar servicios médicos en regiones que el Colegio de Médicos de Puerto Rico o el Colegio de Cirujanos Dentistas de Puerto Rico, según aplique, en conjunto a el Departamento de Salud de Puerto Rico determinen que carecen de ciertos servicios médicos o dentales especializados; (iii) proveer servicios de guardia en hospitales seleccionados por el Colegio de Médicos de Puerto Rico en conjunto a el Departamento de Salud de Puerto Rico; (iv) ofrecer seminarios sobre prevención y otros temas de salud a la comunidad o para el adiestramiento o la educación continua de los estudiantes y profesionales médicos o dentales de Puerto Rico; (v) prestar Servicios Médicos Profesionales a poblaciones desventajadas a través de entidades sin fines de lucro.

En la alternativa, un Médico Cualificado podrá cumplir con el requisito de este apartado al prestar servicios médicos o dentales como parte de un contrato de servicios con el Plan de Salud del Gobierno de Puerto Rico. En esta modalidad del Plan de Salud del Gobierno, el Médico Cualificado deberá cumplir con los requisitos de las ciento ochenta (180) horas, pero la labor no se tendrá que ofrecer gratuitamente y se podrá ofrecer como empleado o contratista independiente de la persona o entidad contratante con el Plan de Salud del Gobierno de Puerto Rico.

El Secretario del DDEC podrá establecer mediante el Reglamento de Incentivos, carta circular o determinación administrativa, los requisitos de servicios comunitarios que se requieren en este Código. El Secretario del DDEC solicitará y considerará las propuestas del Colegio de Médicos. En las normas que se adopten, se establecerán los métodos de fiscalización necesarios para asegurar el cumplimiento del Médico Cualificado con su obligación de brindar servicios comunitarios.

(b) Criterios para evaluar las solicitudes de Decreto sometidas por Médicos Cualificados-

(1) Previo a conceder un Decreto bajo este Código, el Secretario del DDEC deberá determinar que éste resulta en beneficio de los mejores intereses económicos y sociales del pueblo de Puerto Rico.

(2) Los criterios para determinar si la concesión del Decreto resulta en beneficio para los mejores intereses económicos y sociales del pueblo de Puerto Rico son los siguientes:

(i) Impacto económico de la concesión del Decreto.

(Julio 1, 2019, Núm. 60, sec. 2023.02; Abril 28, 2020, Núm. 47, art. 3, enmienda el subinciso (a)(2) y elimina el final del texto del subinciso (c)(2) después del subinciso (i).)

Notas Importantes
-2020, ley 47- Esta ley 47, enmienda esta sección y elimina el final del texto del subinciso (c)(2), después del (i), el texto como sigue:

"(ii) Las especialidades o subespecialidades que el médico solicitante posee o que se encuentra en proceso de obtener como parte de un programa de residencia acreditado.

(iii) Si existe en Puerto Rico una escasez de médicos especialistas de ese tipo y la cantidad de médicos de esa especialidad o subespecialidad que se encuentran ofreciendo servicios en Puerto Rico.

(iv) Las áreas geográficas a las que el médico presta o prestará servicios.

(3) Se entenderá que un Decreto resulta en beneficio de los mejores intereses económicos y sociales del pueblo de Puerto Rico cuando:

(i) El médico posea alguna especialidad, o esté completando su residencia para obtenerla, y el Secretario de Salud ha indicado que para dicha especialidad se requiere el incentivo por escasez de médicos; o

(ii) Se trate de un médico generalista que provea servicios de salud primaria en una región geográfica donde, según el Departamento de Salud, no hay suficientes médicos y existe una necesidad apremiante que requiere la concesión del incentivo.

(iii) Los Médicos Cualificados que no sean residentes de Puerto Rico, según definido en la Sección 1010.01(a)(30) del Código de Rentas Internas para un Nuevo Puerto Rico, y que soliciten un Decreto en o antes del 30 de junio de 2020, al amparo de la Sección 2021.03 de este Código, podrán no estar sujetos a los requisitos establecidos en este apartado (c), según lo disponga el Secretario del DDEC mediante el Reglamento de Incentivos, orden administrativa, carta circular o cualquier otro comunicado de carácter general."

-**Nota del editor:** Este texto se deja publicado para casos pendientes o asuntos educativos.

SUBCAPÍTULO D- DISPOSICIONES ESPECIALES

Sección 2024.01.-Médicos Cualificados– Revocación del Decreto (13 L.P.R.A. sec. 45161)

(a) Causas que conllevan la revocación del Decreto:

(1) Un Decreto que se emita a favor de cualquier Médico Cualificado será inmediatamente revocado y quedará sin efecto cuando ocurra uno de los siguientes:

(i) incumpla con los requisitos de residencia establecidos en el párrafo (3) del apartado (a) de la Sección 2023.02 de este Código o cese de ser un Individuo Residente de Puerto Rico;

(ii) cese de ser un Médico Cualificado, según se define en este Código;

(iii) cese de ejercer su profesión a Tiempo Completo en Puerto Rico;

(iv) no cumpla con proveer las horas anuales de servicios comunitarios que se requieren en la Sección 2023.02(b) de este Código; o

(v) no cumpla con cualquier otro requisito establecido en este Código o mediante el Reglamento de Incentivos, carta circular o determinación administrativa.

(b) De ser revocado un Decreto por las razones antes establecidas, el individuo vendrá obligado a remitirle al Departamento de Hacienda una suma equivalente a todas las contribuciones no pagadas por concepto de ingresos sobre los Ingresos Elegibles y sobre los Dividendos Elegibles de Médicos Cualificados por los tres (3) Años Contributivos anteriores a la revocación del Decreto o por el término total de la duración del Decreto, el que sea menor. Dicho pago se remitirá no más tarde de sesenta (60) días luego de la fecha de efectividad de la revocación del Decreto. No obstante, si el médico acredita satisfactoriamente, mediante evidencia fehaciente que el incumplimiento obedeció a una incapacidad o enfermedad suya, de su cónyuge, sus hijos o sus padres, el Secretario del DDEC procederá a revocar el Decreto, pero el individuo sólo vendrá obligado a remitirle al Departamento de Hacienda una suma equivalente a todas las contribuciones no pagadas por concepto de ingresos sobre los Ingresos Elegibles y sobre los Dividendos Elegibles de Médicos Cualificados a partir del Año Contributivo de la revocación.

(Julio 1, 2019, Núm. 60, sec. 2024.01)

SUBCAPÍTULO E- PROGRAMAS PARA JÓVENES, INTERNADOS ESTUDIANTILES, EMPRESARISMO Y PRIMERAS EXPERIENCIAS DE EMPLEO PARA JÓVENES, Y PROGRAMAS PARA PERSONAS DE EDAD AVANZADA

Sección 2025.01- Programas para Jóvenes, Internados Estudiantiles, Empresarismo y Primeras Experiencias de Empleo para Jóvenes (13 L.P.R.A. sec. 45171)

(a) Será política pública del Gobierno de Puerto Rico desarrollar y promover programas, iniciativas, internados y primeras experiencias de empleo para jóvenes, así como iniciativas que promuevan la creación de microempresas o el desarrollo, autosustento y cultura emprendedora en nuestros jóvenes, que no se circunscriban a la enseñanza formal en el aula. A través de estos programas, se brindará a los Jóvenes experiencias de desarrollo que propulsen una cultura de emprendimiento e innovación que permitan que los Jóvenes se inserten en el mercado laboral con las mejores destrezas y/o tengan el apoyo suficiente para convertirse en nuevos empresarios.

Para propósitos de esta Sección, el término "Jóvenes" significa todo Individuo Residente de Puerto Rico que se encuentre entre los trece (13) y veintinueve (29) años de edad.

(b) Mediante estos programas, se espera que los Jóvenes puedan adquirir experiencias, conocimientos, destrezas educativas e insertarse como parte de una cultura emprendedora y abierta al empresarismo, que le permitan el máximo desarrollo y desempeño profesional y social, así como asegurar su bienestar socioeconómico, y promover el desarrollo y el logro de sus aspiraciones como ciudadanos puertorriqueños.

El Secretario del DDEC establecerá mediante el Reglamento de Incentivos los criterios y requisitos aplicables a las solicitudes de internado disponiéndose que los participantes serán estudiantes de nivel técnico, vocacional, subgraduado, graduado o post-graduado que hayan completado al menos un semestre académico conducente al grado correspondiente, y se encuentren matriculados en instituciones debidamente acreditadas. De la misma forma, el Secretario del DDEC establecerá mediante el Reglamento de Incentivos los criterios y requisitos aplicables a primeras experiencias de empleo y otras iniciativas que promuevan el empresarismo, una cultura emprendedora y la innovación, así como su alcance y funcionamiento.

(d) Los fondos para el programa descrito en esta Sección provendrán del Fondo de Incentivos Económicos.

(Julio 1, 2019, Núm. 60, sec. 2025.01)

Sección 2025.02- Programas para Personas de Edad Avanzada (13 L.P.R.A. sec. 45172)

(a) Será política pública del Gobierno de Puerto Rico promover y desarrollar el pleno desarrollo de las Personas de Edad Avanzada, por medio de la educación y capacitación de éstos para que puedan incorporarse a la fuerza laboral y/o convertirse en empresarios y aportar al desarrollo económico de Puerto Rico.

(b) Mediante los programas para Personas de Edad Avanzada, se espera que éstos puedan incorporarse a la fuerza laboral y aportar como parte del sector productivo, y desarrollar su potencial como emprendedores, para que a su vez impulsen el desarrollo de la economía por medio de sus gestiones empresariales, asegurando así su bienestar económico a largo plazo.

(c) El Secretario del DDEC establecerá mediante el Reglamento de Incentivos los criterios y requisitos aplicables a los Programas para Personas de Edad Avanzada, así como su alcance y funcionamiento.

(d) Los fondos para el programa descrito en esta Sección provendrán del Fondo de Incentivos Económicos.

(Julio 1, 2019, Núm. 60, sec. 2025.02)

SUBCAPÍTULO F- CUENTA MI FUTURO
Sección 2026.01- Cuenta Mi Futuro (13 L.P.R.A. sec. 45181)

(a) A los efectos de este subcapítulo, el término "Cuenta Mi Futuro" significará un fideicomiso creado u organizado por el Gobierno de Puerto Rico bajo las leyes del Gobierno de Puerto Rico para el beneficio exclusivo de estudiantes del sistema de educación pública del Gobierno de Puerto Rico que cumplan con los siguientes requisitos, los cuales deberán hacerse constar en el documento constitutivo del fideicomiso:

(1) La cuenta será para beneficio exclusivo de estudiantes que se matriculen en el sistema de educación pública del Gobierno de Puerto Rico, comenzando desde el grado Kínder. La cuenta podrá estar disponible para estudiantes que cursen estudios en escuelas privadas en Puerto Rico, sujeto a la reglamentación a ser emitida por el Secretario del DDEC conforme al inciso (d) de esta Sección.

(2) El fondo será administrado por un banco, asociación de ahorro y préstamo, banco de ahorros, casa de corretaje de valores, compañía de fideicomiso, compañía de seguros, federación de cooperativas de ahorro y crédito, cooperativa de ahorro y crédito, cooperativa de seguros de vida o cualquier otra institución financiera designada por la Autoridad de Asesoría Financiera y Agencia Fiscal de Puerto Rico y debidamente certificada por el Comisionado de Instituciones Financieras para actuar como fiduciario. El fiduciario designado conforme a este párrafo deberá cumplir con los requisitos aquí expuestos.

(3) Los fondos en las Cuentas Mi Futuro se invertirán conforme a la Ley 113 de 1995 y de manera consistente con los objetivos de este programa para asegurar su viabilidad y sostenimiento a largo plazo.

(4) El Gobierno realizará una aportación inicial de mil dólares ($1,000) por cada beneficiario elegible. Disponiéndose que cualquier otra persona podrá realizar aportaciones adicionales a la Cuenta Mi Futuro, incluyendo personas naturales, relacionadas o no al beneficiario, entidades privadas, cualquier agencia, instrumentalidad o corporación pública del Gobierno de Puerto Rico, la Asamblea Legislativa mediante asignaciones especiales, los municipios, y cualquier otra persona natural o jurídica, residente o extranjera, privada o pública, a ser definidos mediante reglamento.

(5) La aportación inicial del Gobierno de Puerto Rico provendrá del Fondo General o de cualquier otra fuente que se establezca mediante legislación especial. Un individuo o entidad privada podrá hacer aportaciones anuales en efectivo que no excedan la cantidad máxima admisible como aportación a una cuenta de ahorro educativa conforme a la Sección 1081.05(a)(5)(A) del Código de Rentas Internas.

(6) Los fondos deberán mantenerse en un fideicomiso común o fondo de inversiones común, pero manteniendo una contabilidad separada para cada cuenta.

(7) El balance total de la Cuenta Mi Futuro será distribuido a cada beneficiario después de graduarse de escuela superior. Dichos fondos se podrán utilizar únicamente para sufragar estudios universitarios, técnicos o vocacionales, o como capital inicial para su propio negocio y se distribuirán en armonía con el reglamento que a esos efectos apruebe el Secretario del DDEC, en consulta con la AAFAF, conforme a lo dispuesto en el inciso (d) de esta Sección.

(8) En caso de que el beneficiario abandone sus estudios o no cumpla con los requisitos establecidos en el reglamento para recibir las distribuciones de la cuenta, deje de ser residente de Puerto Rico previo a graduarse de escuela superior, o fallezca antes de que le sea distribuido la totalidad de los fondos en la cuenta, la Cuenta Mi Futuro quedará inactiva y el balance disponible se distribuirá a las personas que contribuyen, prorrata en función a sus correspondientes aportaciones; disponiéndose que el dinero aportado por el Gobierno de Puerto Rico revertirá al Fondo General para uso en el programa de Cuentas Mi Futuro de esta Sección.

(9) La titularidad de la cuenta mi futuro será del beneficiario elegible para el cual se creó. No obstante, el Gobierno de Puerto Rico y cualquier persona que haya aportado a la misma retiene los derechos que se estipulan en el párrafo (i) de este inciso (a), con respecto a las devoluciones de las sumas aportadas en las circunstancias descritas en dicha Sección.

(10) Con excepción a lo dispuesto en esta Sección y la Sección 1081.05 del Código de Rentas Internas, el balance total de la cuenta mi futuro creada a nombre de los beneficiarios elegibles: (i) será irrevocable e intransferible por ley, (ii) no estarán sujetos a confiscación, revocación ni retiro por las personas que contribuyeron los fondos, (iii) no podrá utilizarse como colateral para un préstamo y (iv) deberán permanecer en fideicomiso hasta su distribución para los fines expuestos en esta Sección.

(b) La Autoridad de Asesoría Financiera y Agencia Fiscal de Puerto Rico será responsable de organizar el fideicomiso, otorgar la correspondiente escritura constitutiva y velar porque el mismo sea administrado en cumplimiento con las disposiciones de esta Sección.

(c) Las Cuentas mi Futuro estarán sujetas a las disposiciones de la Sección 1081.05(c) del Código de Rentas Internas referentes las distribuciones de activos de la cuenta, la Sección 1081.05(d) del Código de Rentas Internas, referente al tratamiento contributivo de las cuentas y la Sección 1033.15(a)(8) del Código de Rentas Internas, referente a la deducción contributiva por aportaciones a la cuenta. Igualmente, los fiduciarios de las Cuentas Mi Futuro deberán cumplir con los requisitos establecidos por el Comisionado de Instituciones Financieras y aplicables a fiduciarios de cuentas de ahorro educativo bajo la Sección 1081.05 del Código de Rentas Internas.

(d) El Secretario del DDEC, en consulta con el Secretario de Hacienda y el Director Ejecutivo de la Autoridad de Asesoría Financiera y Agencia Fiscal de Puerto Rico, establecerán los criterios de elegibilidad y cualesquiera otros requisitos para la Cuenta Mi Futuro mediante reglamento.

(Julio 1, 2019, Núm. 60, sec. 2026.01)

CAPÍTULO 3- EXPORTACIÓN DE BIENES Y SERVICIOS
SUBCAPÍTULO A – ELEGIBILIDAD
Sección 2031.01- Exportación de Servicios (13 L.P.R.A. sec. 45231)

(a) Actividades Elegibles- Se considerará un Negocio Elegible para acogerse a los beneficios de esta Sección, cualquier Persona con una oficina o establecimiento *bona fide* localizado en Puerto Rico que lleve o pueda llevar a cabo las siguientes actividades de servicios, dentro o fuera de Puerto Rico, que, a su vez, se consideren Servicios de Exportación o Servicios de Promotor:

(1) investigación y desarrollo;

(2) publicidad y relaciones públicas;

(3) consultoría económica, ambiental, tecnológica, científica, gerencial, de mercadeo, recursos humanos, informática y auditoría;

(4) asesoramiento sobre asuntos relacionados con cualquier industria o negocio;

(5) Industrias Creativas según definidas por la Sección 1020.09 de este Código, incluyendo la venta de taquillas fuera de Puerto Rico o la venta de taquillas que sean compradas por turistas en Puerto Rico, así como los ingresos relacionados a la transmisión o la venta de derechos de una grabación para audiencias fuera de Puerto Rico, de espectáculos y producciones musicales y eventos de *eSports* y *Fantasy Leagues* a ser llevados a cabo en Puerto Rico.

(6) producción de planos de construcción, servicios de ingeniería y arquitectura, y gerencia de proyectos;

(7) servicios profesionales, tales como servicios legales, contributivos y de contabilidad;

(8) servicios gerenciales centralizados que incluyen, pero no se limitan a, servicios de dirección estratégica, planificación, distribución, logística y presupuestarios, que se llevan a cabo en la compañía matriz (headquarters) u oficinas regionales similares por una Entidad que se dedica a la prestación de tales servicios. También serán elegibles los servicios de planificación estratégica y organizacional de procesos, distribución y logística para personas fuera de Puerto Rico;

(9) centro de procesamiento electrónico de información;

(10) desarrollo de programas computadorizados;

(11) la distribución de forma física, en la red cibernética, por computación de la nube, o como parte de una red de bloque (blockchain) y los ingresos provenientes del licenciamiento, suscripciones del programa o cargos por servicio;

(12) telecomunicación de voz, video, audio y data a personas localizadas fuera de Puerto Rico;

(13) centro de llamadas (call centers);

(14) centro de servicios compartidos (shared services) que incluyen, pero no se limitan a, contabilidad, finanzas, contribuciones, auditoría, mercadeo, ingeniería, control de calidad, recursos humanos, comunicaciones, procesamiento electrónico de datos y otros servicios gerenciales centralizados;

(15) servicios educativos y de adiestramiento;

(16) servicios hospitalarios y de laboratorios, incluyendo servicios de Turismo Médico y facilidades de telemedicina;

(17) banca de inversiones y otros servicios financieros que incluyen, pero no se limitan a, servicios de: (a) manejo de Activos; (b) manejo de inversiones alternativas; (c) manejo de actividades relacionadas con inversiones de capital privado; (d) manejo de fondos de cobertura o fondos de alto riesgo; (e) manejo de fondos de capital (pools of capital); (f) administración de fideicomisos que sirvan para convertir en valores distintos grupos de activos; y (g) servicios de administración de cuentas en plica, siempre que personas extranjeras provean tales servicios;

(18) centros de mercadeo que se dediquen principalmente a proveer, mediante cargos por arrendamiento, por servicios u otro tipo de cargos, espacio y servicios tales como: servicios secretariales, de traducción y de procesamiento de información, comunicaciones, servicios de mercadeo, telemercadeo y otros servicios de consultoría a empresas fuera de Puerto Rico, incluyendo compañías de exportación y mercadeo, consulados agregados y comerciales, agencias gubernamentales responsables por el comercio extranjero, trueques y centros de exhibición de productos y servicios; y/o

(19) cualquier otro servicio que el Secretario del DDEC, en consulta con el Secretario de Hacienda, determine que debe tratarse como un servicio elegible por entender que tal tratamiento es en el mejor interés y para el bienestar económico y social de Puerto Rico, tomando en consideración la demanda que pudiera existir por esos servicios fuera de Puerto Rico, el total de empleos que se crearán, la nómina, la inversión que el proponente haría en Puerto Rico, o cualquier otro factor que merezca consideración especial.

(b) Un servicio se considerará que es un Servicio de Exportación cuando tal servicio se preste para el beneficio de cualquiera de los siguientes:

(1) Una Persona Extranjera, siempre y cuando los servicios no tengan un Nexo con Puerto Rico.

(2) Un fideicomiso cuyos beneficiarios, fideicomitentes y fideicomisarios no sean Individuos Residentes de Puerto Rico siempre y cuando los servicios no tengan un Nexo con Puerto Rico.

(3) Una sucesión cuyo causante, herederos, legatarios o albaceas no sean Individuo Residente de Puerto Rico, o, en el caso del causante, haya sido Individuo Residente de Puerto Rico, siempre y cuando los servicios no tengan un Nexo con Puerto Rico.

(4) Una Persona haciendo negocios en Puerto Rico, siempre y cuando los servicios no tengan un Nexo con Puerto Rico y los servicios sean destinados para un cliente de tal Persona que cumpla con cualquiera de las disposiciones que se enumeran en este apartado.

(5) Se podrá establecer mediante el Reglamento de Incentivos, orden administrativa, carta circular o cualquier otro comunicado de carácter general, cualquier otro criterio, requisito o condición para que un servicio se considere un servicio para exportación, tomando en consideración la naturaleza de los servicios prestados, los beneficiarios directos o indirectos y cualquier otro factor que sea pertinente para lograr los objetivos de este capítulo.

(c) Se considerará que los servicios, incluyendo los Servicios de Exportación, tienen un Nexo con Puerto Rico cuando éstos tengan alguna relación con Puerto Rico, incluyendo servicios relacionados con lo siguiente:

(1) actividades de negocios o para la producción de ingresos que han sido o serán llevadas a cabo en Puerto Rico;

(2) el asesoramiento sobre las leyes y los reglamentos de Puerto Rico, así como sobre procedimientos o pronunciamientos administrativos del Gobierno de Puerto Rico, sus agencias, corporaciones públicas, instrumentalidades o municipios, y precedentes judiciales de los Tribunales de Puerto Rico;

(3) cabildeo sobre Leyes de Puerto Rico, reglamentos y otros pronunciamientos administrativos. Para estos fines, cabildeo significa cualquier contacto directo o indirecto con oficiales electos, empleados o agentes del Gobierno de Puerto Rico, sus agencias, instrumentalidades, corporaciones públicas o municipios, con el propósito de intentar influir sobre cualquier acción o determinación del Gobierno de Puerto Rico, sus agencias, instrumentalidades, corporaciones públicas o municipios;

(4) La venta de cualquier propiedad para el uso, consumo o disposición en Puerto Rico; o

(5) cualquier otra actividad, situación o circunstancia que tenga relación con Puerto Rico y que se designe en el Reglamento de Incentivos u otro pronunciamiento, determinación administrativa o carta circular.

(d) El Secretario del DDEC podrá incluir en el Reglamento de Incentivos cualquier otro criterio, requisito o condición para que se considere un Servicio de Exportación, tomando en consideración la naturaleza de los servicios que se presten, los beneficiarios directos o indirectos de los servicios y cualquier otro factor que sea pertinente para lograr los objetivos de este Código.

(e) Los Servicios de Promotor se pueden tratar como Servicios de Exportación, independientemente de que tales servicios tengan un Nexo con Puerto Rico.

(f) Un Negocio Elegible que presta Servicios de Exportación o Servicios de Promotor podrá, además, dedicarse a cualquier otra actividad o industria o negocio, siempre que mantenga en todo momento un sistema de libros, registros, documentación, contabilidad y facturación que claramente demuestre, a satisfacción del Secretario de Hacienda, los ingresos, costos y gastos en los que se incurran en la prestación de los Servicios de Exportación o Servicios de Promotor. La actividad que sea producto de la prestación de servicios como empleado no califica como negocio elegible.

(g) No obstante lo dispuesto en cualquier otra ley, los requisitos de licenciamiento relacionados con servicios profesionales no aplicarán a ningún Negocio Elegible, ni a sus socios, accionistas, empleados u oficiales, siempre y cuando los servicios que se ofrezcan no se provean a Personas Domésticas. El Negocio Elegible deberá cumplir con las leyes y los requisitos de licenciamiento aplicables en la jurisdicción a donde exporte sus servicios.

(h) El Secretario del DDEC establecerá en el Reglamento de Incentivos las circunstancias y condiciones bajo las cuales se designará un Negocio Elegible. Para propósitos de este Capítulo, cualquier solicitante que reciba, o haya recibido, beneficios o incentivos contributivos bajo la Ley 20-2012, según enmendada, la Ley 73-2008, según enmendada, la Ley 135-1997, según enmendada, la Ley Núm. 8 de 24 de enero de 1987, según enmendada, cualquier otra ley de incentivos contributivos anterior o posterior, o cualquier otra ley especial del Gobierno de Puerto Rico, que provea beneficios o incentivos similares a los provistos en este Capítulo, según determine el Secretario del DDEC, en consulta con el Secretario de Hacienda, se considerará un Negocio Elegible.

(Julio 1, 2019, Núm. 60, sec. 2031.01; Diciembre 30, 2020, Núm. 172, art. 1, enmienda el inciso (f) en términos generales.)

Sección 2031.02- Comercio de Exportación (13 L.P.R.A. sec. 45232)

(a) Actividades Elegibles- Se considerará un Negocio Elegible para acogerse a los beneficios de esta Sección, cualquier Persona con una oficina o establecimiento *bona fide* localizado en Puerto Rico que se dedique o pueda dedicarse al tráfico o a la exportación de productos (trading companies), que devengue no menos del ochenta por ciento (80%) de su ingreso bruto:

(1) de la venta a Personas Extranjeras, para su uso, consumo o disposición fuera de Puerto Rico, de productos que compre el Negocio Elegible para la reventa;

(2) de comisiones derivadas de la venta de productos para su uso, consumo o disposición fuera de Puerto Rico; sin embargo, se dispone que ninguna parte del ingreso derivado de la venta o reventa de productos para su uso, consumo o disposición en Puerto Rico se considerará Ingreso de Comercio de Exportación;

(3) de la venta de productos fabricados o cultivados por pedido, a Personas Extranjeras, para su uso, consumo o disposición fuera de Puerto Rico;

(4) de la venta o distribución a Personas fuera de Puerto Rico de productos intangibles, tales como patentes, derechos de autor, contenido digital, marcas comerciales, entre otros;

(5) del almacenamiento, la transportación y la distribución de productos y artículos que pertenecen a terceras personas (*hubs*);

(6) de la distribución comercial y mercantil de productos que se manufacturen o cultiven en Puerto Rico para jurisdicciones fuera de Puerto Rico;

(7) de operaciones de ensamblaje, embotellado y empaque de productos para exportación;

(8) cualquier otra actividad de tráfico comercial internacional que se incluya en el Reglamento de Incentivos, tomando en consideración la naturaleza de las actividades que se lleven a cabo, los beneficios directos o indirectos de la actividad comercial para Puerto Rico, y cualquier otro factor que sea pertinente para lograr los objetivos de este Código por entender que tal tratamiento es en el mejor interés y para el bienestar económico y social de Puerto Rico.

(b) Una actividad elegible se considerará que es una actividad de Comercio de Exportación siempre y cuando no tenga Nexo con Puerto Rico.

(c) Se considerará que las actividades de Comercio de Exportación tienen un Nexo con Puerto Rico cuando éstas tengan alguna relación con Puerto Rico, incluyendo actividades relacionadas con lo siguiente:

(1) la venta de cualquier propiedad para el uso, consumo o disposición en Puerto Rico; o

(2) cualquier otra actividad, situación o circunstancia que el Secretario del DDEC designe por el Reglamento de Incentivos u otro pronunciamiento, determinación administrativa o carta circular que tenga relación con Puerto Rico.

(d) El Secretario del DDEC establecerá en el Reglamento de Incentivos las circunstancias y condiciones bajo las cuales se designará que un negocio es un Negocio Elegible. Para propósitos de esta Sección, cualquier solicitante que reciba o haya recibido beneficios o incentivos contributivos para la exportación de bienes y servicios similares a los provistos en esta Sección bajo Leyes de Incentivos Anteriores o posteriores a la Ley 20-2012, según enmendada, la Ley 73-2008, según enmendada, la Ley 135-1997, según enmendada, la Ley 8 de 24 de enero de 1987, según enmendada, o cualquier otra ley especial del Gobierno de Puerto Rico, según determine el Secretario del DDEC, se considerará un Negocio Elegible.

(Julio 1, 2019, Núm. 60, sec. 2031.02.)

SUBCAPÍTULO B- BENEFICIOS CONTRIBUTIVOS

Sección 2032.01- Contribución Sobre Ingresos de Exportación de Servicios y de Servicios de Promotor (13 L.P.R.A. sec. 45241)

(a) Regla general- El ingreso neto derivado de la Exportación de Servicios o de Servicios de Promotor, según se dispone en el apartado (a) de la Sección 2031.01 de este Código, estará sujeto a una tasa fija preferencial de contribución sobre ingresos de cuatro por ciento (4%), en lugar de cualquier otra contribución sobre ingresos, si alguna, dispuesta por el Código de Rentas Internas de Puerto Rico o cualquier otra ley.

(b) Regalías, Rentas o Cánones (Royalties) y Derechos de Licencia. — No obstante lo dispuesto en el Código de Rentas Internas de Puerto Rico, en el caso de pagos efectuados por Negocios Exentos que poseen un Decreto bajo este Capítulo, a Personas Extranjeras, no dedicadas a industria o negocio en Puerto Rico, por concepto del uso o privilegio de uso en Puerto Rico de Propiedad Intangible relacionada con la operación declarada exenta bajo este Capítulo, y sujeto a que tales pagos se consideren totalmente de fuentes dentro de Puerto Rico, se observarán las siguientes reglas:

(i) Contribución a Personas Extranjeras No Dedicadas a Industria o Negocio en Puerto Rico-Imposición de la Contribución.

Se impondrá, cobrará y pagará una contribución de doce por ciento (12%) para cada Año Contributivo, en lugar de la contribución impuesta por las Secciones 1091.01 y 1091.02 del Código de Rentas Internas de Puerto

Rico, sobre el monto de tales pagos recibidos o implícitamente recibidos, por toda corporación o sociedad extranjera no dedicada a industria o negocio en Puerto Rico, procedente exclusivamente de fuentes dentro de Puerto Rico.

(ii) Retención en el Origen de la Contribución en el Caso de Personas Extranjeras que sean Entidades no Dedicadas a Industria o Negocio en Puerto Rico. Todo Negocio Exento que tenga la obligación de realizar pagos a personas no residentes por concepto de uso en Puerto Rico de Propiedad Intangible relacionada con la operación exenta bajo este Capítulo, deducirá y retendrá en el origen una contribución igual a aquella impuesta en el inciso (i) anterior.

(c) Reglas especiales para Servicios de Promotor– El Negocio Elegible deberá reportar los ingresos, los gastos, las deducciones y las concesiones de Servicios de Promotor en el Año Contributivo en el cual tales partidas se reconocen en el Código de Rentas Internas. Sin embargo, el Secretario del DDEC, en consulta con el Secretario de Hacienda, podrá permitir, mediante el Reglamento de Incentivos, un método de reconocimiento de tales partidas en aquellos casos en que las condiciones que aplicarían a una Entidad que sea Afiliada, según dicho termino se define en la Sección 1020.01 de este Código, se cumplan después del Año Contributivo en el cual el ingreso sería de otro modo reconocido en el Código de Rentas Internas.

(d) Limitación de Beneficios- Si a la fecha de la presentación de la solicitud de Decreto, conforme a las disposiciones de este Código, un Negocio Exento estuviera dedicado a proveer Servicios de Exportación o Servicios de Promotor para los cuales se conceden los beneficios de este Capítulo o haya estado dedicado a tal actividad en cualquier momento durante el período de tres (3) Años Contributivos anteriores a la fecha de someter la solicitud, el cual se denomina "período base", el Negocio Exento podrá disfrutar de la tasa fija de contribución sobre ingresos que dispone el apartado (a) de esta Sección, únicamente en cuanto al incremento del ingreso neto de la actividad que genere sobre el ingreso neto promedio del "período base", el cual se denomina como "ingreso de período base", para fines de este Subcapítulo.

(1) A los fines de determinar el ingreso de período base, se tomará en cuenta el ingreso neto de cualquier negocio antecesor del negocio solicitante. Para estos propósitos, "negocio antecesor" incluirá cualquier operación, actividad, industria o negocio llevado a cabo por otro negocio y que se haya transferido, o de otro modo adquirido, por el negocio

solicitante, y sin considerar si estaba en operaciones con otro nombre legal, o con otros dueños.

(2) El ingreso de período base estará sujeto a las tasas de contribución sobre ingresos que dispone el Código de Rentas Internas de Puerto Rico. En el caso de Entidades con Decretos de exención contributiva para actividades de Servicios de Exportación conforme a la Ley 73-2008, la Ley 135-1997, y la Ley 8 de 24 de enero de 1987 aplicará la tasa fija establecida en el Decreto para el ingreso de período base, y la distribución de las utilidades y los beneficios provenientes de tal ingreso no calificará para el tratamiento dispuesto en este Capítulo.

(3) El ingreso de período base será ajustado, reduciendo dicha cantidad por un veinticinco por ciento (25%) anualmente, hasta que se reduzca a cero (0) para el cuarto Año Contributivo de aplicación de los términos del Decreto del Negocio Exento según lo que se dispone en este Capítulo.

(e) Distribuciones de utilidades y beneficios-

(1) Regla General- Los accionistas, socios o miembros de un Negocio Elegible que posea un Decreto otorgado conforme a este Capítulo no estarán sujetos a contribución sobre ingresos sobre distribuciones de dividendos de las utilidades y los beneficios provenientes del Ingreso de Exportación de Servicios del Negocio Elegible. Las distribuciones subsiguientes del Ingreso de Servicios de Exportación que lleve a cabo cualquier corporación o Entidad que tribute como corporación o cualquier sociedad también estarán exentas de toda tributación.

(2) Las distribuciones que se describen en el párrafo (1) anterior se excluirán también del:

(i) ingreso neto sujeto a contribución básica alterna de un individuo, para propósitos del Código de Rentas Internas de Puerto Rico;

(ii) ingreso neto alternativo mínimo de una corporación, para propósitos del Código de Rentas Internas de Puerto Rico; e

(iii) ingreso neto ajustado, según libros de una corporación, para propósitos del Código de Rentas Internas de Puerto Rico.

(f) Imputación de distribuciones exentas- La distribución de dividendos o beneficios que realice un Negocio Exento conforme a las disposiciones de este Capítulo, aun después de vencido su Decreto, se considerará realizada de su Ingreso de Servicios de Exportación si a la fecha de la distribución ésta no excede del balance no distribuido de las utilidades y los beneficios acumulados, provenientes de su Ingreso de Exportación de Servicios, a menos que tal Negocio, al momento de la declaración, elija distribuir el dividendo o beneficio, total o parcialmente, de otras utilidades o beneficios. La cantidad, el año de acumulación y el carácter de la distribución hecha de las utilidades y los beneficios provenientes del Ingreso de Exportación de Servicios será la designada por tal Negocio mediante notificación enviada con el pago de ésta a sus accionistas, miembros o socios, y al Secretario de Hacienda, mediante declaración informativa en la forma que establezca el Código de Rentas Internas de Puerto Rico.

(1) En los casos de Entidades que a la fecha del comienzo de operaciones como Negocios Exentos tengan utilidades o beneficios acumulados, las distribuciones de dividendos o beneficios que se realicen a partir de tal fecha se considerarán hechas del balance no distribuido de tales utilidades o beneficios, pero una vez éste quede agotado por virtud de tales distribuciones, se aplicarán las disposiciones de este apartado.

(g) Deducción y arrastre de pérdidas netas en operaciones-

(1) Deducción por pérdidas corrientes en las que se incurran en actividades no cubiertas por un Decreto- Si un Negocio Elegible que posea un Decreto otorgado bajo este Capítulo incurre en una pérdida neta en operaciones que no sea atribuible a los Servicios de Exportación o a los Servicios de Promotor cubiertos por el Decreto, ésta no se podrá utilizar contra los ingresos de operaciones cubiertas por un Decreto conforme a esta Sección, y se regirá por las disposiciones del Código de Rentas Internas de Puerto Rico.

(2) Deducción por pérdidas corrientes incurridas en la operación del Negocio Elegible– Si un Negocio Elegible que posea un Decreto otorgado por este Capítulo incurre en una pérdida neta en la operación atribuible a los Servicios de Exportación o a los Servicios de Promotor, ésta se podrá utilizar únicamente contra otros ingresos de las operaciones atribuibles a tales servicios cubiertos por tal Decreto.

(3) Deducción por arrastre de pérdidas de años anteriores- Se concederá una deducción por arrastre de pérdidas incurridas en años anteriores, según se dispone a continuación:

(i) El exceso sobre las pérdidas deducibles según el párrafo (2) de este apartado podrá ser arrastrado contra el Ingreso de Servicios de Exportación de años contributivos subsiguientes. Las pérdidas se arrastrarán en el orden en que se incurrieron.

(ii) Una vez vencido el período del Decreto para propósitos de contribución sobre ingresos, las pérdidas netas en las que se incurran en la operación cubierta por el Decreto, así como cualquier exceso de la deducción permitida bajo el párrafo dos (2) de este apartado que esté arrastrando el Negocio Elegible a la fecha de vencimiento de tal período, se podrán deducir contra cualquier ingreso tributable en Puerto Rico, sujeto a las limitaciones que provee el Código de Rentas Internas de Puerto Rico. Tales pérdidas se considerarán como que se incurrieron en el último Año Contributivo en que el Negocio Elegible que posea un Decreto conforme a esta Sección disfrutó de la tasa contributiva descrita en el apartado (a) de esta Sección, conforme a los términos del Decreto.

(iii) El monto de la pérdida neta en operaciones que se tomará en el Año Contributivo y que se arrastre en años posteriores se computará conforme a las disposiciones del Código de Rentas Internas de Puerto Rico.

(Julio 1, 2019, Núm. 60, sec. 2032.01; Diciembre 30, 2020, Núm. 172, art. 2, añade un nuevo inciso (b) y renumera los siguientes.)

Sección 2032.02- Contribución Sobre Ingresos para Actividades de Comercio de Exportación (13 L.P.R.A. sec. 45242)

(a) Regla general- El ingreso neto de las actividades de Comercio de Exportación, según se dispone en el párrafo (1), apartado (a) de la Sección 2031.02 de este Código, estará sujeto a una tasa fija preferencial de contribución sobre ingresos de cuatro por ciento (4%), en lugar de cualquier otra contribución sobre ingresos, si alguna, dispuesta por el Código de Rentas Internas de Puerto Rico o cualquier otra ley.

(b) Regalías, Rentas o Cánones (Royalties) y Derechos de Licencia. — No obstante lo dispuesto en el Código de Rentas Internas de Puerto Rico, en el caso de pagos efectuados por Negocios Exentos que poseen un Decreto bajo este Capítulo, a Personas Extranjeras, no dedicadas a industria o negocio en Puerto Rico, por concepto del uso o privilegio de uso en Puerto Rico de Propiedad Intangible relacionada con la operación declarada exenta bajo este Capítulo, y sujeto a que tales pagos se consideren totalmente de fuentes dentro de Puerto Rico, se observarán las siguientes reglas:

(i) Contribución a Personas Extranjeras No Dedicadas a Industria o Negocio en Puerto Rico- Imposición de la Contribución. Se impondrá, cobrará y pagará una contribución de doce por ciento (12%) para cada Año Contributivo, en lugar de la contribución impuesta por las Secciones 1091.01 y 1091.02 del Código de Rentas Internas de Puerto Rico, sobre el monto de tales pagos recibidos o implícitamente recibidos, por toda corporación o sociedad extranjera no dedicada a industria o negocio en Puerto Rico, procedente exclusivamente de fuentes dentro de Puerto Rico.

(ii) Retención en el Origen de la Contribución en el Caso de Personas Extranjeras que sean Entidades no Dedicadas a Industria o Negocio en

Puerto Rico. Todo Negocio Exento que tenga la obligación de realizar pagos a personas no residentes por concepto de uso en Puerto Rico de Propiedad Intangible relacionada con la operación exenta bajo este Capítulo, deducirá y retendrá en el origen una contribución igual a aquella impuesta en el inciso (i) anterior.

(c) Limitación de beneficios-

(1) En el caso de que a la fecha de la presentación de la solicitud de Decreto, conforme a las disposiciones de este Código, un Negocio Elegible estuviera dedicado a la actividad de Comercio de Exportación, conforme al párrafo (1), apartado (a) de la Sección 2031.02 de este Código, o haya estado dedicado a tal actividad en cualquier momento durante el período de tres (3) Años Contributivos anteriores a la fecha de someter la solicitud, el cual se denomina como "Período Base de Comercio de Exportación", el Negocio Elegible podrá disfrutar de la tasa fija de contribución sobre ingreso que dispone esta Sección, únicamente en cuanto al incremento del ingreso neto de la actividad que genere sobre el ingreso neto promedio del Período Base, el cual se denomina "Ingreso de Período Base de Comercio de Exportación" para fines de este apartado.

(2) Para determinar el Ingreso de Período Base de Comercio de Exportación se tomará en cuenta el ingreso neto de cualquier Negocio Antecesor del negocio solicitante. Para estos propósitos "Negocio Antecesor" incluirá cualquier operación, actividad, industria o negocio que lleve a cabo otro negocio y que haya sido transferido, o de otro modo adquirido, por el negocio solicitante, y sin considerar si estaba en operaciones bajo otro nombre legal, o bajo otros dueños.

(3) El ingreso atribuible al Ingreso de Período Base de Comercio de Exportación estará sujeto a las tasas de contribución sobre ingresos que dispone el Código de Rentas Internas de Puerto Rico, y la distribución de las utilidades y los beneficios provenientes de tal ingreso no calificará para el tratamiento dispuesto en el apartado (c) de esta Sección.

(4) El Ingreso de Período Base de Comercio de Exportación será ajustado, reduciendo dicha cantidad por un veinticinco por ciento (25%) anualmente, hasta que sea reducido a cero (0) para el cuarto año contributivo de aplicación de los términos del decreto del negocio exento bajo este Código.

(d) Distribuciones de utilidades y beneficios-

(1) Regla General: Los accionistas, socios o miembros de un Negocio Exento que posea un Decreto otorgado conforme a este Capítulo no estarán sujetos a contribución sobre ingresos sobre distribuciones de dividendos de

las utilidades y los beneficios provenientes de Ingreso de Comercio de Exportación del Negocio Exento. Las distribuciones subsiguientes del Ingreso de Comercio de Exportación que efectúe cualquier corporación o Entidad que tribute como corporación o cualquier sociedad también estarán exentas de toda tributación.

(2) Las distribuciones que se describen en este apartado serán excluidas también del:

(i) ingreso neto sujeto a contribución básica alterna de un individuo, para propósitos del Código de Rentas Internas de Puerto Rico;

(ii) ingreso neto alternativo mínimo de una corporación, para propósitos del Código de Rentas Internas de Puerto Rico; e

(iii) ingreso neto ajustado, según libros de una corporación, para propósitos del Código de Rentas Internas de Puerto Rico.

(e) Imputación de distribuciones exentas- La distribución de dividendos o beneficios que realice un Negocio Exento que posea un Decreto otorgado bajo este Capítulo, aun después de vencido su Decreto, se considerará realizada de su Ingreso de Comercio de Exportación si a la fecha de la distribución ésta no excede del balance no distribuido de las utilidades y los beneficios acumulados, provenientes de su Ingreso de Comercio de Exportación, a menos que tal Negocio Exento, al momento de la declaración, elija distribuir el dividendo o beneficio, total o parcialmente, de otras utilidades o beneficios. La cantidad, el año de acumulación y el carácter de la distribución hecha de las utilidades y los beneficios provenientes del Ingreso de Comercio de Exportación será la designada por tal Negocio Exento mediante notificación enviada con el pago de ésta a sus accionistas, miembros o socios, y al Secretario de Hacienda, mediante declaración informativa en la forma que establezca el Código de Rentas Internas de Puerto Rico.

(f) En los casos de Entidades que a la fecha del comienzo de operaciones como Negocios Exento tengan utilidades o beneficios acumulados, las distribuciones de dividendos o beneficios que se realicen a partir de tal fecha se considerarán hechas del balance no distribuido de tales utilidades o beneficios, pero una vez éste quede agotado por virtud de tales distribuciones, se aplicarán las disposiciones de este apartado.

(g) Deducción y arrastre de pérdidas netas en operaciones-

(1) Deducción por pérdidas corrientes en las que se incurran en actividades no cubiertas por un Decreto- Si un Negocio Exento que posea un Decreto otorgado bajo este capítulo incurre en una pérdida neta en operaciones que

no sea atribuible a la operación cubierta por el Decreto, ésta no se podrá utilizar contra los ingresos de operaciones cubiertas por un Decreto conforme a este Capítulo, y se regirá por las disposiciones del Código de Rentas Internas de Puerto Rico.

(2) Deducción por pérdidas corrientes incurridas en la operación del Negocio Elegible– Si un Negocio Elegible que posea un Decreto otorgado bajo esta Sección incurre en una pérdida neta en la operación cubierta por el Decreto, ésta se podrá utilizar únicamente contra otros ingresos de operaciones cubiertas por un Decreto conforme a esta Sección.

(3) Deducción por arrastre de pérdidas de años anteriores- Se concederá una deducción por arrastre de pérdidas incurridas en años anteriores, según se dispone a continuación:

(i) El exceso sobre las pérdidas deducibles según el párrafo (2) de este apartado podrá ser arrastrado contra el Ingreso de Servicios de Exportación de años contributivos subsiguientes. Las pérdidas se arrastrarán en el orden en que se incurrieron.

(ii) Una vez vencido el período del Decreto para propósitos de contribución sobre ingresos, las pérdidas netas en las que se incurran en la operación cubierta por el Decreto, así como cualquier exceso de la deducción permitida bajo el párrafo (2) de este apartado que esté arrastrando el Negocio Exento a la fecha de vencimiento de tal período, se podrán deducir contra cualquier ingreso tributable en Puerto Rico, sujeto a las limitaciones que provee el Código de Rentas Internas de Puerto Rico. Tales pérdidas se considerarán como que se incurrieron en el último Año Contributivo en que el Negocio Exento que posea un Decreto conforme a este Capítulo disfrutó de la tasa contributiva descrita en el apartado (a) de esta Sección, conforme a los términos del Decreto.

(iii) El monto de la pérdida neta en operaciones que se tomará en el Año Contributivo y que se arrastre en años posteriores se computará conforme a las disposiciones del Código de Rentas Internas de Puerto Rico.

(Julio 1, 2019, Núm. 60, sec. 2032.02; Diciembre 30, 2020, Núm. 172, art. 3, añade un nuevo inciso (b) y renumera los siguientes.)

Sección 2032.03- Contribución Sobre la Propiedad (13 L.P.R.A. sec. 45243)

(a) Regla general- La propiedad mueble e inmueble de un Negocio Exento que se utilice en los Servicios de Exportación, Servicios de Promotor o Comercio de Exportación cubiertos por un Decreto otorgado bajo este Capítulo, gozarán de un setenta y cinco por ciento (75%) de exención sobre las contribuciones municipales y estatales sobre la propiedad durante el período de quince (15) años de la exención.

(Julio 1, 2019, Núm. 60, sec. 2032.03.)

Sección 2032.04- Contribuciones Municipales (13 L.P.R.A. sec. 45244)

(a) Regla general- El Negocio Exento gozará de un cincuenta por ciento (50%) de exención sobre las contribuciones municipales o patentes municipales aplicables al volumen de negocios durante el período de quince (15) años de la exención que se relacione a los Servicios de Exportación, Servicios de Promotor, o Comercio de Exportación cubiertos por un Decreto otorgado bajo este Capítulo.

(Julio 1, 2019, Núm. 60, sec. 2032.04.)

SUBCAPÍTULO C- REQUISITOS PARA LA CONCESIÓN DE EXENCIÓN

Sección 2033.01- Requisitos para las Solicitudes de Decretos (13 L.P.R.A. sec. 45251)

(a) Cualquier Persona con una oficina o establecimiento *bona fide* localizado en Puerto Rico que haya establecido o que se proponga establecer un Negocio Elegible en Puerto Rico bajo este Capítulo podrá solicitar los beneficios de este Capítulo mediante la presentación de una solicitud de Decreto ante el Secretario del DDEC, conforme a lo dispuesto en el Subtítulo F de este Código.

(b) Dicha Persona podrá solicitar los beneficios de este Capítulo siempre y cuando cumpla con los requisitos de elegibilidad del Subcapítulo A de este Capítulo, y con cualquier otro criterio que el Secretario del DDEC establezca mediante el Reglamento de Incentivos, orden administrativa, carta circular o cualquier otro comunicado de carácter general, incluyendo como criterio de evaluación la aportación que el Negocio Elegible hará al desarrollo económico de Puerto Rico.

(Julio 1, 2019, Núm. 60, sec. 2033.01.)

SUBCAPÍTULO D- DISPOSICIONES ESPECIALES

Sección 2034.01- Promotor Cualificado (13 L.P.R.A. sec. 45261)

(a) Un Promotor Cualificado es aquel que provee Servicios de Promoción a un Nuevo Negocio en Puerto Rico que obtiene un Decreto, y que cumpla con los siguientes requisitos:

(1) Un Promotor Cualificado tendrá que ser dueño, accionista, miembro o empleado a Tiempo Completo de una Entidad que tenga un Decreto de

Servicios de Promoción, y podrá llevar a cabo gestiones para establecer Negocios Nuevos en Puerto Rico conforme al incentivo que provee este Capítulo.

(2) Para obtener la designación de Promotor Cualificado, el Promotor presentará ante el Secretario del DDEC una petición juramentada que demuestre que cumple con los requisitos que se disponen en esta Sección. El Secretario del DDEC la evaluará en un período de treinta (30) días a partir de la radicación de la solicitud, salvo que medie justa causa. Si el Secretario del DDEC determina que el Promotor cumple con los criterios establecidos y ha pagado los derechos correspondientes, emitirá una notificación al Promotor. El Secretario del DDEC mantendrá un registro electrónico de Promotores Cualificados que será público y accesibles en el Portal.

(3) El Secretario del DDEC, en colaboración con *Invest Puerto Rico Inc.*, establecerá mediante el Reglamento de Incentivos los requisitos para ser Promotor Cualificado. El Promotor Cualificado deberá cumplir con, al menos, los siguientes requisitos:

(i) Poseer un bachillerato de una universidad acreditada;

(ii) contar con no menos de cinco (5) años de experiencia profesional en su área de competencia (i.e., contabilidad, finanzas, mercadeo, planificación, comercio internacional, derecho, economía, ciencias, ingeniería, bienes raíces u otros campos afines);

(iii) demostrar habilidad para entender y expresarse adecuadamente sobre materias relacionadas con el establecimiento de negocios en Puerto Rico;

(iv) someter una certificación de antecedentes penales en la que no se refleje la comisión de delitos graves o delitos menos graves que atenten contra la moral y el orden público.

(4) El Promotor Cualificado no podrá recibir los beneficios de este Capítulo por la promoción de un Nuevo Negocio en el que tenga cualquier participación, como socio o miembro.

(5) El Promotor Cualificado no podrá recibir los beneficios de este Capítulo por promover un Nuevo Negocio en el cual su cónyuge, padres o hijos ocupen puestos gerenciales o de toma de decisiones, incluyendo el ser miembro de una Junta de Directores o accionista con derecho al voto.

(6) El Promotor Cualificado no podrá emitir ningún tipo de pago, directa o indirectamente relacionado con los incentivos que éste haya recibido, a las siguientes personas:

(i) Negocio Nuevo en Puerto Rico, o sus Afiliadas, conforme a las disposiciones del Código de Rentas Internas de Puerto Rico.

(ii) Cualquier oficial, director o empleado de tal Negocio Nuevo en Puerto Rico o de sus Entidades que sean Afiliadas.

(iii) Cualquier persona relacionada a tal oficial, director o empleado, según se define el término en la Sección 1010.05 del Código de Rentas Internas de Puerto Rico.

(7) No habrá prohibición para que un Promotor Cualificado también se desempeñe como un proveedor de servicios que haya comparecido ante el DDEC o alguna de sus agencias adscritas como representante de un solicitante de un Decreto conforme a este Código y que genere ingresos del Negocio Nuevo en Puerto Rico por esos u otros servicios previo a o luego de su establecimiento en Puerto Rico. No obstante, el Promotor Cualificado no podrá desempeñarse o haberse desempeñado como Profesional Certificado para el Nuevo Negocio en Puerto Rico o participar en el proceso de preparación de los estados financieros, planillas de contribución sobre ingresos, o en la emisión de informes anuales del Nuevo Negocio en Puerto Rico.

(8) El incentivo total disponible al Promotor Cualificado consta de hasta un cincuenta por ciento (50%) de la cuantía que ingrese al Fondo de Incentivos Económicos y se transfiera a *Invest Puerto Rico Inc.* por razón de la contribución sobre ingresos que se haya pagado al Secretario de Hacienda por el Negocio Nuevo en Puerto Rico. El incentivo se pagará por un máximo de diez (10) años contributivos desde la fecha en que se haya establecido el Negocio Nuevo en Puerto Rico.

(9) *Invest Puerto Rico Inc.* desembolsará el incentivo mediante un acuerdo de servicios entre el Promotor Cualificado e *Invest Puerto Rico Inc.* en un período que no excederá treinta (30) días desde que se reciban los fondos del Fondo de Incentivos Económicos.

(10) *Invest Puerto Rico Inc.* podrá distribuir el incentivo total en diversas etapas y a varios Promotores Cualificados que hayan intervenido en el proceso de promoción del Negocio Nuevo en Puerto Rico de acuerdo con lo establecido mediante el Reglamento de Incentivos.

(11) Los ingresos que reciba el Promotor Cualificado por el incentivo que se establece en este Capítulo estarán sujeto a la tasa ordinaria de contribución sobre ingresos conforme a las disposiciones del Código de Rentas Internas de Puerto Rico.

(Julio 1, 2019, Núm. 60, sec. 2034.01.)

CAPÍTULO 4- FINANZAS, INVERSIONES Y SEGUROS
SUBCAPÍTULO A- ELEGIBILIDAD PARA EXENCIONES

Sección 2041.01- Entidades Financieras Internacionales (13 L.P.R.A. sec. 45331)

Una Entidad Financiera Internacional se considerará como Negocio Elegible para acogerse a los beneficios de este Capítulo siempre que se trate de cualquier Entidad que esté incorporada u organizada conforme a las leyes de Puerto Rico, de los Estados Unidos o de un país extranjero, o una Unidad de tal Entidad, autorizada para hacer negocios en Puerto Rico, si cumple con las disposiciones del Subcapítulo D de este Capítulo y de la "Ley del Centro Financiero Internacional" aplicables a tal negocio.

(Julio 1, 2019, Núm. 60, sec. 2041.01.)

Sección 2041.02- Aseguradores Internacionales Planes de Activos Segregados y Compañías Tenedoras de Aseguradores Internacionales (13 L.P.R.A. sec. 45332)

Un Asegurador Internacional, Plan de Activos Segregados, o Compañía Tenedora del Asegurador Internacional se considerará como Negocio Elegible para acogerse a los beneficios de este Capítulo siempre que se trate de cualquier Entidad que esté incorporada u organizada conforme a las leyes de Puerto Rico, de los Estados Unidos o de un país extranjero, o una unidad de tal Entidad, autorizada para hacer negocios en Puerto Rico, si cumple con las disposiciones del Subcapítulo D de este Capítulo y del Capítulo 61 del Código de Seguros.

(Julio 1, 2019, Núm. 60, sec. 2041.02.)

Sección 2041.03- Fondos de Capital Privado y Fondos de Capital Privado de Puerto Rico (13 L.P.R.A. sec. 45333)

Un Fondo de Capital Privado o un Fondo de Capital Privado de Puerto Rico se considerará como Negocio Elegible para acogerse a los beneficios de este Capítulo si cumple con las disposiciones del Subcapítulo D de este Capítulo que sean aplicables a tales fondos.

(Julio 1, 2019, Núm. 60, sec. 2041.03.)

Sección 2041.04- Reservada. (13 L.P.R.A. sec. 45334)

Reservada.

(Julio 1, 2019, Núm. 60, sec. 2041.04.)

SUBCAPÍTULO B- BENEFICIOS CONTRIBUTIVOS

Sección 2042.01- Entidades Financieras Internacionales (13 L.P.R.A. sec. 45341)

(a) Contribución sobre ingresos-

(1) El ingreso derivado por las Entidades Financieras Internacionales que reciban un Decreto conforme a este Capítulo, procedente de las actividades o transacciones permisibles, según dispuesto en este Capítulo, estará sujeto a una tasa fija preferencial de contribución sobre ingresos de cuatro por ciento (4%), en lugar de cualquier otra contribución sobre ingresos, si alguna, dispuesta por el Código de Rentas Internas de Puerto Rico o cualquier otra ley, excepto por lo dispuesto en el párrafo (2) de esta Sección.

(2) En el caso de una Entidad Financiera Internacional que opere como una Unidad de un banco, el ingreso neto, computado conforme a lo que dispone la Sección 1031.05 del Código de Rentas Internas de Puerto Rico, que derive la Entidad Financiera Internacional de las actividades permisibles por la "Ley del Centro Financiero Internacional" que exceda el veinte por ciento (20%) del ingreso neto total derivado en el Año Contributivo por el banco de la cual opera como una Unidad (incluyendo el ingreso derivado por tal Unidad) estará sujeto a las tasas contributivas dispuestas en el Código de Rentas Internas de Puerto Rico para corporaciones y sociedades.

(3) No se considerará ingreso bruto de fuentes de Puerto Rico, a los fines de los párrafos (1) y (2) del apartado (a) de la Sección 1035.01 del Código de Rentas Internas de Puerto Rico, los intereses, cargos por financiamiento, dividendos o participación en beneficios de sociedades que provengan de Entidades Financieras Internacionales que posean un Decreto bajo este Capítulo y que cumplan con las disposiciones de la "Ley del Centro Financiero Internacional".

(4) Las disposiciones de la Sección 1062.08 del Código de Rentas Internas de Puerto Rico, que imponen la obligación de retener en el origen una contribución sobre ingresos en caso de pagos realizados a Personas Extranjeras que sean individuos, no serán de aplicación a intereses, cargos por financiamiento, dividendos o participación en beneficio de sociedades que se hayan recibido de Entidades Financieras Internacionales que posean un Decreto bajo este Capítulo y que cumplan con las disposiciones de la "Ley del Centro Financiero Internacional".

(5) Las disposiciones de la Sección 1062.11 del Código de Rentas Internas de Puerto Rico, que imponen la obligación de retener en el origen una contribución sobre ingresos en caso de pagos realizados a corporaciones y sociedades extranjeras no dedicadas a industria o negocio en Puerto Rico, no serán de aplicación a intereses, cargos por financiamiento, dividendos o participación en beneficios de sociedades provenientes de Entidades Financieras Internacionales que posean un Decreto bajo este Capítulo y que cumplan con las disposiciones de la "Ley del Centro Financiero Internacional".

(6) No estará sujeto a la contribución impuesta por la Sección 1091.01 del Código de Rentas Internas de Puerto Rico el ingreso derivado por una Persona Extranjera que sea un individuo, que conste de intereses, cargos por financiamiento, dividendos o participación en beneficio de sociedades provenientes de la "Ley del Centro Financiero Internacional".

(7) No estará sujeto a la contribución impuesta por el inciso (A) del párrafo (1) del apartado (a) de la Sección 1092.01 del Código de Rentas Internas de Puerto Rico, el ingreso derivado por una corporación o sociedad extranjera, que conste de los intereses, cargos por financiamiento, dividendos o participación en beneficio de sociedades provenientes Entidades Financieras Internacionales que posean un Decreto bajo este Código y que cumplan con las disposiciones de la "Ley del Centro Financiero Internacional".

(8) Las disposiciones de la Sección 1092.02 del Código de Rentas Internas de Puerto Rico no serán aplicables a una Entidad Financiera Internacional que posea un Decreto bajo este Capítulo y que cumpla con las disposiciones de la "Ley del Centro Financiero Internacional".

(9) Toda Persona Doméstica que sea accionista o socio de una Entidad Financiera Internacional que posea un Decreto bajo este Capítulo y que cumpla con las disposiciones de la "Ley del Centro Financiero Internacional", estará sujeta a una contribución sobre ingresos de seis por ciento (6%) sobre distribuciones de dividendos o beneficios del ingreso neto de tal Entidad Financiera Internacional, incluyendo la contribución básica alterna y la contribución alternativa mínima, en la medida en que hayan estado sujetos a la tasa fija de contribución sobre ingresos dispuesta en el párrafo (1) de este apartado.

(b) Contribuciones municipales y otros impuestos municipales- Las Entidades Financieras Internacionales estarán cincuenta por ciento (50%) exentas del pago de patentes municipales impuesto por la "Ley de Patentes Municipales", al igual que en cualquier otro tipo de contribución, tributo, derecho, licencia, arbitrios e impuestos, tasas y tarifas, según dispone la "Ley de Municipios Autónomos".

(c) Contribuciones sobre la propiedad mueble e inmueble- Las Entidades Financieras Internacionales estarán setenta y cinco por ciento (75%) exentas de la imposición de contribuciones sobre la propiedad que impone la "Ley de Contribución Municipal sobre la Propiedad", incluyendo los bienes muebles e inmuebles, tangibles e intangibles, que les pertenezcan.

(Julio 1, 2019, Núm. 60, sec. 2042.01.)

Sección 2042.02- Aseguradores Internacionales y Compañías Tenedoras de Aseguradores Internacionales (13 L.P.R.A. sec. 45342)

(a) Contribución Sobre Ingresos–

(1) Todo Asegurador Internacional que reciba un Decreto conforme a este Código estará sujeto a una contribución de cuatro por ciento (4%) sobre el monto de su ingreso neto en exceso de un millón doscientos mil dólares ($1,200,000.00), computado sin tomar en consideración la exención que se provee en el tercer párrafo de este apartado y sin incluir para estos propósitos el ingreso de los Planes de Activos Segregados que haya establecido el Asegurador Internacional.

(2) Asimismo, todo Plan de Activos Segregados de un Asegurador Internacional que no sea de Autoridad Clase 5, según dicho término es definido en la Sección 61.020 del Código de Seguros, estará sujeto a una contribución de cuatro por ciento (4%) sobre el monto de su ingreso neto en exceso de un millón doscientos mil dólares ($1,200,000.00), la cual se pagará exclusivamente con los fondos de tal Plan de Activos Segregados. El ingreso neto se computará como si el Plan de Activos Segregados fuera un Asegurador Internacional. El Secretario de Hacienda establecerá por reglamento, carta circular, u otra determinación o comunicación administrativa de carácter general, cuáles formularios o planillas se deberán presentar con tales contribuciones. En el caso de Aseguradores Internacionales con Planes de Activos Segregados sujetos a contribución, corresponderá al Asegurador Internacional declarar y pagar la contribución adeudada por cada uno de tales Planes de Activos Segregados.

(3) Excepto por lo dispuesto en los párrafos (1) y (2) de este apartado, el ingreso derivado por el Plan de Activos Segregados Asegurador Internacional o por una Compañía Tenedora del Asegurador Internacional que cumpla con el Artículo 61.040 del Código de Seguros, no se incluirá en el ingreso bruto de dichas Entidades o Plan de Activos Segregados y estará exento de contribuciones impuestas a tenor con las Secciones 1000.01 *et seq.* del Código de Rentas Internas de Puerto Rico. El ingreso que derive el

Asegurador Internacional o la Compañía Tenedora del Asegurador Internacional que cumpla con el Artículo 61.040 del Código de Seguros, por razón de la liquidación o disolución de las operaciones en Puerto Rico, se considerará como un ingreso derivado de las operaciones que se permiten tanto en este Capítulo como en la "Ley del Asegurador Internacional", por lo que tendrá el mismo tratamiento y no se incluirá en el ingreso bruto de dichas Entidades.

(4) El ingreso que se derive por concepto de dividendos y distribución de ganancias, o en el caso de una sociedad, distribuciones en liquidación total o parcial, u otras partidas de ingresos similares a éstos, que distribuya o pague un Asegurador Internacional, un Plan de Activos Segregados o una Compañía Tenedora del Asegurador Internacional que cumpla con el Artículo 61.040 del Código de Seguros, estará exento del pago de contribuciones, a tenor con las Secciones 1000.01 *et seq.* del Código de Rentas Internas, y del pago de patentes municipales que impone la "Ley de Patentes Municipales".

(5) Las cantidades que reciba una Persona Extranjera que no esté dedicada a industria o negocio en Puerto Rico como beneficios o intereses de cualquier clase con arreglo a un contrato de seguro de vida o de una anualidad que emita un Asegurador Internacional, estarán exentas del pago de contribuciones sobre ingresos a tenor con las Secciones 1000.01 *et seq.* del Código de Rentas Internas de Puerto Rico y del pago de patentes municipales, conforme a la "Ley de Patentes Municipales".

(6) Excepto por lo que se dispone en el párrafo uno (1) y dos (2) de este apartado, el Asegurador Internacional o la Compañía Tenedora del Asegurador Internacional que cumpla con el Artículo 61.040 del Código de Seguros, no vendrá obligado a radicar la planilla de corporaciones, sociedades o compañías de seguros, según disponen las Secciones 1061.02, 1061.03 y 1061.12 del Código de Rentas Internas de Puerto Rico. Un Asegurador Internacional o una Compañía Tenedora del Asegurador Internacional que cumpla con el Artículo 61.040 del Código de Seguros, que se organice como una corporación de individuos, conforme al Código de Rentas Internas de Puerto Rico, no vendrá obligado a radicar las planillas y los informes que requiere la Sección 1061.07 del referido Código de Rentas Internas. No obstante, una Compañía Tenedora del Asegurador Internacional que cumpla con el Artículo 61.040 del Código de Seguros deberá presentar al Secretario del DDEC, al Comisionado de Seguros y al Secretario de Hacienda la certificación que requiere el Artículo 61.040(6) del Código de Seguros.

(7) Las disposiciones de la Sección 1062.08 del Código de Rentas Internas de Puerto Rico, que imponen la obligación de deducir y retener en el origen las contribuciones sobre ingresos por concepto de los pagos realizados a, Personas Extranjeras que sean individuos, no serán aplicables a la cantidad de cualesquiera beneficios o intereses recibidos con arreglo a un contrato de seguro de vida o de anualidad, ni a los intereses (incluyendo el descuento por originación, cartas de créditos y otras garantías financieras), dividendos, participaciones en las ganancias de sociedades, distribuciones en liquidación total o parcial, u otras partidas de ingresos similares a éstos, que se reciba de un Asegurador Internacional o de una Compañía Tenedora del Asegurador Internacional, según aplique, que cumpla con el Artículo 61.040 del Código de Seguros, siempre y cuando estos individuos no se dediquen a industria o negocio en Puerto Rico.

(8) Las disposiciones de la Sección 1062.10 del Código de Rentas Internas de Puerto Rico que imponen la obligación de deducir y retener en el origen contribuciones sobre ingreso por concepto de la participación atribuible al accionista que sea una Persona Extranjera en el ingreso de una corporación de individuo, no serán aplicables respecto a la participación atribuible al accionista, que sea una Persona Extranjera de un Asegurador Internacional o de una Compañía Tenedora del Asegurador Internacional que cumpla con el Artículo 61.040 del Código de Seguros.

(9) Las disposiciones de la Sección 1062.11 del Código de Rentas Internas de Puerto Rico que imponen la obligación de deducir y retener en el origen contribuciones sobre ingreso por concepto de los pagos hechos a corporaciones o sociedades extranjeras no dedicadas a industria o negocio en Puerto Rico, no serán aplicables a la cantidad de cualesquiera beneficios o intereses que se reciban con arreglo a un contrato de seguro de vida o de anualidad, ni a los intereses (incluyendo el descuento por originación, cartas de crédito y otras garantías financieras), dividendos, participaciones en las ganancias de sociedades, distribución en liquidación total o parcial, u otras partidas de ingresos similares a éstos, que se reciban de un Asegurador Internacional o de una Compañía Tenedora del Asegurador Internacional que cumpla con el Artículo 61.040 del Código de Seguros.

(10) El ingreso que derive una Persona Extranjera que sea un individuo, no dedicado a industria o negocio en Puerto Rico por concepto de beneficios o intereses recibidos con arreglo a un contrato de seguro de vida o de anualidad, o intereses (incluyendo el descuento de originación, cartas de créditos y otras garantías financieras), dividendos, participaciones en las ganancias de sociedades u otras partidas de ingresos similares a éstos, que se reciban de un Asegurador Internacional o de una Compañía Tenedora

del Asegurador Internacional que cumpla con el Artículo 61.040 del Código de Seguros, no estará sujeto al pago de las contribuciones que impone la Sección 1091.01 del Código de Rentas Internas de Puerto Rico.

(11) El ingreso que derive una corporación extranjera, no dedicada a industria o negocio en Puerto Rico, por concepto de beneficios o intereses que se reciban con arreglo a un contrato de seguro de vida o de anualidad, o intereses, (incluyendo el descuento por originación, cartas de crédito y otras garantías financieras), dividendos, participación en las ganancias de sociedades, u otras partidas de ingresos similares a éstos, que se reciban de un Asegurador Internacional o de una Compañía Tenedora del Asegurador Internacional que cumpla con el Artículo 61.040 del Código de Seguros, no estará sujeto a las contribuciones que impone la Sección 1092.01 del Código de Rentas Internas de Puerto Rico.

(12) El ingreso que derive un Asegurador Internacional, no estará sujeto a la contribución impuesta por la Sección 1092.02 del Código de Rentas Internas de Puerto Rico.

(13) Ninguna de las disposiciones de este apartado se interpretará como una limitación a los poderes del Secretario de Hacienda de aplicar las disposiciones de la Sección 1040.09 del Código de Rentas Internas a un Asegurador Internacional o a una Compañía Tenedora del Asegurador Internacional que cumpla con el Artículo 61.040 del Código de Seguros.

(14) Las disposiciones de las Secciones 1111.01 a 1111.11 del Código de Rentas Internas de Puerto Rico, no serán de aplicación a los Aseguradores Internacionales.

(b) Caudal Relicto y Donaciones–

(1) Para efecto de las Secciones 2010.01 *et seq.* del Código de Rentas Internas, el valor de cualquier cantidad pagadera por un Asegurador Internacional por motivo de un contrato de seguro de vida o de anualidad a una Persona Extranjera que sea un individuo, estará exento de las contribuciones sobre caudales relictos y sobre donaciones que impongan esas Secciones. Cualesquiera certificados de Acciones o participaciones de un socio en un Asegurador Internacional o en una Compañía Tenedora de un Asegurador Internacional que cumpla con el Artículo 61.040 del Código de Seguros que sean propiedad de una Persona Extranjera que sea un individuo, y cualesquiera bonos, pagarés u otras obligaciones de deuda de un Asegurador Internacional o de una Compañía Tenedora de un Asegurador Internacional que cumpla con el Artículo 61.040 del Código de Seguros que sean propiedad una Persona Extranjera que sea un individuo,

estarán exentas de las contribuciones sobre caudales relictos y sobre donaciones que imponen esas Secciones.

(c) Patentes Municipales y Otros Impuestos Municipales–

(1) Los Aseguradores Internacionales o las Compañías Tenedoras de Aseguradores Internacionales que cumplan con el Artículo 61.040 del Código de Seguros estarán ciencuenta por ciento (50%) exentas del pago de patentes municipales que impone la "Ley de Patentes Municipales", al igual que en cualquier otro tipo de contribución, tributo, derecho, licencia, arbitrios e impuestos, tasas y tarifas, según dispone la "Ley de Municipios Autónomos".

(d) Contribución Sobre la Propiedad Inmueble y Mueble–

(1) La propiedad mueble e inmueble que pertenezca a un Asegurador Internacional o a una Compañía Tenedora del Asegurador Internacional que cumpla con el Artículo 61.040 del Código de Seguros, estará setenta y cinco por ciento (75%) exenta del pago de las contribuciones sobre la propiedad mueble e inmueble que impone la "Ley de Contribución Municipal sobre la Propiedad".

(Julio 1, 2019, Núm. 60, sec. 2042.02.)

Sección 2042.03- Fondos de Capital Privado y Fondos de Capital Privado de Puerto Rico (13 L.P.R.A. sec. 45343)

(a) Contribución sobre Ingresos- Las disposiciones aplicables a los socios de una sociedad, según se dispone en el Capítulo 7 del Subtítulo A del Código de Rentas Internas de Puerto Rico, serán aplicables a los Inversionistas Acreditados de un Fondo de Capital Privado y un Fondo de Capital Privado de Puerto Rico (incluyendo Inversionistas tributables que no hayan aportado dinero o propiedad a cambio de intereses propietarios de tales fondos y que tengan un interés en las ganancias de tales fondos). Se harán extensivas al Fondo de Capital Privado y al Fondo de Capital Privado de Puerto Rico aquellas disposiciones del Código de Rentas Internas de Puerto Rico aplicables a las sociedades relacionadas con los requisitos de información y retención de contribuciones.

(1) Fondo de Capital Privado y un Fondo de Capital Privado de Puerto Rico-

(i) Ingreso- Un Fondo de Capital Privado y un Fondo de Capital Privado de Puerto Rico, según sea el caso, se tratará como una sociedad bajo las reglas aplicables a las sociedades en el Capítulo 7 del Código de Rentas Internas de Puerto Rico para propósitos contributivos, en cuyo caso se entenderá que toda referencia hecha a las sociedades tributables bajo el

Capítulo 7 del Código de Rentas Internas de Puerto Rico incluye los Fondos de Capital Privado y los Fondo de Capital Privado de Puerto Rico.

(2) Inversionistas Acreditados- Los Inversionistas Acreditados Residentes, de un Fondo de Capital Privado serán responsables por la contribución sobre ingresos atribuible a su participación distribuible en el ingreso del Fondo de Capital Privado o del Fondo de Capital Privado de Puerto Rico, con excepción del Banco de Desarrollo Económico, que estará exento de tributación si así lo dispone su ley orgánica. En los casos de Inversionistas Acreditados que no sean Inversionistas Acreditados Residentes, el Fondo de Capital Privado o el Fondo de Capital Privado de Puerto Rico retendrá en su origen la contribución correspondiente y la remitirá al Departamento de Hacienda. En ambos casos la contribución se pagará de acuerdo con las siguientes reglas:

(i) Participación distribuible en intereses y dividendos- La participación distribuible de los Inversionistas Acreditados en los intereses y dividendos que devenga el Fondo de Capital Privado o el Fondo de Capital Privado de Puerto Rico, pagará, en lugar de cualquier otra contribución impuesta por el Código de Rentas Internas de Puerto Rico, incluyendo la contribución básica alterna y la contribución alternativa mínima, las cuales no serán aplicables a los Inversionistas Acreditados, una contribución sobre ingresos que se computará utilizando una tasa fija de diez por ciento (10%). Los intereses o dividendos exentos que haya generado el Fondo de Capital Privado o el Fondo de Capital Privado de Puerto Rico conservarán su carácter exento en manos de los Inversionistas Acreditados. Asimismo, los Inversionistas Acreditados tributarán en Puerto Rico de acuerdo con la tasa aquí dispuesta, a menos que: (i) la tasa aplicable a tal Inversionista bajo cualquier otra ley especial sea menor a la aquí dispuesta, o (ii) bajo los preceptos del Código de Rentas Internas de Puerto Rico, éstos no estuvieran obligados a pagar contribución sobre ingresos en Puerto Rico. Los gastos de operación del Fondo de Capital Privado o del Fondo de Capital Privado de Puerto Rico (excepto las ganancias de capital) se asignarán a las distintas clases de ingresos brutos de cada clase.

(ii) Participación distribuible en ganancias de capital- La participación distribuible de los Inversionistas Acreditados en las ganancias de capital que devengue del Fondo de Capital Privado o del Fondo de Capital Privado de Puerto Rico, estarán totalmente exentas de contribución sobre ingresos y no estarán sujetas a ninguna otra contribución impuesta por el Código de Rentas Internas de Puerto Rico, incluyendo la contribución básica alterna y la contribución alternativa mínima, las cuales no serán aplicables a los Inversionistas Acreditados de tales fondos. Éstas se informarán por separado al Inversionista, conforme a la Sección 1071.02 del Código de Rentas Internas de Puerto Rico.

(iii) Venta de Interés Propietario- Las ganancias de capital realizadas por los Inversionistas Acreditados del Fondo de Capital Privado o del Fondo de Capital Privado de Puerto Rico en la venta de su interés propietario en tales fondos estarán sujetas a contribución sobre ingresos a una tasa fija de un cinco por ciento (5%) en el Año Contributivo en que ocurra la venta o se perciba el ingreso en lugar de cualquier otra contribución dispuesta por el Código de Rentas Internas de Puerto Rico. En aquellas instancias en que, dentro de noventa (90) días contados a partir de la venta, el Inversionista Acreditado reinvierta la totalidad del rédito bruto generado en un Fondo de Capital Privado de Puerto Rico, las ganancias de capital realizadas por los Inversionistas Acreditados de tales fondos no estarán sujetas a ninguna contribución sobre ingresos. Éstas se informarán por separado al Inversionista Acreditado, conforme a la Sección 1071.02 del Código de Rentas Internas de Puerto Rico.

(iv) Participación distribuible en las pérdidas netas de capital- La participación distribuible de los Inversionistas Acreditados en las pérdidas netas de capital en las que incurra el Fondo de Capital Privado o el Fondo de Capital Privado de Puerto Rico, se podrá tomar como una deducción por los Inversionistas Acreditados Residentes de tales fondos proporcionalmente a la participación en las pérdidas de estos fondos siempre y cuando tales pérdidas sean atribuibles a una corporación, compañía de responsabilidad limitada o sociedad, doméstica o extranjera, que derive no menos del ochenta por ciento (80%) de su ingreso bruto durante los tres (3) últimos años por concepto de ingresos de fuentes de Puerto Rico o ingreso relacionado o tratado como realmente relacionado con la explotación de una industria o negocio en Puerto Rico, a tenor con las disposiciones del Código de Rentas Internas de Puerto Rico. Las pérdidas solo se podrán utilizar de la siguiente manera:

(A) contra ingresos provenientes de otros Fondos de Capital Privado o de Fondos de Capital Privado de Puerto Rico en la medida en que tales pérdidas se consideren pérdidas de capital al nivel de estos fondos;

(B) para reducir cualquier ganancia de capital que genere el Inversionista Acreditado Residente de otras fuentes, conforme a las disposiciones del Código de Rentas Internas de Puerto Rico;

(C) no obstante, la pérdida que no se pueda deducir podrá ser arrastrada de forma indefinida.

(3) Socios Gestores o Generales-

(i) Participación distribuible en intereses y dividendos- La participación distribuible de los Socios Gestores o Generales del Fondo en los intereses y dividendos que devengue el Fondo de Capital Privado o el Fondo de Capital Privado de Puerto Rico, pagará una contribución sobre ingresos que se computará a base de una tasa fija de cinco por ciento (5%) en lugar de cualquier otra contribución impuesta por el Código de Rentas Internas de Puerto Rico, incluyendo la contribución alterna básica y la contribución alternativa mínima. Los gastos de operación del Fondo de Capital Privado o del Fondo de Capital Privado de Puerto Rico se asignarán a las distintas clases de ingresos de tales fondos (excepto las ganancias de capital) en proporción al monto del ingreso bruto de cada clase.

(ii) Participación distribuible en ganancias de capital- La participación distribuible de los Socios Gestores o Generales del Fondo de Capital Privado o del Fondo de Capital Privado de Puerto Rico en las ganancias de capital que devengue de tales fondos, pagará una contribución sobre ingresos que se computará a base de una tasa fija de dos punto cinco por ciento (2.5%) en lugar de cualquier otra contribución impuesta por el Código de Rentas Internas de Puerto Rico, en el Año Contributivo en que ocurre la venta, incluyendo la contribución básica alterna y la contribución alternativa mínima, las cuales no serán aplicables a los Inversionistas Acreditados del Fondo de Capital Privado o del Fondo de Capital Privado de Puerto Rico. Éstas se informarán por separado al Inversionista, conforme a la Sección 1071.02 del Código de Rentas Internas de Puerto Rico.

(iii) Las reglas de venta de interés propietario y pérdidas netas de capital aplicables a los Inversionistas Acreditados, según se describen en los incisos (iii) y (iv) del párrafo (2) del apartado (a) de esta Sección, serán aplicables a los Socios Gestores o Generales.

(4) ADIR y ECP-

(i) Participación distribuible en intereses y dividendos- La participación distribuible de los ADIR y ECP del Fondo en los intereses y dividendos que devengue el Fondo de Capital Privado o del Fondo de Capital Privado de Puerto Rico, pagará una contribución sobre ingresos que se computará utilizando una tasa fija de cinco por ciento (5%) en lugar de cualquier otra contribución impuesta por el Código de Rentas Internas de Puerto Rico, incluyendo la contribución básica alterna y la contribución alternativa mínima. Los gastos de operación del Fondo de Capital Privado o del Fondo de Capital Privado de Puerto Rico serán asignados a las distintas clases de ingresos del Fondo (excepto las ganancias de capital) en proporción al monto del ingreso bruto de cada clase.

(ii) Participación distribuible en ganancias de capital- La participación distribuible de los ADIR y ECP del Fondo de Capital Privado o del Fondo de Capital Privado de Puerto Rico en las ganancias de capital que devengue el Fondo, pagará una contribución sobre ingresos que se computará a una tasa fija de dos punto cinco por ciento (2.5%) en lugar de cualquier otra contribución impuesta, en el Año Contributivo en que ocurre tal venta, incluyendo la contribución básica alterna y la contribución alternativa mínima, las cuales no serán aplicables a los Inversionistas Acreditados del Fondo de Capital Privado o del Fondo de Capital Privado de Puerto Rico. Éstas se informarán por separado al Inversionista Acreditado, conforme a la Sección 1071.02 del Código de Rentas Internas de Puerto Rico.

(iii) Las reglas de venta de interés propietario y pérdidas netas de capital aplicables a los Inversionistas Acreditados que se describen en los incisos (iii) y (iv) del párrafo (2) del apartado (a) de esta Sección serán aplicables a los ADIR y ECP.

(b) Contribuciones sobre la propiedad-

(1) Los Fondos de Capital Privado y los Fondos de Capital Privado de Puerto Rico estarán setenta y cinco por ciento (75%) exentos de la imposición de contribuciones sobre la propiedad que impone la "Ley de Contribución Municipal sobre la Propiedad", incluyendo los bienes muebles e inmuebles, tangibles e intangibles, que les pertenezcan.

(2) Los Fondos de Capital Privado y los Fondos de Capital Privado de Puerto Rico estarán exentos de la radicación de la correspondiente planilla de contribución sobre la propiedad mueble que dispone la Ley 83-1991, según enmendada, conocida como "Ley de Contribución Municipal sobre la Propiedad de 1991".

(c) Contribuciones municipales-

(1) Los ingresos que perciban los Fondos de Capital Privado y los Fondos de Capital Privado de Puerto Rico, así como las distribuciones que tales Entidades hagan a sus Inversionistas Acreditados, no se considerarán "ingreso bruto" ni estarán comprendidas en la definición de "volumen de negocio" para propósitos de la "Ley de Patentes Municipales".

(2) Los Fondos de Capital Privado y los Fondos de Capital Privado de Puerto Rico estarán exentos de la radicación de la correspondiente planilla de volumen de negocios que dispone la "Ley de Patentes Municipales".

(d) Deducciones especiales-

(1) A partir de que un Fondo de Capital Privado o un Fondo de Capital Privado de Puerto Rico haya cumplido con los requisitos de inversión que

se proveen en este Capítulo, todo Inversionista Acreditado Residente que invierta en:

(i)   Un Fondo de Capital Privado podrá tomar una deducción hasta un máximo del treinta por ciento (30%) de la base ajustada de su Inversión de Capital Privado, según se determine tal base ajustada bajo el Código de Rentas Internas de Puerto Rico. El Inversionista Acreditado Residente podrá usar la deducción en el Año Contributivo en que el Fondo haya invertido en todo o en parte tal inversión y por los diez (10) años siguientes. Si el Fondo invierte parcialmente la Inversión de Capital Privado, los diez (10) años relacionados con tal porción se contarán a partir del año en que ésta se invirtió. En los casos en que la inversión se haga luego de finalizado un Año Contributivo, pero antes de rendir la planilla de contribución sobre ingresos para dicho año, según dispuesto por el Código de Rentas Internas de Puerto Rico, incluyendo cualquier prórroga que conceda el Secretario de Hacienda para rendirla, el Inversionista Acreditado Residente podrá reclamar la deducción para tal Año Contributivo. El máximo que un Inversionista Acreditado Residente podrá deducir en un Año Contributivo no excederá del quince por ciento (15%) de su ingreso neto antes de la deducción.

(ii)   Un Fondo de Capital Privado de Puerto Rico podrá tomar una deducción hasta un máximo del sesenta por ciento (60%) de la base ajustada de su Inversión de Capital Privado, según se determine tal base bajo el Código de Rentas Internas de Puerto Rico. La deducción estará disponible para uso del Inversionista Acreditado Residente en el Año Contributivo en que el Fondo haya invertido en todo o en parte la inversión y por los quince (15) años siguientes. Si el Fondo invierte parcialmente la Inversión de Capital Privado, los quince (15) años respecto a tal porción se contarán a partir del año en que ésta se invirtió. Cuando la inversión se haga luego de finalizado un Año Contributivo, pero antes de rendir la planilla de contribución sobre ingresos para dicho año, según dispone el Código de Rentas Internas de Puerto Rico, incluyendo cualquier prórroga que conceda el Secretario de Hacienda para rendirla, el Inversionista Acreditado Residente podrá reclamar la deducción para ese Año Contributivo. El máximo que un Inversionista Acreditado Residente podrá deducir en un Año Contributivo no excederá del treinta por ciento (30%) de su ingreso neto antes de la deducción.

(2)   Deducción por Inversión de Capital Privado- La deducción por concepto de la inversión que puede reclamar un Inversionista Acreditado Residente al amparo del párrafo (1) de este apartado, se podrá utilizar, a discreción del Inversionista Acreditado Residente, contra cualquier tipo de

ingreso para propósitos de determinar cualquier tipo de contribución conforme al Subtítulo A del Código de Rentas Internas de Puerto Rico, incluyendo la contribución básica alterna aplicable a individuos y la contribución alternativa mínima aplicable a corporaciones. En el caso de cónyuges que vivan juntos, rindan planilla conjunta y se acojan al cómputo opcional de la contribución que provee la Sección 1021.03 del Código de Rentas Internas de Puerto Rico, éstos podrán, a su discreción, asignarse entre ellos el monto total de la deducción reclamable por concepto de la inversión por cada uno de ellos para cada período contributivo.

(Julio 1, 2019, Núm. 60, sec. 2042.03.)

SUBCAPÍTULO C- REQUISITOS PARA LA CONCESIÓN DE EXENCIÓN

Sección 2043.01- Requisitos para las Solicitudes de Decretos (13 L.P.R.A. sec. 45351)

(a) Regla General- Cualquier persona que ha establecido o se propone establecer un Negocio Elegible en Puerto Rico bajo este Capítulo deberá solicitar los beneficios de este Código mediante la presentación de una solicitud de Decreto ante el Secretario del DDEC, conforme lo dispuesto en el Subtítulo F de este Código.

(b) Cualquier persona podrá solicitar los beneficios de este Capítulo siempre y cuando cumpla con los requisitos de elegibilidad del Subcapítulo A de este Capítulo, y con cualquier otro criterio que el Secretario del DDEC establezca, mediante el Reglamento de Incentivos, orden administrativa, carta circular o cualquier otro comunicado de carácter general, incluyendo como criterio de evaluación la aportación que tal Negocio Elegible hará al desarrollo económico de Puerto Rico.

(Julio 1, 2019, Núm. 60, sec. 2043.01.)

Sección 2043.02– Decreto Aseguradores Internacionales y Compañías Tenedoras de Aseguradores Internacionales (13 L.P.R.A. sec. 45352)

(a) El Asegurador Internacional debe obtener un Decreto de exención contributiva en el cual se detallará todo el tratamiento contributivo, según se dispone en las Secciones aplicables a tales negocios en este Capítulo.

(b) Como requisito para el Decreto, y conforme al Reglamento de Incentivos, el Secretario del DDEC, con el aval del Comisionado de Seguros, podrá imponer condiciones adicionales al Asegurador Internacional relevantes a empleos o actividad económica. Las concesiones de exención contributiva así detalladas, incluyendo las tasas de contribución sobre ingresos dispuestas en el apartado (a) de la Sección

2042.02 de este Capítulo, se considerarán un contrato entre el Asegurador Internacional, sus accionistas, socios o dueños y el Gobierno de Puerto Rico durante la efectividad del Decreto, y el contrato será ley entre las partes. El Decreto será efectivo durante un período de quince (15) años, comenzando en la fecha de su emisión, salvo que con anterioridad al vencimiento del ese período el certificado de autoridad del Asegurador Internacional se revoque, suspenda o no se renueve, en cuyo caso el Decreto perderá su efectividad a la fecha de la revocación o no renovación, o durante el período de la suspensión, según sea el caso.

(c) Asimismo, deben tener un certificado de autoridad vigente que emita el Comisionado de Seguros, de conformidad con el Artículo 61.050 del Código de Seguros, para poder obtener un Decreto bajo esta Sección.

(d) El Decreto será intransferible, pero no perderá su efectividad por razón de un cambio de control sobre las Acciones del Asegurador Internacional, o por razón de una fusión o consolidación de éste, o por razón de la conversión del Asegurador Internacional en uno por Acciones o mutualista, según sea el caso, siempre y cuando el cambio de control, la fusión o consolidación o la conversión, según se trate, reciba la aprobación del Secretario del DDEC, a tenor con este Capítulo.

(Julio 1, 2019, Núm. 60, sec. 2043.02.)

SUBCAPÍTULO D- DISPOSICIONES ESPECIALES

Sección 2044.01- Entidad Financiera Internacional (13 L.P.R.A. sec. 45361)

(a) Una Entidad Financiera Internacional deberá cumplir con las disposiciones de la "Ley del Centro Financiero Internacional", en la medida que sean aplicables, para poder obtener los beneficios que se disponen en este Capítulo.

(b) Confidencialidad. La información que se entregue al Secretario del DDEC a tenor con el presente Capítulo y con el Reglamento de Incentivos, deberá mantenerse confidencial, excepto:

(1) Cuando la divulgación de la información se requiera por ley u orden judicial;

(2) Por requerimiento formal de una agencia gubernamental doméstica o foránea en el ejercicio de su función supervisora cuando el Secretario del DDEC entienda que es en el mejor interés público. En tal caso, la información se entregará bajo un acuerdo obligatorio con el DDEC con el fin de mantener el carácter confidencial de tal información. Esta excepción

no se extenderá en ningún caso a información sobre los clientes de la Entidad Financiera Internacional; o

(3) En cualquier otro caso, según lo requiera la "Ley del Centro Financiero Internacional".

(i) El Secretario del DDEC podrá, además, divulgar la información en aquellos casos en los cuales la divulgación se hace con el propósito de ayudar al Secretario del DDEC, al Comisionado de Instituciones Financieras u otra autoridad en el desempeño de sus funciones reguladoras.

(4) En lo relacionado a esta Sección, el Reglamento de Incentivos se preparará en consulta con el Comisionado de Instituciones Financieras.

(5) El Secretario del DDEC podrá delegar en el Comisionado de Instituciones Financieras aquella reglamentación, revisión de transacciones y cumplimiento con las disposiciones aplicables a Entidades Financieras Internacionales en este Código, como cualquier otra responsabilidad establecida en este Capítulo respecto a tales entidades, que el Secretario del DDEC entienda que el Comisionado de Instituciones Financieras cuenta con la pericia necesaria para asumir tales funciones.

(Julio 1, 2019, Núm. 60, sec. 2044.01.)

Sección 2044.02- Aseguradores Internacionales y Compañías Tenedoras de los Aseguradores Internacionales (13 L.P.R.A. sec. 45362)

(a) Un Asegurador Internacional deberá cumplir, en la medida que sean aplicables, con los requisitos establecidos en los Artículos 61.050, 61.060, 61.070, 61.080, 61.090, 61.100, 61.110, 61.120, 61.130, 61.140, 61.160, 61.180, 61.190, 61.200, 61.210, 61.220, y 61.230 del Código de Seguros, incluyendo obtener el certificado de autorización para operar como Asegurador Internacional, para poder obtener los beneficios que se disponen en este Capítulo.

(b) Una Compañía Tenedora del Asegurador Internacional deberá cumplir con los requisitos dispuestos en los apartados (3) al (8) del Artículo 61.040 del Código de Seguros para poder obtener los beneficios que se disponen en este Capítulo.

(c) Confidencialidad- La información que se entregue al Secretario del DDEC a tenor con el presente Capítulo y con el Reglamento de Incentivos, deberá mantenerse confidencial, excepto:

(1) Cuando la divulgación de la información se requiera por ley u orden judicial; o

(2) Por requerimiento formal de una agencia gubernamental doméstica o foránea en el ejercicio de su función supervisora cuando el Secretario del DDEC entienda que es en el mejor interés público. En tal caso, la información se entregará bajo un acuerdo obligatorio con el DDEC con el fin de mantener el carácter confidencial de tal información. Esta excepción no se extenderá en ningún caso a información sobre los clientes del Asegurador Internacional.

(3) El Secretario del DDEC podrá, además, divulgar la información en aquellos casos en los cuales la divulgación se hace con el propósito de ayudar al Secretario del DDEC, al Comisionado de Seguros u otra autoridad en el desempeño de sus funciones reguladoras.

(d) En lo relacionado a esta Sección, el Reglamento de Incentivos se preparará en consulta con el Comisionado de Seguros.

(Julio 1, 2019, Núm. 60, sec. 2044.02.)

Sección 2044.03- Fondos de Capital Privado y Fondos de Capital Privado de Puerto Rico (13 L.P.R.A. sec. 45363)

(a) Un Fondo de Capital Privado es un fondo que cumpla con los siguientes requisitos:

(1) Como regla general, no más tarde de cuatro (4) años, contados a partir de la fecha de su organización y al cierre de cada Año Fiscal subsiguiente, deberá mantener un mínimo de quince por ciento (15%) del capital contribuido al Fondo por sus Inversionistas Acreditados (paid-in capital) (excluyendo de tal capital el dinero que el fondo mantenga en cuentas de banco y otras inversiones que se consideren equivalentes a dinero en efectivo) invertido en uno o más de los siguientes:

(i) pagarés, bonos, Acciones, notas (incluyendo préstamos con y sin colateral e incluyendo dicha colateral), o cualquier otro valor de naturaleza similar emitidos por Entidades dedicadas a industria o negocio de forma activa (Entidad Emisora) que, al momento de adquirirse, no se coticen o se trafiquen en los mercados de valores públicos de los Estados Unidos o países extranjeros, y se hayan emitido por: (i) una corporación doméstica, compañía de responsabilidad limitada doméstica, o sociedad doméstica, o (ii) una entidad extranjera que derive no menos del ochenta por ciento (80%) de su ingreso bruto durante los tres (3) últimos años por concepto de ingresos de fuentes de Puerto Rico o ingreso relacionado o tratado como realmente relacionado con la explotación de una industria o negocio en

Puerto Rico a tenor con las disposiciones del Código de Rentas Internas de Puerto Rico. Para propósitos de este inciso (i), se entenderá que una Entidad Emisora está dedicada a industria o negocio de forma activa si dicha industria o negocio es llevada a cabo por tal Entidad Emisora, o por una Entidad controlada por la Entidad Emisora. Se entenderá que una Entidad es una Entidad controlada si cincuenta por ciento (50%) o más de las Acciones de Capital o de los intereses propietarios con derecho al voto de tal Entidad son poseídas por la Entidad Emisora.

(ii) pagarés, bonos, notas, u otros instrumentos de deuda emitidos por el Gobierno de Puerto Rico, sus instrumentalidades, sus agencias, sus municipios, o cualquier otra subdivisión política.

(2) que sus Inversionistas sean Inversionistas Acreditados;

(3) emplear a uno o a más de un ADIR, por lo menos uno de los cuales deberá:

(i) ser una Persona Doméstica o Persona Foránea;

(ii) establecer y mantener una oficina de negocios en Puerto Rico; y

(iii) dedicarse a industria o negocio en Puerto Rico de conformidad con las disposiciones del Código de Rentas Internas de Puerto Rico y registrada con las entidades reglamentarias pertinentes incluyendo, pero sin limitarse a la OCIF, el SEC y la SBA, según aplique.

Un ADIR que cumpla con todos los requisitos de este párrafo (3) podrá subcontratar a un asesor de inversiones que no cumpla con dichos requisitos. No obstante, un ADIR que no cumpla con tales requisitos no podrá subcontratar a un asesor de inversiones.

(4) operar como ente diversificado de inversión por lo cual, no más tarde de cuatro (4) años, contados a partir de la fecha de su organización y al cierre de cada Año Fiscal subsiguiente no más del cincuenta por ciento (50%) de su capital pagado podrá estar invertido en un mismo negocio; disponiéndose, sin embargo, que las fluctuaciones en el valor de las inversiones del fondo o la venta, liquidación u otra disposición de cualquiera de los Activos del Fondo a tenor con su estrategia u objetivo de inversión no serán tomadas en consideración en la determinación de si el Fondo se encuentra en cumplimiento con este requisito. Para determinar el límite del cincuenta por ciento (50%) de inversión en un solo negocio, un grupo de Afiliadas, según se define en el inciso (i) de este párrafo, serán consideradas como un negocio. Por tanto, las cantidades invertidas en una o más entidades dentro de un grupo de Afiliadas, según se define en el inciso (i) de este párrafo, deberán ser agregadas para determinar si el fondo

ha cumplido con su objetivo de invertir no más del cincuenta por ciento (50%) de su capital en un solo negocio. La anterior limitación no impide que un fondo invierta más de cincuenta por ciento (50%) de su capital en entidades que operen en la misma industria o que se dediquen al mismo tipo de negocio. Tampoco impide que un fondo adquiera la totalidad o una mayoría de los intereses propietarios de una Entidad en la cual haya invertido o esté invirtiendo su capital y, por lo tanto, no se considerará que una Entidad se convierte en Afiliada, según se define en el inciso (i) de este párrafo, para propósitos de dicho requisito de diversificación cuando la totalidad o una mayoría de sus intereses propietarios sean adquiridos por un fondo;

(i) Para propósitos de este párrafo (4), el término "Afiliada" significa, respecto a una Entidad, cualquier otra persona o Entidad, excluyendo al fondo, que directa o indirectamente a través de uno o varios intermediarios controle, sea controlada por o esté bajo control común con dicha Entidad. El término "control" significa poseer o ser dueño directa o indirectamente de un cincuenta por ciento (50%) o más de las Acciones de capital o de los intereses propietarios con derecho al voto de dicha Entidad.

(5) deberá tener un capital mínimo incluyendo compromisos legales de contribución de capital debidamente documentados, aunque no pagados, de diez millones de dólares ($10,000,000.00) antes de veinticuatro (24) meses a partir de la primera emisión de intereses propietarios del fondo y subsiguientemente;

(6) deberá incorporar a una junta asesora al menos uno de sus Inversionistas o socios limitados, en la que se establezca un foro para la evaluación de asuntos de interés y preocupación sobre el Fondo por parte de su clase;

(7) en el caso de una sociedad extranjera o compañía de responsabilidad limitada extranjera, su Socio Gestor o General o ADIR deberá estar dedicado a industria o negocio en Puerto Rico y derivar por lo menos el ochenta por ciento (80%) de su ingreso bruto por concepto de ingresos de fuentes de Puerto Rico o ingreso relacionado o tratado como realmente relacionado con la explotación de una industria o negocio en Puerto Rico, a tenor con las disposiciones del Código de Rentas Internas de Puerto Rico.

(b) Un Fondo de Capital Privado se considerará un Fondo de Capital Privado de Puerto Rico siempre que cumpla con los incisos (2) al (7) del apartado (a) de esta Sección y con los siguientes requisitos de elegibilidad:

(1) No más tarde de cuatro (4) años, contados a partir de la fecha de su organización y al cierre de cada Año Fiscal subsiguiente, deberá mantener un mínimo de sesenta por ciento (60%) del capital contribuido al fondo por sus Inversionistas Acreditados *(paid-in capital)* (excluyendo de dicho capital el dinero que el fondo mantenga en cuentas de banco y otras inversiones que se consideren equivalentes a dinero en efectivo) invertido en alguno de los siguientes:

(i) pagarés, bonos, Acciones, notas (incluyendo préstamos generados o adquiridos con y sin colateral e incluyendo dicha colateral), o cualquier otro valor de naturaleza similar emitidos por Entidades dedicadas a industria o negocio de forma activa (Entidad Emisora) que, al momento de adquirirse, no se coticen o se trafiquen en los mercados de valores públicos de los Estados Unidos o países extranjeros, y se hayan emitido por (A) una corporación doméstica, compañía de responsabilidad limitada doméstica o sociedad doméstica, o (B) una entidad extranjera que derive no menos del ochenta por ciento (80%) de su ingreso bruto durante los tres (3) últimos años por concepto de ingresos de fuentes de Puerto Rico o ingreso relacionado o tratado como realmente relacionado con la explotación de una industria o negocio en Puerto Rico a tenor con las disposiciones del Código de Rentas Internas de Puerto Rico. Para propósitos de este inciso (i), se entenderá que una Entidad Emisora está dedicada a industria o negocio de forma activa si dicha industria o negocio es llevada a cabo por tal Entidad Emisora, o por una Entidad controlada a la Entidad Emisora. Se entenderá que una Entidad es una Entidad controlada si cincuenta por ciento (50%) o más de las Acciones de capital o de los intereses propietarios con derecho al voto de dicha Entidad son poseídas por la Entidad Emisora.

(ii) pagarés, bonos, notas, u otros instrumentos de deuda emitidos por el Gobierno de Puerto Rico, sus instrumentalidades, sus agencias, sus municipios, o cualquier otra subdivisión política;

(iii) fideicomisos de inversión exenta que cualifiquen para la Sección 1112.02 del Código de Rentas Internas de Puerto Rico;

(iv) pagarés, bonos, Acciones, notas (incluyendo préstamos generados o adquiridos con y sin colateral e incluyendo dicha colateral), o cualquier otro valor de naturaleza similar emitidos por entidades dedicadas, directa o indirectamente, a industria o negocio de forma activa fuera de Puerto Rico, que al momento de adquirirse, no se coticen o se trafiquen en los mercados de valores públicos de los Estados Unidos o países extranjeros; siempre y cuando las operaciones de la Entidad se transfieran a Puerto Rico dentro de seis (6) meses desde la fecha de adquisición de los pagarés, bonos,

Acciones o notas (incluyendo préstamos generados o adquiridos con y sin colateral e incluyendo dicha colateral) u otros valores similares, más el período adicional que autorice el Secretario de Hacienda, si existiera causa razonable para ello, y durante el período de doce (12) meses calendarios comenzando el primer día del mes siguiente a la transferencia de las operaciones a Puerto Rico y períodos de doce (12) meses subsiguientes, derive no menos de ochenta por ciento (80%) de su ingreso bruto por concepto de ingresos de fuentes de Puerto Rico o ingreso realmente relacionado o tratado como realmente relacionado con la explotación de una industria o negocio en Puerto Rico, a tenor con las disposiciones del Código de Rentas Internas de Puerto Rico.

(c) En el caso de Fondos de Capital Privado o Fondos de Capital Privados de Puerto Rico, cualquier Entidad que cumpla con los requisitos de elegibilidad dispuestos en este Capítulo podrá solicitar ser tratada como un Fondo de Capital Privado o un Fondo de Capital Privado de Puerto Rico, mediante la solicitud de un Decreto de conformidad con la Sección 2043.01; disponiéndose que en el caso de una compañía de responsabilidad limitada organizada por series, dicha compañía de responsabilidad limitada podrá elegir ser tratada como un solo fondo, sin importar el número de series, si el fondo cumple con dichos requisitos de elegibilidad; en la alternativa, una o varias series de dicha compañía de responsabilidad limitada podrán elegir ser tratadas individualmente o en conjunto como un fondo si cumplen con dichos requisitos de elegibilidad en cuyo caso la referida solicitud de Decreto se hará no más tarde del último día del tercer (3er) mes a partir de la fecha de creación de dicha serie o series.

(d) Nada de lo dispuesto en este Capítulo aplicable a los fondos se podrá entender como una limitación al tratamiento contributivo que pudieran conseguir los Inversionistas Acreditados, los Socios Gestores o Generales, un ADIR, o una ECP bajo cualquier otro incentivo que se provea en este Código, siempre y cuando se cumplan con los requisitos y procesos establecido en este Código.

(e) El cumplimiento con los requisitos del apartado (a) o (b) de esta Sección, según sea aplicable, se determinará para cada Año Contributivo del fondo. Para propósitos de determinar el por ciento de inversión en un activo se tomará en consideración su costo inicial. El incumplimiento con los requisitos de elegibilidad impedirá que la Entidad cualifique como un Fondo de Capital Privado o Fondo de Capital Privado de Puerto Rico durante el año del incumplimiento y, por tanto, dicha Entidad estará sujeta a la tributación aplicable conforme al Código de Rentas Internas de Puerto Rico, la "Ley de Patentes Municipales", y la "Ley de Contribución

Municipal sobre la Propiedad". Si para un Año Contributivo la Entidad queda descalificada por incumplimiento con lo dispuesto en este Código, ésta deberá solicitar al Secretario del DDEC, sujeto a los requisitos que éste establezca mediante el Reglamento de Incentivos, carta circular, determinación administrativa o cualquier otro boletín de carácter general, ser tratada nuevamente como un Fondo de Capital Privado o Fondo de Capital Privado de Puerto Rico para los años contributivos subsiguientes al año en que se descalificó.

(f) Los Fondos están exentos de cumplir con las disposiciones de la "Ley de Compañías de Inversiones de Puerto Rico" y la "Ley de Compañías de Inversión de Puerto Rico de 2013".

(g) Divulgación de información-

(1) Toda oferta de participación o inversión en un Fondo deberá ser registrada o notificada en OCIF y cumplir con todas las disposiciones de la Ley Federal de Valores de los Estados Unidos y de Puerto Rico, según aplique en lo que respecta a divulgación e incluyendo registración de ser necesario.

(2) Todo Fondo deberá:

(i) Informar a sus Inversionistas los resultados de su operación de forma trimestral (no auditada) y anual auditada por una firma de Contaduría Pública Autorizada con licencia vigente en Puerto Rico para que el Inversionista pueda determinar que el Fondo se gestiona conforme a las políticas, prácticas y acuerdos comunicados durante su formación. El detalle del informe anual auditado deberá incluir: Cómputo de Rendimiento Interno (IRR), Desglose de Comisiones y Gastos de la Sociedad, Resumen de Solicitudes de Aportes de Capital (Capital Calls), Resumen de Endeudamiento y una Carta a los Inversionistas de parte del Socio Gestor.

(ii) La divulgación del fondo deberá contener:

(A) Explicaciones en torno a los riesgos y oportunidades en el fondo así como eventos materiales incluyendo, sin limitarse a: fraude, incumplimiento material de deber fiduciario, incumplimiento material de acuerdo, mala fe y negligencia crasa.

(B) Certificado de Cumplimiento del fondo juramentado por el principal oficial ejecutivo con las disposiciones de este Código.

(iii) Convocar anualmente a una Reunión Anual General de Socios en la que el Socio General comparta información respecto a la operación con sus Inversionistas o Socios Limitados.

(iv) OCIF estará facultada para realizar exámenes e inspecciones a los Fondos de Capital Privado o Fondos de Capital Privado de Puerto Rico para cerciorarse de que sus operaciones y los resultados financieros de éstas han sido íntegramente informadas, cumplen con la obligación de lealtad a sus Inversionistas y cumplen con los requisitos de este Código. El fondo pagará el costo que determine la OCIF mediante reglamento para realizar tales exámenes e inspecciones. La OCIF podrá tomar las medidas que entienda necesaria, en circunstancias de incumplimiento, incluyendo la liquidación del fondo y la paralización de ofertas adicionales de sus valores.

(Julio 1, 2019, Núm. 60, sec. 2044.03.)

CAPÍTULO 5- ECONOMÍA DEL VISITANTE
SUBCAPÍTULO A- ELEGIBILIDAD

Sección 2051.01- Empresas Dedicadas a Actividades Turísticas (13 L.P.R.A. sec. 45441)

(a) Se considerarán Negocios Elegibles para acogerse a los beneficios de este Capítulo todo negocio nuevo o existente dedicado a una Actividad Turística que no esté cubierto por una resolución o Concesión de exención contributiva concedida bajo la "Ley de Incentivos Turísticos", Ley Núm. 52 de 2 de junio de 1983, según enmendada, la "Ley de Desarrollo Turístico de Puerto Rico", Ley 78-1993, según enmendada, la "Ley de Desarrollo Turístico de Puerto Rico de 2010", Ley 74-2010, según enmendada, o, que estando cubierto, renuncia a dicha resolución o Concesión de exención a favor de una Concesión bajo este Capítulo.

(b) Actividad Turística significa:

(1) la titularidad o administración de:

(i) Hoteles, incluyendo la operación de Casinos, Condohoteles, Paradores Puertorriqueños, Agrohospedajes, Casa de Huéspedes, Planes de Derecho de Multipropiedad y Clubes Vacacionales, las hospederías que pertenezcan al programa "Posadas de Puerto Rico", las certificadas como *Bed and Breakfast (*B&B*)* y cualquier otra que de tiempo en tiempo formen parte de programas que promueva la Oficina de Turismo. No se considerará una Actividad Turística la titularidad del derecho de Multipropiedad o derecho Vacacional o ambas por sí, a menos que el titular sea un Desarrollador creador o Desarrollador sucesor, según tales términos se definen en la Ley

204-2016, conocida como "Ley de Propiedad Vacacional de Puerto Rico"; o

(ii) Parques temáticos, campos de golf operados por, o asociados con, un Hotel que sea un Negocio Exento bajo este Código o cualquier otra ley similar de naturaleza análoga, o campos de golf comprendidos dentro de un destino o complejo turístico (resort), Marinas Turísticas, facilidades en áreas portuarias para fines turísticos, Agroturismo, Turismo Náutico (sin embargo, se dispone que toda Marina en las Islas Municipios de Vieques y Culebra se considerará como Marina Turística para propósitos de este Capítulo), Turismo Médico y otras facilidades o actividades que, debido al atractivo especial derivado de su utilidad como fuente de entretenimiento activo, pasivo o de diversión, sean un estímulo al turismo interno o externo, y cualquier otro sector de turismo, siempre y cuando el Secretario del DDEC determine que tal operación es necesaria y conveniente para el desarrollo del turismo en Puerto Rico; o

(iii) La operación de un negocio dedicado al arrendamiento a un Negocio Exento bajo este Capítulo, de propiedad dedicada a una actividad cubierta por los incisos (i) o (ii) de este párrafo, excepto que nada de lo aquí dispuesto aplicará a los contratos denominados contratos de arrendamiento financiero. En el caso del arrendamiento de una o más embarcaciones a un Negocio Exento cubierto por este Capítulo, la embarcación de vela o motor tendrá que arrendarse al Negocio Exento durante un período total no menor de seis (6) meses durante cada año calendario.

(iv) El desarrollo y la administración de negocios de turismo sostenible y ecoturismo, según se dispone en la Ley 254-2006, según enmendada, conocida como la "Ley de Política Pública para el Desarrollo Sostenible de Turismo en Puerto Rico", y el desarrollo y administración de recursos naturales de utilidad como fuente de entretenimiento activo, pasivo o de diversión, incluyendo, pero sin limitarse a, cavernas, bosques y reservas naturales, lagos y cañones, siempre y cuando el Secretario del DDEC determine que tal desarrollo y administración es necesario y conveniente para el desarrollo del turismo en Puerto Rico.

v) Actividades de *eSports* y Ligas de Fantasía (Fantasy Leagues).

(Julio 1, 2019, Núm. 60, sec. 2051.01.)

SUBCAPÍTULO B- BENEFICIOS CONTRIBUTIVOS
Sección 2052.01- Contribución sobre ingresos (13 L.P.R.A. sec. 45451)

(a) Los Ingresos de Desarrollo Turístico derivados por los Negocios Exentos que posean un Decreto bajo este Capítulo estarán sujetos a una tasa fija preferencial de contribución sobre ingresos de cuatro por ciento (4%), en lugar de cualquier otra contribución sobre ingresos, si alguna, dispuesta por el Código de Rentas Internas de Puerto Rico o cualquier otra ley.

(b) Distribuciones de utilidades y beneficios-

(1) Regla General- Los accionistas, socios o miembros de un Negocio Elegible que posea un Decreto otorgado conforme a este Capítulo no estarán sujetos a contribución sobre ingresos sobre distribuciones de dividendos de las utilidades y los beneficios provenientes del Ingreso de Desarrollo Turístico del Negocio Exento. Las distribuciones subsiguientes del Ingreso de Desarrollo Turístico que lleve a cabo cualquier Entidad que tribute como corporación o cualquier sociedad también estarán exentas de toda tributación.

(2) Las distribuciones que se describen en el párrafo (1) anterior se excluirán también de:

(i) contribución básica alterna de un individuo, para propósitos del Código de Rentas Internas de Puerto Rico;

(ii) la contribución alternativa mínima de una corporación, para propósitos del Código de Rentas Internas de Puerto Rico;

(iii) contribución adicional a corporaciones y sociedades para propósitos del Código de Rentas Internas de Puerto Rico

(iv) el ingreso neto ajustado, según libros de una corporación, para propósitos del Código de Rentas Internas de Puerto Rico.

(3) Imputación de distribuciones exentas- La distribución de dividendos o beneficios que realice un Negocio Exento que posea un Decreto otorgado bajo este Capítulo, aun después de vencido su Decreto, se considerará realizada de su Ingreso de Desarrollo Turístico si a la fecha de la distribución ésta no excede del balance no distribuido de las utilidades y los beneficios acumulados, provenientes de su Ingreso de Desarrollo Turístico, a menos que tal Negocio Exento, al momento de la declaración, elija distribuir el dividendo o beneficio, total o parcialmente, de otras utilidades o beneficios. La cantidad, el año de acumulación y el carácter de la distribución hecha de las utilidades y los beneficios provenientes del Ingreso de Desarrollo Turístico será la designada por tal Negocio Exento mediante notificación enviada con el pago de ésta a sus accionistas, miembros o socios, y al Secretario de Hacienda, mediante declaración informativa en la forma que establezca el Código de Rentas Internas de Puerto Rico.

(i) En los casos de Entidades que a la fecha del comienzo de operaciones como Negocios Exentos tengan utilidades o beneficios acumulados, las distribuciones de dividendos o beneficios que se realicen a partir de tal fecha se considerarán hechas del balance no distribuido de tales utilidades o beneficios, pero una vez éste quede agotado por virtud de tales distribuciones, se aplicarán las disposiciones de este apartado.

(4) Las ganancias realizadas en la venta, permuta u otra disposición de Acciones de Entidades, participaciones en empresas conjuntas o comunes (joint ventures) o de sustancialmente todos los Activos de dichas corporaciones, sociedades o compañías de responsabilidad limitada, o empresas conjuntas o comunes, que son o hayan sido Negocios Exentos, y Acciones de Entidades, o empresas conjuntas o comunes que de algún modo sean propietarias de las entidades anteriormente descritas, estarán sujetas a las disposiciones del apartado (c) de esta Sección al llevarse a cabo tal venta, permuta u otra disposición, y toda distribución subsiguiente de las ganancias, ya sea como dividendo o como distribución en liquidación, estará exenta de tributación adicional.

(c) Venta o permuta- Si se lleva a cabo la venta o permuta de Acciones de Entidades, participaciones en empresas conjuntas o comunes (joint ventures) o de sustancialmente todos los Activos dedicados a una Actividad Turística de un Negocio Exento, y la propiedad continúa estando dedicada a una Actividad Turística después de tal venta por un período de por lo menos veinticuatro (24) meses:

(1) Durante el período de exención, la ganancia o pérdida que resulte de tal venta o permuta se reconocerá en la misma proporción que los Ingresos de Desarrollo Turístico del Negocio Exento que estén sujetos al pago de contribuciones sobre ingresos, y la base de tales Acciones o Activos involucrados en la venta o permuta se determinará, para propósitos de establecer las ganancias o pérdidas, de conformidad con las disposiciones aplicables del Código de Rentas Internas que esté vigente a la fecha de la venta o permuta.

(2) Luego de la fecha de vencimiento de la exención, sólo las ganancias o pérdidas en la venta o permuta de Acciones se reconocerán en la forma provista por el párrafo (1) de este apartado, pero únicamente hasta el valor total de las Acciones en los libros de la corporación, la sociedad o compañías de responsabilidad limitada a la fecha de vencimiento de la exención (reducida por la cantidad de cualquier distribución exenta que se reciba sobre las mismas Acciones luego de esa fecha) menos la base de las Acciones. El remanente, si alguno, de las ganancias o pérdidas será reconocido de conformidad con las disposiciones del Subtítulo A del

Código de Rentas Internas de Puerto Rico. Las ganancias o pérdidas en la venta o permuta de los Activos se reconocerán de conformidad con las disposiciones del Subtítulo A del Código de Rentas Internas de Puerto Rico.

(3) El requisito de que la propiedad continúe siendo dedicada a una Actividad Turística por un período de por lo menos veinticuatro (24) meses no será de aplicación en aquellos casos en que la venta o permuta sea de las Acciones de un Inversionista que no es un Desarrollador ni que ejerce Control alguno sobre el Negocio Exento.

(d) Exención Contributiva Flexible- Los Negocios Exentos tendrán el derecho de elegir que los Ingresos de Desarrollo Turístico para un Año Contributivo en específico no estén cubiertos por la exención contributiva que provee el apartado (a) esta Sección, acompañando una notificación a esos efectos con su planilla de contribuciones sobre ingresos para ese Año Contributivo radicada en o antes de la fecha provista por el Código de Rentas Internas de Puerto Rico para radicar la planilla, incluyendo cualquier prórroga otorgada por el Secretario de Hacienda para radicarla. El ejercicio de tal derecho mediante la notificación será irrevocable y obligatorio al Negocio Exento. Sin embargo, el número total de años que un Negocio Exento podrá disfrutar de exención no excederá de quince (15) años.

(e) Los Ingresos de Desarrollo Turístico no estarán sujetos a las siguientes contribuciones sobre ingresos:

(1) la contribución alternativa mínima establecida en la Sección 1022.03 del Código de Rentas Internas de Puerto Rico;

(2) contribución adicional a corporaciones y sociedades establecida en la Sección 1022.05 del Código de Rentas Internas de Puerto Rico; y

(3) la contribución básica alterna de individuos establecida en la Sección 1021.02 del Código de Rentas Internas de Puerto Rico.

(f) Regalías, Cánones (Royalties) o Derechos;

(1) Contribución y Retención de Regalías pagadas por un Negocio Exento a Corporaciones, Sociedades o Compañías de Responsabilidad Limitada u Otras Personas Extranjeras No Dedicadas a Industria o Negocio en Puerto Rico.

(i) Se impondrá, cobrará y pagará para cada Año Contributivo, en lugar de la contribución impuesta por el Código de Rentas Internas de Puerto Rico, sobre el monto recibido por concepto de regalías, cánones o derechos por concepto de uso en Puerto Rico de cualquier Propiedad Intangible relacionada con la actividad exenta bajo este Capítulo, por toda corporación extranjera, sociedad extranjera o persona no dedicada a industria o negocio en Puerto Rico, procedente exclusivamente de fuentes dentro de Puerto Rico, una contribución de doce por ciento (12%).

(ii) Todo Negocio Exento que tenga la obligación de realizar pagos de regalías, cánones o derechos a corporación extranjera, sociedad extranjera o persona no dedicada a industria o negocio en Puerto Rico, por concepto de uso en Puerto Rico de Propiedad Intangible relacionada a la actividad exenta bajo esta Capítulo, deducirá y retendrá en el origen una contribución igual a aquella impuesta en el inciso (i) del párrafo (1) de este apartado.

(2) La contribución correspondiente deberá ser retenida en el origen por un Negocio Exento que realice pagos por regalías, cánones o derechos por concepto de uso en Puerto Rico de cualquier Propiedad Intangible relacionada a la actividad exenta bajo este Capítulo y que se derivan de fuentes en Puerto Rico.

(g) Exención a individuos, sucesiones, corporaciones, sociedades, compañías de responsabilidad limitada y fideicomisos respecto a intereses pagados o acreditados sobre bonos, pagarés u otras obligaciones de ciertos Negocios Exentos.

(1) Exención- Cualquier individuo, sucesión, corporación, sociedad, compañía de responsabilidad limitada o fideicomiso, estará exento del pago de cualquier contribución impuesta por el Código de Rentas Internas de Puerto Rico o por cualquier otra ley sucesora; y patentes impuestas bajo la "Ley de Patentes Municipales", según enmendada, sobre el ingreso proveniente de intereses, cargos y otros créditos recibidos respecto a bonos, pagarés u otras obligaciones de un Negocio Exento para el desarrollo, la construcción o rehabilitación de, o las mejoras a un Negocio Exento bajo este Capítulo condicionando que el uso de los fondos se utilicen en su totalidad para desarrollo, construcción o rehabilitación de, o mejoras a, un Negocio Exento o al pago de deudas existentes del Negocio Exento, siempre y cuando los fondos provenientes de esas deudas existentes se hayan utilizado originalmente para el desarrollo, la construcción o rehabilitación de, o mejoras al Negocio Exento. Los gastos incurridos por una persona que lleve a cabo una inversión aquí descrita no estarán sujetos a las Secciones 1033.17(a)(5), (10) y (f) del Código de Rentas Internas de Puerto Rico respecto a tal inversión, y los ingresos derivados de ésta.

(2) El producto del bono, pagaré u otra obligación tiene que ser otorgado directamente a un Negocio Exento cubierto por este Capítulo.

(h) Deducción y arrastre de pérdidas netas

(1) Si un Negocio Exento incurre en una pérdida neta que no sea de la operación de una Actividad Turística, la pérdida será deducible y podrá utilizarse únicamente contra ingresos que no sean Ingresos de Desarrollo Turístico, y se regirá por las disposiciones del Código de Rentas Internas de Puerto Rico.

(2) Si un Negocio Exento incurre en una pérdida neta en la operación de una Actividad Turística, la pérdida se podrá deducir hasta una cantidad igual al por ciento que sus Ingresos de Desarrollo Turístico hubieran sido tributables.

(3) Se concederá una deducción por arrastre de pérdidas incurridas en años anteriores, según se dispone a continuación:

(i) El exceso de las pérdidas deducibles bajo el párrafo (2) de este apartado podrá ser arrastrado contra la porción tributable de los Ingresos de Desarrollo Turístico, según lo dispuesto y sujeto a las limitaciones provistas en esa Sección. Las pérdidas serán arrastradas en el orden en que se incurrieron.

(ii) Cualquier pérdida neta incurrida en un año en que la elección del apartado (d) de esta Sección esté en vigor, podrá ser arrastrada solamente contra Ingresos de Desarrollo Turístico generados por el Negocio Exento en un año en el cual se hizo la elección del apartado (d) de esta Sección. Las pérdidas serán arrastradas en el orden que fueron incurridas.

(4) Nada de lo aquí dispuesto limitará de forma alguna el derecho, bajo el Código de Rentas Internas de Puerto Rico, de los socios de una sociedad especial a tomar una deducción por su parte distribuible de la pérdida de la sociedad especial contra ingresos de otras fuentes sujeto a las limitaciones del Código de Rentas Internas de Puerto Rico.

(i) Base o base ajustada. Para propósitos de este Código, con la exención del apartado (d) de la Sección 3010.01, cualquier referencia al término "base" o la frase "base ajustada", requerirá el cómputo de la misma según se establece en las Secciones 1034.02, 1071.05 o 1114.17 del Código de Rentas Internas de Puerto Rico, anterior a los ajustes incorporados en este Capítulo.

(Julio 1, 2019, Núm. 60, sec. 2052.01.)

Sección 2052.02- Contribuciones sobre la propiedad (13 L.P.R.A. sec. 45452)

(a) La Propiedad Dedicada a una Actividad Turística disfrutará de hasta un setenta y cinco por ciento (75%) de exención de toda contribución municipal y estatal sobre propiedad mueble e inmueble.

(b) En los casos de propiedad mueble que conste de equipo y mobiliario que se utilizará en un alojamiento, excluyendo cualquier unidad comercial, y en los casos de derechos especiales de Multipropiedad, derechos vacacionales de naturaleza real o alojamiento, según estos términos se definen en la Ley 204-2016, mejor conocida como "Ley de Propiedad Vacacional de Puerto Rico", de un Plan de Derecho de Multipropiedad o Club Vacacional licenciado por la Oficina de Turismo conforme a las disposiciones de la Ley 204-2016, la propiedad mueble o inmueble gozará de la exención provista en esta Sección, independientemente de quién sea el titular del equipo, mobiliario o de la propiedad inmueble dedicada a una Actividad Turística. La exención perdurará mientras la Concesión de exención para el plan de Multipropiedad o Club Vacacional se mantenga en vigor. El Secretario del DDEC determinará por reglamento el procedimiento para reclamar tal exención.

(c) Las Acciones en una Entidad que goce de una Concesión de exención bajo este Capítulo no estarán sujetas al pago de contribuciones sobre la propiedad.

(Julio 1, 2019, Núm. 60, sec. 2052.02.)

Sección 2052.03- Contribuciones municipales (13 L.P.R.A. sec. 45453)

(a) Un Negocio Nuevo Exento y un Negocio Existente de Turismo que sea un Negocio Exento disfrutará de hasta un cincuenta por ciento (50%) de exención de las patentes, arbitrios y otras contribuciones municipales sobre sus Ingresos de Desarrollo Turístico, transacciones, eventos, o sobre el uso, impuestas por cualquier ordenanza de cualquier municipio.

(b) Con excepción a lo dispuesto por la "Ley de Patentes Municipales", ningún municipio podrá imponer una contribución, derecho, licencia, arbitrio u otro tipo de cargo que esté basado en lo relacionado con la estadía de una persona como huésped de un Negocio Exento.

(Julio 1, 2019, Núm. 60, sec. 2052.03.)

Sección 2052.04- Contribuciones sobre artículos de uso y consumo (13 L.P.R.A. sec. 45454)

(a) Los Negocios Exentos disfrutarán de hasta un cien por ciento (100%) de exención en el pago de las contribuciones impuestas bajo los Subtítulos C, D y DDD del Código de Rentas Internas de Puerto Rico respecto a aquellos artículos adquiridos y utilizados por un Negocio Exento con relación a una Actividad Turística.

(b) La exención que provee esta Sección incluye los artículos adquiridos por un contratista o subcontratista para ser utilizados única y exclusivamente por un Negocio Exento en obras de construcción relacionadas con una Actividad Turística de tal Negocio Exento.

(c) No será aplicable la exención que concede esta Sección a aquellos artículos u otras propiedades de naturaleza tal que sean propiamente parte del inventario del Negocio Exento bajo la Sección 3010.01(a)(2)(B) del Código de Rentas Internas de Puerto Rico, y que representan propiedad poseída primordialmente para la venta en el curso ordinario de la industria o negocio; ni al impuesto sobre la ocupación de habitaciones de Hoteles que impone la Ley 272-2003, según enmendada, conocida como la "Ley del Impuesto sobre el Canon por Ocupación de Habitación".

(d) El Secretario de Hacienda deberá conceder un crédito o reintegro sobre todo impuesto pagado sobre la venta o sobre la introducción de artículos vendidos a Negocios Exentos para uso con relación a una Actividad Turística en la forma y con las limitaciones prescritas en el Código de Rentas Internas de Puerto Rico o cualquier otra ley sucesora.

(Julio 1, 2019, Núm. 60, sec. 2052.04.)

Sección 2052.05- Arbitrios municipales de construcción (13 L.P.R.A. sec. 45455)

(a) Todo Negocio Exento y sus contratistas o subcontratistas disfrutarán de hasta un setenta y cinco por ciento (75%) de exención de cualquier contribución, impuesto, derecho, licencia, arbitrio, tasa o tarifa por la construcción de obras que se dediquen a una Actividad Turística en un municipio, impuesta por cualquier ordenanza de cualquier municipio, a partir de la fecha que se haya fijado en su Decreto.

(b) Solo para propósitos de esta exención, cualquier persona encargada de ejecutar las labores de administración y las labores físicas e intelectuales inherentes a la actividad de construcción de una obra a ser dedicada por un Negocio Exento a una Actividad Turística y cualquier intermediario o cadena de intermediarios entre éste y el Negocio Exento, se considerará como contratista o subcontratista del Negocio Exento.

(c) En el caso de un Condohotel, y solo para propósitos de esta exención, cualquier persona encargada de ejecutar las labores de administración y las labores físicas e intelectuales inherentes a la actividad de construcción del Condohotel y cualquier intermediario entre éste y el titular de una unidad del Condohotel, incluyendo el Desarrollador mismo del Condohotel cuando éste haya contratado con otro la construcción del Condohotel, se considerarán como contratistas de un Negocio Exento en cuanto a cada unidad del Condohotel que cumpla con todos los requisitos para gozar de los beneficios disponibles en este Capítulo, incluyendo pero sin limitarse, al requisito de estar dedicada a un programa de arrendamiento integrado por al menos nueve (9) meses al año.

(d) Cantidad a ser tomada como exención en el caso de Condohoteles- La cantidad tomada como exención en el caso de un Condohotel por razón de este apartado será fraccionada y asignada en cuanto a cada unidad del Condohotel, de acuerdo con la proporción del interés de cada una de ellas en los elementos comunes del régimen, cuando todas las unidades del Condohotel estén dedicadas a un sólo régimen de propiedad horizontal o régimen según la "Ley de Condohoteles de Puerto Rico", o utilizando cualquier método de prorrateo aceptable al Secretario del DDEC cuando las unidades estén dedicadas a más de un régimen de propiedad horizontal.

(1) La exención se tomará completa para el año en que se requiera satisfacer la correspondiente obligación contributiva por la construcción. Sin embargo, se entenderá que los contribuyentes tendrán derecho a tomar como exención una centésima vigésima parte de la cantidad disponible como exención asignada a prorrata con relación a cada unidad durante cada mes consecutivo que éstas sean dedicadas desde su construcción a un programa de arrendamiento integrado. La exención que se tome al momento de la construcción y el desarrollo del Condohotel será equivalente al monto de la exención total que finalmente se obtendría por dicho concepto en caso de que todas las unidades del Condohotel se dediquen a un programa de arrendamiento integrado por al menos nueve (9) meses durante cada uno de los primeros quince (15) años equivalentes a ciento ochenta (180) meses de construida cada unidad.

(2) Anualmente se reducirá la cantidad tomada por razón de la exención aplicable con relación a aquellas unidades:

(i) Que son adquiridas durante dicho año de la Entidad que las desarrolló o construyó, nunca se hayan utilizado antes de tal adquisición para propósito alguno y que no se dedican por el adquirente a un programa de arrendamicnto integrado, dentro del término límite dispuesto por el Secretario del DDEC durante el cual deben dedicarse las unidades a tales fines para gozar de los beneficios de este Capítulo; o

(ii) que durante el año en particular no hayan cumplido por primera vez con el requisito de estar dedicadas a un programa de arrendamiento integrado por al menos nueve (9) meses durante dicho año.

(3) El equivalente a la reducción en la cantidad tomada por razón de la exención podrá recobrarse anualmente de los contribuyentes por el municipio. La cantidad que se cobrará anualmente se calculará de la siguiente forma:

(i) Primero: Se tomará para cada unidad que durante dicho año y que por primera vez, no haya cumplido con el requisito de estar dedicada por al menos nueve (9) meses a un programa de arrendamiento integrado, la porción complcta de la exención asignada según este párrafo, y se multiplicará por una fracción, cuyo numerador será igual a la resta de ciento ochenta (180) menos el número de meses consecutivos durante los cuales tal unidad cumplió con el requisito de estar dedicada por al menos nueve (9) meses, durante cada año a un programa de arrendamiento integrado, y cuyo denominador será ciento ochenta (180).

(ii) Segundo: Los resultados obtenidos de las correspondientes ecuaciones para cada unidad descritas en el inciso anterior se sumarán, y el resultado final será el monto de la exención tomado en exceso y sujeto a recobro para dicho año. Bajo ninguna circunstancia se impondrá o cobrará ningún tipo de cargo, recargo, penalidad, intereses ni ningún otro tipo de adición respecto a cualquier contribución, impuesto, derecho, licencia, arbitrio, tasa o tarifa, cuya cantidad sea requerida, de conformidad con las disposiciones de este párrafo, por razones surgidas antes o al momento de determinarse que no procede en todo o en parte la exención.

(iii) Al calcular el número de meses que tal unidad se dedicó durante cada año a un programa de arrendamiento integrado, las fracciones de meses se redondearán al mes anterior.

(4) Como condición a la exención aquí descrita, cualquier municipio, con el consentimiento previo del Secretario del DDEC, podrá requerir de cualquier contribuyente respecto a la contribución, impuesto, derecho, licencia, arbitrio, tasa o tarifa sobre la construcción de un Condohotel, o de aquellas personas que tengan un interés propietario en dichos contribuyentes de ser éstos Entidades de cualquier tipo, una garantía o Fianza por medio de la cual se asegure el pago de cualquier cantidad a ser adeudada como contribución conforme a este párrafo.

(5) El operador del programa de arrendamiento integrado de un Condohotel deberá rendirle un informe anual al director de finanzas del municipio o municipios donde esté ubicado el Condohotel, de éstos imponer cualquier contribución, impuesto, derecho, licencia, arbitrio, tasa o tarifa por la construcción de dicho Condohotel. El informe deberá indicar las fechas de comienzo de participación en el programa de las unidades participantes, al igual que la fecha o fechas en que una o más unidades se dieron de baja del programa.

(6) Para propósitos de este apartado, el hecho de que un Inversionista en un Condohotel deje de cumplir con algún requisito establecido en el Decreto que se le otorgue para tales fines o se le revoque por cualquier razón, se considerará que dejó de dedicar la(s) unidad(es) de Condohotel cubierta(s) bajo tal Concesión a un programa de arrendamiento integrado. El Secretario del DDEC notificará al director de finanzas del municipio correspondiente, en caso de que un Inversionista haya dejado de cumplir con algún requisito establecido en su Concesión o si se ha revocado el Decreto.

(b) En el caso de los Condohoteles, se establece que, para disfrutar de la exención de arbitrios municipales de construcción, cada unidad de Condohotel debe estar dedicada a un programa de arrendamiento integrado por un período de quince (15) años consecutivos, y por nueve (9) meses al año. Aquellos casos en que cambia el uso de Condohotel del proyecto y las unidades de Condohotel se den de baja del programa de arrendamiento integrado antes del término requerido por este Código, a estos efectos, siempre que la unidad que sea Negocio Exento esté inmediatamente dedicada a otra Actividad Turística que sea Negocio Exento bajo este Código, por no menos del tiempo que le restaba del período bajo el programa de arrendamiento integrado. De no cumplirse con esta condición, el posterior adquirente de la unidad será responsable por cualquier cantidad que tenga que ser recobrada posteriormente por concepto de esta contribución tomada en exceso. En tal caso, no procederá recobro por los años en que la unidad formó parte de un programa de arrendamiento integrado y de otra Actividad Turística que sea Negocio Exento bajo este Capítulo.

(Julio 1, 2019, Núm. 60, sec. 2052.05.)

Sección 2052.06- Exención al combustible usado por un Negocio Exento (13 L.P.R.A. sec. 45456)

(a) Los derivados de petróleo (excluyendo el residual Núm. 6 o bunker C) y cualquier otra mezcla de hidrocarburos (incluyendo gas propano y gas natural) utilizado como combustible por un Negocio Exento bajo este Capítulo en la generación de energía eléctrica o energía térmica utilizada por el Negocio Exento con relación a una Actividad Turística, estarán totalmente exentos de los impuestos bajo las Secciones 3020.07 y 3020.07A del Código de Rentas Internas de Puerto Rico.

(Julio 1, 2019, Núm. 60, sec. 2052.06.)

Sección 2052.07- Fijación de fechas de comienzo de operaciones y de los períodos de exención (13 L.P.R.A. sec. 45457)

(a) Fecha de comienzo de las exenciones-

(1) Contribución sobre ingresos- Las exenciones de este Capítulo comenzarán respecto a contribuciones sobre los Ingresos de Desarrollo Turístico de un Negocio Exento, a partir del día en que comience su Actividad Turística, pero nunca antes del primer día del Año Contributivo durante el cual se completó la debida radicación de una solicitud para acogerse a los beneficios de este Código y el pago correspondiente de dicha solicitud.

(2) Contribuciones sobre propiedad mueble e inmueble- Las exenciones de este Capítulo comenzarán respecto a contribuciones sobre aquella propiedad mueble e inmueble dedicada a una Actividad Turística de un negocio existente que sea un Negocio Exento, a partir del 1ro. de enero del Año Natural durante el cual una solicitud para acogerse a los beneficios de este Capítulo haya sido debidamente radicada, con el pago correspondiente, con el Secretario del DDEC o con relación a un Negocio Nuevo de Turismo que sea un Negocio Exento, a partir del 1ro. de enero del Año Natural en que comienza su Actividad Turística.

(3) Patentes, arbitrios y otras contribuciones municipales- Las exenciones de este Capítulo comenzarán respecto a patentes, arbitrios y otras contribuciones municipales a partir del 1ro. de enero, o el 1ro. de julio más cercano, posterior a la fecha de la debida radicación de una solicitud, con el pago correspondiente, para acogerse a los beneficios de este Capítulo.

(4) Contribuciones sobre ventas y uso y arbitrios- Las exenciones de este Capítulo comenzarán respecto a las contribuciones sobre ventas y uso y arbitrios treinta (30) días después de la radicación de una solicitud, con el pago correspondiente, para acogerse a los beneficios de este Capítulo, siempre y cuando se deposite una Fianza de conformidad con las

disposiciones aplicables del Código de Rentas Internas de Puerto Rico, con anterioridad a la fecha seleccionada para el comienzo de esta exención, y la solicitud antes mencionada no se haya denegado. En caso de que la solicitud de exención se deniegue, las contribuciones mencionadas en este párrafo deberán pagarse dentro de los sesenta (60) días a partir de la notificación de la denegación.

(5) Arbitrios municipales de construcción- Las exenciones de este Capítulo comenzarán respecto a arbitrios municipales de construcción a partir de la fecha de la radicación de una solicitud para acogerse a los beneficios de este Capítulo. En el caso de Condohoteles, los contratistas y subcontratistas comenzarán a gozar de la exención desde la radicación por el Desarrollador de una solicitud de Concesión matriz donde describa la naturaleza del proyecto y que cumpla con aquellos requisitos adicionales que a tales fines establezca el Secretario del DDEC.

(b) Un Negocio Exento tendrá la opción de posponer cada una de las fechas de comienzo mencionadas, mediante notificación a tal efecto al Secretario del DDEC. Las notificaciones deberán radicarse en o antes de la fecha que se disponga mediante reglamento promulgado a tales efectos. Las fechas de comienzo no podrán posponerse por un período mayor de treinta y seis (36) meses siguientes a las fechas establecidas en esta Sección. El Secretario del DDEC emitirá una orden para fijar las fechas de comienzo de los períodos de exención bajo este Código, de conformidad con la solicitud del Negocio Exento y a tenor con los reglamentos promulgados para estos propósitos.

(c) Nada de lo dispuesto en esta Sección dará derecho al reintegro de aquellas contribuciones tasadas, impuestas y pagadas con anterioridad a las fechas que se establecen como comienzo de operaciones para propósitos de las exenciones provistas por este Capítulo.

(1) El Secretario del DDEC seguirá los procedimientos descritos en este Capítulo y determinará si la exención es esencial para el desarrollo de la industria turística, tomando en consideración los hechos presentados, y en vista de la naturaleza de las facilidades físicas, el número de empleos, la totalidad de la nómina, la totalidad de la inversión, la localización del proyecto, su impacto ambiental, la reinversión en el Negocio Exento de parte o toda la depreciación tomada como deducción contributiva, u otros factores que, a su juicio, ameriten tal determinación.

(Julio 1, 2019, Núm. 60, sec. 2052.07.)

SUBCAPÍTULO C- REQUISITOS PARA LA CONCESIÓN DE EXENCIÓN

Sección 2053.01- Requisitos para las Solicitudes de Decretos (13 L.P.R.A. sec. 45461)

(a) Cualquier persona que haya establecido o se proponga establecer un Negocio Elegible en Puerto Rico, podrá solicitar al Secretario del DDEC los beneficios de este Capítulo mediante la presentación de la solicitud conforme a lo dispuesto en el Subtítulo F de este Código.

(b) Cualquier persona podrá solicitar los beneficios de este Capítulo siempre y cuando cumpla con los requisitos de elegibilidad del Subcapítulo A de este Capítulo, y con cualquier otro criterio que el Secretario del DDEC establezca, mediante reglamento, orden administrativa, carta circular o cualquier otro comunicado de carácter general, incluyendo como criterio de evaluación la aportación que tal Negocio Elegible hace al desarrollo económico de Puerto Rico. Los criterios que se utilizarán serán los siguientes:

(1) Empleos- La Actividad Turística y el Negocio Exento fomenten la creación de nuevos empleos.

(2) Integración armoniosa- El diseño y la planificación conceptual de la Actividad Turística y el Negocio Exento se realizará, primordialmente, tomando en consideración los aspectos ambientales, geográficos, físicos, así como los materiales y productos disponibles y abundantes del lugar donde se desarrollará.

(3) Compromiso con la actividad económica. — El Negocio Exento adquirirá materia prima y Productos Manufacturados en Puerto Rico para la construcción, el mantenimiento, la renovación o la expansión de sus instalaciones físicas. Si la compra de esos productos no se justifica económicamente al tomar en consideración criterios de calidad, cantidad, precio o disponibilidad de estos en Puerto Rico, el Secretario del DDEC podrá eximirle de este requisito y emitir una dispensa particular a estos efectos.

(4) Compromiso con la agricultura. — El Negocio Exento adquirirá productos agrícolas de Puerto Rico para ser utilizados en su operación. Si la compra de tales productos no se justifica económicamente al tomar en consideración criterios de calidad, cantidad, precio o disponibilidad de éstos en Puerto Rico, el Secretario del DDEC podrá eximirle de este requisito y emitir una dispensa particular a estos efectos.

(5) Transferencia de conocimiento. — El Negocio Exento debe adquirir sus servicios de profesionales o empresas con presencia en Puerto Rico. No obstante, de esto no ser posible por criterios de disponibilidad, experiencia, especificidad, destreza o cualquier otra razón válida que reconozca el Secretario del DDEC, el Negocio Exento podrá adquirir tales servicios a través de un intermediario con presencia en Puerto Rico, el cual contratará directamente con el proveedor de servicios elegido por el Negocio Exento, a fin de que se le brinden los servicios solicitados.

Por "servicios" se entenderá, sin perjuicio de que el Secretario del DDEC pueda incluir otros por reglamento, la contratación de trabajos de:

(A) agrimensura, la producción de planos de construcción, así como diseños de ingeniería, arquitectura y servicios relacionados;

(B) construcción y todo lo relacionado con este sector;

(C) consultoría económica, ambiental, tecnológica, científica, gerencial, de mercadeo, recursos humanos, informática y de auditoría;

(D) publicidad, relaciones públicas, arte comercial y servicios gráficos; y

(E) de seguridad o mantenimiento de sus instalaciones.

(6) Compromiso financiero. — El Negocio Exento debe demostrar que depositan una cantidad considerable de los ingresos de su actividad económica y utilizan los servicios de instituciones bancarias o cooperativas con presencia en Puerto Rico. Se entenderá por ingreso considerable, y por ende, que cumple con esta Ley, si deposita un diez (10) por ciento de sus fondos provenientes de su actividad económica incentivada en instituciones bancarias o cooperativas con presencia en Puerto Rico.

(7) El Secretario del DDEC, por conducto del Profesional de Cumplimiento, será el único funcionario encargado de verificar y garantizar el cumplimiento de los Negocios Exentos con los requisitos de elegibilidad dispuestos en esta Sección y este Capítulo. Si el Negocio Exento cumple parcialmente con los requisitos dispuestos en esta Sección, le corresponderá al Secretario del DDEC establecer una fórmula que permita cuantificar los factores antes señalados y sustraer el requisito no atendido del total porcentual del crédito contributivo específico, a fin de obtener la cifra exacta del por ciento del beneficio que se trate.

(Julio 1, 2019, Núm. 60, sec. 2053.01; Junio 30, 2022, Núm. 52, art. 19, enmienda el inciso (b) primer párrafo y los subincisos (3) (4), (5), (6) y (7) en términos generales.)

SUBCAPÍTULO D- DISPOSICIONES ESPECIALES

Sección 2054.01- Transferencia del Negocio Exento (13 L.P.R.A. sec. 45471)

(a) Regla general- La transferencia de la Concesión obtenida bajo este Capítulo, o de las Acciones o propiedad mayoritaria de un Negocio Exento a otra persona quien, a su vez, seguirá dedicándose a la Actividad Turística a la que se dedicaba anteriormente el Negocio Exento de forma sustancialmente similar, requerirá la aprobación previa del Secretario del DDEC. Si la transferencia se efectúa sin la aprobación previa, la Concesión será nula al momento de ocurrir la transferencia. No obstante lo anterior, el Secretario del DDEC podrá aprobar cualquier transferencia efectuada sin su aprobación con efecto retroactivo cuando, a su juicio, las circunstancias del caso ameritan tal aprobación, tomando en cuenta los mejores intereses de Puerto Rico y los propósitos de desarrollo turístico de este Código. Toda solicitud de transferencia bajo esta Sección deberá ser aprobada o denegada dentro de los sesenta (60) días siguientes a su radicación. Cualquier solicitud de transferencia que no sea aprobada o denegada dentro de este período se considerará aprobada. La denegación a una solicitud de transferencia deberá hacerse por escrito y detallará las razones por las cuales ésta se deniega.

(b) Excepciones— Las siguientes transferencias se autorizarán sin necesidad de consentimiento previo:

(1) La transferencia de los bienes de un finado a su haber hereditario o la transferencia por legado o herencia;

(2) La transferencia de las Acciones del Negocio Exento cuando dicha transferencia no resulte directa o indirectamente en un cambio en el dominio o Control del Negocio Exento;

(3) La prenda o hipoteca otorgada en el curso ordinario de los negocios con el propósito de proveer una garantía de una deuda *bona fide*. Cualquier transferencia de Control, título o interés por virtud de dicho contrato estará sujeta a las disposiciones del apartado (a) de esta Sección.

(4) La transferencia por operación de ley, por orden de un tribunal o un juez de quiebra a un síndico fiduciario. Cualquier transferencia subsiguiente a una tercera persona que no sea el mismo deudor o quebrado anterior estará sujeta a las disposiciones del apartado (a) de esta Sección.

(5) Toda transferencia que se ha incluido como parte de las excepciones de esta Sección se informará por el Negocio Exento al Secretario del DDEC dentro de los treinta (30) días de haberse efectuado.

Sección 2054.02- Interrelación con otras leyes (13 L.P.R.A. sec. 45472)

(a) Las disposiciones de este Capítulo no se podrán utilizar en conjunto a otros incentivos que provee este Código, excepto aquellos dispuestos en las Secciones 3010.01 y 5010.01, o cualquier ley de incentivos económicos o contributivos, de forma tal que el resultado de la utilización de las leyes en conjunto sea la obtención de beneficios contributivos, o de cualquier otra naturaleza, que excedan los beneficios a los cuales se tendría derecho bajo cualesquiera de las leyes individualmente.

(b) No obstante lo anterior, se exceptuará de esta prohibición las siguientes situaciones:

(1) un fideicomiso de inversión en bienes raíces con una elección válida bajo el Subcapítulo B del Capítulo 8 del Subtítulo A del Código de Rentas Internas de Puerto Rico, o cualquier otra ley análoga anterior o subsiguiente, o cualquier corporación, compañía de responsabilidad limitada, sociedad, sociedad especial o Entidad legal totalmente poseída, directa o indirectamente, por el fideicomiso de inversión en bienes raíces, podrá beneficiarse de las disposiciones de este Capítulo, con excepción de los beneficios dispuestos en el apartado (a) la Sección 2052.01 de este Código.

(2) un Negocio Exento que se beneficie de incentivos contributivos al amparo del Capítulo 6 del Subtítulo B de este Código y que posea un Decreto podrá optar por beneficiarse, en la alternativa, por las disposiciones de este Capítulo sobre la porción dedicada a la generación y venta de energía producida mediante el uso de fuentes de energía alterna, tales como el viento, la luz solar, el agua y biomasa, entre otras, para consumo de un Negocio Exento.

(Julio 1, 2019, Núm. 60, sec. 2054.02.)

Sección 2054.03- Relevos y otras exenciones (13 L.P.R.A. sec. 45473)

(a) Se releva del requisito de licencia de arrendamiento de propiedad mueble, según definido por la Ley Núm. 20 de 8 de mayo de 1973, según enmendada, conocida como "Ley de Instituciones de Arrendamiento de Propiedad Mueble", a aquellos arrendadores respecto a arrendamientos de propiedad mueble a Negocios Exentos.

(b) Exención de cobro de derechos y aranceles para instrumentos públicos o privados.

(1) Cualesquiera escritura, instancia o documento, judicial, público o privado, relativo a la inscripción, anotación, cancelación, liberación, restricción, constitución, modificación, extensión, rectificación, limitación, creación o renovación de cualquier derecho real o contractual que tenga acceso al Registro de la Propiedad y que se relacione a una propiedad inmueble cubierta al amparo de este Capítulo, estarán exentas del noventa por ciento (90%) del pago de: (i) sellos de rentas internas, asistencia legal o cualesquiera otros requeridos por ley o reglamento para su otorgamiento, expedición de cualquier copia certificada, parcial o total del documento, su presentación, inscripción y cualesquiera otras operaciones en el Registro de la Propiedad; y (ii) aranceles, impuestos, contribuciones y derechos para su presentación, inscripción y cualesquiera otras operaciones en el Registro de la Propiedad. Esta exención está sujeta a la aprobación previa del Secretario del DDEC, y se evidenciará mediante certificación emitida por él a tales efectos. Una copia certificada de la certificación se deberá presentar ante cualquier notario público, Registrador, Tribunal o cualquier otra Entidad a la que se le reclamen los beneficios de esta exención, y se anejará a cualquier documento que se presente en el Registro de la Propiedad. Las personas ante quienes se presente tal certificación podrán descansar en la confiabilidad de la certificación, la cual se presumirá como correcta y final para todos los efectos legales pertinentes.

(2) El término "derecho real o contractual que tenga acceso al Registro de la Propiedad", según se utiliza en el párrafo anterior, incluye todos los derechos reales o personales que a manera de excepción tengan acceso al Registro de la Propiedad, reconocidos al presente o que se puedan reconocer en el futuro, e incluyen, pero sin limitarse de manera alguna, a:

(i) servidumbres, ya sean, legales, en equidad, prediales o personales;

(ii) constitución de los regímenes de propiedad horizontal, de Multipropiedad o Club Vacacional, y de Condohotel;

(iii) derechos de superficie y edificación, y cualquier acta de edificación o certificación de terminación de obras mediante la cual se solicite la inscripción de una edificación o mejora;

(iv) arrendamientos;

(v) hipotecas;

(vi) cancelaciones de hipotecas;

(vii) compraventas;

(viii) permutas;

(ix) donaciones;

(x) tanteo, retracto y censos;

(xi) aguas de dominio privado;

(xii) concesiones administrativas;

(xiii) opción de compra; y

(xiv) restricciones de uso.

(Julio 1, 2019, Núm. 60, sec. 2054.03.)

Sección 2054.04- Responsabilidad Limitada (13 L.P.R.A. sec. 45474)

(a) No obstante las disposiciones del Código Civil, referentes a las obligaciones de los socios para con terceros, aquellos socios o accionistas que compongan una sociedad o cualquier otra persona jurídica organizada bajo las leyes de Puerto Rico o de cualquier otra jurisdicción que goce de una Concesión bajo este Capítulo, no serán responsables con su patrimonio personal, más allá de su aportación a la Entidad concesionaria, por las deudas y obligaciones de ésta, en caso de que el patrimonio de la Entidad no alcance para cubrirlas. La responsabilidad limitada beneficiará a los socios o accionistas en cuanto a todas las actividades de la Entidad jurídica, incluyendo, pero sin limitarse a: (i) reclamaciones provenientes de las actividades turísticas objeto de la mencionada Concesión; (ii) actividades relacionadas con la liquidación y terminación de dicha actividad; (iii) actividades relacionadas con la disposición y Traspaso de los bienes utilizados en la misma; y (iv) actividades relacionadas con la operación de cualquier Casino que opere bajo una franquicia otorgada a tenor con la "Ley de Juegos de Azar". El beneficio de responsabilidad limitada que aquí se provee comenzará en la fecha de la radicación de una solicitud de exención bajo este Código, y aplicará a cualquier causa de acción que surja de hechos ocurridos, antes de que la Entidad jurídica se disuelva.

(Julio 1, 2019, Núm. 60, sec. 2054.04.)

CAPÍTULO 6- MANUFACTURA
SUBCAPÍTULO A- ELEGIBILIDAD

Sección 2061.01-Empresas Dedicadas a la Manufactura (13 L.P.R.A. sec. 45551)

(a) Se provee para que un negocio establecido, o que será establecido, en Puerto Rico por una Persona, pueda solicitarle al Secretario del DDEC la Concesión de Incentivos cuando la Persona se establece en Puerto Rico para dedicarse a una de las siguientes actividades elegibles:

(1) Cualquier Unidad Industrial que se establezca con carácter permanente para la Producción en Escala Comercial de algún Producto Manufacturado.

(2) No obstante lo dispuesto en el párrafo (1) de este apartado, cualquier Unidad Industrial que se establezca con carácter permanente para la Producción en Escala Comercial de algún Producto Manufacturado que no sea elegible bajo el párrafo 1, o disposiciones análogas bajo Leyes de Incentivos Anteriores, con excepción de la manufactura de cajas, envases y recipientes producidos de cartón corrugado, disfrutará de los beneficios que dispone este Capítulo en cuanto dichos Productos Manufacturados sean vendidos al extranjero, y a su vez, sujetas a las limitaciones referentes a la determinación de Ingreso de Desarrollo Industrial y al ingreso de período base, establecidas en los apartados (f) y (g) de la Sección 2062.01 de este Código.

(3) Cualquier Unidad Industrial que normalmente se consideraría como Negocio Elegible bajo este Capítulo, pero que, por motivos de la competencia de otras jurisdicciones por razón de bajos costos de producción, entre otros factores, no le es económicamente viable realizar en Puerto Rico la operación fabril completa, por lo que se requiere que lleve a cabo parte del proceso o elaboración del producto fuera de Puerto Rico. A los fines de este párrafo, el Secretario del DDEC, previo endoso del Secretario de Hacienda, podrá determinar que tal Unidad Industrial puede considerarse como Negocio Elegible bajo este Capítulo, en consideración a la naturaleza de sus facilidades, de la inversión en propiedad, maquinaria y equipo, del número de empleos a ser creados en Puerto Rico, del montante de su nómina y cualesquiera otros criterios o factores que así lo ameriten.

(4) Cualquier oficina, negocio o establecimiento *bona fide* con su equipo y maquinaria, con la capacidad y pericia necesarias para llevar a cabo en escala comercial la prestación de un servicio, siempre y cuando la misma cumpla una de las siguientes modalidades:

(i) La prestación en Puerto Rico de Servicios Fundamentales a Conglomerados de Negocios.

(ii) La prestación en Puerto Rico de Servicios de Suplidor Clave, según dicho término es definido en este Código.

(5) Propiedad Dedicada a Desarrollo Industrial.

(6) La crianza de animales para usos experimentales en laboratorios de investigación científica, de medicina y usos similares.

(7) Cualquier empresa que incurra en investigación y desarrollo científico o industrial para desarrollar nuevos productos, o desarrollar nuevos servicios o procesos industriales mediante experimentación básica o aplicada.

(i) El término "investigación y desarrollo" significa para propósitos de este Capítulo cualquier actividad que se realiza con el objetivo de avanzar el conocimiento o la capacidad en un campo de la ciencia o tecnología, mediante la resolución de incertidumbre científica o tecnológica. El conocimiento nuevo que resulte de la investigación y desarrollo debe ser útil para la creación de nuevos productos, mejorar los mismos, o crear nuevos servicios o procesos de valor comercial.

(ii) Se excluyen, para efectos de los Créditos Contributivos dispuestos en las Secciones 3030.01 y 3000.02, respectivamente, de este Código, la investigación y desarrollo para mejorar procesos industriales (*continuous improvement*), así como los procesos de investigación y desarrollo llevados a cabo por contrato por cualquier empresa en beneficio de un tercero (contract research).

(8) Cualquiera de las actividades de reciclaje definidas a continuación:

(i) Actividades de Reciclaje Parcial. – Actividades de reciclaje que realicen por lo menos dos o más de los siguientes procesos: recolección, distribución, reacondicionamiento, compactación, trituración, pulverización, u otro proceso físico o químico que transformen los artículos de materiales reciclables o materiales reciclables, según definidos en el Artículo 2(O), de la Ley 70-1992, según enmendada, conocida como "Ley para la Reducción y el Reciclaje de Desperdicios Sólidos en Puerto Rico" y recuperados en Puerto Rico, en materia prima, agregados para la elaboración de un producto, preparen el material o producto para su venta o uso local o exportación, y que vendan o utilicen localmente o exporten el material procesado o producto para su ulterior uso o reciclaje.

(ii) Actividades de Reciclaje Total- La transformación en artículos de comercio de materiales reciclables que hayan sido recuperados principalmente en Puerto Rico, sujeto a que tal actividad contribuya al objetivo de fomentar la industria de reciclaje en Puerto Rico.

(9) Las siembras y cultivos verticalmente integradas con procesos de valor añadido, tales como el proceso de nutricultura (hydroponics), así como el cultivo intensivo de moluscos, crustáceos, peces u otros organismos acuáticos mediante el proceso de acuacultura (aquaculture), el proceso de pasteurización de la leche y los procesos de Biotecnología Agrícola, siempre que estas operaciones se realicen conforme a las normas y

prácticas aprobadas por el Departamento de Agricultura, así como cualquier otra operación agroindustrial o agropecuaria, incluyendo aquellas operaciones exclusivamente dedicadas al empaque, envase, preservación, clasificación o procesamiento de productos agropecuarios.

(10) Actividades de valor añadido relacionadas con la operación del Puerto de las Américas, el puerto localizado en la antigua Base Roosevelt Roads, y los puertos de Mayagüez, Yabucoa, San Juan, Guayama y cualquier otro puerto designado por el Secretario del DDEC mediante reglamento u otra comunicación oficial tales como: almacenaje, consolidación de mercancía y despacho de la misma, reempaque de productos consolidados para el embarque desde tales puertos, la terminación de productos semiprocesados para envío a mercados regionales, y cualquier otra actividad comercial o de servicio relacionada con la administración y el manejo de bienes o productos terminados, semiprocesados o manufacturados que estén asociados con, sean parte de, o discurran a través de tales puertos.

(11) Desarrollo de programas o aplicaciones (software) licenciados o patentizados, que se puedan reproducir en escala comercial y poseen los siguientes atributos: (i) El usuario interactúa con el programa para realizar tareas específicas de valor y (ii) los modelos de negocios pueden envolver: (A) la distribución de forma física, en la red cibernética o por computación de la nube o como parte de una cadena de bloques (blockchain) y (B) los ingresos provienen del licenciamiento, suscripciones del programa y/o cargos por servicio.

(i) Las siguientes tareas se consideran no elegibles:

(A) Compañía de publicaciones de contenido en la red cibernética y su dispositivo de búsqueda.

(B) Compañía que utiliza la tecnología para dar un servicio y no tiene el recurso humano para el desarrollo de nuevos productos.

(C) Compañía donde el ingreso primario es por publicidad y mercadeo del mercado de Puerto Rico.

(D) El programa no contiene una metodología para realizar una tarea de valor.

(E) Programas que comprenden juegos de azar donde el ingreso es una apuesta.

(12) La investigación, desarrollo, manufactura, transportación, lanzamiento, operación desde Puerto Rico de satélites y centros de servicios de desarrollo para el procesamiento y almacenamiento de datos, excluyendo las operaciones de telefonía, radiodifusión y teledifusión.

(13) El licenciamiento de Propiedad Intangible, desarrollada o adquirida por el Negocio Exento que posea un Decreto bajo este Código.

(14) La reparación, mantenimiento y acondicionamiento en general de naves aéreas y embarcaciones marítimas, así como sus partes y componentes.

(15) El desarrollo de videojuegos que se puedan reproducir en escala comercial

(b) Excepto por lo dispuesto en el Subtítulo F de este Código, sobre renegociaciones y conversiones, cualquier solicitante que reciba beneficios o incentivos contributivos bajo cualquier otra ley especial del Gobierno de Puerto Rico que sean similares a los provistos en este Código, según determine el Secretario del DDEC, no podrán ser considerados como Negocio Elegible bajo este Capítulo, respecto a la actividad por la cual disfruta de tales beneficios o incentivos contributivos.

(Julio 1, 2019, Núm. 60, sec. 2061.01.)

SUBCAPÍTULO B- BENEFICIOS CONTRIBUTIVOS
Sección 2062.01- Contribución Sobre Ingresos (13 L.P.R.A. sec. 45561)

(a) Tasa Fija de Contribución sobre Ingresos– Los Negocios Exentos que posean un Decreto bajo este Capítulo estarán sujetos a una tasa fija de contribución sobre su Ingreso de Desarrollo Industrial durante todo el período de exención, a partir de la fecha de comienzo de operaciones, en lugar de cualquier otra contribución sobre ingresos, si alguna, según se dispone en el Código de Rentas Internas de Puerto Rico.

(1) En General- Los Negocios Exentos, que posean un Decreto bajo este Capítulo, estarán sujetos a una tasa fija preferencial de contribución sobre ingresos sobre su Ingreso de Desarrollo Industrial de cuatro por ciento (4%), excluyendo los Ingresos de Inversiones Elegibles, los cuales estarán sujetos a lo que se dispone en el apartado (c) de esta Sección.

(2) Imposición Alterna- Los Negocios Exentos cuyos pagos de regalías por el uso o privilegio de uso de Propiedad Intangible en Puerto Rico a Personas Extranjeras, no dedicadas a industria o negocio en Puerto Rico, que se encuentren sujetos a la tasa de contribución sobre ingresos que dispone el párrafo (2) del apartado (b) de esta Sección, estarán sujetos a una tasa fija de contribución sobre ingresos sobre su Ingreso de Desarrollo Industrial de ocho por ciento (8%), excluyendo los Ingresos de Inversiones Elegibles, los cuales estarán sujetos a lo que se dispone en el apartado (c) de esta Sección.

(3) Tasa Especial de Contribución sobre Ingreso de Desarrollo Industrial. –

(i) Los Negocios Exentos que estuvieron sujetos a tributación bajo un Decreto emitido conforme a la Sección 3A de la Ley 135-1997 y la Sección 3A de la Ley 73-2008, podrán solicitar un Decreto bajo las disposiciones de este Código el cual estará sujeto a las tasas de contribución sobre ingresos establecidas en los apartados (a)(3) y (b)(4) de esta Sección, siempre y cuando soliciten el Decreto bajo este Código en o antes de la fecha de expiración del Decreto emitido bajo la Sección 3A de la Ley 135-1997 o la Sección 3A de la Ley 73-2008, según sea el caso. Además, los Negocios Exentos que comiencen operaciones luego del 31 de diciembre de 2022, y que soliciten un Decreto bajo este Capítulo, (I) que sean miembros de un grupo controlado, según definido en la Sección 1123(h)(3) del Código de Rentas Internas de Puerto Rico de 1994, y que a no ser por este párrafo (3) estarían sujetos a las reglas de la Sección 1123(f)(4)(B) y las reglas de las Secciones 2101 a la 2106 del Código de Rentas Internas de Puerto Rico de 1994, según enmendado, cualquier disposición sucesora o análoga del Código de Rentas Internas de Puerto Rico de 2011, según enmendado, o cualquier disposición sustituta o sucesora, o (II) cuyo promedio de entradas brutas, .para los tres (3) años contributivos anteriores, de ventas de propiedad mueble manufacturada o producida, total o parcialmente por el Negocio Exento en Puerto Rico, y los servicios prestados por el Negocio Exento en Puerto Rico, exceda setenta y cinco millones de dólares ($75,000,000), estarán sujetos a una tasa de contribución sobre ingresos de diez y medio por ciento (10.5%) sobre su ingreso de desarrollo industrial por las ventas de productos o servicios, en lugar de cualquier otra contribución, si alguna, provista en ley. En ausencia de disposición en contrario, dicha contribución se pagará en la forma y manera que establezca el Código de Rentas Internas de Puerto Rico de 1994, o ley subsiguiente para el pago de contribuciones sobre ingresos en general. A partir de la fecha de vigencia de un Decreto sujeto a las tasas establecidas en los apartados (a)(3) y (b)(4) de esta Sección, ningún miembro de un grupo controlado del Negocio Exento, según definido en la Sección 1123(h)(3) del Código de Rentas Internas de Puerto Rico de 1994, según enmendado, estará sujeto a las reglas de la Sección 1123(f)(4)(B) ni a las Secciones 2101 a 2016 del Código de Rentas Internas de Puerto Rico de 1994, según enmendado, cualquier disposición sucesora o análoga del Código de Rentas Internas de Puerto Rico de 2011, según enmendado, o cualquier disposición sustituta o sucesora. Una solicitud de Decreto bajo este párrafo (3) será sometida por el Negocio Exento al Secretario del Departamento de Desarrollo Económico y Comercio. El Secretario del

Departamento de Desarrollo Económico y Comercio podrá autorizar un Decreto bajo este párrafo (3), siempre que el Secretario de Hacienda y el Secretario del Departamento de Desarrollo Económico y Comercio determinen que dicho Decreto será en el mejor interés económico y social de Puerto Rico. Para determinar cuál constituye el mejor interés económico y social de Puerto Rico, se analizarán factores como los siguientes: la naturaleza del Negocio Exento bajo esta ley, la tecnología utilizada, el empleo sustancial que el mismo proporciona, localización del Negocio Exento, impacto potencial de contratar proveedores locales, la conveniencia de contar con suministros locales del producto o cualquier otro beneficio o factor que amerite tal determinación. Para propósitos de la Sección 1123(f)(4)(B) y las Secciones 2101 a 2106 del Código de Rentas Internas de Puerto Rico de 1994, o cualquier estatuto sustituto o sucesor un Decreto bajo este párrafo (3) que sea aprobada por el Secretario del Departamento de Desarrollo Económico y Comercio y aceptada por el Negocio Exento será vinculante para todos los miembros de un grupo controlado del Negocio Exento, según definido en la Sección 1123(h)(3) de Código de Rentas Internas de Puerto Rico de 1994, según enmendado, y el Secretario del Hacienda.

(ii) Si los Estados Unidos de América enmienda las disposiciones de la Sección 250(a)(3), Sección 11(b), Sección 951A o cualquier otra Sección del Código de Rentas Internas de los Estados Unidos de 1986, según enmendado (incluyendo cualquier disposición sucesora del mismo), y el efecto de cualquiera de tal(es) enmienda(s) sea imponer a cualquier entidad sujeta a contribución sobre ingresos como corporación bajo el Código de Rentas Internas de los Estados Unidos de 1986, según enmendado, una contribución sobre ingreso de al menos quince por ciento (15%) sobre todo o parte del ingreso de una corporación extranjera controlada, según se define dicho término en el Código de Rentas Internas de los Estados Unidos de 1986, según enmendado (incluyendo cualquier disposición sucesora del mismo), entonces,

I. Comenzando con el primer año contributivo del negocio exento que coincida con el primer año contributivo en que las enmiendas al Código de Rentas Internas de los Estados Unidos de 1986, entren en vigor y para todos los años contributivos subsiguientes, aplicará una tasa de quince por ciento (15%), en sustitución de la tasa de diez y medio por ciento (10.5%) establecida en el inciso (i) de este párrafo (3), y

II. Comenzando con el primer año contributivo del negocio exento que coincida con el primer año contributivo en que las enmiendas al Código de Rentas Internas de los Estados Unidos de 1986, entren en vigor y para todos los años contributivos subsiguientes, un negocio exento que genere un promedio de ingreso de fomento industrial en los tres años contributivos previos menor a seiscientos millones de dólares ($600,000,000) y que realiza operaciones de manufactura cubiertas por el decreto en al menos cuatro municipios en Puerto Rico al 30 de junio de 2022, la exención establecida en el inciso (A) de la Sección 2062.01(a)(3)(v) será de setenta por ciento (70%), para cada año contributivo en que el promedio de ingresos de fomento industrial generado durante el período de tres años previos a dicho año contributivo, determinado sin considerar la exención dispuesta en dicha sección, sea mayor a veinte por ciento (20%) del promedio de compras tributables del grupo controlado que hubieran estado sujetas al arbitrio bajo la Sección 2101 del Código de Rentas Internas de Puerto Rico de 1994, según enmendado.

(iii) Tanto la tasa de diez y medio por ciento (10.5%) establecida en el inciso (i) de este párrafo (3) y la tasa de quince por ciento (15%) establecida en el inciso (ii) de este párrafo (3), se impondrán independientemente de que (a) el negocio exento sea una corporación extranjera controlada, (b) el negocio exento es directa o indirectamente controlado por personas que son personas de los Estados Unidos, según dicho término se define en el Código de Rentas Internas de los Estados Unidos de 1986, según enmendado, (c) todo o cualquier porción del ingreso de fomento industrial del negocio exento no esté sujeto a la contribución impuesta por el Código de Rentas Internas de los Estados Unidos de 1986, según enmendado, o las leyes de cualquier país extranjero y (d) el ingreso de fomento industrial del negocio exento, o cualquier porción del mismo, no esté requerido de ser reconocido como ingreso por cualquier otra persona para propósitos del Código de Rentas Internas de los Estados Unidos de 1986, según enmendado, o las leyes de cualquier país extranjero.

(iv) Tanto la tasa de diez y medio por ciento (10.5%) establecida en el inciso (i) de este párrafo (3) y la tasa de quince por ciento (15%) establecida en el inciso (ii) de este párrafo (3), se impondrán independientemente de que la contribución pagada en Puerto Rico, o cualquier porción de la misma, bajo el inciso (i) o (ii) de este párrafo (3) se pueda acreditar o no en los Estados Unidos de América o un país extranjero.

El Secretario de Hacienda podrá establecer las guías que entienda necesarias bajo este inciso mediante reglamento, determinación administrativa, carta circular, o boletín informativo de carácter general.

(v) No obstante otras disposiciones de ley, o cualquier otra disposición de este Código, los negocios exentos que obtengan un decreto bajo los incisos (i) o (ii) de este párrafo (3), disfrutarán de una de las siguientes exenciones especiales de su ingreso de desarrollo industrial para el año contributivo, según aplique y sujeto a los siguientes términos y condiciones:

(A) Excepto por lo dispuesto en las cláusulas (B), (C), y (D), el veinte por ciento (20%) del ingreso de desarrollo industrial de todo negocio exento con un promedio de empleo de mil (1,000) empleados directos o más, y que, además, generó un ingreso de desarrollo industrial de trescientos millones de dólares ($300,000,000) o más, para el año contributivo inmediatamente anterior, estará exento del pago de contribución sobre ingresos. No obstante, en el caso de que el negocio exento esté sujeto a la tasa de quince por ciento (15%) establecida en el inciso (ii) de este párrafo (3), será elegible para la exención establecida en este inciso con un promedio de empleo de cien (100) empleados directos o más, en lugar de cumplir con mil (1,000) empleados directos o más.

(B) Excepto por lo dispuesto en las cláusulas (C), y (D), el sesenta y siete por ciento (67%) del ingreso de desarrollo industrial de todo negocio exento que tenga un promedio de empleo de mil (1,000) empleados directos o más, y que, además, generó un ingreso de desarrollo industrial de dos mil quinientos millones de dólares ($2,500,000,000) o más, para el año contributivo inmediatamente anterior, estará exento del pago de contribución sobre ingresos.

(C) Excepto por lo dispuesto en la cláusula (D), el setenta y cinco por ciento (75%) del ingreso de desarrollo industrial de todo negocio exento que tuvo un promedio de empleo de mil (1,000) empleados directos o más y que, además, para el año contributivo inmediatamente anterior, su ingreso de desarrollo industrial sea igual o mayor a siete mil quinientos millones de dólares ($7,500,000,000), estará exento del pago de contribución sobre ingresos.

(D) El ochenta y cinco por ciento (85%) del ingreso de desarrollo industrial de todo negocio exento que tuvo un promedio de empleo de cuatro mil (4,000) empleados directos o más, y cuyos pagos sujetos a la contribución sobre ingreso del apartado (b)(4) de esta sección para el año contributivo inmediatamente anterior fueron igual o mayor que el noventa por ciento (90%) de su ingreso de desarrollo industrial, estará exento del pago de contribución sobre ingresos.

Nada de lo anteriormente dispuesto podrá interpretarse a los efectos de que un negocio exento pueda disfrutar de más de una de las exenciones especiales establecidas en las cláusulas (A), (B), (C) o (D) de esta Sección

2062.01(a)(3)(v), según sea el caso, para un año contributivo. La determinación de si para un año contributivo un negocio exento cumple con lo requerido por las cláusulas (A), (B), (C) o (D) de esta Sección 2062.01(a)(3)(v) para disfrutar de la exención especial sobre ingreso de desarrollo industrial establecida en el inciso aplicable, según sea el caso, se hará independientemente de cualquier ajuste, asignación o imputación de ingresos, deducciones, créditos o concesiones que pueda llevar a cabo el Servicio de Rentas Internas Federal después del año contributivo al amparo de la Sección 482 del Código de Rentas Internas de Estados Unidos de 1986, Título 26 del Código de los Estados Unidos (United States Code), según enmendado, o por cualquier país extranjero bajo disposiciones parecidas o equivalentes, y que afecte el ingreso de fomento industrial del negocio exento para dicho año contributivo.

(b) Regalías, Rentas o Cánones (Royalties) y Derechos de Licencia– No obstante, lo dispuesto por el Código de Rentas Internas de Puerto Rico, en el caso de pagos que efectúen los Negocios Exentos que posean un Decreto bajo este Capítulo, a Personas Extranjeras, no dedicadas a industria o negocio en Puerto Rico, por concepto del uso o privilegio de uso en Puerto Rico de Propiedad Intangible relacionada con la operación declarada exenta bajo este Capítulo, y sujeto a que tales pagos sean considerados totalmente de fuentes dentro de Puerto Rico, estarán sujetos a las siguientes reglas:

(1) En General- Se impondrá, cobrará y pagará, en lugar de cualquier otra contribución impuesta por el Código de Rentas Internas, sobre el monto de tales pagos recibidos o implícitamente recibidos, por toda Persona Extranjera, no dedicada a industria o negocio en Puerto Rico, procedente exclusivamente de fuentes dentro de Puerto Rico, una tasa de doce por ciento (12%) en el caso de los Negocios Exentos que estén sujetos a la contribución sobre ingresos dispuesta en el párrafo (1) del apartado (a) de esta Sección.

(2) Imposición Alterna- El Secretario del DDEC podrá autorizar a que los pagos que se describen en este apartado (b) de esta Sección estén sujetos a una tasa de dos por ciento (2%), en lugar de la tasa impuesta por el párrafo (1) anterior.

 i. La imposición alterna impuesta por este párrafo (2) será establecida previo al comienzo de la vigencia del Decreto, será irrevocable durante la vigencia de tal Decreto, y será documentada como parte de los términos y condiciones acordados en el Decreto.

(3) Todo Negocio Exento que tenga la obligación de realizar pagos a Personas Extranjeras por concepto del uso o privilegio de uso en Puerto

Rico de Propiedad Intangible relacionada a la operación declarada exenta bajo este Capítulo, deducirá y retendrá en el origen una contribución igual a aquélla impuesta en los párrafos (1) y (2) de este apartado, según sea el caso.

(4) Regalías, Rentas y Derechos de Licencia Bajo Elección de Tasa Especial.– No obstante cualquier otra disposición en ley o esta Sección 2062.01, en el caso de pagos por un Negocio Exento cuyo Decreto haya sido otorgado bajo este Código y que se haya acogido a las disposiciones de la Sección 2062.01(a)(3), a corporaciones, sociedades o personas no residentes, no dedicadas a industria o negocio en Puerto Rico, por el uso, o privilegio de uso de patentes, derechos de autor, fórmulas, conocimientos técnicos y otra propiedad similar en Puerto Rico relacionada con la operación declarada exenta bajo este Código, y sujeto a que dichos pagos sean considerados totalmente de fuentes dentro de Puerto Rico, se impondrá y cobrará y dichos pagos estarán sujetos a una contribución, en lugar de cualquier otra contribución, si alguna, impuesta por ley, de una tasa de al menos doce por ciento (12%), sujeto a los términos de su Decreto de exención contributiva. No obstante, el treinta y siete y medio por ciento (37.5%) de estos pagos por el uso, o privilegio de uso de patentes, propiedad intelectual, fórmulas, conocimientos técnicos y otra propiedad similar en Puerto Rico relacionada con la operación declarada exenta bajo esta Ley, estará exento del pago de contribución sobre ingresos, si el negocio exento que hace los pagos tuvo un promedio de empleo de cien (100) empleados directos o más, excepto por los negocios exentos que disfruten de la exención provista en las cláusulas (A) y (D) de la Sección 2062.01(a)(3)(v) de este Código, cuales no podrán reclamar la exención de treinta y siete y medio por ciento (37.5%) establecida en este párrafo (4). El negocio exento que realiza dicho pago deducirá y retendrá dicha contribución y la informará y remitirá al Secretario de Hacienda de acuerdo con el Código de Rentas Internas de Puerto Rico o su ley sucesora, según sea el caso. Las disposiciones del crédito de la Sección 2062.01(h) de este Código, según enmendada, no serán aplicables a los pagos sujetos a la contribución establecida en este párrafo (4) ni contra la contribución sobre ingresos establecida en la Sección 2062.01(a)(3) de esta Ley. Los pagos por el uso, o privilegio de uso de patentes, derechos de autor, fórmulas, conocimientos técnicos y otra propiedad similar en Puerto Rico relacionada con la operación declarada exenta bajo esta Ley, y sujeto a que dichos pagos sean considerados totalmente de fuentes dentro de Puerto Rico hechos por negocios exentos que disfruten de la exención provista en el inciso (D) de la Sección 2062.01(a)(3)(v) de esta Ley estarán sujetos a una contribución, en lugar de cualquier otra contribución, si alguna, impuesta

por ley, a una tasa de trccc por ciento (13%), sujeto a los términos de su decreto de exención contributiva. Comenzando con el año contributivo en que los pagos sujetos a la contribución sobre ingresos del párrafo (4) de este apartado (b) realizados por los negocios exentos que disfruten de la exención provista en el inciso (D) de la Sección 2062.01(a)(3)(v) de esta Ley aumenten por al menos diez por ciento (10%), en comparación con el promedio pagado en el año contributivo por concepto de pagos sujetos a la contribución sobre ingresos del párrafo (4) de este apartado (b), o pagada bajo cualquier disposición antecesora análoga, para los tres (3) años contributivos inmediatamente anteriores al primer año contributivo sujeto a esta sección, y años subsiguientes, los pagos por el uso, o privilegio de uso de patentes, derechos de autor, fórmulas, conocimientos técnicos y otra propiedad similar en Puerto Rico relacionada con la operación declarada exenta bajo esta Ley, y sujeto a que dichos pagos sean considerados totalmente de fuentes dentro de Puerto Rico hechos por negocios exentos que disfruten de la exención provista en el inciso (D) de la Sección 2062.01(a)(3)(v) de esta Ley estarán sujetos a una contribución, en lugar de cualquier otra contribución, si alguna, impuesta por ley, a una tasa de doce por ciento (12%), sujeto a los términos de su decreto de exención contributiva.

(c) Tributación de los Ingresos de Inversiones Elegibles- Un Negocio Exento que posea un Decreto otorgado bajo este Capítulo gozará de una exención total sobre los Ingresos de Inversiones Elegibles. La expiración, renegociación o conversión del Decreto u otra Concesión de la Entidad inversionista o la Entidad emisora, según sea el caso, no impedirá que los ingresos devengados de la inversión se traten como Ingresos de Inversiones Elegibles bajo este Código durante el período remanente de la inversión.

(d) Venta o Permuta de Acciones o de Activos

(1) Las ganancias realizadas en la venta, permuta u otra disposición de Acciones de Entidades que son o hayan sido negocios exentos; participaciones en empresas conjuntas o comunes (joint ventures) y entidades similares integradas por varias corporaciones, sociedades, individuos o combinación de las mismas, que son o hayan sido Negocios Exentos bajo este Capítulo, y Acciones de Entidades que de algún modo sean propietarias de las entidades anteriormente descritas, estarán sujetas a las disposiciones contenidas en el párrafo (2) de este apartado al llevarse a cabo dicha venta, permuta u otra disposición, y toda distribución subsiguiente de dichas ganancias, ya sea como dividendo o como distribución en liquidación, estará exenta de tributación adicional.

(2) Venta o Permuta de Acciones o Activos-

(i) En el caso de ventas o permutas de Acciones durante el período de exención, la ganancia en la venta o permuta de Acciones de Entidades o sustancialmente todos los activos de un Negocio Exento que posea un Decreto otorgado bajo este Capítulo que se efectúe durante su período de exención y que hubiera estado sujeta a contribución sobre ingresos bajo el Código de Rentas Internas de Puerto Rico, estará sujeta a una contribución de cuatro por ciento (4%) sobre el monto de la ganancia realizada, si alguna, en lugar de cualquier otra contribución impuesta por el Código de Rentas Internas de Puerto Rico. Cualquier pérdida en la venta o permuta de dichas Acciones o activos se reconocerá de acuerdo con las disposiciones del Código de Rentas Internas de Puerto Rico.

(ii) Después de la Fecha de Terminación del Período de Exención.- La ganancia en caso de que dicha venta o permuta se efectúe después de la fecha de terminación de la exención estará sujeta a la contribución dispuesta en el inciso (i) anterior, pero sólo hasta el monto del valor de las Acciones o de sustancialmente todos los activos en los libros de la corporación a la fecha de terminación del período de exención reducido por el importe de distribuciones exentas recibidas sobre las mismas Acciones después de dicha fecha, menos la base de tales Acciones o de sustancialmente todos los activos. Cualquier remanente de la ganancia o cualquier pérdida, si alguna, se reconocerá de acuerdo con las disposiciones del Código de Rentas Internas de Puerto Rico vigente a la fecha de la venta o permuta.

(iii) Permutas Exentas– Las permutas de Acciones que no resulten en eventos tributables por tratarse de reorganizaciones exentas se tratarán de acuerdo con las disposiciones del Código de Rentas Internas de Puerto Rico vigente a la fecha de la permuta.

(iv) Determinación de Bases en Venta o Permuta de Acciones- La base de las Acciones o activos de Negocios Exentos bajo este Capítulo en la venta o permuta será determinada de conformidad con las disposiciones aplicables del Código de Rentas Internas de Puerto Rico que esté vigente al momento de la venta o permuta, aumentada por el monto del Ingreso de Desarrollo Industrial acumulado bajo este Capítulo.

(v) Para propósitos de este párrafo (2), el término "sustancialmente todos los activos" significará aquellos activos del Negocio Exento que representen no menos del ochenta por ciento (80%) del valor en libros del Negocio Exento al momento de la venta.

(vi) El Secretario del DDEC, en consulta con el Secretario de Hacienda, hará efectivas las disposiciones de este apartado (d) mediante el Reglamento de Incentivos.

(e) Liquidación-

(1) Regla General- No se impondrá o cobrará contribución sobre ingresos a la cedente o a la cesionaria respecto a la liquidación total de un Negocio Exento que haya obtenido un Decreto bajo este Capítulo, en o antes del vencimiento de su Decreto, siempre y cuando se cumplan con los siguientes requisitos:

(i) Toda la propiedad distribuida en liquidación fue recibida por la cesionaria de acuerdo con un plan de liquidación en o antes de la fecha de vencimiento del Decreto; y

(ii) La distribución en liquidación por la cedente, de una vez o de tiempo en tiempo, fue hecha por la cedente en cancelación o en redención completa de todo su capital social.

La base de la cesionaria en la propiedad que se reciba en liquidación será igual a la base ajustada del Negocio Exento en tal propiedad inmediatamente antes de la liquidación. Además, y para fines de esta Sección, una corporación o sociedad participante en una sociedad que es un Negocio Exento se considerará, a su vez, un Negocio Exento.

(2) Liquidación de Cedentes con Decretos Revocados- Si el Decreto de la cedente fuera revocado previo a su vencimiento de conformidad con lo dispuesto en la Sección 6020.09 del Subtítulo F de este Código con relación a las revocaciones permisibles, el sobrante acumulado de Ingreso de Desarrollo Industrial a la fecha en que sea efectiva la revocación podrá transferirse a la cesionaria en cualquier momento posterior, sujeto a lo dispuesto en el párrafo (1) de este apartado. En casos de revocación mandatoria, el sobrante acumulado estará sujeto a tributación de conformidad con el Código de Rentas Internas de Puerto Rico.

(3) Liquidaciones Posteriores al vencimiento del Decreto.- Después de vencido el Decreto de la cedente, ésta podrá transferir a la cesionaria el sobrante acumulado de Ingreso de Desarrollo Industrial devengado durante el período de vigencia del Decreto, sujeto a lo dispuesto en el párrafo (1) de este apartado.

(4) Liquidación de Cedentes con Actividades Exentas y No Exentas.- En caso de que la cedente lleve a cabo actividades exentas y no exentas, ésta podrá transferir a la cesionaria el sobrante de Ingreso de Desarrollo Industrial acumulado bajo este Capítulo y la Propiedad Dedicada a Desarrollo Industrial bajo este Capítulo como parte de su liquidación total, sujeto a lo dispuesto en el párrafo (1) de este apartado. El sobrante acumulado que no sea de Ingreso de Desarrollo Industrial y la propiedad

que no sea dedicada a desarrollo industrial serán distribuidos de acuerdo con las disposiciones del Código de Rentas Internas de Puerto Rico.

(f) Negocios Inelegibles Bajo Leyes de Incentivos Anteriores–

(1) Durante los primeros cuatro (4) años de efectividad de este Código, en el caso de Negocios Exentos bajo el párrafo (2) del apartado (a) de la Sección 2061.01 de este Código dedicados a la producción de Productos Manufacturados para ser vendidos al extranjero que no hayan sido elegibles para la Concesión de Incentivos bajo este Capítulo, o Leyes de Incentivos Anteriores, las tasas fijas de contribución sobre ingresos dispuestas en esta Sección serán parcialmente de aplicación al Ingreso de Desarrollo Industrial, según se dispone a continuación:

(i) El veinticinco por ciento (25%) del Ingreso de Desarrollo Industrial generado en el primer Año Contributivo del Negocio Exento, estará sujeto a la tasa fija de contribución sobre ingresos aplicable dispuesta en esta Sección, y el remanente setenta y cinco por ciento (75%) del Ingreso de Desarrollo Industrial, estará sujeto a tributación conforme a las reglas y tasas aplicables bajo el Código de Rentas Internas de Puerto Rico.

(ii) El cincuenta por ciento (50%) del Ingreso de Desarrollo Industrial generado en el segundo Año Contributivo del Negocio Exento, estará sujeto a la tasa fija de contribución sobre ingresos aplicable dispuesta en esta Sección y el remanente cincuenta por ciento (50%) del Ingreso de Desarrollo Industrial estará sujeto a tributación conforme a las reglas y tasas aplicables bajo el Código de Rentas Internas de Puerto Rico.

(iii) El setenta y cinco por ciento (75%) del Ingreso de Desarrollo Industrial, generado en el tercer Año Contributivo del Negocio Exento, estará sujeto a la tasa fija de contribución sobre ingresos aplicable, dispuesta en esta Sección, y el remanente veinticinco por ciento (25%) del Ingreso de Desarrollo Industrial, estará sujeto a tributación conforme a las reglas y tasas aplicables bajo el Código de Rentas Internas de Puerto Rico.

(iv) Para el cuarto Año Contributivo del Negocio Exento, la totalidad de su Ingreso de Desarrollo Industrial estará sujeto a la tasa fija de contribución sobre ingresos aplicable, según dispuesta en esta Sección.

(g) Limitación de Beneficios-

(1) En caso de que a la fecha de su solicitud de incentivos, conforme a las disposiciones de este Código, un Negocio Elegible estuviera dedicado a la actividad para la cual se conceden los beneficios de este Capítulo, el Negocio Elegible podrá disfrutar de la tasa fija de contribución sobre Ingresos de Desarrollo Industrial que dispone esta Sección, únicamente en

cuanto al incremento del ingreso neto de dicha actividad que genere sobre el ingreso neto promedio de los últimos tres (3) Años Contributivos anteriores a la fecha de someter la solicitud, el cual se denomina como "ingreso de período base", para fines de este párrafo.

(2) A los fines de determinar el período base, se tomará en cuenta la producción y venta de cualquier negocio antecesor del negocio solicitante. Para estos propósitos, "negocio antecesor" incluirá cualquier negocio relacionado al negocio solicitante, aunque no hubiera estado exento anteriormente, y sin considerar si estaba en operaciones bajo otro nombre legal, o bajo otros dueños.

(3) El ingreso atribuible al período base estará sujeto a las tasas de contribución sobre ingresos que dispone el Código de Rentas Internas de Puerto Rico.

(4) El ingreso de período base será ajustado, reduciendo dicha cantidad por un veinticinco por ciento (25%) anualmente, hasta que se reduzca a cero (0) para el cuarto Año Contributivo de aplicación a los términos del Decreto del Negocio Exento bajo este Código. A estos fines, se tomarán en consideración aquellos años para los cuales el Negocio Exento haya hecho una elección bajo la Sección 2011.05 de este Código.

(h) Crédito por Inversiones de Transferencia de Tecnología. —

(1) Los Negocios Exentos que posean un Decreto bajo este Capítulo, que haya sido otorgado por el Secretario del Departamento de Desarrollo Económico y Comercio antes del 31 de diciembre de 2022, y que estén sujetos a la tasa de contribución sobre ingresos que se dispone en el párrafo (1) del apartado (a) de esta Sección, podrán tomar un crédito contra la contribución sobre ingresos que se atribuye al ingreso neto de su Ingreso de Desarrollo Industrial, igual a la tasa que se dispone en el párrafo (1) del apartado (b) de esta Sección respecto a los pagos efectuados a Personas Extranjeras, no dedicadas a industria o negocio en Puerto Rico, por concepto del uso o privilegio de uso en Puerto Rico de Propiedad Intangible en su operación declarada exenta bajo este Capítulo, siempre que el ingreso por concepto de tales pagos sea totalmente de fuentes de Puerto Rico.

(2) En el caso de Negocios Exentos que estén sujetos a la imposición alterna que se dispone en el párrafo (2) del apartado (a) de esta Sección, el porciento aplicable para propósitos del párrafo (1) anterior será aquel que se dispone en el párrafo (2) del apartado (b) de esta Sección.

(3) El crédito contributivo establecido en este párrafo no será transferible, pero podrá arrastrarse hasta agotarse. No obstante, dicho arrastre nunca

excederá el período de ocho (8) años contributivos contados a partir del cierre del Año Contributivo en el cual se originó el crédito. Este arrastre nunca resultará en una contribución menor de la dispuesta en el inciso (3) del apartado (g) de esta Sección. Este crédito no se reintegrará.

(i) Aplicación de Créditos y Contribución Mínima. — La aplicación de los créditos que se establecen en las Secciones 3020.01 y 3030.01 de este Código, según apliquen, estará sujeta a las siguientes reglas:

(1) Contribución Tentativa. — El Negocio Exento computará inicialmente   su obligación contributiva conforme a la tasa fija de contribución sobre ingresos que se dispone en a los párrafos (1), (2) y (3) del apartado (a) de esta Sección, sin considerar los créditos establecidos en las Secciones 3020.01 y 3030.01 de este Código, según sea el caso.

(2) Aplicación del Crédito. - El monto total de los créditos que se conceden en las Secciones 3020.01 y 3030.01 de este Código, según aplique cada uno de éstos y sujeto a las limitaciones aplicables a cada crédito, y que el Negocio Exento reclame, será reducido de la obligación contributiva computada en el párrafo (1) de este apartado (i).

(3) Contribución Mínima. —La contribución determinada sobre el Ingreso de Desarrollo Industrial computada luego de aplicar los créditos conforme al párrafo (2) de este apartado, respecto al año contributivo, nunca será menor que:

i. En el caso de un Negocio Exento que genere un ingreso bruto promedio, incluyendo el ingreso bruto de miembros de su grupo controlado, o del grupo de entidades relacionadas, según tales términos se define en las Secciones 1010.04 y 1010.05 del Código de Rentas Internas, de menos de diez millones (10,000,000.00) de dólares durante los tres (3) años contributivos anteriores, el uno por ciento (1%) del Ingreso de Desarrollo Industrial del Negocio Exento;

ii. En el caso de un negocio de inversión local, tres por ciento (3%) del Ingreso de Desarrollo Industrial del Negocio Exento; para propósitos de este apartado, un negocio de inversión local significa todo Negocio Exento que pertenezca directamente en al menos un cincuenta por ciento (50%) a Individuos Residentes de Puerto Rico;

iii. En los demás casos, excepto por lo dispuesto en el inciso iv., la obligación contributiva computada en el párrafo (1)) del apartado (a) de esta Sección según sea el caso, excluyendo los Ingresos de Inversiones Elegibles.

iv. en el caso de negocios exentos sujetos a tributación conforme a las disposiciones del párrafo (3) del apartado (a) y el párrafo (4) del apartado (b) de esta Sección 2062.01, la contribución determinada sobre Ingreso de Desarrollo Industrial computada luego de aplicar los créditos conforme al párrafo (2) de este apartado (i), respecto al año contributivo, no puede ser menos que la cantidad computada en el párrafo (1) de este apartado (i).

(4) El Negocio Exento que posea un decreto otorgado bajo este Capítulo, pagará lo que resulte mayor del párrafo (2) o del párrafo (3) de este apartado.

(5) En los casos descritos en los incisos (i) y (ii) del párrafo (3) de este apartado, la contribución mínima allí dispuesta, dejará de aplicar, y aplicará el inciso (ii) o (iii), según sea el caso, para Años Contributivos en los que el Negocio Exento no cumpla con lo dispuesto en el inciso (i) o (ii), según sea el caso.

(j) Definiciones. – Para fines de los apartados (a)(3) y (b)(4) de esta Sección 2062.01, el término "empleado directo" es todo individuo residente de Puerto Rico que el negocio exento ha contratado como empleado, sea a tiempo completo, parcial o temporero, para participar directamente en las actividades cubiertas por el decreto, incluyendo empleados de otros patronos u otras personas que han sido arrendados o asignados al negocio exento, siempre que dichos empleados asignados o arrendados no sean contados por sus patronos u otras personas para para cumplir con el requisito de empleo bajo algún decreto, conforme a los términos del decreto del negocio exento y según informado por el negocio exento anualmente a la Oficina de Incentivos en el informe anual requerido por la Sección 6020.10 de este Código y/o cualquier otra declaración informativa requerida por el Secretario de Hacienda. Para propósitos de determinar el número de empleados directos a tiempo completo mantenidos por el negocio exento durante el año contributivo, se tomará la suma del total de horas trabajadas por todos los empleados directos del negocio exento durante el año y se dividirá la cantidad resultante por dos mil ochenta (2,080). El resultado, sin tomar en cuenta números decimales, será el número de empleados directos durante dicho año contributivo. Para estos propósitos, las horas de vacaciones y otras licencias autorizadas podrán tomarse en cuenta como horas trabajadas. No obstante, las horas de tiempo extra, en exceso de 40 horas semanales, no podrán considerarse. Para determinar el promedio de empleos directos, el negocio exento sumará el total de empleados directos en cada trimestre del año contributivo inmediatamente anterior al año contributivo entre la suma del total de trimestres para el año contributivo inmediatamente anterior. En el caso de negocios exentos que formen parte de un grupo controlado según la Sección 1010.04 del Código de Rentas Internas de Puerto Rico, el promedio de empleados directos y la cantidad de empleos directos se determinará considerando el número agregado de empleados directos de todos los miembros del grupo controlado que sean negocios exentos, y para propósitos de las cláusulas (A), (B), (C), y (D) de la Sección 6020.01(a)(3)(iv), según sea el caso, el ingreso de desarrollo industrial del negocio exento, y la cantidad de pagos sujetos a la contribución sobre ingreso del párrafo (4) del apartado (b) esta sección del negocio exento, se determinará considerando el ingreso de desarrollo industrial y los pagos sujetos a la contribución sobre ingreso del párrafo (4) del apartado (b) de esta sección agregados de todos los miembros del grupo controlado que sean negocios exentos. Las sociedades, serán consideradas como corporaciones bajo la Sección 1010.04 del Código de Rentas Internas de Puerto Rico para determinar si son miembros de un mismo grupo controlado para propósitos de la Sección 2062.01(a)(3)(iv) de este Código.

(k) Aplicación de la Sección 1123(f)(4)(B) y las Secciones 2101 a 2106 del Código de Rentas Internas de Puerto Rico de 1994, según enmendado. – La Sección 1123(f)(4)(B) y las Secciones 2101 a 2106 del Código de Rentas Internas de Puerto Rico de 1994, cualquier disposición sucesora o análoga del Código de Rentas Internas de Puerto Rico de 2011, o cualquier disposición sustituta o sucesora, no aplicarán a un miembro de un "grupo controlado" de un Negocio Exento, según definido en la Sección 1123(h)(3) del Código de Rentas Internas de Puerto Rico de 1994, cualquier disposición sucesora o análoga del Código de Rentas Internas de Puerto Rico de 2011, o cualquier disposición sustituta o sucesora, siempre que el Negocio Exento haya comenzado operaciones en Puerto Rico después del 31 de diciembre de 2022. Únicamente para propósitos de esta Sección, un Negocio Exento será tratado como si hubiera comenzado a operar en Puerto Rico después de del 31 de diciembre de 2022, solo si (a) el Negocio Exento y ningún miembro de un grupo controlado de un Negocio Exento, según definido en la Sección 1123(h)(3) del Código de Rentas Internas de Puerto Rico de 1994, cualquier disposición sucesora o análoga del Código de Rentas Internas de Puerto Rico de 2011, o cualquier disposición sustituta o sucesora, llevó a cabo operaciones comerciales en Puerto Rico en cualquier momento durante el período de tres años que termina en el 31 de diciembre de 2022, o (b) el Negocio Exento no era miembro de un grupo controlado de un Negocio Exento, según definido en la Sección 1123(h)(3) del Código de Rentas Internas de Puerto Rico de 1994, cualquier disposición sucesora o análoga del Código de Rentas Internas de Puerto Rico de 2011, o cualquier disposición sustituta o sucesora, en cualquier momento durante el período de tres años que finaliza en el 31 de diciembre de 2022.

(l) Otras Reglas. - Además, se dejará sin efecto cualquier transacción o serie de transacciones que tenga como uno de sus principales propósitos evitar esta sección, incluyendo, sin limitación, la organización o uso de corporaciones, sociedades u otras entidades, el uso de acuerdos de comisión o comisario (incluyendo acuerdos de facilitación), o el uso de cualquier otro plan o acuerdo, y se dejará sin efecto el uso de cargos por la propiedad mueble y servicios que no sean cargos que surgirían entre personas que no sean del mismo grupo controlado operando libremente y de buena fe (arm's lenght).

(Julio 1, 2019, Núm. 60, sec. 2062.01; Junio 30, 2022, Núm. 52, art. 20, añade un párrafo (3) al apartado (a), un párrafo (4) al apartado (b), los apartados (j) y (k), y se enmienda el párrafo (1) del apartado (h) y el apartado (i).)

Sección 2062.02- Contribución sobre la Propiedad Mueble e Inmueble (13 L.P.R.A. sec. 45562)

(a) En General-

(1) La propiedad mueble de un Negocio Exento que posea un Decreto concedido bajo este Capítulo, que se haya utilizado en el desarrollo, la organización, construcción, establecimiento u operación de la actividad cubierta bajo el Decreto, gozará de un setenta y cinco (75%) de exención sobre las contribuciones municipales y estatales sobre la propiedad mueble durante el período de exención.

(2) La propiedad inmueble del Negocio Exento que posea un Decreto concedido bajo este Capítulo, que se haya utilizado en su desarrollo, organización, construcción, establecimiento u operación, gozará de un setenta y cinco (75%) de exención sobre las contribuciones municipales y estatales sobre la propiedad durante el período de exención.

(b) Período de Construcción- La propiedad inmueble de un Negocio Exento que posea un Decreto concedido bajo este Capítulo estará un setenta y cinco por ciento (75%) exenta durante el período autorizado por el Decreto para que lleve a cabo la construcción o el establecimiento de tal Negocio Exento y durante el primer Año Fiscal del Gobierno en que el Negocio Exento hubiese estado sujeto a contribuciones sobre la propiedad por haber estado en operaciones al 1ro. de enero anterior al comienzo de tal Año Fiscal, a no ser por la exención aquí provista. Asimismo, la propiedad inmueble del Negocio Exento que esté directamente relacionada con cualquier expansión del Negocio Exento estará totalmente exenta de contribución sobre la propiedad durante el período que autorice el Decreto para realizar la expansión. Una vez venza el período de exención total establecido en este apartado, comenzará la exención parcial provista en esta Sección.

(c) Las Inversiones Elegibles estarán totalmente exentas del pago de la contribución sobre la propiedad.

(d) Método de Auto Tasación Opcional-

(1) Un Negocio Exento bajo este Capítulo podrá utilizar el método de auto tasación dispuesto en este párrafo para determinar la clasificación y la contribución sobre la propiedad inmueble sobre propiedad que no haya sido tasada en virtud de la Ley 83-1991. En dichos casos, el Negocio Exento cumplirá con los procedimientos establecidos en la Ley 83-1991, siempre y cuando haya cumplido con los requisitos de notificación establecidos en dicha ley o en el Decreto.

(2) El método de auto tasación dispuesto en este párrafo se podrá utilizar exclusivamente para aquella propiedad que propiamente sea considerada como propiedad inmueble por razón del uso y localización a la cual se destina y que sea utilizada en el desarrollo, organización, construcción, establecimiento u operación de la actividad elegible. El método aquí establecido no podrá ser utilizado para tasar terrenos o estructuras, incluyendo la propiedad inmueble adherida permanentemente a una estructura y que sirve exclusivamente a dicha estructura, tal como equipo de iluminación.

(3) El valor de tasación de la propiedad clasificada como inmueble por el Negocio Exento a ser tasada bajo este párrafo será igual al treinta y cinco por ciento (35%) del valor depreciado en los libros del Negocio Exento. El valor tasado no será menor a determinado por ciento del costo, calculado a base de la vida útil de la propiedad, según se dispone a continuación:

Vida útil	Costo
2-5 años	25%
6-10 años	17%
11-15 años	15%
16 años o más	10%

(4) El Negocio Exento también gozará de la exención establecida en el apartado (a) de esta Sección sobre el valor tasado conforme a lo dispuesto en el párrafo (3) de este apartado. Las disposiciones de la "Ley de la Contribución Municipal sobre la Propiedad", aplicarán en cuanto a la tasa,

fecha y método de pagos de esta contribución como si se tratara de una contribución tasada al amparo de dicha ley.

(5) Cualquier Negocio Exento que haya optado por utilizar el método de auto tasación que se dispone en este apartado rendirá una planilla de contribución sobre la propiedad inmueble auto tasada no más tarde del 15 de mayo de cada año, en la que identificará la propiedad a ser considerada como inmueble y determinará su obligación de pagar contribución sobre la propiedad inmueble para el Año Fiscal del Gobierno conforme a lo dispuesto en el párrafo (3) de este apartado. Una vez un Negocio Exento adopte el método de tasación dispuesto en este apartado, el mismo rendirá y pagará a la fecha de rendir la primera planilla, además de la contribución correspondiente al Año Fiscal corriente, la contribución correspondiente a los cuatro (4) años fiscales previos, o por el número de años que haya operado, lo que sea menor. El Negocio Exento podrá hacer el pago correspondiente a su responsabilidad contributiva para los cuatro (4) años fiscales previos, o el número de años correspondiente, según se dispone anteriormente, en dos (2) plazos. El primero de dichos pagos se realizará al rendir la planilla correspondiente y el segundo pago se deberá realizar dentro de los seis (6) meses siguientes a la presentación de la primera planilla a la que se haya optado por este método. En diez (10) días laborables a partir de que el Negocio Exento rinda la planilla dispuesta en este párrafo, el CRIM notificará a los municipios concernidos sobre la elección del Negocio Exento de acogerse al método de auto tasación opcional.

(6) Una vez la propiedad clasificada y tasada bajo el método opcional dispuesto en este apartado sea clasificada y tasada por el CRIM conforme a lo dispuesto en la "Ley de Contribución Municipal sobre la Propiedad" y se agoten los procedimientos de revisión establecidos en dicha ley, el valor de la propiedad del Negocio Exento será el establecido por el CRIM en lugar del valor determinado bajo el método de auto tasación dispuesto en este apartado. En dichos casos, el Negocio Exento cumplirá con los procedimientos establecidos en la "Ley de Contribución Municipal Sobre la Propiedad". La clasificación y tasación realizada por el CRIM de conformidad con la referida ley, tendrá efecto prospectivo únicamente, para todos los fines legales, por lo que no se hará determinación de deficiencia respecto al método utilizado o la clasificación de los bienes como inmuebles para los años en los cuales se utilizó el método de auto tasación opcional.

(Julio 1, 2019, Núm. 60, sec. 2062.02.)

Sección 2062.03- Patentes Municipales y otros Impuestos Municipales (13 L.P.R.A. sec. 45563)

(a) Los Negocios Exentos que posean un Decreto concedido bajo este Capítulo gozarán de un cincuenta por ciento (50%) de exención sobre las patentes municipales, arbitrios municipales y otras contribuciones municipales impuestas por cualquier ordenanza municipal, durante los períodos dispuestos en la Sección 2011.04 de este Código.

(b) El Negocio Exento que posea un Decreto otorgado bajo este Capítulo gozará de exención total sobre las contribuciones municipales o patentes municipales aplicables al volumen de negocios de tal Negocio Exento durante el semestre del Año Fiscal del Gobierno en el cual el Negocio Exento comience operaciones en cualquier municipio, a tenor de lo dispuesto en la "Ley de Patentes Municipales". Además, el Negocio Exento que posea un Decreto otorgado bajo este Capítulo estará totalmente exento de las contribuciones o patentes municipales sobre el volumen de negocios atribuible a dicho municipio durante los dos (2) semestres del Año Fiscal o años fiscales del Gobierno siguientes al semestre en que comenzó operaciones en el municipio.

(c) Los Negocios Exentos que posean un Decreto otorgado bajo este Capítulo, y sus contratistas y subcontratistas, estarán totalmente exentos de cualquier contribución, impuesto, derecho, licencia, arbitrio, tasa o tarifa impuesta por cualquier ordenanza municipal sobre la construcción de obras a ser utilizadas por dicho Negocio Exento dentro de un municipio, sin que se entienda que tales contribuciones incluyen la patente municipal impuesta sobre el volumen de negocios del contratista o subcontratista del Negocio Exento, durante el término que autorice el Decreto de exención contributiva.

(d) Los Ingresos de Inversiones Elegibles, según dicho término se define en el apartado (a), párrafo (3) de la Sección 1020.06 de este Código, estará totalmente exentos de patentes municipales, arbitrios municipales y otras contribuciones municipales.

(e) Todo Negocio Exento bajo este Capítulo o Leyes de Incentivos Anteriores podrá renunciar al beneficio del descuento de cinco por ciento (5%) por concepto de pronto pago, según dispuesto en la Sección 11 de la "Ley de Patentes Municipales", y realizar el pago total de su patente municipal en la fecha dispuesta por dicha ley. En el caso de los Negocios Exentos que opten por realizar el pronto pago y renunciar al descuento, el período de prescripción para la tasación y cobro de la patente impuesta bajo la "Ley de Patentes Municipales" será tres (3) años a partir de la fecha en que se rinda la Declaración sobre el Volumen de Negocios, en lugar de los términos dispuestos en los apartados (a) y (b) de la Sección 19 de la "Ley de Patentes Municipales".

(Julio 1, 2019, Núm. 60, sec. 2062.04.)

Sección 2062.04- Arbitrios Estatales e Impuesto Sobre la Venta y Uso (13 L.P.R.A. sec. 45564)

(a) Además de cualquier otra exención de arbitrios o del impuesto sobre ventas y uso concedida bajo los Subtítulos C y D, respectivamente, del Código de Rentas Internas de Puerto Rico, estarán totalmente exentos de tales impuestos durante el período de exención, los siguientes artículos introducidos o adquiridos directa o indirectamente por un Negocio Exento que posea un Decreto otorgado bajo este Capítulo.

(1) Cualquier materia prima para usarse en Puerto Rico en la elaboración de productos terminados, excluyendo cemento hidráulico, petróleo crudo, productos parcialmente elaborados y productos terminados del petróleo y cualquier otra mezcla de hidrocarburos. Disponiéndose, sin embargo, que el gas natural o gas propano usado para la generación de energía eléctrica y/o térmica distribuida se considerará como materia prima para los efectos de este Código. A los fines de este apartado y de las disposiciones de los Subtítulos C y D del Código de Rentas Internas de Puerto Rico que sean de aplicación, el término "materia prima" incluirá:

(i) cualquier producto en su forma natural derivado de la agricultura o de las industrias extractivas;

(ii) cualquier subproducto, producto residual o producto parcialmente elaborado o producto terminado; y

(iii) el azúcar a granel o en unidades de cincuenta (50) libras o más, para utilizarse exclusivamente en la fabricación de productos.

(2) La maquinaria, equipo y accesorios de éstos que se usen exclusivamente en el proceso de manufactura, o en la construcción, o reparación de embarcaciones, dentro o fuera de los predios de una planta manufacturera, maquinaria, camiones, o montacargas que se utilicen exclusivamente y permanentemente en la conducción de materia prima dentro del circuito del Negocio Exento, maquinaria, equipo y accesorios utilizados para llevar a cabo el proceso de manufactura, o que el Negocio Exento venga obligado a adquirir como requisito de ley, o reglamento federal, o estatal para la operación de una Unidad Industrial. No obstante lo anterior, la exención no cubrirá la maquinaria, aparatos, equipo, ni vehículos que se utilicen en todo o en parte, en la fase administrativa o comercial del Negocio Exento, excepto en aquellos casos en que éstos se

utilicen también en por lo menos un noventa por ciento (90%) en el proceso de manufactura, o en la construcción o reparación de embarcaciones, en cuyo caso se considerarán como utilizados exclusivamente en el proceso de manufactura.

(3) Toda maquinaria y equipo que un Negocio Exento, que posea un Decreto concedido bajo este Capítulo adquiera directa e indirectamente y tenga que utilizar para cumplir con exigencias ambientales, de seguridad y de salud, estará totalmente exento del pago de arbitrios estatales, así como del impuesto sobre ventas y uso.

(4) La maquinaria, materiales, equipo, piezas y accesorios que se utilicen (i) en los laboratorios de carácter experimental o de referencia incluyendo, pero sin limitarse a, aquellos que se usen para cualquier actividad de investigación y desarrollo de ciencia y tecnología, y (ii) en proyectos de investigación tecnológica e investigación de Energía Renovable, dentro del Distrito de Ciencia, Tecnología e Investigación de Puerto Rico establecido mediante la Ley 214-2004, según enmendada.

(5) La maquinaria, equipo, piezas y accesorios que se utilicen en la fase preliminar de exploración de regiones con miras al desarrollo mineralógico de Puerto Rico, y los diques de carena y astilleros para la construcción o reparación de embarcaciones.

(6) El combustible utilizado por el Negocio Exento, bajo este Capítulo, en la generación de energía eléctrica y/o energía térmica para uso propio o de sus Afiliadas.

(7) Los materiales químicos utilizados por un Negocio Exento en el tratamiento de aguas usadas.

(b) Excepciones- Los siguientes artículos de uso y consumo que utilice el Negocio Exento que posea un Decreto concedido bajo este Capítulo independientemente del área o predio donde se encuentren o de su uso, no se considerarán materia prima, maquinaria o equipo para propósitos de los párrafos (1), (2), (3) y (4) del apartado (a) de esta Sección;

(1) todo material de construcción y las edificaciones prefabricadas;

(2) todo material eléctrico y los tubos de agua empotrados en las edificaciones;

(3) los lubricantes, las grasas, las ceras y las pinturas no relacionados con el proceso de manufactura;

(4) los postes de alumbrado y las luminarias instalados en áreas de aparcamiento; y

(5) las plantas de tratamiento y las sub-estaciones eléctricas.

(Julio 1, 2019, Núm. 60, sec. 2062.04.)

Sección 2062.05- Períodos de Exención Contributiva (13 L.P.R.A. sec. 45565)

(a) Exención- Un Negocio Exento que posea un Decreto otorgado bajo este Capítulo, disfrutará de exención contributiva por un período de quince (15) años.

(b) Disposiciones Aplicables a Exención Contributiva de Negocios de Propiedad Dedicada a Desarrollo Industrial-

(1) El período durante el cual una Propiedad Dedicada a Desarrollo Industrial perteneció a cualquier subdivisión política, agencia o instrumentalidad del Gobierno, no se deducirá del período a que se hace referencia en el apartado (a) de esta Sección. En tales casos la propiedad se considerará, para efectos de este Código, como si no hubiera sido dedicada anteriormente a desarrollo industrial.

(2) Cuando el Negocio Exento que posea un Decreto otorgado bajo este Código, sea uno de Propiedad Dedicada a Desarrollo Industrial, el período al que se hace referencia en el apartado (a) de esta Sección no cubrirá aquellos períodos en los cuales la Propiedad Dedicada a Desarrollo Industrial esté en el mercado para ser arrendada a un Negocio Exento, o esté desocupada, o esté arrendada a un negocio no exento, excepto según se dispone más adelante. Los períodos se computarán a base del período total durante el cual la propiedad estuvo a disposición de un Negocio Exento, siempre que el total de años no sea mayor al que se provee bajo el apartado (a) de esta Sección, y el Negocio Exento que cualifique como Propiedad Dedicada a Desarrollo Industrial notifique por escrito al Secretario del DDEC la fecha en que la propiedad se arriende por primera vez a un Negocio Exento, y la fecha en que la propiedad se desocupe y se vuelva a ocupar por otro Negocio Exento. En caso de que la exención del Negocio Exento que posea un Decreto como Propiedad Dedicada a Desarrollo Industrial venza mientras se esté utilizando bajo arrendamiento por un Negocio Exento manufacturero, el Negocio Exento de Propiedad Dedicada a Desarrollo Industrial, podrá disfrutar de un cincuenta por ciento (50%) de exención sobre la contribución sobre la propiedad, mientras el Negocio Exento manufacturero continúe utilizando la propiedad bajo arrendamiento.

(3) Cuando el Negocio Exento que posea un Decreto otorgado bajo este Capítulo sea uno de Propiedad Dedicada a Desarrollo Industrial, el período al que se hace referencia en el apartado (a) de esta Sección continuará su

curso normal, aun cuando el Decreto de exención del Negocio Exento que esté utilizando la mencionada propiedad, como resultado de la terminación de su período normal o por revocación de su Decreto, venza antes del período de exención de la Propiedad Dedicada a Desarrollo Industrial, a menos que en el caso de revocación, se pruebe que al momento en que tal propiedad advino disponible al Negocio Exento, sus dueños tenían conocimiento de los hechos que luego motivaron la revocación.

(c) Establecimiento de Operaciones en otros Municipios- Un Negocio Exento, que posea un Decreto concedido bajo este Capítulo podrá establecer unidades industriales adicionales como parte de las operaciones cubiertas por un Decreto de exención vigente, en el mismo municipio donde está establecida la oficina principal, o en cualquier otro municipio de Puerto Rico, sin tener que solicitar un nuevo Decreto de exención, siempre y cuando notifique a la Oficina de Incentivos dentro de los treinta (30) días del comienzo de operaciones de la Unidad Industrial adicional. La Unidad Industrial adicional disfrutará de las exenciones y los beneficios dispuestos por este Código por el remanente del período de exención del Decreto vigente.

(d) Interrupción del Período de Exención- Cuando Negocio Exento que posea un Decreto otorgado bajo este Capítulo haya cesado operaciones y posteriormente desee reanudarlas, el tiempo que estuvo sin operar no se le descontará del período de exención correspondiente que le corresponda, y podrá gozar del período restante de exención mientras esté vigente su Decreto de exención contributiva, siempre y cuando el Secretario del DDEC determine que el cese de operaciones fue por causas justificadas y que la reapertura del Negocio Exento redundará en los mejores intereses sociales y económicos de Puerto Rico.

(e) Fijación de las Fechas de Comienzo de Operaciones y de los Períodos de Exención-

(1) El Negocio Exento que posea un Decreto otorgado bajo este Capítulo podrá elegir la fecha de comienzo de operaciones para fines de la Sección 2062.01 de este Capítulo mediante la radicación de una declaración jurada ante la Oficina de Incentivos en la que exprese la aceptación incondicional de la Concesión aprobada al Negocio Exento al amparo de este Código. La fecha de comienzo de operaciones para fines de la Sección 2062.01 de este Código podrá ser la fecha de la primera nómina para adiestramiento, o producción del Negocio Exento que posea un Decreto otorgado bajo este Capítulo, o la fecha de comienzo de la construcción del proyecto o cualquier fecha dentro de un período de dos (2) años posterior a la fecha de la primera nómina.

(2) El Negocio Exento que posea un Decreto otorgado bajo este Capítulo podrá posponer la aplicación de la tasa de contribución fija provista en la Sección 2062.01 de este Código por un período no mayor de dos (2) años desde la fecha de comienzo de operaciones fijada en el párrafo (1) del apartado (e) de esta Sección. Durante el período de posposición, el Negocio Exento estará sujeto a la tasa contributiva aplicable bajo el Subtítulo A del Código de Rentas Internas de Puerto Rico.

(3) El período de exención provisto en el apartado (b) de la Sección 2062.02 de este Capítulo para la exención sobre la propiedad mueble e inmueble, comenzará a partir del primero de enero del año en que el Negocio Elegible comience las actividades cubiertas por el Decreto, pero nunca antes del primero de enero del año en que ocurre la radicación de una solicitud para acogerse a los beneficios de este Capítulo.

(4) En el caso de Negocios Exentos que posean un Decreto otorgado bajo este Capítulo y que hayan estado operando en escala comercial antes de solicitar acogerse a los beneficios de este Capítulo, la fecha de comienzo de operaciones para fines de la tasa fija de contribución sobre ingresos provista en el apartado (a) de la Sección 2062.01 de este Código será la fecha de radicación de una solicitud en la Oficina de Incentivos, pero la fecha de comienzo podrá posponerse por un período no mayor de dos (2) años a partir de esa fecha.

(5) El Negocio Exento que posea un Decreto concedido bajo este Capítulo deberá comenzar operaciones a escala comercial dentro del término de un (1) año a partir de la fecha de la firma de la Concesión. Este término se podrá prorrogar a solicitud del negocio por causa justificada para ello, pero no se concederán prórrogas que extiendan la fecha de comienzo de operaciones por un término mayor de cinco (5) años desde la fecha de la aprobación de la Concesión.

(Julio 1, 2019, Núm. 60, sec. 2062.05.)

Sección 2062.06- Deducción Especial por Inversión en Edificios, Estructuras, Maquinaria y Equipo (13 L.P.R.A. sec. 45566)

(a) Se concederá a todo Negocio Exento que posea un Decreto otorgado bajo este Capítulo la elección de deducir en el año contributivo en que los incurra, en lugar de cualquier capitalización de gastos requerida por el Código de Rentas Internas de Puerto Rico, los gastos totales incurridos después de la fecha de efectividad de este Código en la compra, adquisición o construcción de edificios, estructuras, maquinaria y equipo, siempre que tales edificios, estructuras, maquinaria y equipo:

1. no se hayan utilizado o depreciado previamente por algún otro negocio o persona en Puerto Rico; y

2. se utilicen para manufacturar los productos o prestar los servicios para los cuales se le concedieron los beneficios provistos bajo este Capítulo.

(b) La deducción provista en esta Sección no será adicional a cualquier otra deducción concedida por ley, sino meramente una aceleración de la deducción de los gastos antes descritos. Disponiéndose, que en el caso de la maquinaria y equipo previamente utilizada fuera de Puerto Rico previamente, pero no utilizado o depreciado previamente en Puerto Rico, la inversión en tal maquinaria y equipo cualificará para la deducción especial provista en este apartado (b) solamente si a la maquinaria y el equipo le resta, a la fecha de su adquisición por el Negocio Exento, por lo menos el cincuenta por ciento (50%) de su vida útil, determinada de acuerdo con el Código de Rentas Internas de Puerto Rico.

(c) El Negocio Exento que posea un Decreto otorgado bajo este Capítulo podrá deducir, en el Año Contributivo en que los incurra, el total de los gastos incurridos después de la fecha de efectividad de este Código en la remodelación o reparación de edificios, estructuras, maquinaria y equipo, en lugar de cualquier capitalización de gastos requerida por el Código de Rentas Internas de Puerto Rico, tanto en el caso de que tales edificios, estructuras, maquinaria y equipo se hayan adquirido o construido antes o después de la fecha de efectividad de este Código, así como en el caso de que éstos se hayan o no utilizados o depreciados por otro negocio o persona antes de su adquisición por el Negocio Exento que posea un Decreto otorgado bajo este Capítulo o bajo Leyes de Incentivos Anteriores.

(d) El monto de la Inversión de Manufactura para la deducción especial provista en esta Sección en exceso del Ingreso de Desarrollo Industrial del Negocio Exento que posea un Decreto otorgado bajo este Capítulo en el año de la inversión, podrá ser reclamado como deducción en los Años Contributivos subsiguientes hasta que se agote el exceso. No se permitirá una deducción bajo este apartado con relación a la porción de la inversión en edificios, estructuras, maquinaria y equipo sobre la cual el Negocio Exento reciba o haya recibido Crédito Contributivo de conformidad con en el Subtítulo C de este Código.

(e) El Negocio Exento también podrá reclamar la deducción especial que se provee en esta Sección en cualquier año en que éste opte por seleccionar el beneficio de exención contributiva flexible que dispone en la Sección 2011.04 de este Código.

(Julio 1, 2019, Núm. 60, sec. 2062.06.)

SUBCAPÍTULO C- REQUISITOS PARA LA CONCESIÓN DE EXENCIÓN

Sección 2063.01- Requisitos para las Solicitudes de Decretos (13 L.P.R.A. sec. 45571)

(a) Cualquier persona que haya establecido o se proponga establecer un Negocio Elegible en Puerto Rico bajo este Capítulo, podrá solicitar los beneficios de este Código mediante la presentación de una solicitud al Secretario del DDEC conforme a lo dispuesto en el Subtítulo F de este Código.

(b) Cualquier persona podrá solicitar los beneficios de este Capítulo, siempre y cuando cumpla con los requisitos de elegibilidad del Subcapítulo A de este Capítulo, y con cualquier otro criterio que el Secretario del DDEC establezca mediante reglamento, orden administrativa, carta circular o cualquier otro comunicado de carácter general, incluyendo como criterio de evaluación la aportación que el Negocio Elegible hará al desarrollo económico de Puerto Rico.

(Julio 1, 2019, Núm. 60, sec. 2063.01.)

SUBCAPÍTULO D- DISPOSICIONES ESPECIALES

Sección 2064.01- Negocio Sucesor de Manufactura (13 L.P.R.A. sec. 45581)

(a) Un Negocio Sucesor de Manufactura podrá acogerse a las disposiciones de este Capítulo siempre y cuando:

(1) el Negocio Exento Antecesor de Manufactura no haya cesado operaciones por más de seis (6) meses consecutivos antes de la radicación de la solicitud de exención del Negocio Sucesor de Manufactura, ni durante el período de exención del Negocio Sucesor de Manufactura, a menos que tal hecho obedezca a Circunstancias Extraordinarias.

(2) el Negocio Exento Antecesor de Manufactura mantenga su empleo anual promedio para los tres (3) Años Contributivos que terminan con el cierre de su Año Contributivo anterior a la radicación de la solicitud de exención del Negocio Sucesor de Manufactura, o la parte aplicable de tal período, mientras está vigente el Decreto otorgado bajo las disposiciones de este Capítulo del Negocio Sucesor de Manufactura, a menos que por Circunstancias Extraordinarias el promedio no se pueda mantener.

(3) el empleo del Negocio Sucesor de Manufactura, luego de su primer año de operaciones, sea mayor al veinticinco por ciento (25%) del empleo

anual promedio del negocio antecesor a que se refiere el párrafo (2) anterior;

(4) el Negocio Sucesor de Manufactura no utilice facilidades físicas, incluyendo terrenos, edificios, maquinaria, equipo, inventario, suministros, marcas de fábrica, patentes, facilidades de distribución (marketing outlets) que tengan un valor de cincuenta mil dólares ($50,000.00) o más y se hayan utilizado previamente por un Negocio Exento Antecesor de Manufactura. Lo anterior no aplicará a las adiciones a la Propiedad Dedicada a Desarrollo Industrial, aun cuando éstas constituyan facilidades físicas que tengan un valor de cincuenta mil dólares ($50,000.00) o más y estén siendo, o se hayan utilizado por la unidad principal o el Negocio Exento Antecesor de Manufactura. No obstante lo anterior, el Secretario del DDEC podrá determinar, previa recomendación de las agencias que rinden informes sobre exención contributiva, que la utilización de facilidades físicas, o la adquisición de cualquier Unidad Industrial de un Negocio Exento Antecesor de Manufactura que esté o estuvo en operaciones, resulte en los mejores intereses económicos y sociales de Puerto Rico, en vista de la naturaleza de tales facilidades, el número de empleos, el monto de la nómina, la inversión, la localización del proyecto, o los otros factores que a su juicio ameritan tal determinación.

(b) Excepciones- No obstante lo dispuesto en el apartado (a) de esta Sección, las anteriores condiciones se considerarán cumplidas, siempre y cuando:

(1) El Negocio Sucesor de Manufactura le asigne al Negocio Exento Antecesor de Manufactura aquella parte de su empleo anual que sea necesario para que el empleo anual del Negocio Exento Antecesor de Manufactura se mantenga, o equivalga al empleo anual que el Negocio Exento Antecesor de Manufactura debe mantener. La asignación aquí dispuesta no estará cubierta por el Decreto del Negocio Sucesor, pero éste gozará, respecto a la parte asignada, los beneficios provistos por este Capítulo, si alguno, que gozaría el Negocio Exento Antecesor de Manufactura sobre ésta, como si hubiese sido su propia producción anual. Si el período de exención del Negocio Exento Antecesor de Manufactura hubiera terminado, el Negocio Sucesor pagará las contribuciones correspondientes sobre la parte de su producción anual que le asigne al Negocio Exento Antecesor de Manufactura;

(2) El Negocio Sucesor declare como no cubierta por su Decreto, a los efectos de la contribución sobre la propiedad, aquella parte de sus facilidades que sea necesaria para que la inversión en facilidades físicas del Negocio Exento Antecesor de Manufactura se mantenga o equivalga a la

inversión total en facilidades físicas al cierre del Año Contributivo de tal Negocio Exento Antecesor de Manufactura anterior a la radicación de la solicitud de exención del Negocio Sucesor de Manufactura, menos la depreciación y menos cualquier disminución en la inversión en facilidades físicas que haya ocurrido a la fecha en que se utilicen las disposiciones de este párrafo, como resultado de una autorización de uso de éstas bajo las disposiciones del párrafo (4) del apartado (a) de esta Sección. En los casos en que el período de exención del Negocio Exento Antecesor de Manufactura no haya terminado, el Negocio Sucesor de Manufactura disfrutará de los beneficios provistos por este Capítulo que hubiera disfrutado el Negocio Exento Antecesor de Manufactura, respecto a la parte de su inversión en las facilidades físicas que para efectos de este párrafo declare como no cubierta por su Decreto, si tales facilidades las hubiera utilizado para producir su Ingreso de Desarrollo Industrial;

(3) El Secretario del DDEC determine que la operación del Negocio Sucesor de Manufactura resulta en los mejores intereses económicos y sociales de Puerto Rico, en vista de la naturaleza de las facilidades físicas, el número de empleos, el montante de la nómina, la inversión, la localización del proyecto, o de cualesquiera otros factores que a su juicio, ameriten tal determinación, incluyendo la situación económica por la que atraviesa el Negocio Exento en particular, y dispensa del cumplimiento total o parcial, de las disposiciones del apartado (a) de esta Sección, y podría condicionar las operaciones, según sea conveniente y necesario en beneficio de los mejores intereses de Puerto Rico.

(Julio 1, 2019, Núm. 60, sec. 2064.01.)

CAPÍTULO 7- INFRAESTRUCTURA Y ENERGÍA VERDE
SUBCAPÍTULO A- ELEGIBILIDAD

Sección 2071.01- Empresas Dedicadas a la Infraestructura y a la Energía Verde o Altamente Eficiente. (13 L.P.R.A. sec. 45651)

Se provee para que un negocio establecido, o que será establecido, en Puerto Rico por una Persona, organizado o no bajo un nombre común, pueda solicitarle al Secretario del DDEC la Concesión de Incentivos cuando la Entidad se establece en Puerto Rico para dedicarse a una de las siguientes actividades elegibles:

(1) Realizar obras de mejoras, restauración o reconstrucción de edificios existentes, u obras de reestructuración o nueva construcción en solares baldíos en las Zonas Históricas de Puerto Rico, y los alquileres de tales edificios localizados en tales zonas una vez hayan sido mejorados, restaurados, reconstruidos, restructurados o construidos, según sea el caso;

(2) Construcción o rehabilitación de Viviendas de Interés Social para la venta o el arrendamiento a Familias de Ingresos Bajos o Moderados y Viviendas de Clase Media;

(3) Personas dedicadas a la construcción, alquiler o arrendamiento de propiedades a Personas de Edad Avanzada que no tengan una vivienda propia y cuyos ingresos están dentro de los límites establecidos podrán ser iguales o más liberales pero nunca más restrictivos que los establecidos por el Gobierno Federal;

(4) Desarrolladores de Vivienda de Interés Social aprobados y subsidiados total o parcialmente por el Gobierno de Puerto Rico;

(5) Desarrolladores de proyectos de Vivienda Asistida para Personas de Edad Avanzada en Puerto Rico;

(6) Cualquier negocio que se dedique a la producción o venta de Energía Verde a escala comercial para consumo en Puerto Rico, sea como dueño u operador directo de la Unidad de Producción o como dueño de una Unidad de Producción que esté siendo operada por otra persona, en cuyo caso, tanto dueño como operador se considerarán Negocios Elegibles bajo este Capítulo.

El término "producción o venta de Energía Verde a escala comercial" incluye la producción o venta de Energía Verde a una o más personas que llevan a cabo una industria o negocio en Puerto Rico;

(7) Productor de Energía Renovable Alterna y Productor de Energía Renovable Sostenible, según se definen en la Sección 1020.07 de este Código, para consumo en Puerto Rico, siempre que éste sea su negocio principal;

(8) Ensamblaje de equipo para generación de Energía Verde, incluyendo la instalación del equipo en las facilidades del usuario de Energía Verde a ser generada por dicho equipo;

(9) Propiedad Dedicada a la Producción de Energía Verde;

(9a) Cualquier negocio que se dedique a la instalación, operación, ensamblaje, mantenimiento o venta de energía a escala comercial de un Sistema de Almacenaje de Energía.

(10) Durante los primeros cinco (5) años contados a partir de la fecha de vigencia de este Código, un negocio establecido, o que será establecido, en Puerto Rico por una Persona, organizado o no bajo un nombre común, podrá solicitar un Decreto para llevar a cabo las siguientes actividades elegibles:

(i) Productor de Energía Altamente Eficiente que se dedique a la producción, venta u operación a escala comercial para consumo en Puerto Rico, ya sea como dueño y operador directo, o como dueño de un sistema que es operado por un tercero, o como operador de una sistema que es propiedad de un tercero, en cuyo caso ambos se considerarán como Negocios Elegibles bajo este Capítulo.

El término "producción, venta u operación a escala comercial" incluye la producción o venta a una o más personas que llevan a cabo una industria o negocio en Puerto Rico;

(ii) Ensamblaje de equipo, incluyendo la instalación del mismo, para Sistemas de Generación Altamente Eficiente;

(iii) Propiedad dedicada a la producción de Generación Altamente Eficiente;

(iv) Todo contratante al amparo de la Ley 120-2018, según enmendada, conocida como "Ley para Transformar el Sistema Eléctrico de Puerto Rico", será elegible para la concesión de un Decreto bajo este inciso y/o el tratamiento contributivo provisto bajo el apartado (a) del Artículo 12 de la Ley 29-2009, según enmendada, conocida como "Ley de Alianzas Público Privadas".

(Julio 1, 2019, Núm. 60, sec. 2071.01; Abril 16, 2020, Núm. 40, sec. 77, enmienda el primer párrafo y el subinciso (10)(i); Enero 9, 2023, Núm. 5, art. 2, añade el apartado (9a).)

SUBCAPÍTULO B- BENEFICIOS CONTRIBUTIVOS
Sección 2072.01- Contribución sobre Ingresos (13 L.P.R.A. sec. 45661)

(a)   Tasa fija preferencial de cuatro por ciento (4%)- El ingreso que genere un Negocio Elegible por las actividades elegibles que se describen a continuación estarán sujetas, a una tasa fija preferencial de contribución sobre ingresos de cuatro por ciento (4%), en lugar de cualquier otra contribución impuesta por el Código de Rentas Internas de Puerto Rico, o cualquier otra ley siempre que cumplan con los requisitos aplicables a su actividad elegible:

(1)   Rentas percibidas por alquiler de edificios en Zonas Históricas de Puerto Rico, siempre y cuando se cumplan los requisitos de la Ley Núm. 7 de 4 de marzo de 1955, según enmendada, conocida como la "Exención Contributiva de Zonas Históricas";

(2) Ingreso por concepto de la venta de propiedades de interés social, según se indica en el párrafo (2) de la Sección 2071.01 de este Código, sujeto a los límites establecidos en la Sección 2073.04.

(3) Ingreso de alquiler que reciba un dueño de un Proyecto Multifamiliar de interés social, según se indica en el párrafo (2) de la Sección 2071.01 de este Código, sujeto a los límites establecidos en la Sección 2073.02 de este Código;

(4) Ingreso por concepto de la venta de residencias a Personas de Edad Avanzada o Personas con Impedimentos;

(5) Ingresos de proyectos de Vivienda bajo el Proyecto de Vivienda de "Vida Asistida", para Personas de Edad Avanzada, y que reúna los criterios de cualificación elaborados por este Código consistentes con la definición de "Vida Asistida". Cuando por necesidad médica y en interés de su seguridad, éste necesite un cuidado personal o médico distinto al dispuesto en la presente Ley, no estará cubierto por las disposiciones de este Código y por ende, la residencia no podrá cobijar a dicha persona al amparo de esta Ley. La residencia tomará esta determinación en aquellos casos en que la seguridad, bienestar o comodidad de la persona pueda verse afectada adversamente por el hecho de no poder atender adecuadamente sus necesidades específicas por no ser conformes al marco conceptual de "Vida Asistida" ni lograr lidiar cabalmente con las limitaciones que padezca. Esta determinación deberá ser conforme a los criterios rectores elaborados mediante reglamentación a ser establecida por el Secretario del DDEC a estos fines.

(b) Tasa fija preferencial de cuatro por ciento (4%)- El ingreso que se genere un Negocio Exento de actividades que se describen a continuación estará sujeto a una tasa fija preferencial de contribución sobre ingresos de cuatro por ciento (4%), en lugar de cualquier otra contribución impuesta por el Código de Rentas Internas de Puerto Rico, o cualquier otra ley, siempre que cumplan con los requisitos aplicables a su actividad elegible:

(1) Ingreso por concepto de alquiler de propiedades arrendadas a Personas de Edad Avanzada;

(2) Ingreso por concepto de la construcción de Viviendas de Alquiler para Personas de Edad Avanzada.

(c) Ingreso por concepto de la venta de CERs- Para propósitos contributivos la compra, venta, cesión o transferencia de los CERs tendrá los siguientes efectos:

(1) Base contributiva- La base contributiva de cada CER para un negocio dedicado a la producción de Energía Verde que genere CERs de su operación en Puerto Rico, será igual a sus costos de emisión y de tramitación, a tenor con la Sección 2074.01 de este Código. La base de los CERs no incluirá costos de producción de la Energía Verde que se genere en la operación relacionada con tales CERs.

(2) Ingreso ordinario- Todo ingreso o ganancia derivada por un negocio dedicado a la producción de Energía Verde en la venta de CERs, provenientes de su operación en Puerto Rico, se considerará ingreso ordinario derivado de la operación en Puerto Rico, y se tratará como Ingreso de Energía Verde o Altamente Eficiente para todos los fines de este Código, excepto que dicho ingreso o ganancia estará exenta de patentes u otros impuestos municipales.

(3) Ganancia de capital- Un CER estará excluido de la definición de activo de capital, según provisto en la Sección 1034.01 del Código de Rentas Internas. No obstante:

(i) Se tratará como ganancia de capital, y aplicarán las disposiciones correspondientes del Código de Rentas Internas de Puerto Rico respecto a la disposición de un activo de capital, incluyendo tasa contributiva aplicable, base y período de posesión del CER, entre otras, la ganancia derivada de la venta de un CER por parte de una persona que adquirió tal CER mediante compra, y subsiguientemente dispone de éste a cambio de efectivo o propiedad.

(ii) El ingreso derivado de la disposición de un CER por una persona que adquirió el CER, mediante compra, y subsiguientemente dispone de éste estará exento de patentes u otros impuestos municipales.

Se excluirá de este tratamiento a toda persona dedicada a la industria o negocio de la compra y reventa de CERs.

(4) Retiro y cancelación de CERs- Toda persona que, en el ejercicio de una industria o negocio, para cumplir con requisitos de cartera de Energía Renovable adquiera CERs mediante compra, cesión o transferencia con el propósito de fomentar el desarrollo de fuentes de Energía Verde, podrá tomar como deducción contra su ingreso ordinario el costo de adquisición del CER o la base adquirida en la cesión o transferencia de éste. Esta deducción no estará disponible hasta que el CER sea retirado o cancelado.

(5) Ingreso de fuente dentro de Puerto Rico- La ganancia en la venta o disposición fuera de Puerto Rico de un CER, generado de la operación de un proyecto de Energía Verde localizado en Puerto Rico realizada por

Personas Extranjeras no dedicada a industria o negocio en Puerto Rico, no se considerará ingreso de fuentes de Puerto Rico.

(d) Negocios dedicados a la industria de Energía Verde o Altamente Eficiente- Los Negocios Exentos cuyas actividades se describen en los párrafos (6), (7), (8), (9) y (10) de la Sección 2071.01 estarán sujetos a lo siguiente:

(1) Tasa fija preferencial de cuatro por ciento (4%)- Los negocios antes descritos estarán sujetos a una tasa fija preferencial de contribución sobre ingresos de cuatro por ciento (4%) sobre su Ingreso de Energía Verde o Altamente Eficiente durante el período de exención correspondiente, en lugar de cualquier otra contribución sobre ingresos, si alguna, dispuesta por el Código de Rentas Internas de Puerto Rico o cualquier otra ley.

(2) Regalías, Rentas o Cánones (Royalties) y Derechos de Licencia- No obstante lo dispuesto en el Código de Rentas Internas de Puerto Rico, en el caso de pagos efectuados por Negocios Exentos que poseen un Decreto bajo este Capítulo, a Personas Extranjeras, no dedicadas a industria o negocio en Puerto Rico, por concepto del uso o privilegio de uso en Puerto Rico de Propiedad Intangible relacionada con la operación declarada exenta bajo este Capítulo, y sujeto a que tales pagos se consideren totalmente de fuentes dentro de Puerto Rico, se observarán las siguientes reglas:

(i) Contribución a Personas Extranjeras No Dedicadas a Industria o Negocio en Puerto Rico- Imposición de la Contribución- Se impondrá, cobrará y pagará una contribución de doce por ciento (12%) para cada Año Contributivo, en lugar de la contribución impuesta por las Secciones 1091.01 y 1091.02 del Código de Rentas Internas de Puerto Rico, sobre el monto de tales pagos recibidos o implícitamente recibidos, por toda corporación o sociedad extranjera no dedicada a industria o negocio en Puerto Rico, procedente exclusivamente de fuentes dentro de Puerto Rico.

(ii) Retención en el Origen de la Contribución en el Caso de Personas Extranjeras que sean Entidades no Dedicadas a Industria o Negocio en Puerto Rico- Todo Negocio Exento que tenga la obligación de realizar pagos a personas no residentes por concepto de uso en Puerto Rico de Propiedad Intangible relacionada con la operación exenta bajo este Capítulo, deducirá y retendrá en el origen una contribución igual a aquella impuesta en el inciso (i) anterior.

(3) Distribuciones, Venta o Permuta de Acciones de Activos-

(i) Las ganancias realizadas en la venta, permuta u otra disposición de Acciones de Entidades que son o hayan sido Negocios Exentos bajo este

Capítulo; participaciones en empresas conjuntas o comunes *(joint ventures)* y entidades similares integradas por varias corporaciones, sociedades, individuos o combinación de éstos, que son o hayan sido negocios exentos; y Acciones de Entidades que de algún modo sean propietarias de las entidades anteriormente descritas, estarán sujetas a las disposiciones del inciso (ii) de este párrafo (3) al llevarse a cabo la venta, permuta u otra disposición, y toda distribución subsiguiente de tales ganancias, ya sea como dividendo o como distribución en liquidación, estará exenta de tributación adicional.

(ii) Venta o Permuta de Acciones o Activos-

A. Durante el período de exención- La ganancia en la venta o permuta de Acciones en una Entidad, o de sustancialmente todos los activos de un Negocio Exento, que se efectúe durante su período de exención y que hubiese estado sujeta a contribución sobre ingresos bajo el Código de Rentas Internas de Puerto Rico, estará sujeta a una contribución de cuatro por ciento (4%) sobre el monto de la ganancia realizada, si alguna, en lugar de cualquier otra contribución impuesta por el Código de Rentas Internas de Puerto Rico o cualquier otra ley. Cualquier pérdida en la venta o permuta de dichas Acciones o activos se reconocerá de acuerdo con las disposiciones del Código de Rentas Internas de Puerto Rico.

B. Después de la fecha de terminación del período de exención- Cuando la venta o permuta se efectúe después de la fecha de vencimiento de la exención, la ganancia estará sujeta a la contribución dispuesta en la cláusula (A) anterior, pero sólo hasta el monto del valor de las Acciones de la Entidad, o de sustancialmente todos los activos en los libros de la corporación o sociedad, a la fecha de terminación del período de exención, reducido por el importe de distribuciones exentas recibidas sobre estas Acciones de la Entidad después de dicha fecha, menos la base de tales Acciones, o de sustancialmente todos los activos. Cualquier remanente de la ganancia o cualquier pérdida, si alguna, se reconocerá de acuerdo con las disposiciones del Código de Rentas Internas de Puerto Rico que esté vigente a la fecha de la venta o permuta.

C. Permutas exentas- Las permutas de Acciones de Entidades que no resulten en eventos tributables por tratarse de reorganizaciones exentas se tratarán de acuerdo a las disposiciones del Código de Rentas Internas de Puerto Rico vigentes a la fecha de la permuta.

(iii) Determinación de bases en venta o permuta- La base de Acciones o los activos de Negocios Exentos bajo esta Sección en la venta o permuta, se determinará de conformidad con las disposiciones aplicables del Código de Rentas Internas de Puerto Rico vigente al momento de la venta o permuta, aumentada por el monto del Ingreso de Energía Verde o Altamente Eficiente acumulado bajo este Código.

(iv) Para propósitos de este párrafo (3), el término "sustancialmente todos los activos" significará aquellos activos del Negocio Exento que representen no menos del ochenta por ciento (80%) del valor en libros del Negocio Exento al momento de la venta.

(v) El Secretario del DDEC, en consulta con el Secretario de Hacienda, establecerá la reglamentación necesaria para hacer efectivas las disposiciones de este párrafo.

(4) Liquidación-

i. No se impondrá o cobrará contribución sobre ingresos a la cedente o a la cesionaria respecto a la liquidación total de un Negocio Exento que haya obtenido un Decreto bajo las disposiciones de este Capítulo y que se dedique o haya dedicado a las actividades que se describen en los párrafos (6), (7), (8), (9) y (10) de la Sección 2071.01, en o antes del vencimiento de su Decreto, siempre y cuando se cumpla con los siguientes requisitos:

A. Toda la propiedad distribuida en liquidación fue recibida por la cesionaria de acuerdo con un plan de liquidación en o antes de la fecha de vencimiento del Decreto, y

B. la distribución en liquidación por la cedente, de una vez o de tiempo en tiempo, fue hecha por la cedente en cancelación o en redención completa de todo su capital social.

La base de la cesionaria en la propiedad recibida en liquidación será igual a la base ajustada de dicho Negocio Exento en tal propiedad inmediatamente antes de la liquidación. Además, y para fines de este párrafo (4), una corporación o sociedad participante en una sociedad que es un Negocio Exento se considerará, a su vez, un Negocio Exento.

(ii) Liquidación de cedentes con Decretos revocados- Si el Decreto de la cedente se revocara previo a su vencimiento de conformidad con lo dispuesto en este Código respecto a las revocaciones permisibles, el sobrante acumulado del Ingreso de Energía Verde o Altamente Eficiente a la fecha en que sea efectiva la revocación podrá transferirse a la cesionaria en cualquier momento posterior, sujeto a lo dispuesto en el inciso (i) de este párrafo (4). En casos de revocación mandatoria, el sobrante acumulado estará sujeto a tributación de conformidad con el Código de Rentas Internas de Puerto Rico.

(iii) Liquidaciones posteriores al vencimiento del Decreto- Después de vencido el Decreto de la cedente, ésta podrá transferir a la cesionaria el sobrante acumulado de su Ingreso de Energía Verde o Altamente Eficiente devengado durante el período de vigencia del Decreto, sujeto a lo dispuesto en el inciso (i) de este párrafo (4).

(iv) Liquidación de cedentes con actividades exentas y no exentas- En el caso de que la cedente lleve a cabo actividades exentas y no exentas, ésta podrá transferir a la cesionaria el sobrante de su Ingreso de Energía Verde o Altamente Eficiente acumulado bajo este Código y la propiedad dedicada a la actividad elegible bajo este Código como parte de su liquidación total, sujeto a lo dispuesto en el inciso (i) de este párrafo (4). El sobrante acumulado que no sea de su Ingreso de Energía Verde o Altamente Eficiente y la propiedad que no sea dedicada a la actividad elegible serán distribuidos de acuerdo con las disposiciones del Código de Rentas Internas de Puerto Rico.

(e) Los accionistas o socios de un Negocio Exento que posea un Decreto bajo las disposiciones de este Capítulo que se dediquen a las actividades que se describen en los párrafos (1) al (5) del apartado (a) de la Sección 2071.01 de este Código, estarán sujetos a la contribución sobre ingresos que se dispone en el Código de Rentas Internas de Puerto Rico sobre las distribuciones de dividendos o beneficios del ingreso neto de tal Negocio Exento.

(f) Exención a individuos, sucesiones, corporaciones, sociedades, compañías de responsabilidad limitada y fideicomisos respecto a intereses pagados o acreditados sobre bonos, pagarés u otras obligaciones de negocios que posean un Decreto otorgado bajo este Capítulo.

(g) Exención- Cualquier individuo, sucesión, corporación, sociedad, compañía de responsabilidad limitada o fideicomiso, estará exento del pago de cualquier contribución impuesta por el Código de Rentas Internas de Puerto Rico o por cualquier otra ley sucesora; y patentes impuestas bajo la "Ley de Patentes Municipales", según enmendada, sobre el ingreso proveniente de intereses, cargos y otros créditos recibidos respecto a bonos, pagarés u otras obligaciones de un negocio que posea un Decreto otorgado bajo este Capítulo para el desarrollo, la construcción o rehabilitación de, o las mejoras a un negocio que posea un Decreto otorgado bajo este Capítulo condicionando que el uso de los fondos se utilicen en su totalidad para desarrollo, construcción o rehabilitación de, o mejoras al negocio cubierto por el Decreto otorgado bajo este Capítulo, o al pago de deudas existentes del negocio que posea un Decreto otorgado bajo este Capítulo, siempre y cuando los fondos provenientes de esas deudas existentes se hayan utilizado originalmente para el desarrollo, la construcción o rehabilitación de, o mejoras al negocio cubierto por el Decreto otorgado bajo este

Capítulo. Los gastos incurridos por una persona que lleve a cabo una inversión aquí descrita no estarán sujetos a las Secciones 1033.17(a)(5), (10) y (f) del Código de Rentas Internas de Puerto Rico respecto a tal inversión, y los ingresos derivados de ésta.

(Julio 1, 2019, Núm. 60, sec. 2072.01; Abril 16, 2020, Núm. 40, sec. 78, el subinciso (c)(2), inciso (d) y (e) y añade los incisos (f) y (g).)

Sección 2072.02- Contribución sobre la Propiedad Mueble e Inmueble (13 L.P.R.A. sec. 45662)

(a) Propiedades en Zonas Históricas- La propiedad elegible, según se describe en el párrafo (1) de la Sección 2071.01 de este Código, que se proyecte mejorar, reestructurar, construir, restaurar o reconstruir, y el solar donde ésta enclave, se declarará por el Director del CRIM totalmente exenta por el período descrito en el apartado (a) de la Sección 2072.04 de este Código.

(b) Propiedades de interés social dedicadas a alquiler-

(1) En General- Estarán exentas del pago de contribución sobre la propiedad en un cien por ciento (100%) las unidades de Vivienda de Proyectos Multifamiliares que se alquilen a Familias de Ingresos Bajos o Moderados, según tal actividad elegible se describe en el párrafo (2) de la Sección 2071.01, durante el período de exención dispuesto en el apartado (b) de la Sección 2072.04, sujeto a que:

(i) Se cumplan con los requisitos establecidos en el apartado (a) de la Sección 2073.02 de este Código.

(ii) El canon de arrendamiento de cada unidad de Vivienda refleje una reducción igual al monto total de la contribución sobre la propiedad que estaría obligado a pagar el dueño, de no aplicar la exención contributiva aquí provista.

(c) Propiedades arrendadas a Personas de Edad Avanzada de bajos ingresos- En General- Todo dueño que construya o rehabilite una propiedad inmueble para ser arrendada a una Persona de Edad Avanzada de bajos ingresos, estará exentos en un cien por ciento (100%) del pago de contribuciones sobre la propiedad mueble e inmueble, siempre que cumplan con los requisitos establecidos en la Sección 2073.03 de este Código.

(d) Propiedad de proyectos de vivienda bajo el Proyecto de Vivienda de "Vida Asistida"- Todo proyecto de vivienda bajo el Proyecto de Vivienda de "Vida Asistida" podrá beneficiarse de las exenciones provistas en el apartado (c) de la Sección 2072.03 de este Código.

(e) Exención a CERs- Los CERs estarán exentos en un setenta y cinco por ciento (75%) de contribuciones municipales o estatales sobre la propiedad.

(f) Propiedad mueble e inmueble de Negocios Elegibles bajo los párrafos (6), (7), (8), (9) y (10) del apartado (a) de la Sección 2071.01-

(1) En General- La propiedad mueble e inmueble utilizada en el desarrollo, organización, construcción, establecimiento u operación de la actividad elegible cubierta por el Decreto, gozará de un setenta y cinco por ciento (75%) de exención sobre las contribuciones municipales y estatales sobre la propiedad mueble e inmueble durante el período de exención.

(Julio 1, 2019, Núm. 60, sec. 2072.02.)

Sección 2072.03- Contribuciones Municipales (13 L.P.R.A. sec. 45663)

(a) Construcción o Rehabilitación de Viviendas de Interés Social - En General- Las unidades de vivienda de Proyectos Multifamiliares que se alquilen a familias de Ingresos Bajos o Moderados, estarán exentas del noventa por ciento (90%) del pago de patentes municipales siempre que cumplan con los requisitos establecidos en la Sección 2073.02 de este Código. También aplicará una exención del noventa por ciento (90%) del pago de toda contribución o derecho municipal que pueda aplicar.

(b) Construcción de Viviendas de alquiler para Personas de Edad Avanzada de bajos ingresos- Los ingresos que generen los proyectos de construcción o rehabilitación de Viviendas que se vayan a arrendar a Personas de Edad Avanzada de bajos ingresos estarán exentos del noventa por ciento (90%) de pago de la patente municipal, siempre que cumplan con los requisitos establecidos en la Sección 2073.07 de este Código. También aplicará un noventa por ciento (90%) de exención del pago a cualquier otra contribución o derecho municipal que puedan aplicar a tales proyectos, con excepción de los arbitrios de construcción que no gozará de exención alguna.

(c) Ingreso de proyectos de vivienda bajo el Proyecto de Vivienda de "Vida Asistida"- Todo proyecto de vivienda bajo el Proyecto de Vivienda de "Vida Asistida" podrá beneficiarse de las exenciones provistas en el apartado (a) de esta Sección.

(d) Los Negocios Exentos que se describen en los párrafos (6), (7), (8), (9) y (10) de la Sección 2071.01 gozarán de un cincuenta por ciento (50%) de exención sobre las patentes municipales, arbitrios municipales y otras contribuciones municipales impuestas por cualquier ordenanza municipal, durante los períodos cubiertos en el Decreto según lo establecido en el apartado (e) de la Sección 2072.04, independientemente de cualquier enmienda posterior que se realice al Decreto para cubrir operaciones del Negocio Exento en una o varios municipios.

(e) Los Negocios Exentos y sus contratistas y subcontratistas estarán setenta y cinco por ciento (75%) exentos de cualquier contribución, impuesto, derecho, licencia, arbitrio, tasa o tarifa impuesta por cualquier ordenanza municipal sobre la construcción de obras a ser utilizadas por dicho Negocio Exento dentro de un municipio, sin que se entienda que tales contribuciones incluyen la patente municipal impuesta sobre el volumen de negocios del contratista o subcontratista del Negocio Exento, durante el término que autorice el Decreto.

(Julio 1, 2019, Núm. 60, sec. 2072.03.)

Sección 2072.04- Período de Exención (13 L.P.R.A. sec. 45664)

(a) El período de exención para las personas con actividades elegibles según se indica en el párrafo (1) de la Sección 2071.01 de este Código, será como se describe a continuación, siempre y cuando se cumplan los requisitos:

(1) Cinco (5) años: cuando la obra de restauración sea parcial, pero habiéndose, entre otras, restaurado las fachadas, y por los elementos arquitectónicos principales, tales como zaguán de entrada y la escalera principal, si los hubiera.

(2) Cinco (5) años, no renovables: cuando se efectúe una reestructuración de fachada en un edificio carente de valor histórico o arquitectónico para adecuarlo al entorno de la Zona Histórica donde se ubique.

(3) Diez (10) años: cuando se haya realizado una restauración total del edificio.

(4) Diez (10) años: cuando ocurra una reestructuración total en la que se incorpore más de un cincuenta por ciento (50%) de elementos de nueva construcción a edificios que carecen de valor histórico o arquitectónico para adecuarlos a su entorno tradicional y en casos de nueva edificación en solares baldíos o donde yacen ruinas.

(5) El Secretario del DDEC, podrá, en cualquiera de los casos antes indicados, al vencer el término de diez (10) años de exención contributiva de una propiedad, extender por diez (10) años adicionales la exención, siempre que el Instituto de Cultura Puertorriqueña certifique que tal propiedad (1) no ha sufrido alteraciones sustanciales en su diseño original, (2) merece ser conservada como parte de nuestro patrimonio cultural por su valor histórico o arquitectónico, y (3) quedará, al terminarse la obra en conformidad con los requisitos del Instituto de Cultura Puertorriqueña, en

estado igual o mejor del que presentaba al realizarse su primera restauración total.

(b) El beneficio contributivo dispuesto en el párrafo (2) y (3) del apartado (a) de la Sección 2072.01, y el apartado (a) de la Sección 2072.03 de este Código estará vigente mientras las unidades de Vivienda sobre las que se reclame estén ocupadas por Familias de Ingresos Bajos o Moderados, pero no podrá exceder de un término mayor a quince (15) años, comenzando a partir del 1 de enero del año siguiente a la fecha de ocupación de la unidad de Vivienda por una Familia de Ingresos Bajos o Moderados.

(c) La exención contributiva que se concede en el párrafo (1) del apartado (b) de la Sección 2072.01 de este Código, y en el apartado (b) de la Sección 2072.03 de este Código estará vigente mientras las unidades de Vivienda sobre las que se reclame estén ocupadas por Personas de Edad Avanzada, pero no podrá exceder de un término mayor a quince (15) años, a partir del 1 de enero del año siguiente a la fecha de ocupación de la unidad de Vivienda por una Persona de Edad Avanzada.

(d) La exención contributiva que se concede en el párrafo (5) apartado (a) de la Sección 2072.01, y en el apartado (c) de la Sección 2072.03 de este Código estará vigente mientras el Proyecto de Vivienda de "Vida Asistida" cumpla con todos los requisitos establecidos en este Código y en las provisiones que se establezcan en el Reglamento de Incentivos, pero no podrá exceder quince (15) años, a partir del 1 de enero del año siguiente a la fecha de certificación como Negocio Elegible para Proyecto de Vivienda de "Vida Asistida".

(e) Períodos de exención contributiva para negocios de Energía Verde o Altamente Eficientes- Los períodos de exención contributiva aplicables a Entidades cuyos Negocios Elegibles están cubiertas bajo los párrafos (6), (7), (8), (9) y (10) de la Sección 2071.01 de este Código se describen a continuación.

(1) Exención- Un Negocio Exento que posea un Decreto otorgado bajo este Capítulo, disfrutará de exención contributiva por un período de quince (15) años.

(2) Exención Contributiva Flexible- Los Negocios Exentos tendrán la opción de escoger los años contributivos específicos que cubrirán sus Decretos en cuanto a su Ingreso de Energía Verde o Altamente Eficiente, siempre y cuando lo notifique al Secretario del DDEC y al Secretario de Hacienda, no más tarde de la fecha dispuesta por el Código de Rentas Internas de Puerto Rico para rendir su planilla de contribución sobre ingresos para dicho Año Contributivo, incluyendo las prórrogas concedidas

para este propósito. Una vez el Negocio Exento opte por este beneficio, su período de exención se extenderá por el número de años contributivos que no haya disfrutado bajo el Decreto de exención.

(3) Disposiciones aplicables a exención contributiva de negocios de Propiedad Dedicada a la Producción de Energía Verde y propiedad dedicada a la Generación Altamente Eficiente.

(i) El período durante el cual una Propiedad Dedicada a la Producción de Energía Renovable o a la Generación Altamente Eficiente perteneció a cualquier subdivisión política, agencia o instrumentalidad del Gobierno de Puerto Rico, no se le deducirá del período a que se hace referencia en el párrafo (1) de este apartado. En tales casos, la propiedad será considerada para los efectos de este Capítulo como si no hubiera sido dedicada anteriormente a la Producción de Energía Verde y a la Generación Altamente Eficiente.

(ii) Cuando el Negocio Exento sea uno de Propiedad Dedicada a la Producción de Energía Verde o propiedad dedicada a la Generación Altamente Eficiente, el período al que se hace referencia en el párrafo (1) de este apartado, no cubrirá aquellos períodos en los cuales la Propiedad Dedicada a la Producción de Energía Verde o propiedad dedicada a la Generación Altamente Eficiente esté en el mercado para arrendarse a un Negocio Exento, o esté desocupada, o esté arrendada a un negocio no exento, excepto lo que se dispone más adelante. Los períodos se computarán a base del período total durante el cual la propiedad estuvo a disposición de un Negocio Exento, siempre que el total de años no sea mayor al que se provee en el párrafo (1) de este apartado, y el Negocio Exento que cualifique como Propiedad Dedicada a la Producción de Energía Verde o propiedad dedicada a la Generación Altamente Eficiente, notifique por escrito al Secretario del DDEC la fecha en que la propiedad se arriende por primera vez a un Negocio Exento y la fecha en que la propiedad se desocupe y se vuelva a ocupar por otro Negocio Exento.

(iii) En caso de que la exención del Negocio Exento que posea un Decreto como Propiedad Dedicada a la Producción de Energía Verde o propiedad dedicada a la Generación Altamente Eficiente venza mientras está siendo utilizada bajo arrendamiento por un Negocio Exento, el Negocio Exento de Propiedad Dedicada a la Producción de Energía Verde o propiedad dedicada a la Generación Altamente Eficiente, podrá disfrutar de un cincuenta por ciento (50%) de exención sobre la contribución sobre la propiedad, mientras el Negocio Exento continúe utilizando la propiedad bajo arrendamiento.

(iv) Cuando el Negocio Exento sea un negocio de Propiedad Dedicada a la Producción de Energía Verde o propiedad dedicada a la Generación Altamente Eficiente, el período a que se hace referencia en el párrafo (1) de este apartado continuará su curso normal, aun cuando el Decreto de exención del otro Negocio Exento que esté utilizando la mencionada propiedad, como resultado de la terminación de su período normal o por revocación de su Decreto, venza antes del período de exención de la Propiedad Dedicada a la Producción de Energía Verde o propiedad dedicada a la Generación Altamente Eficiente, a menos que en caso de revocación, se pruebe que al momento en que tal propiedad se hizo disponible al Negocio Exento, sus dueños tenían conocimiento de los hechos que luego motivaron la revocación.

(4) Período de la exención contributiva durante construcción- La propiedad inmueble de los Negocios Exentos a los cuales le aplique la exención incluida en el apartado (f) de la Sección 2062.02 estará totalmente exenta durante el período autorizado por el Decreto para que se lleve a cabo la construcción o el establecimiento del Negocio Exento y durante el primer Año Fiscal del Gobierno en que el Negocio Exento hubiera estado sujeto a contribuciones sobre la propiedad por haber estado en operaciones al 1 de enero anterior al comienzo de dicho Año Fiscal, a no ser por la exención aquí provista. Asimismo, la propiedad inmueble del Negocio Exento que esté directamente relacionada con cualquier expansión del Negocio Exento estará totalmente exenta de contribución sobre la propiedad durante el período que autorice el Decreto para realizar la expansión. Una vez venza el período de exención total establecido en este párrafo, comenzará la exención parcial provista en el apartado (f) de la Sección 2072.02.

(5) Exención Municipal y Establecimiento de operaciones en otros municipios-

(i) El período de la exención contributiva concedida en este apartado. El Negocio Exento que posea un Decreto otorgado bajo este Capítulo gozará de exención total sobre las contribuciones municipales o patentes municipales aplicables al volumen de negocios del Negocio Exento durante el semestre del Año Fiscal del Gobierno en el cual el Negocio Exento comience operaciones en cualquier municipio, a tenor de lo dispuesto en la "Ley de Patentes Municipales". Además, el Negocio Exento estará totalmente exento de las contribuciones o patentes municipales sobre el volumen de negocios atribuible a dicho municipio durante los dos (2) semestres del Año Fiscal o Años Fiscales del Gobierno siguientes al semestre en que comenzó operaciones en el municipio.

(ii) Un Negocio Exento podrá establecer operaciones o instalaciones adicionales como parte de las operaciones cubiertas por un Decreto de exención vigente en el mismo municipio donde esté establecida la oficina principal, o en cualquier otro municipio de Puerto Rico, sin tener que solicitar un nuevo Decreto de exención o enmendar el Decreto vigente, siempre y cuando notifique a la Oficina de Incentivos dentro de los treinta (30) días del comienzo de la operación o instalación adicional. En virtud de tal notificación, la unidad, operación o instalación adicional se dará por incluida en el Decreto de exención y disfrutará de las exenciones y los beneficios que se disponen en este Código por el remanente del período de exención del Decreto vigente.

(6) Interrupción del período de exención- En el caso de un Negocio Exento que haya cesado operaciones y posteriormente desee reanudarlas, el tiempo que estuvo sin operar no le será descontado del período de exención que le corresponda, y podrá gozar del restante de su período de exención mientras esté vigente su Decreto de exención contributiva, siempre y cuando el Secretario del DDEC, determine que el cese de operaciones fue por causas justificadas y que la reapertura de dicho Negocio Exento redundará en los mejores intereses sociales y económicos de Puerto Rico.

(7) Fijación de las fechas de comienzo de operaciones y de los períodos de exención-

(i) El Negocio Exento que posea un Decreto otorgado bajo los párrafos (6), (7), (8), (9) o (10) de la Sección 2071.01 de este Código podrá elegir la fecha de comienzo de operaciones para fines de este Código mediante la presentación de una declaración jurada ante la Oficina de Incentivos, con copia al Secretario de Hacienda, en la que exprese la aceptación incondicional de la Concesión aprobada al Negocio Exento al amparo de este Capítulo. La fecha de comienzo de operaciones para fines de este Capítulo podrá ser la fecha de la primera nómina para adiestramiento o producción del Negocio Exento, o cualquier fecha dentro de un período de dos (2) años posterior a la fecha de la primera nómina.

(ii) El Negocio Exento podrá posponer la aplicación de la tasa de contribución fija provista en este Código y establecida mediante Decreto por un período no mayor de dos (2) años desde la fecha de comienzo de operaciones fijada bajo el inciso (i) de este párrafo. Durante el período de posposición, el Negocio Exento estará sujeto a la tasa contributiva aplicable bajo el Subtítulo A del Código de Rentas Internas de Puerto Rico.

(iii) El período de exención provisto en este apartado para la exención sobre la propiedad mueble e inmueble comenzará el 1 de julio, subsiguiente al último Año Fiscal en que el Negocio Exento estuvo totalmente exento, según las disposiciones de este Código. La exención parcial por dicho Año Fiscal corresponderá a la contribución sobre la propiedad que posea el Negocio Exento el primero de enero anterior al comienzo de dicho Año Fiscal.

(iv) El período de exención parcial que se provee en este Código, para fines de la exención de patentes municipales y cualquier otra contribución municipal, comenzará el primer día del primer semestre del Año Fiscal del Gobierno de Puerto Rico subsiguiente al vencimiento del período de exención total que se dispone en dicho inciso. En el caso de Negocios Exentos que hayan estado operando antes de solicitar acogerse a los beneficios de este Código, la fecha de comienzo de operaciones para efecto de patentes municipales comenzará el primer día del semestre siguiente a la fecha de presentación de la solicitud de exención contributiva.

(v) En el caso de negocios exentos que posean un Decreto otorgado bajo este Código o Leyes de Incentivos Anteriores, y que hayan estado operando antes de solicitar acogerse a los beneficios de este Código, la fecha de comienzo de operaciones para fines de la tasa fija de contribución sobre ingresos provista en el apartado (d) de la Sección 2072.01 de este Código será la fecha de presentación de una solicitud con la Oficina de Incentivos, pero la fecha de comienzo podrá posponerse por un período no mayor de dos (2) años a partir de esa fecha.

(vi) El Negocio Exento deberá comenzar operaciones dentro del término de un (1) año a partir de la fecha de la firma del Decreto, cuyo término podrá prorrogarse a solicitud de dicho negocio por causa justificada para ello, pero no se concederán prórrogas que extiendan la fecha de comienzo de operaciones por un término mayor de cinco (5) años desde la fecha de la aprobación del Decreto.

(Julio 1, 2019, Núm. 60, sec. 2072.04; Abril 16, 2020, Núm. 40, sec. 79, enmienda el inciso (e).)

Sección 2072.05- Arbitrios Estatales e Impuesto sobre Ventas y Uso (13 L.P.R.A. sec. 45665)

(a) Negocios dedicados a la Energía Verde y Energía Altamente Eficiente, según se describen en los párrafos (6), (7), (8), (9) y (10) de la Sección 2071.01-

(1) Además de cualquier otra exención de arbitrios o del impuesto sobre ventas y uso que se concede bajo el Subtítulo D del Código de Rentas Internas de Puerto Rico, estarán totalmente exentos de dichos impuestos, durante el período de exención dispuestos en este Capítulo, los siguientes

artículos introducidos o adquiridos directa o indirectamente por un negocio que posea un Decreto otorgado bajo este Capítulo:

(i) Cualquier materia prima para ser usada en Puerto Rico en la producción de Energía Verde o Altamente Eficiente, a los fines de este apartado y de las disposiciones de los Subtítulos C o D del Código de Rentas Internas de Puerto Rico que sean de aplicación, el término "materia prima" incluirá:

(A) cualquier producto en su forma natural derivado de la agricultura o de las industrias extractivas (incluyendo el gas natural), y

(B) cualquier subproducto, producto residual o producto parcialmente elaborado o terminado (incluyendo gas propano).

(ii) La maquinaria, el equipo, y los accesorios de éstos que se usen exclusiva y permanentemente en la conducción de materia prima dentro del circuito del Negocio Exento, la maquinaria, el equipo y los accesorios que se hayan utilizado para llevar a cabo la producción de Energía Verde o Altamente Eficiente, o que el Negocio Exento venga obligado a adquirir como requisito de ley, o reglamento federal o estatal para la operación de la actividad elegible.

(iii) Toda maquinaria y equipo que un Negocio Exento tenga que utilizar para cumplir con exigencias ambientales, de seguridad y de salud, estará totalmente exento del pago de arbitrios estatales, así como del impuesto sobre ventas y uso.

(iv) Los materiales químicos utilizados por un Negocio Exento en el tratamiento de aguas usadas.

(v) Equipo eficiente en el uso de energía que certifique el Secretario del DDEC conforme a las disposiciones del Reglamento de Incentivos.

(vi) Las sub-estaciones eléctricas.

(2) Excepciones-

Los siguientes artículos de uso y consumo usados por el Negocio Exento que posea un Decreto concedido bajo este Capítulo, independientemente del área o predio donde se encuentren o de su uso, no se considerarán materia prima, maquinaria o equipo para propósitos del párrafo (1) de este apartado:

(i) Todo material de construcción y las edificaciones prefabricadas;

(ii) todo material eléctrico y los tubos de agua empotrados en las edificaciones;

(iii) los lubricantes, las grasas, las ceras y las pinturas no relacionados con el proceso de producción de energía;

(iv) los postes de alumbrado y las luminarias instaladas en áreas de aparcamiento, y

(v) las plantas de tratamiento.

(Julio 1, 2019, Núm. 60, sec. 2072.05; Abril 16, 2020. Núm. 40, sec. 80, enmienda los subincisos (a)(i) y (ii).)

Sección 2072.06- Deducción Especial por Inversión en Edificios, Estructuras, Maquinaria y Equipo para Energía Verde o Altamente Eficiente. (13 L.P.R.A. sec. 45666)

(a) Se concederá a todo Negocio Exento que posea un Decreto otorgado bajo este Capítulo, la elección de deducir en el año contributivo en que los incurra, en lugar de cualquier capitalización de gastos requeridos por el Código de Rentas Internas de Puerto Rico, los gastos totales incurridos después de la fecha de vigencia de este Código en la compra, adquisición o construcción de edificios, estructuras, maquinaria y equipo, siempre que dichos edificios, estructuras, maquinaria y equipo:

(1) No hayan sido utilizados o depreciados previamente por algún otro negocio o Persona en Puerto Rico, y

(2) se utilicen exclusivamente en las actividades que se describen en los párrafos (6), (7), (8), (9) y (10) de la Sección 2071.01 de este Código, por las cuales se le concedieron los beneficios provistos bajo este Código.

(b) La deducción provista en esta Sección no será adicional a cualquier otra deducción provista por ley sino meramente una aceleración de la deducción de los gastos descritos anteriormente. Disponiéndose que, en el caso de maquinaria y equipo previamente utilizada fuera de Puerto Rico, pero no utilizada o depreciada en Puerto Rico previamente, la inversión en dicha maquinaria y equipo cualificará para la deducción especial provista en esta Sección solamente si a dicha maquinaria y equipo le resta, a la fecha de su adquisición por el Negocio Exento, por lo menos el cincuenta por ciento (50%) de su vida útil determinada de conformidad con Código de Rentas Internas de Puerto Rico.

(c) El Negocio Exento que cumpla con lo dispuesto en el apartado (a) de esta Sección, podrá deducir, en el año contributivo en que los incurra, el total de los gastos incurridos después de la fecha de vigencia de este Código en la remodelación o reparación de edificios, estructuras, maquinaria y equipo, en lugar de cualquier capitalización de gastos requeridos por el Código de Rentas Internas de Puerto Rico, tanto en el caso de que tales edificios, estructuras, maquinaria y equipo se hayan adquirido o construido antes o después de la fecha de vigencia de este Código, así como en el caso de que éstos se hayan o no utilizados o depreciados por otro negocio o persona antes de su adquisición por el Negocio Exento que posea un Decreto otorgado bajo este Código.

(d) El monto de la Inversión de Energía Verde descrita en los apartados (a) y (c) de esta Sección para la deducción especial provista en este apartado en exceso del Ingreso de Energía Verde o Altamente Eficiente del Negocio Exento en el año de la inversión, se podrá reclamar como deducción en los años contributivos subsiguientes hasta que se agote el exceso.

(e) El Negocio Exento que cumpla con lo dispuesto en el apartado (a) de esta Sección, podrá reclamar la deducción que se provee en esta Sección en cualquier año en que éste opte por seleccionar el beneficio de exención contributiva flexible, según se dispone en este Código.

(Julio 1, 2019, Núm. 60, sec. 2072.06; Abril 16, 2020, Núm. 40, sec. 81, enmienda el inciso (c).)

SUBCAPÍTULO C- REQUISITOS PARA LA CONCESIÓN DE EXENCIÓN

Sección 2073.01- Requisito para las Solicitudes de Decretos (13 L.P.R.A. sec. 45671)

(a) Cualquier persona que ha establecido o se propone establecer un Negocio Elegible en Puerto Rico bajo este Capítulo, podrá solicitar los beneficios de este Capítulo al Secretario del DDEC mediante la presentación de una solicitud, conforme a lo dispuesto en el Subtítulo F de este Código.

(b) Cualquier persona podrá solicitar los beneficios de este Capítulo, siempre y cuando cumpla con los requisitos de elegibilidad del Subcapítulo A de este Capítulo, y con cualquier otro criterio que el Secretario del DDEC establezca, mediante el Reglamento de Incentivos, orden administrativa, carta circular o cualquier otro comunicado de carácter general, incluyendo como criterio de evaluación la aportación que el Negocio Elegible hace al desarrollo económico de Puerto Rico. Los criterios que se utilizarán serán los siguientes principios rectores:

(1) Empleos- La Actividad de Infraestructura o de Energía Verde o de Generación Altamente Eficiente y el Negocio Exento fomenten la creación de nuevos empleos. Además, se tomará en consideración si el Negocio Exento le paga a sus empleados por encima del nivel del salario mínimo

federal fijado por la "Ley de Normas Razonables del Trabajo" (en inglés, Fair Labor Standards Act).

(2) Integración armoniosa- El diseño y la planificación conceptual de la Actividad de Infraestructura o de Energía Verde o de Generación Altamente Eficiente y el Negocio Exento se realizará, primordialmente, tomando en consideración los aspectos ambientales, geográficos, físicos, así como los materiales y productos disponibles y abundantes del lugar donde se desarrollará. Se velará por el desarrollo seguro para prevenir daños catastróficos por desastres naturales probables.

(3) Compromiso con la actividad económica. — El Negocio Exento adquirirá materia prima y Productos Manufacturados en Puerto Rico para la construcción, el mantenimiento, la renovación o la expansión de sus instalaciones físicas. Si la compra de esos productos no se justifica económicamente al tomar en consideración criterios de calidad, cantidad, precio o disponibilidad de estos en Puerto Rico, el Secretario del DDEC podrá eximirle de este requisito y emitir una dispensa particular a estos efectos.

(4) Compromiso con la agricultura. — El Negocio Exento adquirirá productos agrícolas de Puerto Rico para ser utilizados en su operación. Si la compra de tales productos no se justifica económicamente al tomar en consideración criterios de calidad, cantidad, precio o disponibilidad de éstos en Puerto Rico, el Secretario del DDEC podrá eximirle de este requisito y emitir una dispensa particular a estos efectos.

(5) Transferencia de conocimiento. — El Negocio Exento debe adquirir sus servicios de profesionales o empresas con presencia en Puerto Rico. No obstante, de esto no ser posible por criterios de disponibilidad, experiencia, especificidad, destreza o cualquier otra razón válida que reconozca el Secretario del DDEC, el Negocio Exento podrá adquirir tales servicios a través de un intermediario con presencia en Puerto Rico, el cual contratará directamente con el proveedor de servicios elegido por el Negocio Exento, a fin de que se le brinden los servicios solicitados.

Por "servicios" se entenderá, sin perjuicio de que el Secretario del DDEC pueda incluir otros por reglamento, la contratación de trabajos de:

(A) agrimensura, la producción de planos de construcción, así como diseños de ingeniería, arquitectura y servicios relacionados;

(B) construcción y todo lo relacionado con este sector;

(C) consultoría económica, ambiental, tecnológica, científica, gerencial, de mercadeo, recursos humanos, informática y de auditoría;

(D) publicidad, relaciones públicas, arte comercial y servicios gráficos; y

(E) de seguridad o mantenimiento de sus instalaciones.

(6) Compromiso financiero. — El Negocio Exento debe demostrar que depositan una cantidad considerable de los ingresos de su actividad económica y utilizan los servicios de instituciones bancarias o cooperativas con presencia en Puerto Rico. Se entenderá por ingreso considerable, y por ende, que cumple con esta Ley, si deposita un diez (10) por ciento de sus fondos provenientes de su actividad económica incentivada en instituciones bancarias o cooperativas con presencia en Puerto Rico.

(7) Compañía de Energía Certificada- Los Negocios Exentos dedicados a las actividades elegibles de los párrafos (6), (7), (8), (9) y (10) de la Sección 2071.01 de este Código tendrán que cumplir con el requisito indispensable de presentar al Secretario del DDEC, antes de comenzar operaciones evidencia que demuestre que el negocio exento constituye una compañía de energía certificada ante el Negociado de Energía de Puerto Rico, de ser esta certificación aplicable al Negocio Exento.

(8) El Secretario del DDEC, por conducto del Profesional de Cumplimiento, será el funcionario encargado de verificar y garantizar el cumplimiento de los Negocios Exentos con los requisitos de elegibilidad dispuestos en esta Sección y este Capítulo relacionados a las actividades elegibles de los párrafos (6), (7), (8), (9) y (10) de la Sección 2071.01 de este Código, disponiéndose que para aquellos casos relacionados a las actividades elegibles de los incisos (1), (2), (3), (4) y (5) de la Sección 2071.01 de este Código, el Secretario del DDEC actuará en consulta con el Secretario de Vivienda. Si el Negocio Exento cumple parcialmente con los requisitos dispuestos en esta Sección, le corresponderá al Secretario del DDEC establecer una fórmula que permita cuantificar los factores antes señalados y sustraer el requisito no atendido del total porcentual del incentivo específico, a fin de obtener la cifra exacta del por ciento del beneficio que se trate.

(c) Los requisitos establecidos en las Secciones 2073.02 a la 2073.08 se considerarán adicionales a los dispuestos en esta sección, para cada tipo de negocio elegible.

(Julio 1, 2019, Núm. 60, sec. 2073.01; Abril 16, 2020, Núm. 40, sec. 82, enmienda el subinciso (b)(1), (2), (7) y (8); Junio 30, 2022, Núm. 52, art. 21, enmienda el inciso (b) primer párrafo y los subincisos (3), (4), (5) (6) y (8) y añade el inciso (c).)

Sección 2073.02- Requisito para la Exención sobre el Ingreso de Arrendamiento de Propiedades de Interés Social (13 L.P.R.A. sec. 45672)

(a) En General- Una persona podrá recibir los beneficios que se proveen en el párrafo (3) del apartado (a) de la Sección 2072.01, el apartado (b) de la Sección 2072.02, el apartado (a) de la Sección 2072.03, el apartado (b) de la Sección 2072.04 de este Código, siempre que presente ante el Secretario una solicitud de exención y cumpla con los siguientes requisitos:

(1) Demuestre mediante la presentación de los documentos y récords que por reglamento se requieran que el capital invertido en la construcción o la rehabilitación del Proyecto Multifamiliar, según sea el caso, es producto de una transacción *bona fide*.

(2) El canon de arrendamiento de las unidades de Vivienda alquiladas no exceda la cantidad que el Secretario del DDEC, en consulta con el Secretario de la Vivienda, determinen es adecuado para que el dueño de las unidades de Vivienda cubra los gastos de administración y mantenimiento de la propiedad alquilada, reciba un rendimiento sobre su inversión de capital y cubra sus demás obligaciones como propietario, según los parámetros que por reglamento se establezcan.

(3) Los ingresos sobre los que se reclame exención contributiva se deriven del canon de arrendamiento pagado por Familias de Ingresos Bajos o Moderados.

(4) La unidad alquilada dentro del Proyecto Multifamiliar de Vivienda o la familia que ocupe dicha unidad no reciba subvención directa para el pago del canon de arrendamiento del Gobierno de Puerto Rico o del Gobierno de los Estados Unidos de América.

(5) La construcción o rehabilitación de las unidades de Vivienda a que se atribuyan los ingresos, por concepto de alquiler, que haya comenzado después de la aprobación de este Código.

(Julio 1, 2019, Núm. 60, sec. 2073.02.)

Sección 2073.03- Requisitos- Exención por Arrendamiento de Vivienda a Personas de Edad Avanzada (13 L.P.R.A. sec. 45673)

(a) En General- Una persona podrá recibir los beneficios que se proveen en el párrafo (1) del apartado (b) de la Sección 2072.01, el apartado (c) de la Sección 2072.02, el apartado (b) de la Sección 2072.03, el apartado (c) de la Sección 2072.04 de este Código, siempre que:

(1) La construcción o rehabilitación de las unidades de Vivienda para el arrendamiento haya comenzado con posterioridad a la fecha de vigencia de este Código.

(2) El canon de arrendamiento de las unidades de Vivienda arrendadas no exceda la cantidad que el Secretario del DDEC, en consulta con el Secretario de la Vivienda, determine como adecuada para que el dueño de las unidades de Vivienda cubra los gastos de administración y mantenimiento de la propiedad arrendada, reciba un rendimiento sobre su inversión de capital y cubra sus demás obligaciones como propietario, según los parámetros que se establezcan en el Reglamento de Incentivos.

(3) Los ingresos sobre los que se reclame exención contributiva se deriven del canon de arrendamiento que paguen las Personas de Edad Avanzada.

(Julio 1, 2019, Núm. 60, sec. 2073.03.)

Sección 2073.04- Requisito- Exención sobre el Ingreso por venta de propiedades de Interés Social (13 L.P.R.A. sec. 45674)

(a) En General- Una persona podrá recibir los beneficios que se proveen en el párrafo (2) del apartado (a) de la Sección 2072.01 de este Código, siempre que:

(1) La construcción o rehabilitación de las unidades de Vivienda para la venta haya comenzado con posterioridad a la fecha de vigencia de esta Ley.

(2) Presente un desglose por partidas de costos aprobado por el Secretario del DDEC previo al comienzo de las obras de construcción o rehabilitación.

(3) El comprador de la unidad de Vivienda sea una Familia de Ingresos Bajos o Moderados o una Familia de Clase Media, según se definen en este Código, y que sea certificada como elegible por el acreedor hipotecario que origine el financiamiento hipotecario permanente de la Vivienda.

(4) Como regla general, en el caso de Viviendas de Interés Social y de Clase Media, para venta o renta, los ingresos sobre los que se reclama la exención contributiva (ingresos exentos)sean producto de ganancias que no excedan de un máximo de quince por ciento (15%) sobre el precio de venta de cada unidad, en casos de vivienda para venta y sobre el justo valor del mercado en el caso de vivienda para renta por unidad de Vivienda, derivadas de la venta de unidades de Vivienda de Interés Social y/o Clase Media, y que tales ganancias tengan relación directa exclusivamente con el proyecto de Vivienda de Interés Social y/o Clase Media al que se atribuyen tales ingresos. Como regla especial, se dispone que, sujeto a las

disposiciones de este Código, cuando se desarrolla un proyecto de Vivienda de Interés Social y de Clase Media, para venta o renta, en un centro urbano o cuando se puede acreditar que se está llevando a cabo una Inversión en Infraestructura de Vivienda o Infraestructura de Impacto Regional o Municipal, los ingresos sobre los que se reclama la exención contributiva (ingresos exentos) sean producto de ganancias que no excedan de un máximo de veinte por ciento (20%) sobre el precio de venta de cada unidad, en casos de vivienda para venta y sobre el justo valor del mercado en el caso de vivienda para renta por unidad de Vivienda, derivadas de la venta de unidades de Vivienda de Interés Social y/o de Clase Media, y que tales ganancias tengan relación directa exclusivamente con el proyecto de Vivienda de Interés Social y/o de Clase Media al que se atribuyen tales ingresos. Para efectos del cómputo de la exención provista bajo este Código, se tomará en consideración únicamente aquella inversión extraordinaria en Infraestructura de Vivienda o Infraestructura de Impacto Regional o Municipal, según aprobado por el Secretario del DDEC, en consulta con el Departamento de la Vivienda.

5) El dueño demuestre, a satisfacción del Secretario del DDEC y del Secretario de Hacienda, que al momento de formalizar la venta la unidad de Vivienda a la que se atribuyen los ingresos no tenía gravamen o carga contributiva.

(Julio 1, 2019, Núm. 60, sec. 2073.04.)

Sección 2073.05- Requisito - Ingresos de proyectos de Vivienda bajo el Proyecto de Vivienda de Vida Asistida (13 L.P.R.A. sec. 45675)

(a) En General- Una persona podrá recibir los beneficios que provee el párrafo (5) del apartado (a) de la Sección 2072.01, el apartado (d) de la Sección 2072.02, el apartado (c) de la Sección 2072.03, y el apartado (d) de la Sección 2072.04 de este Código, siempre que:

(1) Someta una solicitud de certificación como Negocio Elegible a base de los criterios que emita el Secretario del DDEC, en conjunto con el Secretario de Vivienda, mediante el Reglamento de Incentivos que establezcan.

(2) Si alguna persona o Entidad desea promocionar algún proyecto de Vivienda de "Vida Asistida" y no se ha expedido una certificación para operar como Negocio Elegible de dicho proyecto, el promotor o solicitante deberá informar al Secretario del DDEC con copia al Secretario de Vivienda por escrito de su intención de solicitar la certificación requerida e indicar en los materiales promocionales o de publicidad que el proyecto

promocionado no ha completado el proceso de certificación por el Secretario del DDEC.

(3) El Secretario del DDEC, en conjunto con el Secretario de la Vivienda determinará mediante el Reglamento de Incentivos toda aquella información o procedimiento adicional que sea necesario para la certificación de Proyectos de Vivienda de "Vida Asistida".

(Julio 1, 2019, Núm. 60, sec. 2073.05.)

Sección 2073.06- Requisitos adicionales a las Secciones 2073.02 y 2073.04 (13 L.P.R.A. sec. 45676)

(a) En General-Todo dueño que construya o rehabilite Viviendas de interés social para la venta o el arrendamiento a Familias de Ingresos Bajos o Moderados y Viviendas de clase media para la venta a personas de clase media, y que desee acogerse a las exenciones establecidas en este Código, según apliquen, deberá presentar ante el Secretario del DDEC una solicitud de exención acompañada de la siguiente información:

(1) el nombre de su negocio o empresa;

(2) el número de catastro de la propiedad o propiedades relacionadas con el negocio;

(3) número del registro de comerciante;

(4) Seguro Social Patronal;

(5) la información requerida por la Ley 216-2014, mejor conocida como la "Ley del Control de Información Fiscal y de Permisos"; y

(6) Cualquier otro requisito que se disponga en el Reglamento de Incentivos.

(Julio 1, 2019, Núm. 60, sec. 2073.06.)

Sección 2073.07- Requisitos de Exención por Construcción de Vivienda para el Alquiler a Personas de Edad Avanzada (13 L.P.R.A. sec. 45677)

(a) En General- Una persona podrá recibir los beneficios que se proveen en el párrafo (2) del apartado (b) de la Sección 2072.01, el apartado (b) de la Sección 2072.03, el apartado (b) de la Sección 2072.04 de este Código, aplicables a dichos negocios, siempre que:

(1) La construcción o rehabilitación de las unidades de Vivienda para el alquiler comience con posterioridad a la fecha de vigencia de este Código;

(2) El dueño someta un desglose por partidas de costos aprobado por el Secretario del DDEC previo al comienzo de las obras de construcción o rehabilitación;

(3) El arrendatario de la unidad de Vivienda sea una Persona de Edad Avanzada y certificada como elegible a base de los criterios que emita el Secretario del DDEC mediante el Reglamento de Incentivos; y

(4) El dueño someta al Secretario del DDEC una certificación del CRIM de que, al momento de terminar el proyecto, las unidades de Viviendas no tenían gravamen o carga contributiva.

(Julio 1, 2019, Núm. 60, sec. 2073.07.)

Sección 2073.08- Requisito- Desarrolladores de Viviendas de Interés Social subsidiadas por el Gobierno de Puerto Rico (13 L.P.R.A. sec. 45678)

a) En proyectos de Viviendas de Interés Social aprobado y subsidiado total o parcialmente por el Gobierno de Puerto Rico, su Desarrollador deberá reservar un cinco por ciento (5%) del total de Viviendas a fin de destinarlas como residencias para Personas de Edad Avanzada o Personas con Impedimentos que cualifiquen para adquirirlas. Si al momento de terminarse el proyecto de Vivienda, estas unidades no se han vendido, el Desarrollador estará autorizado a venderlas en el libre mercado.

(Julio 1, 2019, Núm. 60, sec. 2073.08.)

SUBCAPÍTULO D- DISPOSICIONES ESPECIALES

Sección 2074.01- Tramitación de CERs por el DDEC (13 L.P.R.A. sec. 45681)

El DDEC podrá establecer un costo razonable de tramitación para cada CER, que deberá pagar el titular del CER. Este costo se podrá incluir en el valor de cada CER que se tramite. Cualquier ingreso que se obtenga mediante los costos de tramitación impuestos, se utilizará para los gastos administrativos para garantizar el logro de los fines y objetivos de este Capítulo.

(Julio 1, 2019, Núm. 60, sec. 2074.01.)

Sección 2074.02- Negocio Sucesor de Energía Verde (13 L.P.R.A. sec. 45682)

(a) Regla General-

Un Negocio Sucesor Energía Verde podrá acogerse a las disposiciones de este Capítulo, siempre y cuando:

(1) El Negocio Exento Antecesor de Energía Verde no haya cesado operaciones por más de seis (6) meses consecutivos antes de la presentación de la solicitud de exención del Negocio Sucesor Energía Verde, ni durante el período de exención del Negocio Sucesor Energía Verde, a menos que tal hecho obedezca a Fuerza Mayor.

(2) El Negocio Exento Antecesor de Energía Verde mantenga su empleo anual promedio para los tres (3) años contributivos que terminan con el cierre de su Año Contributivo anterior a la presentación de la solicitud de exención del Negocio Sucesor de Energía Verde, o la parte aplicable de tal período, mientras está vigente el Decreto del Negocio Sucesor de Energía Verde, a menos que por Fuerza Mayor no se pueda mantener el promedio.

(3) El empleo del Negocio Sucesor de Energía Verde, luego de su primer año de operaciones, sea mayor al veinticinco por ciento (25%) del empleo anual promedio del Negocio Exento Antecesor de Infraestructura a que se refiere el párrafo (2) de este apartado.

(4) El Negocio Sucesor de Energía Verde no utilice facilidades físicas, incluyendo terrenos, edificios, maquinaria, equipo, inventario, suministros, marcas de fábrica, patentes, facilidades de distribución (marketing outlets) que tengan un valor de cincuenta mil dólares ($50,000.00) o más y se hayan utilizado previamente por un Negocio Exento Antecesor de Energía Verde. Lo anterior no aplicará a las adiciones a Propiedad Dedicada a la Producción de Energía Verde, aun cuando constituyan facilidades físicas que tengan un valor de cincuenta mil dólares ($50,000.00) o más, y estén siendo o hayan sido utilizadas por la unidad principal o el Negocio Exento Antecesor de Energía Verde. No obstante lo anterior, el Secretario del DDEC podrá determinar, previa la recomendación de las agencias que rinden informes sobre exención contributiva, que la utilización de facilidades físicas, o la adquisición de cualquier instalación de un Negocio Exento Antecesor de Energía Verde que esté o estuvo en operaciones, resulta en los mejores intereses económicos y sociales de Puerto Rico, en vista de la naturaleza de las facilidades, del número de empleos, del monto de la nómina, de la inversión, de la localización del proyecto o de otros factores que a su juicio ameritan tal determinación.

(b) Excepciones-

No obstante lo dispuesto en el apartado (a) de esta Sección, las condiciones se considerarán cumplidas, siempre que:

(1) El Negocio Sucesor de Energía Verde le asigne al Negocio Exento Antecesor de Energía Verde aquella parte de su empleo anual que sea necesario para que el empleo anual del Negocio Exento Antecesor de

Energía Verde se mantenga, o equivalga al empleo anual que el Negocio Exento Antecesor de Energía Verde debe mantener. La asignación aquí dispuesta no estará cubierta por el Decreto del Negocio Sucesor de Energía Verde, pero éste gozará, respecto a la parte asignada, de los beneficios que provee este Capítulo, si algunos, que gozaría el Negocio Exento Antecesor de Energía Verde como si hubiese sido su propia producción anual. Si el período de exención del Negocio Exento Antecesor de Energía Verde se hubiese terminado, el Negocio Sucesor de Energía Verde pagará las contribuciones correspondientes sobre la parte de su producción anual que le asigne al Negocio Exento Antecesor de Energía Verde.

(2) El Negocio Sucesor de Energía Verde declare como no cubierta por su Decreto, a efectos de la contribución sobre la propiedad, aquella parte de sus facilidades que sea necesaria para que la inversión en facilidades físicas del Negocio Exento Antecesor de Energía Verde se mantenga o equivalga a la inversión total en facilidades físicas al cierre del Año Contributivo de tal Negocio Exento Antecesor de Energía Verde anterior a la presentación de la solicitud de exención del Negocio Sucesor de Energía Verde, menos la depreciación y menos cualquier disminución en la inversión en facilidades físicas que haya ocurrido a la fecha en que se utilicen las disposiciones de este párrafo, como resultado de una autorización de uso de éstas conforme a las disposiciones del párrafo (4) del apartado (a) de esta Sección. En los casos en que el período de exención del Negocio Exento Antecesor de Energía Verde no haya terminado, el Negocio Sucesor de Energía Verde disfrutará de los beneficios que provee este Código que hubiera disfrutado el Negocio Exento Antecesor de Energía Verde respecto a la parte de su inversión en dichas facilidades físicas que para efectos de este párrafo declara como no cubierta por su Decreto, si las facilidades las hubiera utilizado para producir su Ingreso de Energía Verde o Altamente Eficiente.

(3) El Secretario del DDEC determine que la operación del Negocio Sucesor de Energía Verde resulta en los mejores intereses económicos y sociales de Puerto Rico, en vista de la naturaleza de las facilidades físicas, del número de empleos, del monto de la nómina, de la inversión, de la localización del proyecto, o de cualesquiera otros factores que a su juicio ameriten tal determinación, incluyendo la situación económica por la que atraviesa el Negocio Exento en particular, y dispense del cumplimiento total o parcial, de las disposiciones del apartado (a) de esta Sección, y podrá condicionar las operaciones, según sea conveniente y necesario en beneficio de los mejores intereses de Puerto Rico.

(Julio 1, 2019, Núm. 60, sec. 2074.02; Abril 16, 2020, Núm. 40, sec. 83, enmienda el subinciso (b)(2).)

Sección 2074.03- Venta de Energía a la Autoridad de Energía Eléctrica (13 L.P.R.A. sec. 45683)

Los Negocios Elegibles que lleven a cabo alguna de las actividades elegibles dispuestas en los párrafos (6), (7), (8), (9) y (10) de la Sección 2071.01 y que estén totalmente desconectados del sistema eléctrico de la Autoridad de Energía Eléctrica de Puerto Rico, no estarán obligados a vender la energía producida a ésta para obtener o mantener un Decreto bajo este Código, independientemente de cualquier otra disposición legal en contrario.

(Julio 1, 2019, Núm. 60, sec. 2074.03.)

CAPÍTULO 8 AGROINDUSTRIAS
SUBCAPÍTULO A- ELEGIBILIDAD

Sección 2081.01- Empresas Dedicadas a la Agricultura, Industrias Pecuarias y Agroindustrias (13 L.P.R.A. sec. 45761)

(a) Se provee para que un negocio establecido o que sea establecido en Puerto Rico por cualquier Persona, o una combinación de los diferentes tipos de Personas, organizada o no bajo un nombre común, pueda solicitarle al Secretario del DDEC, mediando recomendación técnica del Secretario de Agricultura, una Concesión de Incentivos cuando tal Persona se establece en Puerto Rico para realizar o cumplir con una de las siguientes actividades elegibles:

(1) Actividades de la Industria Lechera de Puerto Rico, Inc.

(2) Negocios agropecuarios o agroindustriales dedicados a la operación o explotación en Puerto Rico de uno o más de los siguientes negocios:

(i) La labranza o el cultivo de la tierra para la producción de frutas y vegetales, especies para condimentos, semillas y toda clase de alimentos para seres humanos o animales, o materias primas para otras industrias;

(ii) La crianza de animales para la producción de carnes, leche o huevos, entre otras, utilizadas para alimentos de seres humanos, o materias primas para otras industrias;

(iii) La crianza de caballos de carrera de pura sangre, la crianza de caballos de paso fino y la crianza de caballos de paseo.

(iv) Las operaciones agroindustriales o agropecuarias que compren la materia prima que se produce en Puerto Rico, siempre que ésta esté disponible.

(v) Los productores, elaboradores o esterilizadores de leche y sus agentes, siempre y cuando la leche que se utilice se extraiga del ordeño hecho en Puerto Rico.

(vi) Operaciones dedicadas al empaque, envase o clasificación de productos agrícolas cultivados en Puerto Rico que forman parte del mismo negocio agroindustrial. Las operaciones que sean exclusivamente de empaque, envase o clasificación de productos agrícolas no constituirán de por sí un negocio agroindustrial.

(vii) Maricultura, pesca comercial y acuacultura.

(viii) La producción comercial de flores, plantas y gramíneas ornamentales para el mercado local y de exportación, sin incluir los servicios profesionales de paisajistas.

(ix) El cultivo de vegetales por métodos hidropónicos, las casetas y demás equipo utilizado para estos fines.

(x) La elaboración de granos para el consumo de las empresas pecuarias por asociaciones compuestas de Agricultores *Bona Fide*.

(xi) La crianza de gallos de pelea y para la reproducción de espuelas.

(xii) Cualquier otro negocio que, previa recomendación de elegibilidad del Secretario de Agricultura, el Secretario del DDEC mediante el Reglamento de Incentivos y en consulta con el Secretario de Agricultura considere como negocio agropecuario o agroindustrial, siempre que éste no vaya en contra del propósito de este Código.

(Julio 1, 2019, Núm. 60, sec. 2081.01.)

SUBCAPÍTULO B- BENEFICIOS CONTRIBUTIVOS

Sección 2082.01- Exenciones Contributivas- Industria Lechera de Puerto Rico, Inc. (13 L.P.R.A. sec. 45771)

(a) En General- Se exime a la Industria Lechera de Puerto Rico, Inc. del pago de contribuciones sobre ingresos, patentes municipales, contribuciones sobre la propiedad, arbitrios, derechos y cualquier otro tipo de impuesto de importación o compra sobre su maquinaria.

(b) Para fines de la exención que se provee en esta Sección se deberá cumplir con los requisitos establecidos en la Sección 2083.02 de este Código.

(Julio 1, 2019, Núm. 60, sec. 2082.01.)

Sección 2082.02- Contribución sobre Ingresos de Agricultores *Bona Fide* (13 L.P.R.A. sec. 45772)

(a) En General- Se exime a los Agricultores *Bona Fide* del pago de contribuciones sobre ingresos sobre el noventa por ciento (90%) de sus ingresos que provengan directamente del negocio agropecuario o agroindustrial. Esta exención no es extensiva a los ingresos por concepto de intereses, dividendos, regalías o ganancias derivadas de la venta de activos, incluyendo los activos utilizados en el negocio agrícola, o a cualesquiera otros ingresos que deriven los negocios agropecuarios o agroindustriales de Agricultores *Bona Fide* y que no provenga directamente de la actividad agropecuaria o agroindustrial, según definido y establecido en el párrafo dos (2) del apartado (a) de la Sección 2081.01 de este Código.

(b) Se exime del pago de contribución sobre ingresos todos los intereses sobre bonos, pagarés y otros instrumentos de deuda emitidos a partir del 1 de enero de 1996, por Agricultores *Bona Fide* y cualquier Institución Financiera según se define el término en la Ley Núm. 4 de 11 de octubre de 1985, según enmendada, conocida como "Ley del Comisionado de Instituciones Financieras", o emitidos en transacciones autorizadas por el Comisionado de Instituciones Financieras, relacionadas al financiamiento de los negocios agropecuarios o agroindustriales.

(c) Los accionistas o socios de un Negocio Exento que posea un Decreto bajo las disposiciones de este Capítulo y que se dediquen a las actividades que se describen en el párrafo (2) del apartado (a) de la Sección 2081.01 de este Código, estarán sujetos a la contribución sobre ingresos que se dispone en el Código de Rentas Internas de Puerto Rico sobre las distribuciones de dividendos o beneficios del ingreso neto de tal Negocio Exento.

(Julio 1, 2019, Núm. 60, sec. 2082.02.)

Sección 2082.03- Contribuciones sobre la propiedad mueble e inmueble (13 L.P.R.A. sec. 45773)

Los Agricultores *Bona Fide* que se dediquen a las actividades que se disponen en el párrafo (2) del apartado (a) de la Sección 2080.01 de este Código, y que a su vez posean un Decreto otorgado bajo este Código, estarán exentas de la imposición de contribuciones sobre la propiedad que impone la "Ley de Contribución Municipal sobre la Propiedad", incluyendo los bienes muebles e inmuebles, tangibles e intangibles, como lo son los terrenos, edificios, equipos, accesorios y vehículos, siempre que sean de su propiedad o los tengan bajo arrendamiento o usufructo, y que se usen en un treinta y cinco por ciento (35%) o más en tales actividades cubiertas por el Decreto.

(Julio 1, 2019, Núm. 60, sec. 2082.03.)

Sección 2082.04- Contribuciones Municipales (13 L.P.R.A. sec. 45774)

Los Agricultores *Bona Fide* que se dediquen a las actividades que se disponen en el párrafo (2) del apartado (a) de la Sección 2080.01 de este Código, y que a su vez posean un Decreto otorgado bajo este Código, estarán exentos del pago de patentes municipales impuesto por la "Ley de Patentes Municipales" sobre tales actividades cubiertas por el Decreto.

(Julio 1, 2019, Núm. 60, sec. 2082.04.)

Sección 2082.05- Exención del Pago de Arbitrios e Impuesto Sobre Ventas y Uso (13 L.P.R.A. sec. 45775)

(a) Se exime a todo Agricultor *Bona Fide* que se dedique a las actividades que se disponen en el párrafo (2) del apartado (a) de la Sección 2080.01 de este Código, y que a su vez posea un Decreto otorgado bajo este Código del pago de arbitrios e impuesto sobre ventas y uso, de ser aplicables, según se dispone en los Subtítulos C, D y DDD del Código de Rentas Internas de Puerto Rico, siempre que cumplan con los requisitos que se dispone en la Sección 2083.05 de este Código, sobre los siguientes artículos cuando se introduzcan o adquieran directa o indirectamente por ellos para uso en tales actividades:

(1) Incubadoras y criadores de pollos u otros animales; artículos para la crianza y desarrollo de abejas o ganado;

(2) Ordeñadores, incluyendo ordeñadores eléctricos, llenadores de silos y tanques para uso de los ganaderos en la conservación de la leche en las fincas o ganaderías;

(3) Plantas generadoras de corriente eléctrica;

(4) Equipo, artefactos u objetos cuyo funcionamiento dependa únicamente de la energía solar, eólica, hidráulica o de cualquier otro tipo de energía, excluyendo la energía producida por el petróleo y sus derivados;

(5) Equipo que usen los caficultores para elaborar el grano una vez cultivado hasta que esté listo para su torrefacción; equipos y artefactos que se usen en la producción, elaboración, pasteurización o elaboración de leche o sus productos derivados;

(6) Equipo para mezclar alimentos en las fincas y los sistemas de distribución de alimentos para animales o abejas en las fincas; los postes tratados y los alambres para verjas en las fincas;

(7) Equipo y artefactos que se usen en la crianza de pollos y en la producción de huevos, y el semen para la crianza de ganado;

(8) Equipo, artefactos u objetos que usen los Agricultores *Bona Fide* en sus negocios de producción y cultivo de vegetales semillas, café, mango, leguminosas, caña, flores y plantas ornamentales, pasto o yerba de alimento para ganado, farináceos, frutas, gandules y piña, de ganadería, horticultura, cunicultura, porcinocultura, avicultura, apicultura, acuicultura y pesca; de crianza de vacas o cabros para carne o leche; de producción, elaboración, pasteurización o esterilización de leche o sus productos derivados; de crianza de caballos de paseo locales, caballos de pura sangre nativos y de caballos de paso fino puros de Puerto Rico, la crianza de gallos de pelea y para la producción de espuelas, y cualquier otra actividad que el Secretario del DDEC, previa recomendación del Secretario de Agricultura, determine;

(9) Miel o melaza que constituya alimento para el ganado, cualquier otro alimento para ganado, conejos, cabros u ovejas;

(10) Piezas de repuesto incluyendo, pero sin limitarse a, gomas, tubos para los aviones que se utilizan en la actividad agroindustrial;

(11) Cualquier clase de vehículo que no sea automóvil para uso en la actividad agrícola.

(i) La exención que se establece en este párrafo también aplicará a los reemplazos de tales vehículos siempre que el vehículo de motor que se reemplace haya sido poseído por un Agricultor *Bona Fide* para uso del negocio agroindustrial por un período no menor de cuatro (4) años. Sin embargo, cuando el vehículo que se reemplace haya perdido su utilidad por causas fortuitas no atribuibles a la negligencia de su dueño, se aplicará la exención al reemplazo. Cuando el dueño de un vehículo que esté disfrutando de esta exención lo venda, traspase o en cualquier otra forma lo enajene, por un precio que no exceda de cinco mil setecientos sesenta y nueve dólares ($5,769.00) el nuevo adquirente estará obligado a pagar, antes de tomar posesión del mismo, un arbitrio mínimo de doscientos cincuenta dólares ($250.00). Si el precio excede de cinco mil setecientos sesenta y nueve dólares ($5,769.00), el nuevo adquiriente vendrá obligado a pagar el arbitrio que resulte al aplicar la tabla de la Sección 3020.08 del Código de Rentas Internas de Puerto Rico.

(ii) La cantidad del arbitrio se calculará a base del precio contributivo sobre el cual se concedió la exención menos la depreciación. Será obligación de la persona exenta exigir constancia al nuevo adquirente del pago del arbitrio antes de entregarle el vehículo. Cuando el nuevo adquirente sea otro Agricultor *Bona Fide,* éste podrá acogerse a los beneficios de este párrafo por el término que reste hasta completar los cuatro (4) años de la exención originalmente concedida.

(12) El gas oil o diesel oil para uso exclusivo en la operación de maquinaria y vehículos agrícolas, ganaderos, avícolas o para la crianza de caballos de pura sangre nativos o de caballos de paso fino puros de Puerto Rico, o en la operación de maquinaria o vehículos de productores, elaboradores, pasteurizadores o esterilizadores de leche o sus productos derivados, así como otro equipo utilizado en otras operaciones agroindustriales o agropecuarias;

(13) Los tractores, arados, rastrilladoras, cortadoras de yerba, sembradoras y cualquier otro equipo accesorio al tractor incluyendo las piezas para los mismos, que sean para uso de los Agricultores *Bona Fide* en sus negocios agroindustriales;

(14) Los herbicidas, insecticidas, plaguicidas fumigantes y fertilizantes, incluyendo los equipos para la aplicación de los mismos;

(15) Sistemas de riego por goteo, sistemas de riego aéreo (sprinklers), incluyendo pero no limitado a bombas, tuberías, válvulas, controles de riego (timers), filtros, inyectores, proporcionadores de quimigación, umbráculos para empaques de acero, aluminio o madera, materiales para embarques, materiales para bancos de propagación, materiales de propagación, tiestos, canastas y bandejas, materiales para soporte de plantas (estacas de madera o bambú), cubiertas plásticas (plastic mulch o ground cover), viveros de acero, aluminio o madera tratada, plásticos de polietileno sarán (shade cloth) o fibra de vidrio (fiberglass) para techar viveros;

(16) Equipo, maquinaria y materiales que se utilicen en el tratamiento de mango para exportación mediante el proceso de agua caliente;

(17) Sistemas, equipo y materiales que se utilicen para el control ambiental que requieran las agencias reguladoras para la operación de sus negocios;

(18) Estructuras, umbráculos y demás equipo utilizado para el cultivo de vegetales por métodos hidropónicos; y

(19) Las partes, los accesorios y los reemplazos para o de cualquiera de los artículos que se describen en los párrafos uno (1) al dieciocho (18) de este apartado según dispone el Subtítulo D del Código de Rentas Internas.

(b) Para adquirir los artículos exentos del impuesto sobre ventas y uso indicados en el párrafo (a) de esta Sección, el Agricultor *Bona Fide* deberá presentar al comerciante vendedor, en cada transacción de compra, el Certificado de Compras Exentas.

(Julio 1, 2019, Núm. 60, sec. 2082.05.)

SUBCAPÍTULO C- REQUISITOS PARA LA CONCESIÓN DE EXENCIÓN

Sección 2083.01- Requisitos para las Solicitudes de Decretos (13 L.P.R.A. sec. 45781)

(a) Cualquier persona que ha establecido o propone establecer en Puerto Rico un Negocio Elegible bajo las disposiciones de este Capítulo, podrá solicitar al Secretario del DDEC, mediando recomendación previa del Secretario de Agricultura, los beneficios de este Capítulo mediante la presentación de la solicitud conforme a lo dispuesto en el Subtítulo F de este Código.

(b) Cualquier persona podrá solicitar los beneficios de este Capítulo siempre y cuando cumpla con los requisitos de elegibilidad del Subcapítulo A de este Capítulo, y con cualquier otro criterio que el Secretario del DDEC establezca, mediante el Reglamento de Incentivos, orden administrativa, carta circular o cualquier otro comunicado de carácter general, incluyendo como criterio de evaluación la aportación que dicho Negocio Elegible hace al desarrollo económico de Puerto Rico.

(c) Un Agricultor Bonafide que al momento de presentar una solicitud de Decreto conforme lo dispuesto en el Subtítulo F de este Código, cuente con una certificación vigente de Agricultor Bonafide expedida por el Secretario de Agricultura, será acreedor de los beneficios contributivos contenidos en la Secciones 2082.02, 2082.03, 2082.04, 2082.05, a partir del primer día del Año Contributivo durante el cual presentó la aludida solicitud de Decreto, aun cuando la solicitud se encuentre en etapa de evaluación ante la Oficina de Incentivos. En caso de que el Secretario del DDEC, tras su evaluación, deniegue la solicitud de Decreto, el solicitante tendrá que devolver los beneficios contributivos disfrutados durante el periodo antes descrito al Gobierno, con las penalidades correspondientes, según aplique por virtud de ley, reglamentación, carta circular o documento legal análogo.

(Julio 1, 2019, Núm. 60, sec. 2083.01; Agosto 30, 2023, Núm. 108, añade el apartado (c).)

Notas Importantes
Enmienda

-2023, ley 108- Esta ley 108, añade el apartado (c) e incluye los siguientes artículos de aplicación:

Artículo 2.- Cláusula de Cumplimiento- Se autoriza al Secretario del Departamento de Desarrollo Económico y Comercio y al Secretario del Departamento de Hacienda a crear, enmendar o derogar cualquier reglamentación vigente para cumplir con el propósito establecido en esta Ley.

Artículo 3.- Supremacía- Esta Ley tendrá supremacía sobre cualquier otra disposición que contravenga sus propósitos.

Artículo 4.- Separabilidad- Si cualquier cláusula, párrafo, subpárrafo, oración, palabra, letra, artículo, disposición, sección, subsección, título, capítulo, subcapítulo, acápite o parte de esta Ley fuera anulada o declarada inconstitucional, la resolución, dictamen o sentencia a tal efecto dictada no afectará, perjudicará, ni invalidará el remanente de esta Ley. El efecto de dicha sentencia quedará limitado a la cláusula, párrafo, subpárrafo, oración, palabra, letra, artículo, disposición, sección, subsección, título, capítulo, subcapítulo, acápite o parte de la misma que así hubiere sido anulada o declarada inconstitucional. Si la aplicación a una persona o a una circunstancia de cualquier cláusula, párrafo, subpárrafo, oración palabra, letra, artículo, disposición, sección, subsección, título, capítulo, subcapítulo, acápite o parte de esta Ley fuera invalidada o declarada inconstitucional, la resolución, dictamen o sentencia a tal efecto dictada no afectará ni invalidará la aplicación del remanente de esta Ley a aquellas personas o circunstancias en que se pueda aplicar válidamente. Es la voluntad expresa e inequívoca de esta Asamblea Legislativa que los tribunales hagan cumplir las disposiciones y la aplicación de esta Ley en la mayor medida posible, aunque se deje sin efecto, anule, invalide, perjudique o declare inconstitucional alguna de sus partes, o aunque se deje sin efecto, invalide o declare inconstitucional su aplicación a alguna persona o circunstancia. Esta Asamblea Legislativa hubiera aprobado esta Ley sin importar la determinación de separabilidad que el tribunal pueda hacer.

Artículo 5.- Vigencia- Esta Ley comenzará a regir inmediatamente después de su aprobación.

Sección 2083.02- Requisitos para la Exención Contributiva de la Industria Lechera de Puerto Rico, Inc. (13 L.P.R.A. sec. 45782)

(a) En General- La Industria Lechera de Puerto Rico, Inc. podrá obtener los beneficios de este Capítulo mientras el total de las Acciones de capital de la corporación pertenezcan al Fondo para el Fomento de la Industria Lechera creado por la Ley Núm. 34 de 11 de junio de 1957.

(b) Cuando todas o parte de las Acciones pasen al dominio de personas privadas, quedará sin efecto la exención contributiva que se haya concedido y, a partir de esa fecha, las propiedades y los ingresos de la corporación tributarán en idéntica forma que las propiedades y los ingresos de cualquier corporación privada según el Código de Rentas Internas de Puerto Rico, al igual que aplicará cualquier otro impuesto al que estuvo exenta la corporación.

(Julio 1, 2019, Núm. 60, sec. 2083.02.)

Sección 2083.03- Requisitos para la Exención Contributiva a Agricultores *Bona Fide* (13 L.P.R.A. sec. 45783)

(a) Un negocio agropecuario o agroindustrial se considerará que cumple con la elegibilidad para propósitos de este Capítulo si deriva el cincuenta y un por ciento (51%) o más de su ingreso bruto de una o más de las actividades elegibles descritas en el párrafo dos (2) del apartado (a) de la Sección 2081.01 de este Código.

(b) Agroempresarios nuevos- En el caso de agricultores o agroempresarios nuevos, para los cuales no es posible la certificación de Agricultor *Bona Fide*, el Secretario del DDEC, en consulta con el Secretario de Agricultura, establecerá mediante el Reglamento de Incentivos u otro reglamento especial los requisitos y procedimientos para acogerse a los beneficios de este Capítulo.

(Julio 1, 2019, Núm. 60, sec. 2083.03.)

Sección 2083.04- Requisitos para la Exención sobre Instrumentos de Deuda (13 L.P.R.A. sec. 45784)

(a) Para disfrutar de la exención sobre los intereses que se dispone en el apartado (b) de la Sección 2082.02 de este Código, el prestamista tiene que otorgar el préstamo directamente al Agricultor *Bona Fide*. Si el financiamiento se concede a un intermediario quien a su vez presta, o de otro modo contribuye, el producto del financiamiento a un negocio agroindustrial, el préstamo al intermediario no constituirá un préstamo elegible para propósitos de esta exención. El término "intermediario" incluye, pero no se limita, a personas relacionadas conforme a los criterios establecidos en las Secciones 1010.04 y 1010.05 del Código de Rentas Internas de Puerto Rico.

(b) En caso de que el negocio agroindustrial se descalifique como tal, los intereses que generen los instrumentos de deuda no se considerarán elegibles para la exención dispuesta en la Sección 2082.02 de este Código.

(c) El término "financiamiento" no incluye el refinanciamiento de deuda en la medida que se utilice el producto para saldar deudas existentes ya sea del negocio agroindustrial u otros. Por lo tanto, la exención de contribución sobre ingresos sobre los intereses de bonos, pagarés y otros instrumentos de deuda no aplica a al refinanciamiento.

(Julio 1, 2019, Núm. 60, sec. 2083.04.)

Sección 2083.05- Requisito para la Exención de Arbitrios Estatales e Impuestos sobre Ventas y Uso (IVU) (13 L.P.R.A. sec. 45785)

(a) El Agricultor *Bona Fide* que desee acogerse a las exenciones enumeradas en la Sección 2082.05 de este Código deberá cumplir con las disposiciones de Agricultor *Bona Fide* establecidas por el Secretario de Agricultura de conformidad con las disposiciones de este Código y acreditar, mediante los mecanismos a ser establecidos por el Secretario del DDEC, en consulta con el Secretario de Agricultura que se dedica a la explotación u operación de un negocio agroindustrial, y que usará el artículo sobre el cual reclama la exención en la operación y en el desarrollo del negocio.

(Julio 1, 2019, Núm. 60, sec. 2083.05.)

SUBCAPÍTULO D- DISPOSICIONES ESPECIALES

Sección 2084.01- Incentivos para la Investigación Agrícola (13 L.P.R.A. sec. 45791)

(a) El Departamento de Agricultura vendrá llamado a promover la agricultura altamente tecnificada, así como el desarrollo de un plan de investigación para atender de manera rápida las necesidades de las empresas locales, a la luz de nuestra condición de Isla tropical, y promover un aumento en la producción y exportación de producto agrícolas.

(b) El Departamento de Agricultura identificará anualmente las prioridades para el otorgamiento de fondos a las mejores propuestas en las áreas de investigación de acuerdo a la política pública gubernamental y establecerá los mecanismos y reglamentación necesaria para canalizar las peticiones de propuestas de investigación que sean recibidas.

(c) El Departamento de Agricultura someterá al DDEC una petición formal a través del Fondo de Incentivos Económicos para aquellas investigaciones agrícolas que haya identificado como prioridad, sujeto a las limitaciones presupuestarias que de tiempo en tiempo sean establecidas por la Asamblea Legislativa de Puerto Rico.

(Julio 1, 2019, Núm. 60, sec. 2084.01.)

SUBCAPÍTULO E- DISPOSICIONES GENERALES

Sección 2085.01- Documentos y Registro de la Propiedad de Puerto Rico, exención (13 L.P.R.A. sec. 45801)

Se exime al Agricultor *Bona Fide* del pago de sellos de Rentas Internas y aranceles registrales en el otorgamiento de documentos e inscripción en el Registro de la Propiedad de Puerto Rico, incluyendo, pero no limitado, a las opciones, segregaciones, compraventa, cesión, permuta, donación, usufructo o arrendamiento de bienes muebles o inmuebles para el uso de su negocio agroindustrial, así como a la cesión, constitución, ampliación, modificación, liberación o cancelación de gravámenes sobre bienes muebles o inmuebles, para el financiamiento de su negocio agroindustrial, o para garantizar solidariamente el financiamiento del negocio agroindustrial de otro Agricultor *Bona Fide* independientemente de la Entidad bancaria o crediticia que utilice a estos fines. El notario autorizante deberá cumplir con establecer la capacidad del compareciente como Agricultor *Bona Fide* tomando como referencia la certificación que expida el Secretario de Agricultura. Además, en el otorgamiento, el Agricultor *Bona Fide* compareciente deberá declarar bajo juramento que el negocio jurídico perfeccionado es para el uso de su negocio agroindustrial, o para garantizar solidariamente el financiamiento de otro negocio agroindustrial, según se define en este Capítulo.

(Julio 1, 2019, Núm. 60, sec. 2085.01.)

CAPÍTULO 9- INDUSTRIAS CREATIVAS
SUBCAPÍTULO A- ELEGIBILIDAD

Sección 2091.01- Empresas dedicadas a Industrias Creativas (13 L.P.R.A. sec. 45871)

(a) Se provee para que un negocio establecido, o que será establecido, en Puerto Rico por una Persona, o combinación de ellas, organizado o no bajo un nombre común, pueda solicitarle al Secretario del DDEC la Concesión de Incentivos económicos cuando la Entidad se establece en Puerto Rico para dedicarse a una de las siguientes actividades elegibles:

(1) Proyectos Fílmicos- Una Persona podrá obtener un Decreto con relación a un Proyecto Fílmico, siempre y cuando:

(i) la producción o postproducción del Proyecto Fílmico se lleven a cabo en Puerto Rico, parcial o totalmente;

(ii) el Proyecto Fílmico sea para pauta, distribución o exhibición comercial al público en general fuera de Puerto Rico por cualquier medio, excepto los Proyectos Fílmicos enumerados en las cláusulas (A), (B) y (C) del inciso

(iv) de este párrafo uno (1), a continuación, los cuales podrán ser para pauta, distribución o exhibición comercial al público en general en Puerto Rico. En aquellos casos de los Proyectos Fílmicos que no están contemplados en las cláusulas (A), (B) y (C) del inciso (iv) de este párrafo (1), cuya pauta, distribución o exhibición fuera de Puerto Rico se considere incidental y mínima o surja que el Proyecto Fílmico es para consumo en Puerto Rico, el Secretario del DDEC determinará que éste incumple con los términos de este párrafo; y

(iii) los Gastos de Producción de Puerto Rico sean de al menos cincuenta mil dólares ($50,000.00), disponiéndose que en el caso de un Proyecto Fílmico descrito en las (B) y (C) del inciso (iv) de este párrafo (1), los Gastos de Producción de Puerto Rico serán de al menos veinticinco mil dólares ($25,000.00).

(iv) Para propósitos de este Código, el término "Proyecto Fílmico" significa:

(A) Películas de largometraje

(B) Películas de cortometraje

(C) Documentales o producciones de espectáculos en vivo cuya distribución incluya mercados fuera de Puerto Rico durante la transmisión en vivo, tales como certámenes de belleza, producciones de premios, o espectáculos de naturaleza similar.

(D) Series en episodios, mini-series y programas de televisión de naturaleza similar, incluyendo pilotos y aquellos producidos para distribución digital. Disponiéndose, además, que para todas estas instancias, la pauta, distribución o exhibición fuera de Puerto Rico no puede ser considerada incidental y mínima.

(E) Anuncios que se exhiban fuera de nuestra jurisdicción, incluyendo campañas compuestas por varios anuncios, siempre y cuando todos los anuncios de la campaña queden acumulados en un solo contrato u orden de compra con Gastos de Producción de Puerto Rico agregados de al menos cien mil dólares ($100,000.00), que cumplan individualmente con los demás requisitos establecidos en este Subcapítulo, excepto el de gasto mínimo dispuesto en el inciso (iii) del párrafo uno (1) de este apartado, y cumplan con cualesquiera otros requisitos que establezca el Secretario del DDEC mediante el Reglamento de Incentivos o carta circular.

(F) Videojuegos

(G) Proyectos de televisión, incluyendo pero sin limitarlo a, programas de tele-realidad, conocidos en inglés como *reality shows*, de entrevistas, noticiosos, programas de juegos, entretenimiento, comedia y aquellos dirigidos a niños, y de variedad.

(H) La postproducción de uno o varios Proyectos Fílmicos indicados anteriormente siempre que todos los Proyectos Fílmicos se acumulen en un solo contrato u orden de compra con Gastos de Producción de Puerto Rico agregados de al menos cien mil dólares ($100,000.00), que cumplan individualmente con los demás requisitos establecidos en este Código, excepto el de gasto mínimo dispuesto en el inciso (iii) del párrafo uno (1) de este apartado, y cumplan con cualesquiera otros requisitos que establezca el Secretario del DDEC mediante el Reglamento de Incentivos o carta circular.

(I) Festivales de Cine

(J) Videos Musicales

(K) Un Proyecto Fílmico no incluye cualquiera de los siguientes:

1.   Una producción que consista primordialmente de propaganda religiosa o política;

2.   una producción que incluya material pornográfico;

3.   un programa radial;

4.   una producción que sirva para mercadear primordialmente un producto o servicio que no sea un anuncio conforme a la cláusula (E) del inciso (iv) de este párrafo (1);

5. una producción que tenga como propósito primordial recaudar fondos;

6. una producción que tenga como propósito principal adiestrar empleados o hacer publicidad corporativa interna o cualquier otra producción similar; o

7.   cualquier otro proyecto que determine el Secretario del DDEC mediante el Reglamento de Incentivos o carta circular.

(v) Un Proyecto Fílmico podrá:

(A) Utilizar como fuente imágenes reales, así como animación o imágenes generadas electrónicamente;

(B) utilizar para su producción cualquier medio disponible en la actualidad o que pueda desarrollarse en el futuro, tales como, pero no limitado a: celuloide, cinta, disco o papel. El medio podrá ser magnético, óptico, tinta o cualquier otro que se desarrolle en el futuro. La forma de grabar y reproducir imágenes y sonido podrá ser análoga, digital o cualquier otra forma que se desarrolle en el futuro; o

(C) ser difundido en cualquier medio, incluso los medios electrónicos de transmisión de información.

(2) Operadores de Estudios o Estudios Postproducción que directamente o a través de un concesionario endosado, según la definición provista, operen adecuadamente un Estudio o un Estudio de Postproducción, así como los componentes requeridos con el fin de prestar los servicios necesarios para responder a las necesidades comerciales de los Proyectos Fílmicos.

(i) Cualquier oficina, negocio o establecimiento *bona fide*, así como su equipo y maquinaria, que tenga la capacidad y las destrezas necesarias para prestar al Operador de Estudio un servicio a escala comercial, se considerará un suplidor estratégico, siempre y cuando los servicios: (i) estén directamente relacionados con el negocio del desarrollo, preproducción, producción, postproducción o distribución de un Proyecto Fílmico; (ii) sean indispensables para que el Operador de Estudio cumpla con sus obligaciones a tenor con el párrafo (2) del apartado (a) de esta Sección; y (iii) se presten al Operador del Estudio, de forma recurrente y exclusiva. No se considerará un suplidor estratégico la Persona que brinde servicios al Operador de Estudio esporádicamente.

(3) Suplidores estratégicos o Concesionarios endosados por el Secretario del DDEC que cumplan con los requisitos establecidos en el inciso (i) del párrafo (2) de este apartado.

(i) Este suplidor o Concesionario que cuente con endoso disfrutará de los mismos beneficios que disfruta el Operador de Estudio bajo su Decreto a título de Concesionario que lleva a cabo la actividad directamente.

(4) Proyectos de Infraestructura que incluyan un desarrollo o expansión sustancial en Puerto Rico de Estudios, laboratorios, facilidades para la transmisión internacional de imágenes televisivas u otros medios, u otras facilidades permanentes para realizar Proyectos Fílmicos, independientemente de si dichos proyectos se acogen a las disposiciones de este Código, cuyos presupuestos de costos directos, conocidos en inglés como *hard costs*, excedan, según certificado por el Auditor, quinientos mil dólares ($500,000).

(Julio 1, 2019, Núm. 60, sec. 2091.01; Abril 16, 2020, Núm. 40, sec. 84, enmienda el subinciso (a)(1)(iv)(C).)

SUBCAPÍTULO B- BENEFICIOS CONTRIBUTIVOS

Sección 2092.01- Contribución Sobre Ingresos (13 L.P.R.A. sec. 45881)

(a) En General- El ingreso neto del Concesionario derivado directamente de la explotación de las actividades elegibles bajo este Capítulo y cubiertas en el Decreto, estará sujeto a una tasa contributiva fija preferencial del cuatro por ciento (4%) en lugar de cualquier otra contribución, si alguna, que disponga el Código de Rentas Internas de Puerto Rico o cualquier otra ley de Puerto Rico.

(b) Operadores de Estudios- Un Operador de un Estudio estará sujeto a una tasa contributiva fija preferencial sobre su ingreso neto derivados de la explotación de las actividades cubiertas por el Decreto del cuatro por ciento (4%) que se dispone en el apartado (a) de esta Sección.

(c) Rentas de Propiedad Mueble. No obstante lo dispuesto por el Código de Rentas Internas de Puerto Rico, este Código o cualquier otra ley de Puerto Rico, no estarán sujetos a contribuciones sobre ingresos, retención de contribuciones sobre ingresos en el origen o impuesto sobre ventas y uso, los pagos efectuados luego del 1ro de julio de 2019 por un Concesionario, con Decretos emitidos bajo este Código o bajo Leyes de Incentivos Anteriores a individuos no residentes, corporaciones, sociedades extranjeras u otras personas extranjeras no dedicadas a una industria o negocio en Puerto Rico por concepto de rentas de propiedad mueble situada en Puerto Rico o de cualquier interés en dicha propiedad, incluyendo rentas por usar propiedad mueble en Puerto Rico, siempre y cuando dicha propiedad sea utilizada de forma directa o indirecta en actividades elegibles bajo este Capítulo. Disponiéndose, sin embargo, que para disfrutar de la exención concedida en este apartado, el Concesionario deberá someter ante el Departamento de Hacienda y el Secretario del DDEC para aprobación una certificación que acredite que la propiedad mueble no estaba disponible en Puerto Rico para ser utilizada de forma directa o indirecta en actividades elegibles bajo este Capítulo.

(d) Contribución Especial para Persona Extranjera- Se gravará, cobrará y pagará en lugar de cualquier otra contribución impuesta por el Código de Rentas Internas de Puerto Rico, una contribución especial del veinte por ciento (20%) sobre la cantidad total recibida por cualquier individuo Persona Extranjera o por una Entidad que contrate los servicios de una Persona Extranjera para prestar servicios en Puerto Rico, con relación a un Proyecto Fílmico, la cual represente salarios, beneficios marginales, dietas u honorarios. En el caso de que este veinte por ciento (20%) aplique a una Entidad que contrate los servicios de un No-Residente Cualificado, la porción del pago que reciba la Entidad que esté sujeta a esta contribución especial, no estará sujeta a la contribución especial de veinte por ciento (20%), cuando la misma sea pagada por la Entidad a la Persona Extranjera. Cualquier individuo Persona Extranjera o Entidad que contrate los servicios de una Persona Extranjera para prestar servicios en Puerto Rico, podrá optar rendir una planilla de contribución sobre ingresos y pagar la contribución correspondiente bajo el Código de Rentas Internas de Puerto Rico en lugar de estar sujeto a la contribución impuesta en este apartado.

(1) Obligación de Descontar y Retener- Toda Persona que tenga control, recibo, custodia, disposición o pago de las cantidades de remuneración descritas en el apartado (c) de esta Sección, descontará y retendrá la contribución del veinte por ciento (20%) y pagará la cantidad de tal contribución descontada y retenida en la Colecturía de Rentas Internas del Departamento de Hacienda, o la depositará en cualquier institución bancaria designada como depositaria de fondos públicos autorizadas por el Secretario a recibir la contribución. La contribución deberá pagarse o depositarse en o antes del día quince (15) del mes siguiente a la fecha en que se hizo el pago, sujeto a la retención del veinte por ciento (20%) impuesta por este párrafo. Las cantidades sujetas al descuento y la retención que se imponen en este párrafo (1) no estarán sujetas a las disposiciones de las Secciones 1062.08 o 1062.11 del Código de Rentas Internas de Puerto Rico, o cualquier disposición que las sustituya o que esté contenida en cualquier otra ley y sea de naturaleza similar. Esta retención del veinte por ciento (20%), según dispuesto en este párrafo (1), será aplicable aun en los casos que el individuo Persona Extranjera o Entidad que contrate los servicios de una Persona Extranjera para prestar servicios en Puerto Rico opte por rendir una planilla de contribución sobre ingresos y estar sujeto a la contribución impuesta bajo el Código de Rentas Internas de Puerto Rico.

(2) Incumplimiento con la Obligación de Retener- Si el agente retenedor, en contravención de las disposiciones del párrafo (1) del apartado (c) de esta Sección, no retuviese la contribución del veinte por ciento (20%) impuesta por el apartado (c) de esta Sección, la cantidad que se debió haber descontado y retenido, salvo si la persona que recibe el ingreso haya satisfecho su responsabilidad contributiva con el Secretario de Hacienda, se le cobrará al agente retenedor, siguiendo el mismo procedimiento que se utilizaría si fuera una contribución adeudada por el agente retenedor. La Persona que recibe el pago deberá pagar la contribución no retenida mediante la presentación de una planilla dentro del término dispuesto en la Sección 1061.16 del Código de Rentas Internas de Puerto Rico y el pago de la contribución a tenor con las disposiciones de la Sección 1061.17 del Código de Rentas Internas de Puerto Rico. Aunque la persona que reciba el

pago pague la contribución correspondiente, el agente retenedor estará sujeto a las penalidades dispuestas en el párrafo (5) de este apartado.

(3) Responsabilidad Contributiva- Toda Persona obligada a descontar y retener la contribución del veinte por ciento (20%) impuesta por el apartado (c) de esta Sección, deberá responder al Secretario de Hacienda por el pago de dicha contribución y no tendrá que responder a ninguna otra Persona por la cantidad de cualquier pago de la misma.

(4) Planilla- Cualquier persona obligada a descontar y retener la contribución del veinte por ciento (20%) impuesta por el apartado (c) de esta Sección, deberá presentar una planilla con relación a la misma, en o antes del 28 de febrero del año siguiente al año en que se hizo el pago. La planilla deberá presentarse ante el Secretario de Hacienda y contendrá la información y será preparada en la manera establecida por el Secretario de Hacienda, mediante reglamento. Toda persona que presente la planilla requerida por esta subsección no tendrá la obligación de presentar la declaratoria requerida por la subsección (j) de la Sección 1062.08 del Código de Rentas Internas de Puerto Rico.

(5) Penalidades- Para las disposiciones sobre penalidades y adiciones a la contribución, véase la Sección 6041.01 del Subtítulo F del Código de Rentas Internas de Puerto Rico.

(e) Exención contributiva sobre distribuciones en liquidación- Las distribuciones que hace un Negocio Exento que posee un Decreto otorgado bajo este Capítulo a sus accionistas o socios en liquidación total o parcial de tal Negocio Exento y que se atribuyan a los ingresos derivados de la explotación de las actividades cubiertas bajo el Decreto, estarán totalmente exentas del pago de contribuciones sobre ingresos, incluyendo la contribución alternativa mínima y la contribución básica alterna que provee el Código de Rentas Internas de Puerto Rico.

(Julio 1, 2019, Núm. 60, sec. 2092.01; Abril 16, 2020, Núm. 40, sec. 85, enmienda los incisos (a) y (d).)

Sección 2092.02- Deducciones Especiales a Negocios Dedicados a la Industria Fílmica (13 L.P.R.A. sec. 45882)

(a) Los donativos de personas privadas a entidades sin fines de lucro debidamente autorizadas para la producción de Proyectos Fílmicos de largometrajes, cortometrajes, documentales, festivales de cine o actividades educativos dirigidas a la capacitación y desarrollo de la industria fílmica.

(1) Para disfrutar de esta deducción especial, los donativos no podrán exceder de cien mil dólares ($100,000.00) por Proyecto Fílmico. Los donativos podrán ser deducidas en las planillas de las personas privadas hasta veinticinco por ciento (25%) de su responsabilidad contributiva total en Puerto Rico. Los donantes no podrán tener vínculo con el Proyecto Fílmico o recibir beneficio alguno por su producción. El Secretario de Desarrollo Económico y Comercio establecerá condiciones adicionales del programa mediante reglamento.

(Julio 1, 2019, Núm. 60, sec. 2092.02.)

Sección 2092.03- Contribución Sobre la Propiedad Mueble e Inmueble (13 L.P.R.A. sec. 45883)

La propiedad mueble o inmueble dedicada a las actividades fílmicas cubiertas por un Decreto que usualmente estaría sujeta a impuestos, tendrá derecho a una exención del setenta y cinco por ciento (75%) de todo impuesto sobre la propiedad mueble e inmueble, municipal y estatal. Las contribuciones sobre propiedad mueble o inmueble serán fijadas, impuestas, notificadas y administradas a tenor con las disposiciones de la Ley 83-1991, según enmendada, conocida como "Ley de Contribución Municipal sobre la Propiedad", o cualquier estatuto posterior vigente a la fecha en que se fije e imponga la contribución.

(Julio 1, 2019, Núm. 60, sec. 2092.03.)

Sección 2092.04- Patentes Municipales y otros Impuestos Municipales (13 L.P.R.A. sec. 45884)

(a) Ningún Concesionario estará sujeto al pago de contribuciones por concepto de patentes municipales, arbitrios y otras contribuciones sobre ingresos municipales impuestas por ordenanza municipal a la fecha de efectividad del Decreto.

(b) Todo Concesionario, así como sus contratistas o subcontratistas, gozará de una exención del setenta y cinco por ciento (75%) del pago de cualquier contribución, gravamen, licencia, arbitrio, cuota o tarifa para la construcción de obras que se vayan a utilizar en actividades cubiertas por el Decreto en un municipio, impuesto mediante cualquier ordenanza de cualquier municipio a la fecha de vigencia del Decreto. Los contratistas o subcontratistas que trabajen para un Concesionario determinarán su volumen de negocio para propósitos de contribuciones por concepto de patentes municipales, descontando los pagos que están obligados a efectuarle a subcontratistas bajo el contrato principal con el Concesionario. Los subcontratistas que a su vez utilicen otros subcontratistas dentro del mismo proyecto, también descontarán los pagos correspondientes en la determinación de su volumen de negocios. Un contratista o subcontratista podrá descontar los pagos descritos en el párrafo anterior de sus respectivos volúmenes de negocio, solo si el contratista o subcontratista certifica, por declaración jurada, que no incluyó en el contrato otorgado para obras o servicios a ser provistos, con relación al Concesionario, una partida igual a la contribución por concepto de la patente municipal resultante del volumen de negocios descontado a tenor con esta Sección.

(Julio 1, 2019, Núm. 60, sec. 2092.04.)

Sección 2092.05- Arbitrios Estatales e Impuesto Sobre Ventas y Uso (13 L.P.R.A. sec. 45885)

(a) Los artículos de uso y consumo introducidos o adquiridos directamente por un Concesionario para utilizarse exclusivamente en actividades de industria fílmica cubiertas bajo un Decreto quedan exentos del pago de arbitrios impuestos por el Subtítulo D del Código de Rentas Internas de Puerto Rico, en la medida en que permanezcan en Puerto Rico solo temporeramente.

(Julio 1, 2019, Núm. 60, sec. 2092.05.)

Sección 2092.06- Periodos de Exención Contributiva (13 L.P.R.A. sec. 45886)

(a) Comienzo de la exención– Los beneficios contributivos que se otorgan en el presente Subcapítulo entrarán en vigor a la fecha fijada en el Decreto.

(b) Los Decretos emitidos con relación a Proyectos Fílmicos podrán tener una fecha de efectividad anterior a la radicación de una solicitud de Decreto, y tendrán un término equivalente a la duración del proyecto, incluyendo su explotación, conforme ello sea determinado por el Secretario del DDEC mediante el Reglamento de Incentivos. Los Decretos emitidos a Operadores de Estudio tendrán un término de quince (15) años.

(c) Un Operador de Estudio que posea un Decreto tendrá la opción de escoger los años contributivos específicos a ser cubiertos en cuanto a su contribución sobre ingreso, patente o contribución sobre la propiedad cuando así lo notifique al Secretario de Hacienda, al Municipio o al CRIM, según corresponda, y al Secretario del DDEC, no más tarde de la fecha dispuesta por ley para rendir su planilla de contribución sobre ingresos para tal Año Contributivo, declaración de volumen de negocios o planilla de contribución sobre la propiedad mueble, incluyendo las prórrogas concedidas para este propósito. En el caso de contribución sobre la propiedad inmueble, se notificará al CRIM sesenta (60) días antes del primero (1ro) de enero del Año Económico para el cual se desee ejercer la opción. Una vez que el Operador de Estudio opte por este beneficio, el período de exención que le corresponda se extenderá por el número de años contributivos que no haya disfrutado bajo el Decreto.

(d) Los Decretos que se emitan bajo las disposiciones de este Capítulo serán transferibles, sujeto a previa autorización por el Secretario del DDEC.

(Julio 1, 2019, Núm. 60, sec. 2092.06.)

Sección 2092.07- Base Contributiva (13 L.P.R.A. sec. 45887)

La base contributiva de una inversión realizada por un Concesionario será determinada conforme a las disposiciones del Código de Rentas Internas de Puerto Rico, salvo que tal base se reducirá dólar por dólar, pero nunca a menos de cero, por la cantidad del Crédito Contributivo que el Concesionario reciba.

(Julio 1, 2019, Núm. 60, sec. 2092.07.)

Sección 2092.08- Otros Beneficios Contributivos (13 L.P.R.A. sec. 45888)

(a) Cualquier escritura, petición o documento judicial, público o privado, relacionado con la inscripción, anotación, cancelación, liberación, restricción, constitución, modificación, extensión, rectificación, limitación, creación o renovación de cualquier derecho real o contractual que tenga acceso al Registro de la Propiedad de Puerto Rico otorgado con relación a parcelas de terreno ubicadas dentro de los Distritos de Desarrollo de Industrias Creativas, estarán exentos del pago de cargos por concepto de sellos de rentas internas, asistencia legal y asistencia notarial y comprobantes de presentación e inscripción del Registro de la Propiedad de Puerto Rico, incluso, pero no limitado a, sellos de rentas internas, asistencia legal o cualquier otro sello de impuestos requeridos por ley o reglamento para el otorgamiento, la emisión de cualquier copia certificada parcial o completa, la presentación, la inscripción o cualquier otra operación en el Registro de la Propiedad de Puerto Rico. La exención estará sujeta a la aprobación previa del Secretario del DDEC en cada caso. La aprobación del Secretario del DDEC será evidenciada por una certificación emitida por éste, copia de la cual se (i) deberá remitir al Notario, al Registrador de la Propiedad de Puerto Rico, al Tribunal de Justicia o a cualquier otra Entidad ante la cual se reclamen las exenciones aquí establecidas; y (ii) acompañará toda escritura pública o documento presentado en el Registro de la Propiedad de Puerto Rico. Por la presente, se autoriza a las personas y entidades incluidas en este párrafo a descansar en la certificación que emita el Secretario del DDEC, la cual se considerará válida y final para todos los efectos legales.

(b) El término "derecho real o contractual que tenga acceso al Registro de la Propiedad de Puerto Rico", según utilizado en el apartado (a) de esta Sección, incluye todos los derechos reales o personales que tengan, actualmente o en el futuro, acceso al Registro de la Propiedad de Puerto Rico; incluso, pero no limitado a, (A) servidumbres legales, reales o personales o servidumbres en equidad; (B) constitución de regímenes de propiedad horizontal, en tiempo compartido, club vacacional o Condohotel; (C) derechos de superficie o de construcción, y cualquier otro reconocimiento de construcción o certificado de terminación de construcción o mejora, la inscripción de la cual se solicita en el Registro de la Propiedad de Puerto Rico; (D) arrendamientos; (E) hipotecas; (F) compraventas; (G) permutas; (H) donaciones; (I) derechos de tanteo, retracto y retroventa y censos; (J) derechos de toma de agua privados; (K) concesiones administrativas; (L) opciones de compra; y (M) condiciones y restricciones de uso.

(Julio 1, 2019, Núm. 60, sec. 2092.08.)

SUBCAPÍTULO C- REQUISITOS PARA LA CONCESIÓN DE EXENCIÓN

Sección 2093.01- Requisitos para las Solicitudes de Decretos (13 L.P.R.A. sec. 45891)

(a) Cualquier persona que ha establecido o propone establecer un Negocio Elegible en Puerto Rico bajo este Capítulo, podrá solicitar los beneficios de este Capítulo mediante la presentación de una solicitud ante el Secretario del DDEC, conforme a lo dispuesto en el Subtítulo F de este Código.

(b) Cualquier persona podrá solicitar los beneficios de este Código siempre y cuando cumpla con los requisitos de elegibilidad del Subcapítulo A de este Capítulo, y con cualquier otro criterio que el Secretario del DDEC establezca, mediante el Reglamento de Incentivos, orden administrativa, carta circular o cualquier otro comunicado de carácter general, incluyendo como criterio de evaluación la aportación que el Negocio Elegible hará al desarrollo económico de Puerto Rico.

(Julio 1, 2019, Núm. 60, sec. 2093.01.)

SUBCAPÍTULO D- DISPOSICIONES ESPECIALES

Sección 2094.01- Establecimiento de los Distritos de Desarrollo de Industrias Creativas (13 L.P.R.A. sec. 45901)

(a) El Secretario del DDEC designará parcelas de terreno (contiguas o no) como "Distritos de Desarrollo de Industrias Creativas". Tales áreas geográficas consistirán en propiedad o propiedades inmuebles dedicadas al desarrollo, la construcción y la operación de Estudios y otros desarrollos relacionados a tenor con los propósitos y las disposiciones de este Código, independientemente de quién sea su dueño. En aquellos casos en que la titularidad de la parcela o parcelas de terreno sea de una persona privada o un municipio, solo se podrá designar como Distrito de Desarrollo de Industrias Creativas, con la anuencia del titular o municipio.

(b) Las parcelas de terrenos designados o a ser designadas como parte de los Distritos de Desarrollo de Industrias Creativas que sean propiedad del Gobierno de Puerto Rico podrán ser traspasadas por la suma y conforme a los términos y las condiciones que establezcan el dueño de las parcelas y el Secretario del DDEC. No obstante lo anterior, el Traspaso de la propiedad no podrá ser requisito para la designación de Distritos de Desarrollo de Industrias Creativas. Cualquier ley, regla, reglamento, política, norma o directriz que restrinja los términos o las condiciones del Traspaso de dichas parcelas más allá de aquellos términos o condiciones que serían de ordinario aplicables a transacciones entre Personas privadas, no aplicará a los Traspasos contemplados en este párrafo. El Secretario del DDEC podrá imponer sobre el Traspaso de propiedad inmueble que forme parte de los Distritos de Desarrollo de Industrias Creativas las condiciones que considere consistentes con los fines de adelantar el desarrollo, la construcción, la expansión o la operación de Distritos de Desarrollo de Industrias Creativas y fomentar los propósitos de este Código.

(c) Una vez designadas los Distritos de Desarrollo de Industrias Creativas, el Secretario del DDEC, con el Presidente de la Junta de Planificación de Puerto Rico, en conformidad con la "Ley Orgánica de la Junta de Planificación de Puerto Rico", la Ley Núm. 75 de 24 de junio de 1975, según enmendada, y la Ley 81-1991, según enmendada, conocida como la "Ley de Municipios Autónomos de Puerto Rico de 1991", promulgarán y adoptarán un reglamento de zonificación conjunto que aplicará al desarrollo, la zonificación y el uso de las parcelas designadas por el Secretario del DDEC como los Distritos de Desarrollo de Industrias Creativas. Todo desarrollo, zonificación y uso de las parcelas designadas como los Distritos de Desarrollo de Industrias Creativas se regirá únicamente por este reglamento de zonificación conjunto y no estará sujeto a cualquier otra ley, regla, reglamento, política, norma o guía emitido por la Junta de Planificación de Puerto Rico o por los municipios con jurisdicción sobre las parcelas designadas, conforme a la Ley 81-1991, según enmendada, conocida como la "Ley de Municipios Autónomos de Puerto Rico de 1991".

(d) Las parcelas que constituyan toda o parte de los Distritos de Desarrollo de Industrias Creativas podrán ser gravadas por cualquier condición restrictiva, régimen de gobierno, regla o reglamento, y cualquier directriz de arquitectura, diseño y construcción que el Secretario del DDEC, de tiempo en tiempo y cualquiera de estas condiciones restrictivas, régimen de gobierno, reglas, reglamentos y directrices podrán ser enmendados, cancelados o modificados en cualquier momento y, de tiempo en tiempo, mediante la aprobación del Secretario del DDEC.

(e) El Secretario del DDEC tendrá la facultad de: (i) fijar cargos, cuotas o derramas regulares, generales o especiales sobre cualquiera o cualesquiera parcelas en los Distritos de Desarrollo de Industrias Creativas; e (ii) imponer y cobrar cargos sobre el Traspaso de cualquier interés en propiedad inmueble en los Distritos de Desarrollo de Industrias Creativas o sobre la construcción de cualquier mejora en los Distritos de Desarrollo de Industrias Creativas, para pagar por la construcción de mejoras e infraestructura en áreas comunes, el mantenimiento y la reparación de áreas comunes, paisajismo, seguridad, rotulación, iluminación y la prestación de servicios comunes, sin que se entienda que dichos cargos, cuotas o derramas constituyen una tributación. Este apartado no será de aplicación a las propiedades cuya titularidad sea de un Municipio.

(f) Por la presente, se crea un gravamen legal para garantizar el cobro de contribuciones y cargos fijados o impuestos sobre parcelas en los Distritos de Desarrollo de Industrias Creativas. Dicho gravamen tendrá prioridad sobre cualquier otro gravamen, excepto el gravamen que garantiza deudas contributivas cedidas pendientes de pago, conforme a las disposiciones de la Ley 21-1997, según enmendada, conocida como la "Ley de Venta de Deudas Contributivas"; el gravamen a favor del CRIM que garantiza el cobro de impuestos sobre propiedad inmueble; el gravamen que garantiza el cobro de contribuciones bajo la Ley 207-1998, conocida como la "Ley de Distritos de Mejoramiento Turístico de 1998", según enmendada; el gravamen que garantiza el cobro de la contribución especial sobre propiedades ubicadas dentro de un distrito de mejoramiento comercial o una zona de mejoramiento residencial, autorizada por la Ley 81-1991, según enmendada, conocida como la "Ley de Municipios Autónomos de Puerto Rico de 1991"; y cualquier otro gravamen que garantice el pago de contribuciones utilizadas para financiar infraestructura pública. Luego del primer Traspaso de cualquier parcela de terreno en los Distritos de Desarrollo de Industrias Creativas, un cesionario voluntario será responsable solidariamente por cualquier impuesto o cargo pendiente de pago en ese momento. El cesionario voluntario tendrá derecho a ser reembolsado por el vendedor por cualquier cantidad que haya pagado para satisfacer cualquier impuesto o cargo pendiente de pago hasta e incluyendo el día del cierre del Traspaso en cuestión. Este apartado no será de aplicación a las propiedades cuya titularidad sea de un Municipio.

(g) El Secretario del DDEC podrá otorgar contratos para el desarrollo y la operación de los Distritos de Desarrollo de Industrias Creativas con cualquier Persona y podrá imponer cualquier condición que considere consistente con los fines de adelantar el desarrollo, la construcción, la expansión o la operación de los Distritos de Desarrollo de Industrias Creativas y adelantar los propósitos de este Código.

(h) El Secretario del DDEC tendrá la facultad de certificar el cumplimiento de cualquier Traspaso con las normas, requisitos u obligaciones de esta Sección.

(Julio 1, 2019, Núm. 60, sec. 2094.01.)

CAPÍTULO 10- EMPRESARISMO
Sección 2100.01-Jóvenes Empresarios (13 L.P.R.A. sec. 45971)

(a) Elegibilidad– Se provee para que todo Joven Empresario que firme un Acuerdo Especial para la Creación de Empresas, según se define en este Código, con el Secretario del DDEC pueda disfrutar de los beneficios económicos descritos en esta Sección.

(b) Beneficios contributivos-

(1) Contribución sobre ingresos- Los negocios nuevos según requerido en los incisos (i) al (iii) del párrafo (1) del apartado (c) de esta Sección, que operen bajo un acuerdo de Empresas Jóvenes con el Secretario del DDEC estarán exentos de contribución sobre ingresos en los primeros quinientos mil dólares ($500,000) de su ingreso neto sujeto a contribución. Cualquier ingreso neto que generen los negocios nuevos en exceso de quinientos mil dólares ($500,000), estará sujeto a las tasas ordinarias establecidas en el Código de Rentas Internas de Puerto Rico.

i. Los Accionistas de un Negocio Exento que posea un Decreto bajo las disposiciones del apartado (a) de esta Sección, estarán sujetos a la contribución sobre ingresos que se dispone en el Código de Rentas Internas de Puerto Rico sobre las distribuciones de dividendos o beneficios del ingreso neto de tal Negocio Exento.

(2) Contribución sobre la propiedad mueble- Los negocios nuevos que operen conforme a esta Sección disfrutarán de exención total sobre la contribución sobre la propiedad mueble del negocio nuevo durante el período de exención descrito en esta Sección.

(3) Contribuciones municipales- Los negocios nuevos que operen conforme a esta Sección estarán exentos del pago de contribuciones municipales durante el período de exención provisto en esta Sección.

(4) Período de Exención- Los negocios nuevos disfrutarán de la exención contributiva provista en este Capítulo durante un período de tres (3) años desde la fecha de comienzo de operaciones, según establecido en el Decreto de exención contributiva.

(5) Las exenciones contributivas que se otorgan a los Jóvenes Empresarios bajo este Capítulo no se concederán, aunque el solicitante cumpla con los requisitos, si está acogido a cualquier ley o cualquier Capítulo bajo este Código, que otorgue incentivos contributivos o económicos. Si durante la vigencia del Acuerdo, el Joven Empresario se acoge a cualquier ley que otorgue incentivos contributivos o económicos, incluyendo los incentivos provistos en este Código, se entenderá que renuncia a los beneficios dispuestos en este Capítulo.

(c) Requisitos-

(1) Los negocios nuevos de Jóvenes Empresarios que deseen recibir los beneficios contributivos que provee este Capítulo deberán cumplir con los siguientes:

(i) El negocio deberá comenzar su operación principal comercial en o luego de la presentación de la solicitud de Decreto;

(ii) El negocio deberá ser operado exclusivamente por Jóvenes Empresarios;

(iii) No se considerará como negocio nuevo aquél que haya estado operando a través de Afiliadas o que sea el resultado de una reorganización, según se define en el Código de Rentas Internas de Puerto Rico.

(iv) Los beneficios se limitarán a un solo negocio nuevo por cada Joven Empresario.

(v) Cualquier otro requisito que el Secretario del DDEC establezca mediante el Reglamento de Incentivos.

(Julio 1, 2019, Núm. 60, sec. 2100.01; Diciembre 30, 2020, Núm. 172, art. 4, enmienda el inciso (i) del párrafo (1) del apartado (c).)

Sección 2100.02- Apoyo al Pequeño y Mediano Empresario mediante el programa de Renta Preferencial (13 L.P.R.A. sec. 45972)

(a) Elegibilidad– Cualquier persona natural o jurídica, incluyendo corporaciones, sociedades, compañías de responsabilidad limitada o cualquier otra Entidad u organización que lleve a cabo, o contemple llevar a cabo negocios en Puerto Rico, independientemente de su lugar de organización, que sea una PYME.

(b) Beneficio económico–Programa Renta Preferencial- Toda PYME, mediante el proceso expuesto en el Reglamento de Incentivos, podrá arrendar una propiedad elegible del DDEC, entre las cuales podrían cualificar aquellas propiedades que se encuentren en desuso, para establecer su operación y pagará un canon anual de un dólar ($1.00) durante los primeros tres (3) años de arrendamiento. El DDEC establecerá, por medio del Reglamento de Incentivos, guías para el arrendamiento de sus facilidades. El contrato de arrendamiento incluirá todos los términos y condiciones usuales para este tipo de contrato y cumplirá con todas las disposiciones legales relativas a los arrendamientos del DDEC. La renta aplicable, una vez concluya el período de tres (3) años será el canon prevaleciente al momento de la firma del contrato de arrendamiento.

(Julio 1, 2019, Núm. 60, sec. 2100.02.)

Sección 2100.03- Programa de Incubadoras de Negocio (13 L.P.R.A. sec. 45973)

(a) Para propósitos de esta Sección, el término "Incubadora de Negocios" significa una organización o Entidad establecida y certificada por el Secretario del DDEC para fomentar el comienzo de nuevos negocios o acelerar el crecimiento de empresas incipientes al brindarle a los empresarios los recursos y servicios necesarios para producir negocios viables que ayuden a cumplir la política pública del Gobierno de Puerto Rico de creación de empleos, y de restaurar la vitalidad de las áreas rezagadas. Esta definición no incluye organizaciones o Entidades con fines de lucro.

(b) El DDEC explorará las formas de estimular la expansión de incubadoras de negocios en Puerto Rico mediante la adopción de los incentivos contenidos en este Código para fortalecer la autogestión empresarial en la Isla y procurando la capacitación necesaria para la creación de negocios sustentables que generen nuevos empleos. A estos fines, el Secretario podrá otorgar incentivos para:

(1) el desarrollo de estudios de viabilidad y planes para la creación o expansión de incubadoras de negocios;

(2) la implementación de dichos estudios y planes al apoyar la creación o expansión de incubadoras de negocios, junto a la asistencia técnica y programática apropiada;

(3) el apoyo temporal de las operaciones de incubadoras de negocios hasta donde determine que dicho apoyo es esencial para que las incubadoras de negocios puedan ser auto sustentables.

(c) El Secretario del DDEC establecerá mediante reglamento los criterios y requisitos a considerarse en cualquier proceso competitivo para la selección de los proponentes elegibles para los incentivos, incluyendo requerimientos relativos a:

(1) el número de empleos a crearse durante los primeros cinco (5) años luego de la fecha de recibo del incentivo;

(2) los fondos requeridos para crear o expandir una incubadora de negocios durante los primeros cinco (5) años luego de la fecha de recibo del incentivo;

(3) los tipos de negocios y entidades de investigación que se espera participen de la incubadora de negocios y la comunidad circundante;

(4) cartas de intención de negocios y entidades de investigación para establecer un espacio en la incubadora de negocios; y

(5) cualquier otro factor que el Director entienda apropiado para adelantar la política pública y los propósitos de este Código.

(d) Los fondos para los beneficios provistos en esta Sección provendrán del Fondo de Incentivos Económicos.

(Julio 1, 2019, Núm. 60, sec. 2100.03.)

CAPÍTULO 11- OTRAS INDUSTRIAS

Sección 2110.01-Exenciones a Porteadores Públicos de Servicios de Transporte Aéreo (13 L.P.R.A. sec. 46051)

(a) Elegibilidad- Se provee para que un negocio establecido, o que será establecido, en Puerto Rico por una Persona que se dedique a proveer servicios de transporte aéreo como porteador público pueda solicitarle al Secretario del DDEC los beneficios contributivos que se disponen en el apartado (b) de esta Sección.

(b) Beneficios contributivos-

(1) Contribuciones sobre ingresos. –

(i) En General- El ingreso neto proveniente de aquellas actividades elegibles descritas en el apartado (a) de esta Sección estará exento durante todo el período del Decreto correspondiente.

(2) Contribución sobre la Propiedad Mueble e Inmueble-

(i) En General- Los porteadores públicos de servicios de transporte aéreo estarán exentos de toda contribución estatal, local y municipal, de cualquier nombre o naturaleza que ésta sea, sobre todas sus propiedades muebles o inmuebles que actualmente posea o adquiera en lo sucesivo, incluyendo todos los impuestos o arbitrios sobre equipo o materiales.

(A) Los aviones y el equipo relacionado con éstos, arrendados y poseídos por un porteador público dedicado al servicio de trasporte aéreo estarán exentos del pago de la contribución sobre la propiedad mueble, siempre que establezca, a satisfacción del Secretario del DDEC y del Secretario de Hacienda, que tal propiedad se utiliza para ese fin.

(B) Estas exenciones no incluyen los arbitrios sobre combustibles ni el derecho que la Ley Núm. 82 de 26 de junio de 1959 autorizó a la Autoridad de los Puertos a imponer sobre toda gasolina de aviación, todo producto combustible para uso o consumo en la propulsión de vehículos de transportación aérea y toda mezcla de gasolina con cualquier producto combustible para uso o consumo en la propulsión de vehículos de transportación aérea, destinados a consumirse en viajes por aire entre Puerto Rico y otros lugares, o en viajes por aire dentro de los límites territoriales de Puerto Rico.

(3) Impuestos Municipales–

(i) En General- Los contratistas y subcontratistas de los porteadores públicos dedicados a la transportación aérea estarán exentos de cualquier contribución, impuesto, derecho, licencias, arbitrio, tasa o tarifa impuesta por cualquier ordenanza municipal sobre la construcción de obras que utilicen los porteadores dentro de un municipio. Tales contribuciones no incluyen la patente municipal impuesta sobre el volumen de negocio del contratista o subcontratista de los porteadores públicos, durante el término que se autorice la exención.

(Julio 1, 2019, Núm. 60, sec. 2110.01.)

Sección 2110.02- Exenciones a Porteadores de Servicios de Transporte Marítimo (13 L.P.R.A. sec. 46052)

(a) Elegibilidad- Se provee para que un negocio establecido o que se establezca en Puerto Rico por una Persona, o combinación de ellas, organizado o no bajo un nombre común, pueda solicitarle al Secretario del

DDEC la Concesión cuando la Entidad se establece en Puerto Rico para dedicarse a una de las siguientes actividades elegibles:

(1) La Transportación de Carga Por Mar entre puertos situados en Puerto Rico y puertos situados en países extranjeros.

(2) El alquiler o el arrendamiento de embarcaciones, que se utilicen en dicha transportación, o propiedad de cualquier otra clase, mueble e inmueble, que se use en la operación de tales embarcaciones cuando la transportación cubra los requisitos del apartado (c) de esta Sección.

(b) Beneficios contributivos–

(1) Contribuciones sobre ingresos–

(i) En General- El Ingreso Neto Proveniente de aquellas Actividades Elegibles de Embarque descritas en el apartado (a) de esta Sección estará exentas de contribución sobre ingresos durante todo el período de exención.

(2) Imputación sobre Distribuciones. –

(i) Las distribuciones de dividendos o beneficios que realice una corporación o sociedad acogida a las disposiciones de este Subcapítulo, que no haya gozado o no esté gozando de exención contributiva industrial, y que a la fecha del comienzo de operaciones de embarque exentas tenga acumulado un superávit tributable, se considerarán hechas del balance no distribuido de dicho superávit, pero una vez que éste quede agotado por virtud de tales distribuciones, se aplicarán las disposiciones del inciso (iii) de este párrafo (2).

(ii) Las distribuciones de dividendos o beneficios realizadas por una corporación o sociedad que haya gozado o esté gozando de exención contributiva industrial se considerarán hechas del superávit acumulado durante el período en que haya gozado o esté gozando de exención contributiva industrial y se regirán por las disposiciones de las leyes bajo las cuales se han venido rigiendo. Una vez haya agotado dicho superávit, se aplicarán las disposiciones del inciso (iii) de este párrafo (2).

(iii) Salvo lo dispuesto en los incisos (i) y (ii) de los párrafos anteriores, las distribuciones de dividendos o beneficios que realice una corporación o sociedad acogida a los beneficios otorgados por este Capítulo se considerarán como provenientes de las utilidades o beneficios más recientemente acumulados, y estarán exentas en la misma proporción en que el ingreso estuvo exento, para las siguientes personas:

(A) Personas Domésticas, o

(B) Personas Extranjeras que no vengan obligadas a pagar en cualquier jurisdicción fuera de Puerto Rico contribución alguna sobre sus ingresos derivados de cualquier fuente en Puerto Rico.

(C) Personas Extranjeras que, debido a las leyes del país donde residen, no pueden tomar como deducción del ingreso o como crédito contra la contribución pagadera en dicho país sobre los dividendos o beneficios derivados de una corporación o sociedad exenta bajo este Código, la contribución que se les impondría en Puerto Rico sobre tales dividendos o beneficios; o

(D) Personas Extranjeras que, debido a las leyes del país donde residen, solo pueden tomar parcialmente como deducción del ingreso o como crédito contra la contribución pagadera en dicho país sobre los dividendos o beneficios derivados de una corporación o sociedad exenta bajo este Código, la contribución que se les impondría en Puerto Rico sobre tales dividendos o beneficios. La exención que provee esta Sección aplicará únicamente a aquella porción de la contribución sobre ingresos aplicable en Puerto Rico sobre los dividendos o beneficios que no sea deducible del ingreso o acreditable contra la contribución a pagarse en dicho país sobre tales dividendos o beneficios.

(E) Una persona que desee acogerse a las disposiciones de las cláusulas (C) y (D) precedentes, deberá someter al Secretario de DDEC una copia traducida, certificada o autenticada al español o al inglés de las leyes o los reglamentos vigentes del país donde resida indicando específicamente las disposiciones de esas leyes o reglamentos que sean aplicables a su caso, con cualquiera otra información o evidencia que demuestre que la persona cualifica bajo las cláusulas (C) y (D) precedentes.

(3) Contribuciones sobre propiedad mueble e inmueble.- Las embarcaciones y propiedad de cualquier otra clase, mueble o inmueble, utilizadas en relación con un negocio elegible no estarán sujetas a las contribuciones municipales o estatales sobre la propiedad mueble e inmueble durante el término de vigencia del Decreto.

(4) Contribuciones Municipales.- Los negocios elegibles no estarán sujetos al pago de patentes, arbitrios, y otras contribuciones municipales impuestas por cualquier ordenanza de cualquier municipalidad durante el término de vigencia del Decreto.

(c) Requisitos- En la evaluación, el análisis, la consideración, la otorgación, la renegociación y la revisión de cualquier incentivo o beneficio que se otorgue en esta Sección, el Secretario del DDEC determinará qué tal exención es necesaria y conveniente para el fomento de la economía y bienestar del Pueblo de Puerto Rico porque:

(1) proveerá mayores facilidades de Transportación de Carga por Mar entre puertos situados en Puerto Rico y puertos situados en países extranjeros; y

(2) proveerá aquellos servicios específicos que el Gobierno de Puerto Rico determine son necesarios para fomentar la economía y el bienestar del Pueblo de Puerto Rico.

(Julio 1, 2019, Núm. 60, sec. 2110.02.)

Sección 2110.03- Incentivo para la Industria de Barcos Cruceros de Puerto Rico (13 L.P.R.A. sec. 46053)

(a) Los objetivos primordiales de este incentivo para la industria de barcos cruceros, son los siguientes:

(1) reafirmar y el fortalecer la importancia de Puerto Rico como destino de puerto base cruceros (home port) regional y mundial;

(2) aumentar el tráfico de barcos cruceros a Puerto Rico;

(3) aumentar la estadía de los pasajeros de barcos cruceros en hospederías en todas las regiones y municipios de Puerto Rico, y en todas las islas de su archipiélago (Vieques, Culebra y otras);

(4) aumentar las visitas y el volumen de pasajeros en los cruceros que visitan a Puerto Rico;

(5) fomentar el consumo en la Isla por parte de los pasajeros y tripulación, incluyendo los gastos de adquisición de provisiones y los gastos de operación de los barcos cruceros que nos visitan;

(6) generar y aumentar los beneficios que reciben diferentes segmentos económicos de Puerto Rico vinculados directa e indirectamente a la industria de barcos cruceros; y

(7) ofrecer incentivos equitativos a todas las líneas de cruceros y crear una alianza con cada una de las líneas de cruceros para maximizar la promoción de Puerto Rico como destino turístico y mejorar la relación con la industria de cruceros en general.

(b) Administración de Fondos-

(1) El DDEC establecerá mediante el Reglamento de Incentivos todo lo concerniente a la forma y manera en que se solicitarán y otorgarán los

incentivos dispuestos en esta Sección a los fines que se garantice una sana administración de fondos públicos.

(2) Será obligación del DDEC el velar porque los fondos asignados al Fondo sean utilizados conforme a la reglamentación que establezca. Elegibilidad- Las compañías u operadores de barcos cruceros que visiten cualquier puerto de la jurisdicción de Puerto Rico podrán ser elegibles para estos beneficios. Sólo tendrán derecho a solicitar estos incentivos los dueños y operadores de barcos cruceros, las Entidades dedicadas a la venta de ofertas de viaje establecidos en Puerto Rico o en el exterior y las organizaciones autorizadas por el DDEC a recoger pasajeros en los muelles, según sea el caso; disponiéndose, que las agencias o agentes de éstos en Puerto Rico tendrán la facultad de gestionar, tramitar y recibir tales beneficios como parte de la relación comercial con sus representados.

(c) Beneficios -

(1) Incentivo a Compañías de Barcos Cruceros:

(i) Para los barcos cruceros que atraquen en un puerto en la jurisdicción de Puerto Rico, se descontarán cuatro dólares con noventa y cinco centavos ($4.95) de la tarifa por pasajero de trece dólares con veinticinco centavos ($13.25) impuesta por pasajero según fijadas por autoridades titulares o administradoras de puertos en Puerto Rico. El incentivo se aplicará a los primeros ciento cuarenta mil (140,000) pasajeros que arriben a cualquier puerto en Puerto Rico en barcos de la compañía de cruceros en un período de doce (12) meses del Año Fiscal, comenzando en el Año Fiscal 2019-2020. Asimismo, se descontarán siete dólares con cuarenta y cinco centavos ($7.45) por pasajero cuando la compañía haya excedido tal cifra. Si la tarifa de un puerto es menor a la tarifa de trece dólares con veinticinco centavos ($13.25) se descontará la cantidad de cuatro dólares con noventa y cinco centavos ($4.95) de la tarifa aplicable a dicho puerto. De haber cualquier disminución en las tarifas oficiales fijadas, el incentivo aquí dispuesto se reducirá en igual proporción.

(2) Incentivo de Frecuencia de Visitas *Home Port*:

(i) Se aportarán las siguientes cantidades:

(A) Un dólar ($1.00) por pasajero a las compañías u operadores de barcos cruceros que utilicen cualquier puerto en la jurisdicción de Puerto Rico como *home port*.

(B) Dos dólares ($2.00) por pasajero a partir de la visita número veintiuno (21) que la compañía de barco crucero tenga durante el período de un Año Fiscal. A partir de la visita número cincuenta y tres (53) en el Año Fiscal de la compañía de barcos cruceros, ésta recibirá una aportación de tres dólares ($3.00) por pasajero.

(C) Habrá una aportación adicional a las arriba descritas de cincuenta centavos ($0.50) por pasajero a las compañías u operadores de barcos cruceros que utilicen cualquier puerto en la jurisdicción de Puerto Rico como *home port* durante los días lunes a viernes, inclusive.

(D) Además de los incentivos arriba indicados, todo barco crucero que utilice cualquier puerto en la jurisdicción de Puerto Rico como *home port* y, además, visite uno o más puertos en la jurisdicción de Puerto Rico en la misma semana, recibirá cincuenta centavos ($0.50) adicionales a cualquiera de los incentivos provistos en esta cláusula.

(E) Todo barco crucero que utilice cualquier puerto en la jurisdicción de Puerto Rico como *home port* y tenga salida dos veces en la misma semana desde el mismo puerto recibirá cincuenta centavos ($0.50) adicionales a los incentivos provistos en esta cláusula.

(F) Todo barco crucero *home port* que salga del Puerto de San Juan antes de las 4:00 PM recibirá un incentivo de un dólar cincuenta centavos ($1.50) por pasajero.

(G) En ningún caso las aportaciones totales contenidas en este Código excederán los trece dólares con veinticinco centavos ($13.25). No se pagará el balance en exceso sobre tal cifra. De haber una reducción o aumento en esta tarifa, la aportación máxima se ajustará proporcionalmente.

(3) Programa de Mercadeo Bilateral para Cruceros *Home Port*:

(i) Se creará un Programa de Mercadeo Bilateral entre DDEC y la compañía de barcos cruceros elegible (el "Programa de Mercadeo") con el propósito de posicionar a Puerto Rico como el puerto base del Caribe e incentivar demanda a nivel mundial. Se aportará a cada Programa de Mercadeo la cantidad de un dólar ($1.00) por pasajero en barcos cruceros cuyos viajes originen en cualquier puerto en la jurisdicción de Puerto Rico durante el período de un Año Fiscal a partir del Año Fiscal 2019-2020, disponiéndose que para cualificar para dicho incentivo, la compañía de barco crucero deberá aportar a su Programa de Mercadeo un porcentaje de la cantidad del incentivo que reclama, según disponga el DDEC en el Reglamento de Incentivos, conforme a lo facultado en este Código.

(4) Incentivo de Tiempo en Puerto para Barcos en Tránsito

(i) Se aportará la cantidad de un dólar con cincuenta centavos ($1.50) por pasajero en barcos cruceros que atraquen en cualquier puerto en la jurisdicción de Puerto Rico en visita de tránsito por ocho (8) horas como mínimo y paguen la tarifa aplicable a dicho puerto durante el período de un Año Fiscal. Este incentivo requerirá que el barco crucero atraque antes de las 11:00 AM. De atracar después de las 11:00 AM, se aportará un dólar ($1), siempre y cuando el barco crucero permanezca ocho (8) horas en puerto.

(ii) Los fondos requeridos para los incentivos a ser provistos bajo este párrafo provendrán del Fondo de Incentivos, y serán administrados por el DDEC.

(5) Incentivo de provisiones y servicios

(i) Cada crucero que atraque en cualquier puerto en la jurisdicción de Puerto Rico será elegible para recibir un incentivo equivalente al diez por ciento (10%) del gasto por compras de provisiones o la contratación de servicios de mantenimiento o reparaciones del barco crucero en Puerto Rico, excluyendo materiales, productos o equipos instalados en el ofrecimiento del servicio, según especificado en el reglamento establecido por el DDEC. Se ofrecerá un cinco por ciento (5%) adicional por compras de Productos Manufacturados en Puerto Rico, según certificados por la Compañía de Fomento Industrial de Puerto Rico, o productos agrícolas de Puerto Rico, según certificados por el Departamento de Agricultura.

(ii) Los servicios contemplados por este inciso excluyen aquellos servicios de atraque requeridos por el barco crucero en cada uno de los puertos que visite.

(iii) Los dueños u operadores de un barco crucero que cumplan con lo aquí dispuesto recibirán estos beneficios después de haber evidenciado, a satisfacción de dichas agencias, que las compras fueron realizadas a empresas donde el cincuenta por ciento (50%) o más de sus Accionistas tienen domicilio en Puerto Rico o que manufacturan cincuenta por ciento (50%) o más de los productos objetos de venta. En el caso de empresas dedicadas al ofrecimiento de servicios, según definidos por el DDEC, los empleados ejerciendo las labores deben estar domiciliados en Puerto Rico. El trasbordo o transferencia de mercancía desde puertos en donde atracan barcos de alimentos o bebidas directamente a los cruceros, no constituirá una actividad incentivada o elegible para este incentivo. Los comerciantes y proveedores de servicio deben estar certificados por DDEC, y cumplir con todas aquellas cartas circulares, órdenes administrativas y reglamentos aplicables.

(iv) Los fondos para incentivos a ser provistos bajo este inciso provendrán del Fondo de Incentivos.

(d) Los incentivos aquí dispuestos serán satisfechos por el DDEC, según sea el caso, a la compañía, operador o agente correspondiente en un término no mayor de treinta (30) días luego de presentadas las facturas, según su correspondiente reglamento. De haber discrepancias entre el DDEC y la Autoridad de los Puertos de Puerto Rico sobre algún renglón de la factura presentada, ello no será impedimento para el pago de todo aquel otro renglón que no esté en disputa. Asimismo, el DDEC tendrá la responsabilidad de notificar en dicho período de treinta (30) días cualquier objeción a un renglón de pago en la que se detallan las razones que sustentan la objeción a la Entidad solicitante.

(e) Incentivos a Organizaciones Autorizadas a Ofrecer Transportación Turística en Muelles-

(1) Toda empresa de excursión turística autorizada por el DDEC a ofrecer excursiones o transportación turística en los muelles de Puerto Rico, en donde recoge o deja pasajeros, tendrá derecho a ofrecer sus servicios y a contratar directamente con las compañías de barcos cruceros y podrá recibir una aportación básica de un dólar ($1.00) por cada pasajero de barcos cruceros que adquiera una excursión en el barco crucero en el cual viaja. Las empresas de excursión podrá recibir una aportación de cuatro dólares ($4.00) por cada pasajero de barcos cruceros que adquiera una excursión en el barco crucero en el cual viaje, siempre y cuando esta excursión incluya una visita a los municipios de Vieques o Culebra. La aportación para excursiones a Vieques y Culebra será en adición a la aportación básica. El DDEC podrá variar la aportación por pasajero, según los recursos disponibles, la necesidad de incentivar la compra de estas excursiones y la competitividad del mercado.

(2) Toda empresa de excursión turística autorizada por el DDEC a ofrecer transportación turística en el área de los muelles será elegible para recibir los beneficios de este párrafo, siempre y cuando cumpla con las disposiciones de esta Sección y los reglamentos promulgados a su amparo.

(3) El Secretario del DDEC tendrá la facultad para establecer, mediante reglamento, la forma y manera de otorgar estos incentivos y la certificación que deberán obtener los solicitantes del DDEC como empresa de excursión turística.

(f) Consignación de Fondos- Los fondos para otorgar los incentivos a ser provistos bajo esta Sección provendrán del Fondo de Incentivos Económicos y serán administrados por el DDEC.

(Julio 1, 2019, Núm. 60, sec. 2110.03.)

SUBTÍTULO C- ESTIMULOS MONETARIOS ("CASH GRANTS") Ó CRÉDITOS CONTRIBUTIVOS

Sección 3000.01- Reglas Generales Para la Concesión de Créditos Contributivos (13 L.P.R.A. sec. 47001)

(a) Se autoriza al Secretario del DDEC, a establecer mediante el Reglamento de Incentivos los procesos para la otorgación de los Créditos Contributivos para programas y proyectos particulares para maximizar su impacto económico, el Retorno de Inversión fiscal y su rendimiento. Dichos Créditos Contributivos serán otorgados mediante un contrato de incentivos entre el DDEC y el Negocio Exento.

(b) El proceso establecido mediante el Reglamento de Incentivos para la selección de proyectos podrá, sin que se entienda como una limitación, incluir los siguientes criterios:

(1) el orden de recibo de solicitudes completas y que cumplan con todos los requisitos establecidos;

(2) la disponibilidad de fondos y los compromisos financieros ya logrados con Inversionistas que evidencien la viabilidad financiera del proyecto;

(3) los permisos ya obtenidos para iniciar el proyecto o la actividad propuesta que evidencien la viabilidad reglamentaria del proyecto;

(4) el nivel de Crédito Contributivo solicitado como porciento de la inversión o gasto correspondiente.

(5) el retorno de inversión del Crédito Contributivo, como criterio primario y esencial, así como la aportación de la empresa a los recaudos del Gobierno de Puerto Rico y el efecto multiplicador en empleos e ingresos de la actividad a ser incentivada.

(6) la compra de Productos Manufacturados en Puerto Rico, según se define en este Código.

(c) Exención Contributiva – Todo Crédito Contributivo otorgado bajo este Capítulo a un Negocio Exento estará exento de contribuciones sobre ingresos. Además, estará exento de contribuciones municipales, incluyendo la contribución sobre el volumen de negocios.

(d) Opción de Cesión de Créditos Contributivos al Departamento de Hacienda:

1. El Negocio Exento que sea titular de un crédito contributivo, excepto el crédito por compras de productos manufacturados en Puerto Rico o cualquier otro crédito que no sea transferible, otorgado bajo este Código o un crédito contributivo otorgado bajo Leyes de Incentivos Anteriores después del 30 de junio de 2021, en lugar de ceder, vender, o traspasar un crédito contributivo a otra Persona, podrá elegir, a su opción, ceder todo o parte del crédito contributivo al Gobierno de Puerto Rico a través del Departamento de Hacienda a cambio de un reintegro del noventa por ciento (90%) del valor nominal (face value) de los créditos contributivos. Disponiéndose que para créditos contributivos otorgados bajo Leyes de Incentivos Anteriores antes del 1 de julio de 2021, excepto el crédito por compras de productos manufacturados en Puerto Rico o cualquier otro crédito que no sea transferible, el tenedor del crédito podrá elegir, a su opción, ceder todo o parte del crédito contributivo al Gobierno de Puerto Rico a través del Departamento de Hacienda a cambio de un reintegro del ochenta y cinco por ciento (85%) del valor nominal (face value) de los créditos contributivos. Para poder ejercer la elección dispuesta en este apartado, el Negocio Exento tendrá que notificar por escrito al Secretario de Hacienda de su intención en o antes de finalizar el último día de su año contributivo para el cual elige la cesión.

2. El Secretario de Hacienda, tomando en consideración la naturaleza del crédito contributivo y las condiciones económicas del mercado de compra-venta de los créditos contributivos, podrá establecer un por ciento de reintegro distinto al establecido en el párrafo (1) de este apartado (d), pero dicho por ciento de reintegro nunca podrá ser menor al ochenta y cinco por ciento (85%) del valor nominal (face value) de los créditos contributivos otorgados después del 30 de junio de 2021, exceptuando el crédito por compras de productos manufacturados en Puerto Rico o cualquier otro crédito que no sea transferible, o el ochenta por ciento (80%) para créditos otorgados antes del 1 de julio de 2021, exceptuando el crédito por compras de productos manufacturados en Puerto Rico o cualquier otro crédito que no sea transferible. El por ciento de reintegro determinado por el Secretario de Hacienda será publicado mediante determinación administrativa, carta circular o boletín informativo de carácter general, los cuales tendrán una vigencia de por lo menos un (1) año desde su publicación.

3. El Secretario de Hacienda aplicará el crédito contributivo contra cualquier responsabilidad contributiva del Negocio Exento de años anteriores o contribución determinada para el año contributivo que solicita la cesión.

4. El Secretario de Hacienda, considerando el tope máximo de reintegros disponible para cada año fiscal, dentro de un término de sesenta (60) días, tendrá la potestad de rechazar o aceptar total o parcialmente dicha elección por parte del Negocio Exento de ceder el crédito contributivo al Gobierno de Puerto Rico. Si el Secretario de Hacienda acepta la elección, pagará la totalidad del reintegro, luego de aplicar las contribuciones descritas en el párrafo (2) de este apartado, en plazos iguales trimestrales durante un término no mayor de tres (3) años desde que se llevó a cabo la elección. Si el Secretario de Hacienda rechazara total o parcialmente dicha elección, deberá de notificar de ello al Negocio Exento por correo certificado, y el Negocio Exento podrá utilizar el crédito contributivo disponible contra su responsabilidad contributiva (excepto los créditos contributivos dispuestos en la Sección 3020.01) o ceder, vender, o traspasar el crédito contributivo a otra Persona, según se dispone en esta Sección.

5. El reintegro provisto bajo esta Sección no estará sujeto a las disposiciones de las Secciones 6021.01, 6021.02, 6025.01, 6025.02 o 6025.03 del Código de Rentas Internas de Puerto Rico o la Ley 230-1974, conocida como la "Ley de Contabilidad Gubernamental de Puerto Rico".

6. El reintegro dispuesto en esta Sección será de aplicación aun cuando las disposiciones que conceden dichos créditos contributivos dispongan que los mismos no sean reintegrables.

7. Tope máximo de reintegros por año fiscal. — La cantidad máxima de reintegros disponibles para cada año fiscal del Gobierno de Puerto Rico para pagar al amparo de esta Sección será de cuarenta millones (40,000,000) de dólares.

8. El Negocio Exento no reconocerá ganancia o pérdida, ingreso tributable o volumen de negocios bajo el Código de Rentas Internas de Puerto Rico o la "Ley de Patentes Municipales" por el reintegro de los créditos contributivos autorizado en esta Sección.

9. Para propósitos de este apartado (d), el término "otorgado" o "crédito contributivo otorgado" se define como créditos contributivos para los cuales el Negocio Exento haya cumplido con todos los requisitos de este Código o de las Leyes de Incentivos Anteriores y tiene derecho al uso del crédito de acuerdo a las condiciones y limitaciones dispuestas por este Código o bajo las Leyes de Incentivos Anteriores.

(Julio 1, 2019, Núm. 60, sec. 3000.01; Abril 16, 2020, Núm. 40, sec. 86, añade el inciso (d).)

Sección 3000.02- Reglas Adicionales Para la Concesión, Venta y Traspaso de Créditos Contributivos (13 L.P.R.A. sec. 47002)

(a) Los créditos contributivos otorgados bajo el apartado (a) de esta Sección estarán sujetos a lo siguiente:

1. Los créditos contributivos se otorgarán a los Negocios Exentos que posean un Decreto bajo este Código o bajo Leyes de Incentivos Anteriores.

2. Los créditos contributivos podrán utilizarse, respecto al Año Contributivo en cuestión, contra el cien por ciento (100%) de la responsabilidad contributiva determinada para tal año conforme al Subtítulo A del Código de Rentas Internas de Puerto Rico, incluyendo la contribución básica alterna aplicable a individuos y la contribución alternativa mínima aplicable a corporaciones, así como cualquier contribución sobre ingresos impuesta por este Código respecto a las actividades que dieron base al crédito contributivo, o cualquier otra contribución sobre ingresos que se fije mediante ley especial o cualquier combinación de éstas. Además, los créditos contributivos podrán utilizarse contra la responsabilidad contributiva de cualquier planilla no vencida, incluyendo bajo prórroga válida, aunque sea de un año anterior al del otorgamiento del crédito contributivo.

3. La titularidad de los créditos contributivos será del Negocio Exento. En el caso de un Condohotel, y solo para propósitos de los créditos contributivos, dispuestos en la Sección 3010.01 de este Código, el Desarrollador del Condohotel podrá elegir entre solicitar el crédito contributivo para sí o reservar el crédito contributivo para que el adquirente de una unidad de Condohotel lo reclame.

4. Los créditos contributivos podrán arrastrase hasta ser agotados, sujeto a las disposiciones del apartado (h) de la Sección 1051.16 del Código de Rentas Internas de Puerto Rico, si aplican. No obstante, se autoriza al Secretario del DDEC a limitar el arrastre de tales créditos mediante el Reglamento de Incentivos.

5. Los Créditos Contributivos no podrá ser reintegrables, excepto según se dispone bajo el apartado (d) de la Sección 3000.01.

(6) A excepción de los créditos contributivos dispuestos en la Sección 3020.01, los créditos contributivos o cualquier parte de éste que sean emitido conforme a este Código podrán ser cedidos, vendidos o de cualquier modo traspasados, sin que ello constituya un evento tributable, bajo el Código de Rentas Internas de Puerto Rico y la "Ley de Patentes Municipales" o cualquier ley posterior que la sustituya, para el Negocio

Exento que ceda, vende o traspase tales créditos ni para la persona que adquiere tales créditos. Asimismo, los créditos contributivos otorgados bajo la Sección 3010.01(a)(1) y 3010.01 (a)(2) de este Código, tales créditos podrán ser cedidos, vendidos o de cualquier modo traspasados únicamente por un Negocio Exento luego de finalizada la construcción y desarrollo de la totalidad del Proyecto de Turismo y determinado el monto final del crédito contributivo por inversión turística, mediante una certificación a tales efectos que emitirá el Secretario del DDEC. No obstante lo anterior y sujeto a las términos y condiciones dispuestas por el Secretario del DDEC en el Decreto emitido al Negocio Exento, el Secretario del DDEC podrá autorizar al Negocio Exento ceder, vender o traspasar la parte del crédito establecido en la Sección 3010.01(a)(1)(i) de este Código en el año que el Negocio Exento obtuvo el financiamiento necesario para la construcción del Proyecto de Turismo. Cualquier descuento admitido por un cesionario en la venta o cualquier otro modo de traspaso de créditos contributivos otorgados conforme a este Código no constituirá ingreso bajo el Código de Rentas Internas de Puerto Rico o volumen de negocios bajo la "Ley de Patentes Municipales" o cualquier ley posterior que la sustituya.

7. La base de los activos que comprenden toda la inversión que genere los créditos contributivos se reducirá por la cantidad tomada como crédito por tal inversión, pero nunca podrá reducirse a menos de cero.

(b) Se autoriza al Secretario del DDEC a establecer mediante el Reglamento de Incentivos los procesos para la concesión de los créditos contributivos autorizados por el apartado (a) de esta Sección, los cuales estarán sujetos a los mismos principios establecidos en los apartados (a) y (b) de la Sección 3000.01.

(c) Se autoriza al Secretario del DDEC a regular las disposiciones del apartado (b) de esta Sección, así como a imponer reglas o limitaciones adicionales que estime pertinente respecto a los créditos contributivos autorizados bajo el apartado (a) de esta Sección mediante el Reglamento de Incentivos.

8. Todo Crédito Contributivo otorgado bajo este Código o Leyes de Incentivos Anteriores que cumpla con la definición provista del apartado (b)(1) de la Sección 1051.16 del Código de Rentas Internas estará sujeto a las disposiciones del apartado (d) de dicha sección.

(Julio 1, 2019, Núm. 60, sec. 3000.02; Abril 16, 2020, Núm. 40, sec. 87, enmienda el subinciso (a)(5); Diciembre 30, 2020, Núm. 172, art. 5, enmienda el párrafo (6) del apartado (a); Junio 30, 2022, Núm. 52, art. 21, enmienda el párrafo 4 y se añade un párrafo 8 al apartado (a),.)

CAPÍTULO 1- CRÉDITOS CONTRIBUTIVOS DE LA ECONOMÍA DEL VISITANTE

Sección 3010.01- Crédito Contributivo por Inversión Elegible Turística (13 L.P.R.A. sec. 47011)

(a) Crédito Contributivo por inversión turística- Todo Negocio Exento bajo este Código o Leyes de Incentivos Anteriores podrá solicitar, sujeto a la aprobación del Secretario del DDEC, un Crédito Contributivo por inversión turística, a elección del Negocio Exento, igual a:

(1) treinta por ciento (30%) de su Inversión Elegible Turística, según se define en este Código, hecha después de la fecha de efectividad de este Código.

i. El Negocio Exento podrá tomar una parte del Crédito Contributivo de hasta un diez por ciento (10%) de su Inversión Elegible Turística en el año en que el Negocio Exento obtuvo el financiamiento necesario para la construcción total del Proyecto de Turismo, y

ii. el balance del Crédito Contributivo, se podrá tomar en tres (3) plazos: la primera tercera parte del balance del Crédito Contributivo otorgado en el año en que el Negocio Exento reciba su primer huésped que pague por su estadía *(paying guest),* y el balance remanente, en los dos (2) años subsiguientes en partes iguales. El Secretario de DDEC podrá exigir una fianza que garantice el recobro del adelanto de diez por ciento (10%) en caso de que el Negocio Exento no lleve a cabo el proyecto propuesto.-

(2) un cuarenta por ciento (40%) de su Inversión Elegible Turística, según se define en este Código, hecha después de la fecha de efectividad de este Código. El Negocio Exento podrá tomar el Crédito Contributivo en tres (3) plazos: la primera tercera parte del Crédito Contributivo en el segundo año luego que el Negocio Exento comenzó sus operaciones, y el balance remanente en los dos (2) años subsiguientes en partes iguales.

(3) Arrastre de crédito. — Todo crédito por Inversión Elegible Turística no utilizado en un año contributivo podrá ser arrastrado a años contributivos subsiguientes hasta ser agotados, sujeto a las disposiciones del apartado (h) de la Sección 1051.16 del Código de Rentas Internas de Puerto Rico, si aplican.

(b) Cantidad máxima del Crédito Contributivo por inversión turística. El Crédito Contributivo por inversión turística por cada Proyecto de Turismo que estará disponible al Negocio Exento podrá ser de hasta un treinta por ciento (30%) del Costo Total del Proyecto de Turismo respecto a los

Créditos Contributivos otorgados bajo el apartado (a)(1) de esta Sección, o un cuarenta por ciento (40%) del Costo Total del Proyecto de Turismo respecto a los Créditos Contributivos otorgados bajo el apartado (a)(2) de esta Sección, según lo determine el Secretario del DDEC.

(c) Toda Inversión Elegible Turística hecha dentro del Año Contributivo calificará para el Crédito Contributivo por Inversión Elegible Turística provisto en esta Sección.

(d) Ajuste de base y recobro-

(1) La base de los Activos que comprenden toda Inversión Elegible Turística se reducirá por la cantidad que se reclame del Crédito Contributivo, pero nunca podrá reducirse a menos de cero.

(2) El Negocio Exento deberá rendirle un informe anual al Secretario del DDEC en el que se desglose el total de la Inversión Elegible Turística en el Proyecto de Turismo realizada a la fecha del informe anual. El Secretario del DDEC mediante el Reglamento de Incentivos proveerá el contenido de dicho informe anual incluyendo la reconciliación entre el Crédito Contributivo recibido y el total de la inversión realizada durante el año.

(3) Todo Negocio Exento que reclame un Crédito Contributivo bajo las disposiciones de esta Sección deberá solicitar un certificado acreditativo emitido anualmente por el DDEC el cual certifica la Inversión Elegible Turística. En el caso de Condohoteles, el operador del programa de arrendamiento integrado deberá rendirle un informe anual al Secretario del DDEC, en el que identifique las unidades participantes en el programa de arrendamiento integrado. El informe deberá indicar las fechas de comienzo de participación en el programa de las unidades participantes, al igual que la fecha o fechas en que una o más unidades se dieron de baja del programa. Si cualquier unidad se da de baja del programa antes del vencimiento del período de quince (15) años, el Inversionista adeudará como contribución sobre ingresos una cantidad igual al crédito contributivo por Inversión Turística tomado por el Inversionista respecto a tal unidad, multiplicado por una fracción cuyo denominador será quince (15), y cuyo numerador será el balance del período de quince (15) años que requiere este Código. La cantidad adeudada por concepto de contribución sobre ingresos se pagará en dos (2) plazos, comenzando con el primer Año Contributivo siguiente a la fecha de retiro de la unidad del programa integrado de arrendamiento. Para propósitos de este párrafo, el hecho de que un Inversionista en un Condohotel deje de cumplir con algún requisito establecido en la Concesión que se le haya concedido para tales fines o se le revoque por cualquier razón, se considerará que dejó de dedicar las unidades de Condohotel cubiertas bajo dicha Concesión a un programa de

arrendamiento integrado. En aquellos casos en que la unidad se retire del programa de arrendamiento integrado para dedicarse a alguna otra Actividad Turística que sea Negocio Exento bajo este Código por no menos del tiempo que le restaba del período de quince (15) años bajo el programa integrado de arrendamiento, no le aplicará al Inversionista el recobro de contribución sobre ingresos. De no cumplirse con esta condición, el posterior adquirente de la unidad será responsable por cualquier cantidad que tenga que ser recobrada posteriormente por concepto de contribución sobre ingresos. No procederá recobro por los años en que la unidad formó parte de un programa de arrendamiento integrado y de otra Actividad Turística que sea Negocio Exento bajo este Código.

(4) Notificación del comienzo de la obra de construcción- El Negocio Exento notificará la fecha de comienzo de la obra de construcción objeto del Crédito Contributivo por Inversión Turística, mediante una declaración jurada dentro de un término de noventa (90) días del comienzo de dicha obra.

(5) Notificación del Comienzo de operaciones- El Negocio Exento notificará la fecha de comienzo de operaciones, mediante una declaración jurada dentro de un término de noventa (90) días del comienzo de operaciones.

(e) El producto de la venta de un Crédito Contributivo por Inversión Turística deberá utilizarse en el siguiente orden; primero, para el repago del financiamiento provisto por cualquier institución financiera o entidad gubernamental, incluyendo, pero sin limitarse a, la Compañía de Turismo de Puerto Rico, su subsidiaria la Corporación de Desarrollo Hotelero y el Banco de Desarrollo Económico; segundo, para el repago de la totalidad de los demás préstamos, si alguno, otorgados al negocio exento para sufragar el costo total del proyecto o para sufragar cualquier gasto o desembolso que sea parte del costo total del proyecto; y, tercero, para realizar distribuciones al Inversionista del Negocio Exento.

(f) El Crédito Contributivo por Inversión Elegible Turística podrá ser cedido, vendido o de cualquier modo traspasado únicamente por el Negocio Exento, excepto que en el caso en que se den en prenda al Banco Gubernamental de Fomento, a cualquier otra agencia del Gobierno del Estado Libre Asociado de Puerto Rico, o a cualquier otra entidad prestamista, los Créditos Contributivos por Inversión Elegible Turística otorgados a un Negocio Exento para propósitos del financiamiento del costo elegible del proyecto turístico, el acreedor de la prenda podrá vender, ceder, o de cualquier otra forma transferir dichos créditos adquiridos mediante (i) la cesión del crédito por parte del Negocio Exento como fuente de repago a dicho financiamiento o (ii) la ejecución de la prenda a un tercero, si dicha prenda se ejecuta.

(Julio 1, 2019, Núm. 60, sec. 3010.01; Diciembre 30, 2020, Núm. 172, art. 6, enmienda los párrafos (a) y (f); Junio 30, 2022, Núm. 52, art. 23, añade un párrafo (3) al apartado (a).)

CAPÍTULO 2- CRÉDITOS CONTRIBUTIVOS DE MANUFACTURA

Sección 3020.01- Créditos Contributivos para las Entidades dedicadas a la manufactura (13 L.P.R.A. sec. 47021)

(a) Crédito Contributivo para Compras de Productos Manufacturados en Puerto Rico-

(1) Si un Negocio Exento bajo este Código o Leyes de Incentivos Anteriores compra Productos Manufacturados en Puerto Rico, incluyendo componentes y accesorios, o compre o utilice productos transformados en artículos de comercio hechos de materiales reciclados, o con materia prima de materiales reciclados o recolectados o reacondicionados por Negocios Exentos a los que se les haya concedido un Decreto bajo el párrafo (8) del apartado (a) de la Sección 2061.01 de este Código o disposiciones análogas de Leyes de Incentivos Anteriores, podrá reclamar un Crédito Contributivo de hasta un veinticinco por ciento (25%) de las compras de tales productos hechas durante el Año Contributivo. Este Crédito Contributivo se concederá únicamente por compras de productos que se hayan manufacturado por empresas no relacionadas con dicho Negocio Exento.

(2) El Secretario del DDEC mediante el Reglamento de Incentivos proveerá las guías para la otorgación de este Crédito Contributivo.

(3) Todo Negocio Exento que interese reclamar un Crédito Contributivo bajo las disposiciones de esta Sección deberá solicitar un certificado acreditativo emitido anualmente por el DDEC, el cual certificará las compras elegibles y el monto del Crédito Contributivo generado por el Negocio Exento bajo esta Sección.

(4) No obstante lo dispuesto en el apartado (a) (6) de la Sección 3000.02, en el caso de créditos contributivos otorgados bajo esta Sección, los mismos serán intransferibles, excepto en el caso de una reorganización exenta. El monto del crédito contributivo no utilizado por el Negocio Exento en un año contributivo podrá ser arrastrado a años contributivos subsiguientes, hasta tanto se utilice en su totalidad, sujeto a las

disposiciones del apartado (h) de la Sección 1051.16 del Código de Rentas Internas de Puerto Rico, si aplican. Este crédito no generará un reintegro.

(5) En el caso de un Negocio Exento cuyo decreto haya sido otorgado bajo Leyes de Incentivos Anteriores, el crédito provisto en este apartado no estará disponible, y no se concederá crédito alguno bajo esta Sección para el año contributivo, si dicho negocio exento reclama cualquier deducción especial o crédito de naturaleza análoga bajo dicha ley de incentivos anterior para dicho año contributivo.

(6) No obstante lo dispuesto en el párrafo (2) del apartado (a) de la Sección 3000.02, en el caso de un Negocio Exento cuyo Decreto haya sido otorgado bajo una Ley de Incentivos Anterior, cualquier balance arrastrable a años contributivos subsiguientes del crédito generado bajo las disposiciones de dicha ley anterior, estará sujeto a las limitaciones de uso dispuestas bajo la Ley de Incentivos Anterior bajo la cual se generó el crédito contributivo.

(Julio 1, 2019, Núm. 60, sec. 3020.01; Junio 30, 2022, Núm. 52, art. 24, enmienda los párrafos (3) y (4) y se añade un párrafo (6) al apartado (a).)

CAPÍTULO 3- CRÉDITO CONTRIBUTIVO POR INVERSIÓN EN INVESTIGACIÓN Y DESARROLLO

Sección 3030.01- Crédito Contributivo para Ciencia y Tecnología (13 L.P.R.A. sec. 47031)

(a) Crédito Contributivo por Inversión en Investigación y Desarrollo

(1) Cualquier Negocio Exento que posea un Decreto bajo este Código o Leyes de Incentivos Anteriores podrá reclamar, sujeto a la aprobación del Secretario del DDEC, un Crédito Contributivo por inversión de hasta un cincuenta por ciento (50%) de la Inversión Elegible Especial hecha en Puerto Rico dentro del Año Contributivo después de la aprobación de este Código, sujeto a los límites, términos y condiciones establecidas por el Secretario del DDEC.

(2) Todo Negocio Exento que interese reclamar un Crédito Contributivo bajo las disposiciones de este apartado deberá solicitar un certificado acreditativo emitido anualmente por el DDEC, el cual certificará que las actividades de investigación y desarrollo realizadas en Puerto Rico son elegibles para solicitar el Crédito Contributivo dispuesto en el párrafo (1) de este apartado. En caso de que el Secretario del DDEC no decida extender el término aquí dispuesto, evaluando caso a caso, tomando en cuenta el beneficio de los mejores intereses económicos y sociales de Puerto Rico, dicho certificado deberá ser solicitado en o antes de la fecha

límite para radicar la planilla de contribución sobre ingresos correspondiente al Año Contributivo en que se llevó a cabo la Inversión Elegible, según dispuesto por el Código de Rentas Internas de Puerto Rico, incluyendo cualquier prórroga otorgada por el Secretario de Hacienda para su radicación. La certificación deberá incluir el monto de la Inversión Elegible Especial, la cual deberá estar sustentada mediante la presentación de Procedimientos Acordados (Agreed Upon Procedures) realizado por un Contador Público Autorizado con licencia vigente en Puerto Rico, y el monto del Crédito Contributivo otorgado para cada Año Contributivo.

(3) Para propósito del Crédito Contributivo provisto en esta Sección, el término "Inversión Elegible Especial" se define en la Sección 1020.01 de este Código.

(4) Utilización del Crédito Contributivo. — Excepto lo dispuesto en el inciso (i), el Crédito Contributivo que sea otorgado se podrá tomar en dos (2) o más plazos: el cincuenta por ciento (50) Crédito Contributivo se podrá tomar en el Año Contributivo en que se realice la Inversión Elegible Especial y el balance en los años subsiguientes hasta agotarse, sujeto a las disposiciones del apartado (h) de la Sección 1051.16 del Código de Rentas Internas de Puerto Rico, si aplican.

(i) El Crédito Contributivo concedido por este apartado como resultado de una Inversión Elegible Especial hecha en Puerto Rico para años contributivos comenzados después del 31 de diciembre de 2021 podrá ser tomado en dos (2) o más plazos; hasta el cincuenta por ciento (50%) de dicho crédito se podrá tomar en el año en que emita el certificado acreditativo dispuesto en el párrafo (2) de este apartado y el balance de dicho crédito en los años subsiguientes hasta agotarse, sujeto a las disposiciones del apartado (h) de la Sección 1051.16 del Código de Rentas Internas de Puerto Rico, si aplican. Disponiéndose, que dicho crédito podrá utilizarse para satisfacer la contribución sobre ingresos determinada en una planilla de contribución sobre ingresos no vencida, incluyendo cualquier prorroga, a la fecha en que se emita el certificado acreditativo.

(5) Una cantidad equivalente a los Créditos Contributivos que reciba el Negocio Exento por una actividad de investigación y desarrollo se tendrán que reinvertir por el Negocio Exento en actividades de investigación y desarrollo en Puerto Rico.

(6) Ajuste a la base- La base de cualquier activo por el cual se reclame el Crédito Contributivo dispuesto en este apartado se reducirá por el monto del Crédito Contributivo reclamado.

(7) El Negocio Exento no podrá solicitar este Crédito Contributivo con relación a la porción de la Inversión Elegible Especial sobre la cual tome o haya tomado la deducción establecida en el apartado (b) de las Secciones 2062.02 y 2072.02 de este Código o deducción especial análoga bajo Leyes de Incentivos Anteriores. Este Crédito Contributivo no generará un reintegro.

(8) En el caso de un Negocio Exento cuyo Decreto haya sido otorgado bajo una de las Leyes de Incentivos Anteriores, el Crédito Contributivo provisto bajo este apartado no estará disponible, y no se concederá Crédito Contributivo alguno bajo este apartado para el Año Contributivo, si el Negocio Exento reclama cualquier deducción especial o crédito bajo alguna de las Leyes de Incentivos Anteriores para tal Año Contributivo.

(Julio 1, 2019, Núm. 60, sec. 3030.01; Junio 30, 2022, Núm. 52, art. 25, enmienda el párrafo (2) y el párrafo (4) y para añadir un inciso (i), del apartado (a))

CAPÍTULO 4- RESERVADO
Sección 3040.01- Reservado. (13 L.P.R.A. sec. 47041)

(Julio 1, 2019, Núm. 60, sec. 3040.01)

CAPÍTULO 5- CRÉDITO CONTRIBUTIVO PARA INDUSTRIAS CREATIVAS
Sección 3050.01- Crédito Contributivo para Industrias Creativas (13 L.P.R.A. sec. 47051)

(a) Concesión del Crédito Contributivo – A tenor con esta Sección, los Concesionarios dedicados a Proyectos Fílmicos podrán solicitar un Crédito Contributivo, respecto a Gastos de Producción de Puerto Rico.

(b) Sujeto a las limitaciones, términos y condiciones descritas en esta Sección, el Crédito Contributivo estará disponible para los Concesionarios al inicio de las actividades cubiertas por el Decreto en el caso de Proyectos Fílmicos, según lo autorice el Secretario del DDEC. Una vez se cumplan con los requisitos de esta Sección, el Secretario del DDEC certificará la cantidad del Crédito Contributivo aprobado.

(c) Cantidad del Crédito Contributivo —

(1) En el caso de Proyectos Fílmicos, el Crédito Contributivo disponible en esta Sección será de:

(i) Hasta un cuarenta por ciento (40%) de las cantidades certificadas por el Auditor como desembolsadas con relación a Gastos de Producción en Puerto Rico, sin incluir los pagos realizados a Personas Extranjeras; y

(ii) Hasta un veinte por ciento (20%) de las cantidades certificadas por el Auditor como desembolsadas con relación a Gastos de Producción de Puerto Rico que consistan en pagos a Personas Extranjeras.

(iii) Hasta un quince por ciento (15%) de las cantidades certificadas por el Auditor como desembolsadas con relación a Gastos de Producción en Puerto Rico, sin incluir los pagos realizados a una Persona Extranjera, en películas de largometraje, o series en episodio, o documentales en las cuales un Productor Doméstico esté a cargo del Proyecto Fílmico y el director, el cinematógrafo, el editor, el diseñador de producción, el supervisor de post-producción, o el productor de línea sean Personas Domésticas, hasta un máximo de cuatro millones ($4,000,000) de crédito contributivo por Proyecto Fílmico bajo este renglón.

(iv) No obstante a lo dispuesto en este párrafo (1), la cantidad de créditos contributivos estará sujeta a un límite anual de cien millones de dólares ($100,000,000) por año fiscal.

(v) El Secretario del DDEC distribuirá los créditos contributivos de manera justa y equitativa entre todos los proyectos fílmicos elegibles a través de reglamento o carta circular, las cuales deben garantizar no menos de un 10% del total del incentivo para producciones locales y documentales; con el objetivo de mantener y fomentar la inversión y creación de empleos en todos los sectores representativos de la industria fílmica de Puerto Rico, así como promover el crecimiento de la industria fílmica puertorriqueña y los mejores intereses de País.

(2) En el caso de un Proyecto Fílmico, el Crédito Contributivo aprobado podrá ser utilizado en dos (2) o más plazos. El cincuenta por ciento (50%) del Crédito Contributivo se podrá utilizar en el Año Contributivo durante el cual comiencen las actividades cubiertas por el Decreto, sujeto a la entrega de una Fianza aceptable al Secretario del DDEC o a la Certificación del Auditor según se dispone en el apartado (d) de esta Sección, y el balance de dicho Crédito Contributivo en los años subsiguientes, sujeto a las disposiciones del apartado (h) de la Sección 1051.16 del Código de Rentas Internas de Puerto Rico, si aplican.

(3) Los Créditos Contributivos concedidos en este apartado (c) por pagos a Personas Domésticas nunca podrán exceder del cincuenta y cinco por ciento (55%) del total de los Gastos de Producción en Puerto Rico, sin incluir los pagos realizados a una Persona Extranjera.

(d) Fianza o Certificación del Auditor y Crédito Contributivo disponible- En el caso de Proyectos Fílmicos, hasta un cincuenta por ciento (50%) del Crédito Contributivo según descrito en el apartado (a) de esta Sección, estará disponible en el Año Contributivo en que el Concesionario entregue una Fianza aceptable al Secretario del DDEC o el Auditor le certifique al Secretario del DDEC que cincuenta por ciento (50%) o más de los Gastos de Producción de Puerto Rico han sido desembolsado, el Negocio Exento haya comenzado las operaciones cubiertas por el Decreto, y el Secretario del DDEC determine que se ha cumplido con las demás disposiciones aplicables de este Código.

(e) El restante cincuenta por ciento (50%) del Crédito Contributivo aprobado, estará disponible en el Año Contributivo en el cual el Auditor le certifique al Secretario del DDEC que todos los Gastos de Producción de Puerto Rico se han pagado.

(f) La Certificación del Crédito Contributivo descrito en el apartado (d) de esta Sección deberá proveerse dentro de treinta (30) días luego de recibirse la Certificación del Auditor. El período de treinta (30) días quedará interrumpido si el Secretario del DDEC solicita información adicional. Sin embargo, cuando se interrumpa el período de treinta (30) días y se supla la información solicitada, el Secretario del DDEC sólo tendrá los días restantes del período de treinta (30) días, desde la fecha en que se reciba la Certificación del Auditor, para emitir la Certificación del Crédito Contributivo; siempre y cuando el Secretario del DDEC tenga a su disposición todos los documentos necesarios para la evaluación del caso.

(g) Exención Contributiva – Todo Crédito Contributivo bajo esta Sección otorgado a un Negocio Exento estará exento de contribuciones sobre ingresos según lo dispuesto en el Código de Rentas Internas de Puerto Rico. Además, estará exento de contribuciones municipales, incluyendo la contribución sobre el volumen de negocios (Patente).

(h) Los Créditos Contributivos podrán otorgarse de manera multi-anual a un Concesionario mediante convocatorias competitivas y conforme lo establezca el Secretario del DDEC mediante el Reglamento de Incentivos.

(i) Todo Concesionario pagará al Secretario del DDEC, mediante la compra de un comprobante en una colecturía de rentas internas del Departamento de Hacienda, derechos equivalentes a un por ciento (1%) de los Gastos de Producción de Puerto Rico que cualifiquen para tal Crédito Contributivo, según lo establezca el Secretario del DDEC mediante el Reglamento de Incentivos, hasta un límite de doscientos cincuenta mil dólares ($250,000). Se depositarán tales ingresos en el Fondo de Incentivos Económicos que se crea por virtud de este Código. El Secretario del DDEC podrá utilizar tales fondos para fomentar el desarrollo de la industria cinematográfica como así lo determine o para pagar cualquier gasto incurrido en la promoción o administración del Programa de Desarrollo de la Industria Cinematográfica.

(j) Los Proyectos Fílmicos no podrán solicitar Créditos Contributivos o créditos contributivos adicionales una vez otorgado un Crédito Contributivo o crédito contributivo, lo cual estará sujeto a la cantidad máxima establecida en el Decreto.

(Julio 1, 2019, Núm. 60, sec. 3050.01; Abril 16, 2020, Núm. 40, sec. 88, enmienda el apartado (c) para añadir el subinciso (1)(iv); Junio 30, 2022, Núm. 52, art. 26, enmienda el párrafo (2) del apartado (c) ; Enero 9, 2023, Núm. 5, art. 3, enmienda los apartado (b) y (c) en términos generales.)

Notas Importantes
Enmiendas
-**2023, ley 5**- Esta ley 5, enmienda las secciones 1020.07, 2071.01 y esta sección 3050.01 e incluye los siguientes artículos de aplicación:
Artículo 4. Responsabilidad Fiscal- La Oficina de Gerencia y Presupuesto; el Departamento de Desarrollo Económico y Comercio y la Autoridad de Asesoría Financiera y Agencia Fiscal de Puerto Rico tendrán el deber ministerial de identificar y ejecutar todas aquellas acciones posibles para la consecución de esta Ley.
Artículo 5. Separabilidad- Si alguna disposición de esta Ley fuera declarada nula o ineficaz por algún tribunal o foro autorizado en ley para ello, dicha determinación solo afectará a esa porción de la ley y no afectará la validez del resto de esta. Además, si alguna disposición de esta Ley fuese objeto de reparo u objeción por parte de la Junta de Supervisión Fiscal creada al amparo del Puerto Rico Oversight, Management and Economic Stability Act (PROMESA), 48 USC §§ 2101 et seq., basándose la Junta en que dicha disposición conflige con el Plan Fiscal vigente, tal disposición se tendrá por no puesta, y las restantes disposiciones de esta Ley permanecerán inalteradas.
Artículo 6.- Vigencia.- Esta Ley comenzará a regir inmediatamente después de su aprobación.

SUBTÍTULO D-SUBSIDIOS Y OTROS PROGRAMAS
CAPÍTULO 1- PROGRAMA DE SUBSIDIO SALARIAL A LOS TRABAJADORES AGRÍCOLAS

Sección 4010.01- Establecimiento del Programa de Subsidio Salarial a los Trabajadores Agrícolas (13 L.P.R.A. sec. 47501)

(a) Subsidio Salarial-

(1) Sujeto a las restricciones impuestas por el párrafo (2) del apartado (b) de esta Sección, se establece para los Trabajadores Agrícolas elegibles una garantía de salario, mediante un subsidio, de no menos de cinco dólares con veinticinco centavos ($ 5.25) a partir del 1ro. de julio de 2010, Año Fiscal 2010-2011.

(2) El subsidio del salario aquí establecido no alterará cualquier salario ya existente o que se convenga en el futuro para las distintas clasificaciones de trabajo en la industria agrícola. Cualquier aumento en salario logrado por los Trabajadores Agrícolas mediante convenio colectivo o contrato de trabajo a partir del 1ro. de julio de 1989, lo recibirá el trabajador sobre el nivel de garantía de salario, vía subsidio aquí establecido, sin que se afecte el derecho del agricultor al reembolso por concepto del subsidio salarial. No procederá el pago de subsidio salarial por labores realizadas durante horas extras, según se definen en la Ley Núm. 379 de 15 de mayo de 1948, según enmendada, conocida como "Ley para Establecer la Jornada de Trabajo en Puerto Rico".

(b) Forma de pago-

(1) Los patronos de los Trabajadores Agrícolas pagarán de su propio pecunio los salarios garantizados, vía subsidio, en esta Sección, o aquellos fijados directamente por obligaciones contractuales, legislación, Decretos, cualesquiera de ellos que resulte más alto. El Gobierno de Puerto Rico, a través del Departamento de Agricultura, establecerá mediante reglamento el subsidio salarial a remesar a los patronos de los Trabajadores Agrícolas que cumplan con las disposiciones de esta Sección.

(2) El Secretario del DDEC, en consulta y con la anuencia del Secretario de Agricultura, fijará mediante el reglamento de incentivos, o mediante reglamento especial, que podrá ser delegado al Secretario de Agricultura, los criterios que regirán la determinación de los trabajadores agrícolas que serán elegibles para recibir los beneficios de esta Sección. Entre dichos criterios, el Secretario de Agricultura considerará el número de horas que deberán trabajar semanalmente los obreros con relación a cultivos y

actividades agropecuarias estacionales y no estacionales, los subsidios salariales a pagar, tomando en consideración las diferentes necesidades de trabajo humano requeridas para producir cada clase de cosecha a base del grado de mecanización alcanzado por cada empresa y cada grupo de empresario, los salarios que se pagan en Puerto Rico en cada clase de actividad agrícola, y cualquier otro factor que a juicio del Secretario de Agricultura deba tomarse en consideración. El Secretario de Agricultura fijará el subsidio salarial a pagar considerando el número de horas que trabajan semanalmente los obreros en relación con cultivos y actividades agrícolas estacionales y no estacionales, tomando en consideración las diferentes necesidades de trabajo humano requeridas para producir cada clase de cosecha a base del grado de mecanización alcanzado por cada empresa y cada grupo de empresarios, los salarios que se paguen en Puerto Rico en cada clase de actividad agrícola, y cualquier otro factor que a juicio del Secretario de Agricultura, deba tomarse en consideración. Para efectos del Subsidio Salarial en las industrias de producción de huevos, leche y pollos parrilleros el Secretario de Agricultura utilizará como base la Unidad de Producción o aquellas otras bases que se determine por reglamento. El subsidio salarial no podrá ser menor a la cantidad de dos dólares con setenta y dos centavos ($2.72), a partir del 1 de julio de 2021, Año Fiscal 2021-2022, por hora certificada trabajada.

(3) Los Patronos de los Trabajadores Agrícolas estarán obligados a rendir al Secretario de Agricultura, o al funcionario en quien este delegue, dentro del término que se fije por reglamento, aquellos informes que se le soliciten para computar los datos en que habrán de basarse los subsidios salariales que el Gobierno de Puerto Rico se compromete a pagar para resarcir a los patronos de los Trabajadores Agrícolas del gasto adicional en que estos incurran para cumplir con las disposiciones de esta Sección.

(4) Los pagos de subsidio salarial a los agricultores se harán Secretario de Agricultura haya recibido los informes a que se refiere el párrafo (3) de este apartado.

(5) Los fondos para el subsidio salarial provendrán de la partida que anualmente se asigne como parte del presupuesto del Fondo General.

(c) Violaciones- Toda persona natural o jurídica que viole las disposiciones de esta Sección o su reglamento, relativas al pago del subsidio salarial, deberá reembolsar la cantidad de dinero recibido en exceso al monto que le correspondía mediante reglamentación.

(d) Reglamento- Se faculta al Secretario del DDEC junto al Secretario de Agricultura a adoptar las reglas y los reglamentos necesarios para implantar las disposiciones de esta Sección.

(e) Los fondos para el funcionamiento del programa establecido en esta Sección provendrán del Fondo de Incentivos Económicos.

(Julio 1, 2019, Núm. 60, sec. 4000.01; Enero 12, 2023, Núm. 6, art. 1, enmienda el párrafo (2) del apartado (b) en términos generales.)

Sección 4010.02- Bono Anual a los Trabajadores Agrícolas (13 L.P.R.A. sec. 47502)

(a) Se dispone el pago de un bono anual a los Trabajadores Agrícolas por parte del Departamento de Agricultura, conforme a la cuantía que anualmente se designe para ello en el presupuesto del Fondo General, por una cantidad no menor de ciento sesenta y cinco (165) dólares o del cuatro por ciento (4%) del ingreso anual del Trabajador Agrícola, cualquiera de las dos cantidades que sea mayor, hasta un máximo de doscientos treinta y cinco (235) dólares.

(b) Este bono se pagará anualmente a aquellos Trabajadores Agrícolas que trabajen en Puerto Rico no menos de doscientas (200) horas en labores agrícolas realizadas en Puerto Rico, dentro del periodo de doce (12) meses comprendido desde el 1 de julio de cada año hasta el 30 de junio del año siguiente.

(c) Cada año, no más tarde del 31 de agosto, los patronos de los Trabajadores Agrícolas deberán rendir al Departamento de Agricultura aquellos informes que el Secretario de Agricultura requiera mediante reglamento para establecer la elegibilidad de los Trabajadores Agrícolas, así como para computar el monto del bono provisto por esta Sección.

(d) En los casos en que lo considere necesario, el Secretario proveerá un formulario en el que los patronos de los Trabajores Agrícolas deberán indicar el nombre de cada trabajador, el número de Seguro Social, el total de horas trabajadas y el ingreso devengado por su trabajo dentro de cada periodo especificado, así como cualquier otra información que el Secretario de Agricultura determine pertinente para tales propósitos.

(e) Ni el Gobierno de Puerto Rico, ni el Departamento de Agricultura serán responsables de pagar las reclamaciones de los Trabajadores Agrícolas motivadas por el incumplimiento por parte de los patronos de los Trabajadores Agrícolas de cualquiera de las disposiciones de esta Sección o por información que se haya dejado de suministrar.

(f) Cuando resultare que el reclamante es elegible al pago del bono provisto por esta Sección y que dejó de recibirlo por incumplimiento de su patrono, el Trabajador Agrícola tendrá derecho a reclamar de dicho patrono o patronos el doble de la cantidad dejada de percibir y, en caso de que el patrono se niegue, podrá solicitar judicialmente el remedio correspondiente.

(g) Los fondos para el funcionamiento del programa establecido en esta Sección provendrán del Fondo de Incentivos Económicos.

(Julio 1, 2019, Núm. 60, sec. 4010.01)

SUBTÍTULO E- FONDOS PARA LA CONCESIÓN DE BENEFICIOS
CAPÍTULO 1- FONDOS DE DESARROLLO ECONÓMICO

Sección 5010.01- Fondo de Incentivos Económicos (13 L.P.R.A. sec. 48001)

(a) A los fines de ejecutar los propósitos de desarrollo económico de este Código, se crea el Fondo de Incentivos Económicos. El Secretario de Hacienda establecerá una cuenta bajo su custodia y segregará en ella los fondos que se disponen en esta Sección.

(b) En la cuenta denominada Fondo de Incentivos Económicos, ingresará el diez por ciento (10%) tanto de los recaudos provenientes de la contribución sobre ingresos que paguen todos los Negocios Exentos con un Decreto bajo este Código o leyes de incentivos anteriores, como de los recaudos por el pago de contribuciones retenidas por concepto de regalías relacionadas a las operaciones exentas bajo este Código o Leyes de Incentivos Anteriores y cualquier otra asignación para estos fines. En ningún año fiscal la cantidad que ingresará a la cuenta denominada Fondo de Incentivos Económicos excederá la cantidad de ciento veinticinco millones de dólares ($125,000,000).

(c) El Secretario del DDEC administrará los dineros del Fondo de Incentivos Económicos y tendrá la discreción necesaria y suficiente para la utilización de los dineros siempre que tal utilización conduzca al logro de los fines dispuestos en este Código.

(d) Los beneficios económicos provistos por este Código mediante esta Sección y las Secciones 2014.01, 2022.06, 2034.01, 2084.01, 2025.01, 2025.02, 2100.02, 2100.03, 2110.03, 4010.01, 4010.02, 5010.02, 5010.03 y 5010.04 serán sufragadas por el Fondo de Incentivos Económicos.

(e) La cantidad que ingrese al Fondo de Incentivos Económicos proveniente de Nuevos Negocios se destinará anualmente a la entidad denominada *Invest Puerto Rico Inc.* de conformidad con las disposiciones de la Ley 13-2017, según enmendada.

(f) El Secretario del DDEC establecerá mediante reglamento los criterios que se utilizarán para la otorgación y el desembolso del remanente de los dineros del Fondo de Incentivos Económicos, un modelo para el cálculo del estimado de Retorno de Inversión del programa de incentivos, y las circunstancias y los requisitos que deberá cumplir un solicitante para beneficiarse de cada uno de los incentivos que provea el DDEC. Toda asignación y desembolso de dineros del Fondo de Incentivos Económicos deberá ser aprobado por el Secretario del DDEC y establecido mediante contrato de incentivos que se deberá registrar en la Oficina del Contralor de Puerto Rico.

(g) Anualmente, el Secretario del DDEC incluirá el detalle de los beneficios otorgados bajo el Fondo de Incentivos Económicos en el Informe de Incentivos.

(h) El Secretario de Hacienda establecerá los procesos y las reservas necesarias para acumular y desembolsar los recaudos que le corresponden al Fondo de Incentivos Económicos aquí establecido.

(i) El Fondo de Incentivos Económicos creado por esta Sección, será el sucesor para todos los fines legales de los siguientes Fondos especiales:

(1) el Fondo Especial de Desarrollo Económico creado por la Ley 73-2008, según enmendada;

(2) el Fondo Especial para el Desarrollo de la Exportación de Servicios y Promoción creado por la Ley 20-2012, según enmendada;

(3) el Fondo Especial para el Desarrollo de la Industria Cinematográfica creado por la Ley 171-2014, según enmendada;

(4) el Fondo Especial bajo la "Ley de Incentivos Económicos para la Industria Cinematográfica Fílmica de Puerto Rico" para la Capacitación de la Industria Cinematográfica Local creado por la Ley 27-2011, según enmendada;

(5) el Fondo de Energía Verde de Puerto Rico creado por la Ley 83-2010;

(6) los Fondos del Programa de Incentivos Industriales conforme a las disposiciones del Artículo 21 de la Ley Núm. 188 de 11 de mayo de 1942, según enmendada y la Ley 203-1997, según enmendada;

(7) los fondos transferidos a la Compañía de Fomento Industrial para el Programa de Rones de Puerto Rico establecido por la Ley 108-2014;

(8) el Fondo para la Promoción de Empleos y Actividad Económica establecido por la Ley 73-2014, según enmendada;

(9) el Fondo de Empresarismo establecido por la Ley 73-2014, según enmendada;

(10) el Fondo de la Compañía de Turismo para Incentivos a la Industria de Barcos Cruceros creado por la Ley 113-2011, según enmendada.

(j) A partir de la vigencia de este Código, los fondos disponibles o adeudados por el Departamento de Hacienda a cualquiera de los fondos mencionados en el inciso anterior, ingresarán directamente al Fondo de Incentivos Económicos.

(k) Se autoriza al Secretario del DDEC a utilizar hasta un siete por ciento (7%) de la asignación provista para cada año fiscal para cubrir los gastos administrativos que ocasione la ejecución de las disposiciones de esta Sección y cualquier gasto directamente relacionado con la implementación del Código.

(Julio 1, 2019, Núm. 60, sec. 5010.01; Diciembre 30, 2020, Núm. 172, art. 7, enmienda el apartado (d); Junio 30, Núm. 52, art. 27, enmienda el apartado (b).)

Sección 5010.02- Incentivo para el Desarrollo de la Industria Cinematográfica de Puerto Rico (13 L.P.R.A. sec. 48002)

(a) Los objetivos primordiales de este incentivo serán desarrollar la Industria Cinematográfica de Puerto Rico, proveyendo herramientas para financiar, fomentar, desarrollar y estimular la producción de películas puertorriqueñas para salas de cine y con distribución adicional vía televisión, internet, plataformas de ventanas alternas o medios digitales, conforme a las condiciones que fije mediante reglamento el Secretario de DDEC, y con el objetivo de aumentar la producción de Cine Puertorriqueño y su público a nivel local, nacional e internacional.

(b) Los fondos requeridos para conceder los incentivos dispuestos en esta Sección provendrán del Fondo de Incentivos Económicos y serán administrados por el Secretario del DDEC.

(c) Administración de Fondos-

(1) El DDEC establecerá mediante reglamentación al efecto, todo lo concerniente a la forma y manera en que se solicitarán y otorgarán los incentivos dispuestos en esta Sección a los fines que se garantice una sana administración de fondos públicos.

(2) Será obligación del DDEC el velar porque los fondos asignados al Fondo de Incentivos Económicos sean utilizados conforme a la reglamentación que ésta establezca.

(d) Elegibilidad-

(1) Solamente serán elegibles para los beneficios del Fondo de Incentivos Económicos los Proyectos Fílmicos para los que ochenta por ciento (80%) de los Gastos de Producción sean a Residentes de Puerto Rico.

(2) Solamente serán elegibles para los beneficios del Fondo de Incentivos Económicos aquellos proyectos de largometraje que cualifiquen para

recibir Créditos Contributivos de conformidad con las disposiciones del Subtítulo C de este Código.

(e) Beneficios-

(1) Los beneficios otorgados bajo esta Sección se estructurarán como inversiones de capital en un Proyecto Fílmico y no podrán exceder el veinticinco por ciento (25%) del costo total de un Proyecto Fílmico o ciento veinticinco mil dólares ($125,000.00), lo que sea menor. Dicha inversión es considerada reintegrable, por lo cual vendrá asociada con un porcentaje, establecido mediante reglamento, de todos los ingresos del Proyecto Fílmico los cuales serán dirigidos hacia el Fondo de Incentivos.

(2) El recibir beneficios bajo esta Sección no limitará que el Proyecto Fílmico obtenga el Crédito Contributivo u otros beneficios provistos mediante este Código por las inversiones sufragadas mediante capital privado o fondos públicos o gubernamentales de otras jurisdicciones a invertirse en la producción en Puerto Rico del Proyecto Fílmico.

(Julio 1, 2019, Núm. 60, sec. 5010.02)

Sección 5010.03- Incentivos para las Industrias Creativas (13 L.P.R.A. sec. 48003)

(a) El objetivo de los Incentivos para las Industrias Creativas dispuestos en esta Sección será fomentar las condiciones idóneas para convertir a Puerto Rico en un centro de clase mundial donde los artistas y productores que formen parte de las Industrias Creativas, según dicho término es definido en la Sección 1020.09 de este Código, o las industrias de *eSports* y *Fantasy Leagues* incluyendo artistas y productores locales, así como aquellos otros que quieran establecerse en Puerto Rico, tengan la oportunidad de desarrollar, presentar y expandir su obra y talento. Cualquier Persona que se dedique a exponer y/o producir eventos musicales será elegible para solicitar el incentivo dispuesto en esta Sección, disponiéndose que en cuanto a las demás Industrias Creativas, serán elegibles aquellas Personas que operen dentro de Distritos de Desarrollo de Industrias Creativas que sean designados de conformidad con la Sección 2094.01 de este Código. Las Personas que reciban los incentivos dispuestos en las Secciones 3050.01 y/o 5010.02 de este Código no serán elegibles para los incentivos de esta Sección.

(b) Los fondos requeridos para conceder los Incentivos para las Industrias Creativas dispuestos en esta Sección provendrán del Fondo de Incentivos Económicos y serán administrados por el Secretario del DDEC.

(c) Administración de Fondos-

(1) El DDEC establecerá mediante reglamentación al efecto, todo lo concerniente a la forma y manera en que se solicitarán y otorgarán los incentivos dispuestos en esta Sección a los fines que se garantice una sana administración de fondos públicos.

(2) Será obligación del DDEC el velar porque los fondos asignados al Fondo de Incentivos Económicos sean utilizados conforme a la reglamentación que ésta establezca.

(Julio 1, 2019, Núm. 60, sec. 5010.03)

Sección 5010.04- Incentivos para el reciclaje y la transformación de la chatarra proveniente de perfiles o extrusiones de aluminio en Puerto Rico. (13 L.P.R.A. sec. 48004)

(a) Se establece como política pública del Gobierno de Puerto Rico fomentar el reciclaje y la transformación de la chatarra proveniente de perfiles o extrusiones de aluminio en Puerto Rico. Reducir el volumen de los residuos sólidos que se disponen finalmente en las instalaciones de disposición de residuos sólidos autorizados es un interés público apremiante. Por lo cual, se fomentará recolectar, separar y transformar la chatarra de aluminio con el propósito de prevenir que este material fácilmente reciclable termine en los vertederos de Puerto Rico. Como parte de esta política pública, se creará un programa para fomentar el reciclaje de chatarra de aluminio en Puerto Rico que permita transformarlo en materia prima y promueva la manufactura local con productos de aluminio reciclado en Puerto Rico.

(b) Los fondos requeridos para conceder los incentivos dispuestos en esta Sección 5010.04 provendrán del Fondo de Incentivos Económicos y serán administrados por el Secretario del DDEC.

(c) Administración de Fondos-

(1) El DDEC establecerá mediante reglamentación al efecto, todo lo concerniente a la forma y manera en que se solicitarán y otorgarán los incentivos dispuestos en esta Sección 5010.04 a los fines que se garantice una sana administración de fondos públicos.

a. El DDEC creará, dentro de un periodo de tiempo que no excederá ciento ochenta (180) días, un reglamento cónsono con los propósitos de esta Sección 5010.04 y de este Código.

(2) Será obligación del DDEC el velar porque los fondos asignados al Fondo de Incentivos Económicos sean utilizados conforme a la reglamentación que ésta establezca.

(i) Será obligación del DDEC llevar a cabo el diseño e implementación de un Programa de Incentivos para el Reciclaje de Chatarra de Aluminio, utilizando los dineros disponibles en el Fondo de Incentivos Económicos provenientes de las demás actividades que capitalizan dicho Fondo.

(3) El DDEC deberá obtener, publicar y mantener actualizado un registro de aquellas compañías que reciban incentivos provenientes del Fondo. La información a publicar seguirá las disposiciones de publicación de información de beneficiarios de incentivos económicos establecidas en este Código.

(d) Elegibilidad:

(1) Solamente serán elegibles para los beneficios del Fondo de Incentivos Económicos:

(i) Planta de extrusión: Toda planta que extruda perfiles de aluminio recibirá un incentivo de seis punto cinco (6.5) centavos por libra manufacturada en Puerto Rico.

(ii) Planta de Transformación: Toda planta que transforme chatarra en lingotes de aluminio mediante un proceso de fundición recibirá un incentivo de seis centavos (6.0) por libra manufacturada en Puerto Rico.

(Julio 1, 2019, Núm. 60; Diciembre 30, 2020, Núm. 172, art. 8, añade esta sección 5010.04.)

SUBTÍTULO F- DISPOSICIONES ADMINISTRATIVAS
CAPÍTULO 1- DISPOSICIONES ADMINISTRATIVAS DE CARÁCTER GENERAL
SUBCAPÍTULO A- OFICINA DE INCENTIVOS PARA NEGOCIOS EN PUERTO RICO

Sección 6011.01- Creación (13 L.P.R.A. sec. 48501)

Se crea la Oficina de Incentivos para Negocios en Puerto Rico (Oficina de Incentivos), adscrita al DDEC, la cual se encargará de tramitar, evaluar, procesar y fiscalizar las solicitudes de concesión de incentivos, los Decretos otorgados y las solicitudes de enmiendas a los mismos, entre otros asuntos relacionados a la concesión de incentivos bajo este Código.

(Julio 1, 2019, Núm. 60, sec. 6011.01)

Sección 6011.02- Director de la Oficina de Incentivos (13 L.P.R.A. sec. 48502)

(a) El Secretario del DDEC nombrará al Director de la Oficina de Incentivos, quien dirigirá y administrará esta Oficina. El Director de la Oficina de Incentivos ejercerá los poderes inherentes a su cargo, y cumplirá con los deberes y las obligaciones que le impone este Código.

(b) El Secretario del DDEC podrá delegar al Director de Incentivos cualquiera de las facultades que se le confiere a él en este Código, o en lo que respecta a los asuntos cobijados en este Código, excepto la firma de Decretos y la concesión de Créditos Contributivos.

(Julio 1, 2019, Núm. 60, sec. 6011.02)

Sección 6011.03- Solicitudes de Concesión de Incentivos (13 L.P.R.A. sec. 48503)

(a) El Secretario del DDEC será responsable de procesar las solicitudes de concesión de incentivos bajo el procedimiento establecido en este Código.

(b) Se ordena a la Oficina de Incentivos a crear y administrar el Portal, y utilizar el mismo para:

(1) Facilitar la radicación y transmisión electrónica y en vivo de solicitudes de concesión de incentivos y documentos relacionados, de manera que se agilice la evaluación de solicitudes y los procesos en general;

(2) Mantener una base de datos pública. La información provista por el solicitante, al igual que comentarios formales provistos por las entidades gubernamentales, estarán disponibles en la base de datos de la Oficina de

Incentivos desde su radicación para que tanto el solicitante como las entidades gubernamentales puedan tener acceso a la información intercambiada a través del sistema. El contenido específico de la base de datos será establecido por el Secretario del DDEC mediante el Reglamento de Incentivos;

(3) Permitir la creación de un perfil para cada Negocio Elegible solicitante o Concesionario que incluya toda la información necesaria para tramitar la solicitud o renovación, un historial de solicitudes previas, el tipo de incentivo solicitado, y cualquier otra información que por reglamento el Secretario del DDEC determine correspondiente;

(4) Contener una herramienta automatizada e interactiva de orientación para el público en general con información sobre el proceso de solicitud, la información necesaria para evaluar la misma, los tipos de incentivos disponibles, y cualquier otra información que el Secretario del DDEC estime correspondiente mediante reglamento;

(5) Facilitar el intercambio de información entre la Oficina de Incentivos y otras agencias del Gobierno de Puerto Rico; y

(6) Proveer datos para la revisión periódica de los indicadores de desempeño de cada Concesionario, incentivo e industria.

(c) El Secretario del DDEC podrá exigir a los solicitantes de incentivos la presentación de aquella documentación adicional que entienda necesaria para evaluar y justificar la concesión de incentivos solicitada.

(Julio 1, 2019, Núm. 60, sec. 6011.03)

Sección 6011.04- Certificado de Cumplimiento, Profesional de Cumplimiento e Investigación de Concesionarios (13 L.P.R.A. sec. 48504)

(a) El Secretario del DDEC fiscalizará las operaciones de todos los concesionarios para evaluar y asegurar que las actividades que un Concesionario lleva a cabo cumplen con los términos de la Concesión y poder expedir el Certificado de Cumplimiento. Todo Concesionario deberá presentar cualquier informe y someter cualquier otra información que le solicite el Secretario del DDEC, de tiempo en tiempo, con relación a cualquier Concesión.

(b) El Secretario del DDEC podrá examinar cualesquiera libros, papeles, constancias o memorandos pertinentes al objeto de la Concesión, y tendrá facultad para citar testigos y tomar sus declaraciones respecto a los hechos alegados, o en cualquier otra forma relacionados con la Concesión solicitada, tomar juramento a cualquier persona que declare ante él, y someter un informe con respecto a la prueba presentada, junto a sus recomendaciones sobre el caso.

(c) Certificado de Cumplimiento

(1) El Certificado de Cumplimiento será el único documento legal que validará que la persona natural o jurídica cumple con los requisitos específicos de esta ley y los dispuestos en su decreto que le concede un determinado privilegio, y por tanto, es merecedora del incentivo o beneficio contributivo que se trate.

(2) El Certificado de Cumplimiento tendrá una vigencia de dos (2) años, y deberá estar vigente y aparecer en el Portal para la concesión del incentivo o beneficio contributivo, así como para cualquier enmienda a dicho incentivo, para mantener dicho incentivo. La falta de expedición del Certificado de Cumplimiento equivaldrá a la suspensión inmediata del decreto, hasta tanto se satisfagan los requerimientos y sea expedida, o de no expedirse, a la terminación definitiva del referido decreto.

(3) El Certificado de Cumplimiento incluirá la disposición especifica de esta ley que ofrece el incentivo o beneficio, la naturaleza del incentivo o beneficio, cualquier variante respecto la cantidad concedida del beneficio o incentivo que se trate, toda aquella información pertinente, que refleje el resultado del impacto de la actividad incentivada en la economía de Puerto Rico (como por ejemplo, los ingresos sujetos a exención contributiva si algunos, la inversión y la cantidad de empleos creados), a fin de que se permita extraer información para motivos de análisis y estadística, y la firma del Profesional de Cumplimiento certificando que toda la información es correcta y que la persona natural o jurídica cumple con todos los requisitos dispuestos en la ley.

También deberá contener, como mínimo, los datos que a continuación se indican para considerarse válida:

(i) el nombre de la persona natural o jurídica o del negocio exento que se trate;

(ii) indicación de si se trata de un incentivo o beneficio contributivo a ser emitido por primera vez, o una enmienda al incentivo o beneficio contributivo o mantenimiento de éste, incluyendo el mantenimiento de las condiciones para que no se revoque un crédito contributivo:

(iii) el número de catastro de la propiedad o propiedades relacionadas al negocio;

(iv) el número en el registro de comerciante;

(v) la cuenta relacionada del negocio según requerida en el Código de Rentas Internas de Puerto Rico;

(vi) el seguro social patronal; y

(vii) la información requerida por la Ley 216-2014, mejor conocida como la "Ley del Control de Información Fiscal y de Permisos".

El Certificado de Cumplimiento no podrá contener información específica, más allá de la aquí indicada, que vulnere aspectos de confidencialidad referente a las leyes que regulan los decretos contributivos.

(d) Profesional de Cumplimiento

A fin de cumplir con lo dispuesto en esta sección, el Secretario del DDEC mediante reglamentación establecerá los parámetros que deberá cumplir el Profesional de Cumplimiento.

El Profesional de Cumplimiento será un contador público autorizado o un abogado con licencia vigente para ejercer la profesión en Puerto Rico.

(Julio 1, 2019, Núm. 60, sec. 6011.04; Junio 30, 2022, Núm. 52, art. 28, enmienda en términos generales.)

Sección 6011.05- Revisión Administrativa (13 L.P.R.A. sec. 48505)

(a) El Secretario del DDEC podrá celebrar vistas públicas o administrativas para cumplir con los deberes y obligaciones que este Código le impone, tales como:

(1) El proceso de revisión, de suspensión o revocación de una Concesión según se dispone más adelante en este Código; y

(2) La revisión de multas establecidas conforme a este Código y Leyes de Incentivos Anteriores.

(Julio 1, 2019, Núm. 60, sec. 6011.05)

Sección 6011.06- Trasferencia de funciones y poderes (13 L.P.R.A. sec. 48506)

(a) A tenor con los propósitos de este Código, la Oficina de Exención Contributiva Industrial descrita en la Ley 73-2008, según enmendada, y leyes antecesoras, pasará sus poderes, funciones, activos y recursos a la Oficina de Incentivos creada bajo este Código. Tanto el Secretario del DDEC como el personal de la antigua Oficina de Exención Contributiva Industrial, deberán ejercitar los poderes y desempeñar los deberes y cumplir las obligaciones impuestas por este Código a la Oficina de Incentivos.

(b) Excepto en el caso del Departamento Hacienda que continuará realizando el proceso de endoso de los Decretos, todas las agencias, instrumentalidades o entes gubernamentales que antes administraban el proceso de concesión de incentivos bajo las distintas leyes de incentivos, transferirán al Secretario del DDEC y a la Oficina de Incentivos, según aplique, los asuntos dispuestos en este Código a partir de la fecha de vigencia del mismo, incluyendo todo lo relacionado a:

(1) El proceso de solicitud, evaluación, aprobación, emisión, denegación, administración y revocación de concesiones de incentivos para todo Negocio Elegible cobijado por este Código;

(2) La aprobación y concesión final de beneficios provenientes del Fondo de Incentivos Económicos; y

(3) El Secretario del DDEC podrá llevar a cabo cualquier función que por virtud de este Código se le asigne, o que de no asignársele expresamente, se considere conveniente y necesaria para administrar y cumplir con los propósitos de este Código.

(c) Cualquier reglamento que rija la operación de la Oficina de Exención Contributiva Industrial o cualquier reglamento relacionado a la concesión de los incentivos establecidos en este Código que esté vigente a la fecha en que tenga efectividad la transferencia autorizada aquí y que no sea contrario a los propósitos de este Código, continuará en vigor hasta que se adopte el Reglamento de Incentivos.

(Julio 1, 2019, Núm. 60, sec. 6011.06)

Sección 6011.07- Procedimientos (13 L.P.R.A. sec. 48506)

(a) Solicitudes ante la Oficina de Incentivos y certificaciones ante el Profesional de Cumplimiento.

(1) Cualquier persona que ha establecido, o propone establecer en Puerto Rico un Negocio Elegible, según dicho término se define en este Código, podrá solicitar los beneficios de este Código, mediante la radicación de una solicitud ante la Oficina de Incentivos, utilizando el Portal, conforme a lo dispuesto en el Capítulo 2 del Subtítulo F de este Código.

(2) Toda comunicación oficial con relación a una solicitud ante la Oficina de Incentivos se hará accediendo a la cuenta del solicitante en el Portal.

(3) Toda Concesión emitida conforme a lo dispuesto en este Código, estará sujeta al fiel cumplimiento de lo establecido en este Código, y los reglamentos, cartas circulares o determinaciones aplicables, así como a las condiciones establecidas en el decreto que se trate. El Profesional de

Cumplimiento deberá evaluar, cada dos (2) años luego de emitida una Concesión, las operaciones del Concesionario para confirmar la información suministrada por éste, verificar la observancia con las condiciones establecidas en el decreto y de ser así emitir la correspondiente Certificación de Cumplimiento, y recomendar multas o penalidades en caso de incumplimiento, así como la suspensión, revocación o nulidad de la Concesión, según corresponda al Secretario del DDEC.

(b) Evaluación de las Solicitudes y Determinación de Concesión de Incentivos-

(1) El procedimiento de evaluación y aprobación de una solicitud ante la Oficina de Incentivos se hará conforme a lo dispuesto en el Capítulo 2 del Subtítulo F de este Código.

(Julio 1, 2019, Núm. 60, sec. 6011.07; Junio 30, 2022, Núm. 52, art. 29, enmienda el título y el párrafo (3) del apartado (a).)

Sección 6011.08- Informe Anual de Incentivos (13 L.P.R.A. sec. 48508)

(a) Anualmente, pero no más tarde del 30 de septiembre de cada año, el DDEC publicará en su portal electrónico, accesible a toda la ciudadanía, un informe de todos los incentivos solicitados y otorgados por virtud de este Código o bajo otras Leyes de Incentivos Anteriores conocido como el "Informe de Incentivos". Como mínimo, el informe deberá contener los siguientes datos:

(1) Nombre del Negocio Exento y sus accionistas principales.

(2) Fecha en que solicitó y se otorgó el Decreto.

(2) Tasas preferenciales otorgadas y el Capítulo de este Código o la Ley de Incentivo Anterior bajo el cual se solicitó y se otorgó el Decreto.

(4) Nombre del Municipio donde operará el Negocio Exento y las exenciones municipales otorgadas.

(5) La cantidad total de empleos generados o retenidos en Puerto Rico por los Negocios Exentos en comparación con los empleos que dichos negocios se comprometieron en mantener.

(6) El monto total de la inversión en propiedad, planta y equipo realizada en Puerto Rico por los Negocios Exentos en comparación con la inversión que dichos negocios se comprometieron en invertir.

(7) El valor de las importaciones, las compras locales y las exportaciones que llevó a cabo el Negocio Exento.

(8) Un estimado del Retorno de Inversión de cada programa de incentivo comprendido en este Código basado en una fórmula que incorpore los siguientes factores:

(i) Las diversas fuentes de ingresos al fisco generados por la actividad;

(ii) La totalidad de los beneficios contributivos y económicos otorgados;

(iii) Los efectos directos, indirectos e inducidos basado en los factores multiplicadores oficiales provistos o endosados por la Junta de Planificación; y

(iv) Compras locales, incluyendo compra de Productos Manufacturados en Puerto Rico y productos agrícolas de Puerto Rico;

(v) Un análisis de los beneficios atribuibles a la actividad económica incremental y no redundante a la sostenible por la demanda local agregada relacionada a la transferencia de conocimiento, compromiso financiero con la banca y/o cooperativas locales, entre otros.

(9) El Secretario del DDEC deberá hacer el informe público y explicará en detalle las conclusiones y recomendaciones contenidas en el mismo.

(b) El Secretario del DDEC someterá el treinta y uno (31) de enero y el treinta y uno (31) de julio de cada año un reporte a la Asamblea Legislativa, así como a la Autoridad de Asesoría Financiera y Agencia Fiscal de Puerto Rico, a la Oficina de Gerencia de Permisos y al Departamento de Hacienda, con la información contenida en el apartado (a) de esta Sección y con un detalle de los créditos contributivos otorgados bajo cada Capítulo de este Código para su evaluación y divulgación a través de los portales electrónicos de estas entidades.

(Julio 1, 2019, Núm. 60, sec. 6011.08; Junio 30, 2022, Núm. 52, art. 30, enmienda los apartados (a) y (b) en términos generales.)

CAPÍTULO 2-DISPOSICIONES ADMINISTRATIVAS APLICABLES AL SUBTÍTULO B

Sección 6020.01- Solicitud de Concesión de Incentivos (13 L.P.R.A. sec. 48521)

(a) La solicitud de concesión de incentivos deberá incluir, pero no deberá limitarse a, una descripción detallada de los servicios o productos del Negocio Elegible solicitante, del incentivo otorgado, de los requerimientos de cumplimiento, del beneficio esperado y de la base legal para el incentivo otorgado. El lenguaje de la solicitud de concesión de incentivos debe ser sencillo y uniforme.

(i) Cumplimiento con los Términos de los Decretos

(1) Cada dos (2) años el Profesional de Cumplimiento verificará que los concesionarios cumplen con las condiciones del decreto. De satisfacerse los requisitos emitirá la correspondiente Certificación de Cumplimiento que una vez presentada al DDEC permitirá que el concesionario siga disfrutando, por los siguientes dos (2) años, de los beneficios establecidos en el decreto. De no satisfacerse las condiciones acordadas, no emitirá el documento e informará al Secretario del DDEC, a fin de suspender los beneficios otorgados hasta tanto se cumplan las condiciones impuestas en el referido decreto. El Reglamento de Incentivos dispondrá los mecanismos para asegurar el cumplimiento con los términos y condiciones de los Decretos así como las penalidades a ser impuestas en caso de incumplimiento.

(2) El Secretario del DDEC tomará en consideración el cumplimiento de un Concesionario con los términos y las condiciones establecidas en un Decreto al momento de renegociar o aprobar una enmienda al Decreto. Si el Concesionario no está en cumplimiento con los términos y las condiciones del Decreto no podrá ser considerado hasta tanto haya subsanado las condiciones de incumplimiento, obtenido el Certificado de Cumplimiento y haber satisfecho, a juicio del Secretario del DDEC, las penalidades y sanciones pertinentes del Reglamento de Incentivos.

(b) Presentación-

(1) La solicitud de concesión de incentivos se presentará utilizando el Portal que para estos propósitos establecerá la Oficina de Incentivos conforme a lo dispuesto en la Sección 6011.01 de este Código.

(2) El Secretario del DDEC establecerá mediante reglamento, orden administrativa o cualquier otra comunicación de naturaleza similar, la información y documentación que requerirá dicha solicitud.

(3) Al momento de la presentación, el Secretario del DDEC cobrará los derechos por concepto del trámite correspondiente, los cuales serán pagados mediante transferencia electrónica en el Portal establecido para esto por la Oficina de Incentivos. El Secretario del DDEC establecerá mediante reglamento, los derechos a cobrarse por concepto del trámite. Disponiéndose que dicho reglamento, deberá ser revisado cada tres (3) años luego de su aprobación.

(c) Evaluación de las Solicitudes-

(1) Dentro de un período de cinco (5) días desde la presentación de la solicitud de concesión de incentivos, el Director de Incentivos deberá

revisar preliminarmente dicha solicitud a los fines de determinar si cumple con los requisitos iniciales, identificar el tipo de incentivo aplicable, y distinguir entre una solicitud bajo el trámite ordinario o extraordinario.

(2) Si en la solicitud de concesión de incentivos sometida faltase alguna información o elemento necesario para su consideración, se le notificará al solicitante de tal omisión, no más tarde de diez (10) días de haberse recibido la solicitud, y se le concederá un término de diez (10) días para que el solicitante someta la información. Si la Oficina de Incentivos no recibe la información solicitada en la notificación de omisión dentro del término establecido en este párrafo, se podrá proceder al archivo del caso.

(d) Trámite Ordinario-

(1) El trámite ordinario se refiere a aquel cuyas solicitudes de concesión de incentivos se sometan, evalúen y concedan utilizando formatos estandarizados. Las solicitudes de concesión de incentivos bajo el trámite ordinario no contendrán niveles mínimos de inversión, empleos u otra condición más allá de las establecidas en el Código o las establecidas por el Secretario del DDEC mediante reglamento y de aplicabilidad uniforme a todos los Concesionarios.

(2) Aquella solicitud de concesión de incentivos que cualifique para el trámite ordinario, se atenderá internamente en la Oficina de Incentivos, y no requerirá la consulta o endoso de otras agencias del Gobierno de Puerto Rico. La Oficina de Incentivos deberá evaluar la solicitud y emitir una recomendación al Secretario del DDEC en un término no mayor de treinta (30) días. No obstante, el Secretario del DDEC, previo a tomar una determinación final, solicitará el endoso del Secretario de Hacienda y, a su entera discreción y cuando lo estime necesario. Podrá también consultar con otras agencias del Gobierno de Puerto Rico y sus municipios. En estos casos se seguirá el procedimiento establecido en el apartado (e) de esta Sección.

(3) El Secretario del DDEC, en consulta con el Secretario de Hacienda, establecerán en el Reglamento de Incentivos los criterios para cualificar para el trámite ordinario.

(e) Tramite Extraordinario-

(1) Un trámite extraordinario es aquel que requiere un lenguaje particular no contemplado en los formularios prediseñados y que conlleva un proceso de negociación entre las partes y la evaluación, consulta o recomendación de alguna otra agencia del Gobierno de Puerto Rico para su aprobación.

(2) Los Decretos que se otorguen mediante el trámite extraordinario podrán contener niveles mínimos de inversión, empleos u otras condiciones que no sean de aplicabilidad general a todos los Concesionarios.

(3) Bajo el trámite extraordinario, se identificará aquellas agencias del Gobierno de Puerto Rico o municipios con inherencia sobre la solicitud de concesión de incentivos presentada y se les solicitará una recomendación sobre la viabilidad legal y económica del mismo. En estos casos, se seguirá el procedimiento establecido en el apartado (g) de esta Sección.

(f) Procedimiento Expedito –

(1) Se provee un Procedimiento Expedito para cualquier Persona que someta una solicitud de concesión de incentivos bajo esta Sección, que cualifique para el trámite ordinario y que incluya con ésta un informe de pre-elegibilidad preparado por un Profesional Certificado, según se define en el inciso (3) de este apartado.

(2) Aquel solicitante que cumpla con los requisitos establecidos en el Procedimiento Expedito recibirá su Decreto en un plazo que no excederá de treinta (30) días, contados a partir de la fecha en que se completó el proceso de solicitud de concesión de incentivos y se haya emitido el pago de los derechos por concepto del trámite correspondiente, según determine el Secretario del DDEC mediante el Reglamento de Incentivos.

(3) Profesional Certificado - Para propósitos de este apartado, se considera que un Profesional Certificado es un abogado admitido a la práctica de la abogacía por el Tribunal Supremo de Puerto Rico o un contador público autorizado que tenga vigente la licencia para practicar su profesión, que, mediante paga o remuneración prepare un certificado de preelegibilidad, una solicitud de concesión de incentivos o los informes de cumplimiento relacionados con la concesión de Decretos que autorice el Secretario del DDEC y que esté inscrito en el Registro de Profesionales Certificados que mantiene el DDEC.

(i) No se considerará Profesional Certificado aquella persona natural o jurídica que:

(A) sea un empleado del DDEC;

(B) fue un empleado del DDEC, excepto luego de transcurrido dos (2) años de separación del servicio de éste, y en los casos en que la Oficina de Ética Gubernamental conceda una dispensa a tales efectos;

(C) sea empleado de un Solicitante o Concesionario, incluyendo sus oficiales o directores; o

(D) sea o haya sido el Promotor Cualificado del mismo Concesionario.

(4) La inscripción en el Registro será válida mientras ésta no se retire, suspenda o revoque.

(5) El Secretario del DDEC preparará los procedimientos y adoptará las reglas necesarias para el cumplimiento de lo dispuesto en este apartado, lo cual formará parte del Reglamento de Incentivos u otro reglamento a ser promulgado por el Secretario del DDEC.

(g) Procedimiento Expedito para Médicos Jóvenes Empresarios. —

(1) Se provee un procedimiento expedito para cualquier Joven Empresario admitido a la práctica de la medicina, de la pediatría, sea un(a) cirujano(a) dentista o practique alguna especialidad de la odontología que someta una solicitud de concesión de incentivos bajo la Sección 2100.01 de este Código y que cumpla con los requisitos que se establecen en esta Sección, siempre que se incluya en su solicitud:

(i) Copia de su licencia para practicar la profesión de medicina, de la pediatría, sea un(a) cirujano(a) dentista o practique alguna especialidad de la odontología expedida por la Junta de Licenciamiento y Disciplina Médica.

(ii) Todos aquellos documentos de apoyo requeridos por este Código o por Reglamento para la obtención de un Decreto de Joven Empresario, según apliquen.

(iii) Una declaración jurada, debidamente atestada ante Notario Público admitido al ejercicio de la abogacía y la notaría en el Estado Libre Asociado de Puerto Rico, que contenga:

1. Una afirmación desglosando cada uno de los documentos presentados para la obtención del Decreto y que los mismos fueron debidamente obtenidos de las autoridades pertinentes;

2. una afirmación expresa de que cumple con las cualificaciones requeridas en el inciso (c) de la Sección 2100.01 de este Código; y

3. una declaración, so pena de perjurio, de que todo lo declarado es cierto y fehaciente.

(2) Si al cumplirse cuarenta y cinco (45) días, contados a partir de la fecha en que se completó el proceso de solicitud de concesión de incentivos y se haya emitido el pago de los derechos por concepto del trámite correspondiente, el DDEC aún no ha contestado la solicitud de concesión de incentivos bajo la Sección 2100.01 de este Código, se entenderá como

aprobado automáticamcntc su Decreto de Joven Empresario al amparo de esta Sección.

(3) Por el tiempo que el Joven Empresario no haya recibido del DDEC copia de su Decreto, debidamente aprobado de conformidad con este procedimiento expedito, este podrá utilizar de manera supletoria la solicitud presentada al DDEC, junto a la declaración jurada y copia de su licencia para practicar la profesión ante el Departamento de Hacienda para la radicación de sus planillas o cualquier otra gestión de cumplimiento gubernamental en el que se le requiera copia de tal Decreto.

(g) Consideración Interagencial de las Solicitudes-

(1) Bajo el trámite extraordinario, el Secretario del DDEC enviará una notificación al Secretario de Hacienda y, cuando lo estime pertinente, a cualquier otra Agencia o entidad gubernamental correspondiente, incluyendo al CRIM y a los municipios donde el negocio solicitante operará. Dicha notificación se enviará dentro de un período de cinco (5) días laborables, contados a partir de la fecha en que se completó el proceso de solicitud de concesión de incentivos.

(2) Cada agencia notificada, al igual que los municipios y el CRIM, tendrá un término de veinte (20) días laborables para someter sus comentarios, contados a partir de la fecha que reciba la solicitud de concesión de incentivos. Los comentarios deberán de ser sometidos al Secretario del DDEC mediante el Portal.

(3) Pasados los veinte (20) días laborables indicados en el párrafo (2) de este apartado, la Oficina de Incentivos deberá completar la evaluación de la solicitud de concesión de incentivos y emitir la recomendación al Secretario del DDEC en un término no mayor de diez (10) días laborables.

(4) La notificación establecida en el inciso (1) de este apartado deberá ser enviada por medios electrónicos utilizando el Portal creado para estos propósitos. Toda comunicación con relación a la solicitud de concesión de incentivos se hará accediendo la cuenta del solicitante en el Portal que para estos propósitos establezca la Oficina de Incentivos.

(5) En caso de enmiendas a concesiones aprobadas al amparo de este Código, el período para que las agencias y los municipios concernidos sometan sus comentarios al Secretario del DDEC será de diez (10) días laborables.

(h) Determinación de Concesión de Incentivos-

(1) Una vez el Director de Incentivos le notifique su recomendación final sobre la solicitud de concesión de incentivos, el Secretario del DDEC deberá emitir su determinación final.

(2) El Secretario del DDEC podrá descansar en los comentarios de aquellas agencias o municipios que sean consultadas y podrá solicitarles a éstas información adicional que suplemente la incluida al momento de emitir su recomendación. Toda aprobación o denegación de la solicitud de concesión de incentivos será de la discreción del Secretario del DDEC, sujeto al endoso del Departamento de Hacienda.

(3) Una vez el Secretario del DDEC emita su determinación sobre la concesión de incentivo, la publicará en la cuenta del solicitante en el Portal.

(4) Para propósitos de su determinación final, el Secretario del DDEC podrá pedir al solicitante información adicional o requerir una reunión.

(5) En caso de aprobación, el Secretario del DDEC emitirá una notificación electrónica al solicitante con el Decreto, el cual deberá ser aceptado por el solicitante bajo juramento para entrar en vigor.

(6) En caso de denegación, el Secretario del DDEC emitirá una notificación electrónica al solicitante, con una breve explicación de las razones para su denegación y advirtiendo de los derechos y procesos permitidos bajo este Código para una solicitud de reconsideración.

(7) El solicitante, luego de ser notificado electrónicamente de la denegación, podrá solicitar al Secretario del DDEC, una reconsideración dentro de veinte (20) días laborables después de recibida la notificación, aduciendo los hechos y argumentos que entienda a bien hacer, incluyendo cualquier consideración en beneficio de Puerto Rico que estime haga meritoria su solicitud de reconsideración.

(8) En caso de acoger la solicitud de reconsideración, el Secretario del DDEC notificará al peticionario dentro de veinte (20) días laborables de haberse recibido la solicitud de reconsideración, disponiéndose que de haber transcurrido dicho término sin que el Secretario del DDEC emita contestación a lo solicitado, se entenderá que la reconsideración fue denegada, para lo cual debe emitirse una notificación escrita a esos efectos. Una vez acogida una solicitud de reconsideración, el Secretario del DDEC evaluará la misma y podrá aceptar cualquier consideración ofrecida a beneficio de Puerto Rico y requerir y disponer cualquier otro término o condición que sea necesario para asegurar que las concesiones de incentivos redunden en los mejores intereses de Puerto Rico y los propósitos de desarrollo económico. Una vez culminado el proceso de

evaluación de una solicitud de reconsideración que haya sido acogida, el Secretario del DDEC notificará al solicitante sobre su determinación final.

(9) En casos en los que la reconsideración por parte del Secretario del DDEC conlleve cambios al Decreto, dichos cambios serán notificados a las entidades gubernamentales consultadas.

(i) Cumplimiento con los Términos de los Decretos-

(1) El Secretario del DDEC podrá incluir en los Decretos aquellas cláusulas, términos y condiciones que estime necesarias para atender la falta de cumplimiento con los términos y condiciones de los Decretos, incluyendo la revocación de los Decretos, reducir las exenciones, y aumentar la tasa fija de contribución sobre contribución sobre ingresos. El Reglamento de Incentivos dispondrá los mecanismos para asegurar el cumplimiento con los términos y condiciones de los Decretos así como las penalidades a ser impuestas en caso de incumplimiento.

(2) El Secretario del DDEC tomará en consideración el cumplimiento de un Concesionario con los términos y las condiciones establecidas en un Decreto al momento de renegociar o aprobar una enmienda al Decreto. Si el Concesionario no está en cumplimiento con los términos y las condiciones del Decreto, se ejecutarán las cláusulas aplicables contenidas en el Decreto que atiendan la situación de incumplimiento. De no existir cláusulas en el Decreto para atender la situación de incumplimiento, el Secretario del DDEC aplicará lo que se disponga a través del Reglamento de Incentivos.

(j) Todas las decisiones y determinaciones del Secretario del DDEC bajo este Código, en cuanto a la aprobación de la solicitud de concesión de incentivos y su contenido, serán finales y contra éstas no procederá revisión judicial o administrativa u otro recurso. Una vez otorgada una Concesión, ninguna agencia, instrumentalidad pública, subdivisión política, corporación pública, o municipio del Gobierno de Puerto Rico podrá impugnar la legalidad de dicha Concesión o cualquiera de sus disposiciones.

(Julio 1, 2019, Núm. 60, sec. 6020.01; Junio 30, 2022, Núm. 52, art. 31, enmienda el apartado (a) en términos generales; Agosto 30, 2023, Núm. 106, art. 1, añade un nuevo inciso (g) y renumerar los actuales incisos (g) al (k) como los incisos nuevos (h) al (l).)

Notas Importantes
Enmienda

-2023, ley 106- Esta ley 106, añade un nuevo inciso (g) e incluye los siguientes artículos de aplicación:

Artículo 2.- Cláusula de Cumplimiento- Se autoriza al Secretario del Departamento de Desarrollo Económico y Comercio y al Secretario del Departamento de Hacienda a crear, enmendar o derogar cualquier reglamentación vigente para cumplir con el propósito establecido en esta Ley.

Artículo 3.- Supremacía -Esta Ley tendrá supremacía sobre cualquier otra disposición que contravenga sus propósitos.

Artículo 4.- Separabilidad- Si cualquier cláusula, párrafo, subpárrafo, oración, palabra, letra, artículo, disposición, sección, subsección, título, capítulo, subcapítulo, acápite o parte de esta Ley fuera anulada o declarada inconstitucional, la resolución, dictamen o sentencia a tal efecto dictada no afectará, perjudicará, ni invalidará el remanente de esta Ley. El efecto de dicha sentencia quedará limitado a la cláusula, párrafo, subpárrafo, oración, palabra, letra, artículo, disposición, sección, subsección, título, capítulo, subcapítulo, acápite o parte de la misma que así hubiere sido anulada o declarada inconstitucional. Si la aplicación a una persona o a una circunstancia de cualquier cláusula, párrafo, subpárrafo, oración palabra, letra, artículo, disposición, sección, subsección, título, capítulo, subcapítulo, acápite o parte de esta Ley fuera invalidada o declarada inconstitucional, la resolución, dictamen o sentencia a tal efecto dictada no afectará ni invalidará la aplicación del remanente de esta Ley a aquellas personas o circunstancias en que se pueda aplicar válidamente. Es la voluntad expresa e inequívoca de esta Asamblea Legislativa que los tribunales hagan cumplir las disposiciones y la aplicación de esta Ley en la mayor medida posible, aunque se deje sin efecto, anule, invalide, perjudique o declare inconstitucional alguna de sus partes, o aunque se deje sin efecto, invalide o declare inconstitucional su aplicación a alguna persona o circunstancia. Esta Asamblea Legislativa hubiera aprobado esta Ley sin importar la determinación de separabilidad que el tribunal pueda hacer.

Artículo 5.- Vigencia -Esta Ley comenzará a regir inmediatamente después de su aprobación.

Sección 6020.02- Fecha de Efectividad de la Concesión de Incentivos (13 L.P.R.A. sec. 48522)

(a) Para propósitos de este Código, y salvo lo que se disponga de otro modo en el Subtítulo B de este Código:

(1) La fecha de efectividad del Decreto será la fecha de comienzo de operaciones, luego de otorgado el Decreto;

(2) En el caso de Negocios Exentos existentes o nuevos, la fecha de comienzo de operaciones podrá ser la fecha de presentación de la solicitud

de concesión de incentivos o una fecha posterior según determinado por el Secretario del DDEC; y

(3) La fecha de comienzo de operaciones podrá ser prorrogada por un término no mayor de cinco (5) años desde la fecha de la radicación de la solicitud de concesión de incentivos.

(Julio 1, 2019, Núm. 60, sec. 6020.02)

Sección 6020.03- Periodo de Exención, Renegociación y Extensión de Decreto (13 L.P.R.A. sec. 48523)

(a) Periodo de Exención- Todo Negocio Exento que posea un Decreto bajo este Código, disfrutará de los beneficios por un período de quince (15) años siempre que durante este término cumpla con los requisitos y las condiciones establecidos en el Decreto, a menos que se disponga de otro modo en este Código.

(b) Renegociación- Todo Negocio Exento bajo este Código, o bajo Leyes de Incentivos Anteriores, podrá solicitar renegociar su Decreto para el disfrute de los beneficios concedidos bajo este Código. El Reglamento de Incentivos dispondrá los requisitos y el procedimiento a seguir para la renegociación de un Decreto bajo este Código.

(c) Extensión- Todo Negocio Exento bajo este Código, o bajo las Leyes de Incentivos anteriores, que, a través de todo su período de exención, haya cumplido con los requisitos o las condiciones establecidos en el Decreto, y que demuestre al Secretario del DDEC que la extensión de su Decreto redundará en los mejores intereses económicos y sociales del pueblo de Puerto Rico, podrá solicitar al Secretario una extensión de su Decreto por quince (15) años adicionales, para un total de treinta (30) años.

(Julio 1, 2019, Núm. 60, sec. 6020.03)

Sección 6020.04- Conversión de negocios exentos bajo Leyes de Incentivos Anteriores (13 L.P.R.A. sec. 48524)

(a) Cualquiera de los siguientes Negocios Exentos bajo Leyes de Incentivos Anteriores podrá solicitar acogerse a las disposiciones de este Código, sujeto a las limitaciones que se disponen en adelante, siempre que demuestre que está cumpliendo con todas las disposiciones legales aplicables. Los beneficios otorgados en los Decretos convertidos, no podrán ser mayores a los dispuestos bajo este Código.

(1) Los Negocios Exentos que a la fecha de efectividad de este Código no hayan comenzado operaciones, podrán solicitar convertir los mismos, a discreción del Secretario del DDEC, por el remanente del período de

tiempo otorgado originalmente en tal decreto, en cuyo caso, de aprobarse la conversión, se le ajustará su exención según los beneficios concedidos bajo este Código.

(2) Los Negocios Exentos cuyos Decretos se otorgaron en o antes de la fecha de vigencia de este Código y que no hubieran estado disfrutando de exención antes de dicha fecha podrán solicitar convertir los mismos según los beneficios concedidos bajo este Código.

(3) La conversión bajo esta Sección tendrá que ser solicitada dentro de un término de doce (12) meses desde la aprobación de este Código y podrá fijarse desde el primer día del Año Contributivo en que se solicitan los mismos pero nunca antes de la fecha de efectividad de este Código.

(4) El Secretario del DDEC, al considerar cualquier solicitud de conversión bajo esta Sección, en consulta con el Secretario de Hacienda y con cualquier agencia que estime pertinente, podrá establecer los términos y condiciones que estime necesarios y convenientes a los mejores intereses de Puerto Rico, dentro de los límites dispuestos en este Código, así como imponer requisitos adicionales según se establezca en el Reglamento de Incentivos.

(5) Los ingresos acumulados por un Negocio Exento hasta la fecha de efectividad de la conversión, y que se distribuyan con posterioridad a la fecha de efectividad de la conversión, estarán sujetos al tratamiento contributivo que se dispone en la ley bajo la cual fueron acumulados, o el Código de Rentas Internas, lo que sea aplicable.

(6) Los Negocios Exentos que se acojan a las disposiciones de esta Sección tributarán, en liquidación total, en cuanto a su Ingreso Exento, de acuerdo al tratamiento contributivo que se dispone en cada una de las leyes bajo las cuales fueron acumulados dichos beneficios.

(7) Los demás términos, condiciones y beneficios contenidos en este Código que no conflijan con las disposiciones de esta Sección, serán aplicables a los Negocios Exentos cubiertos por la misma.

(Julio 1, 2019, Núm. 60, sec. 6020.04)

Sección 6020.05- Denegación de Solicitudes (13 L.P.R.A. sec. 48525)

(a) Denegaciones-

(1) El Secretario del DDEC podrá denegar cualquier solicitud cuando determine que la concesión no resulta en los mejores intereses económicos y sociales de Puerto Rico, luego de considerar la naturaleza de las facilidades físicas, el número de empleos, el montante de la nómina y la

inversión, la localización del proyecto, su impacto ambiental, los recursos disponibles u otros factores que a su juicio ameritan tal determinación, así como las recomendaciones de las agencias que rinden informes sobre exención contributiva.

(2) El peticionario, luego de ser notificado electrónicamente de la denegación, podrá solicitar al Secretario del DDEC, una reconsideración de conformidad con las disposiciones de la Sección 6020.01(h) de este Código.

(b) Denegación por Conflicto con el Interés Público

(1) El Secretario del DDEC podrá denegar cualquier solicitud cuando determinare, a base de los hechos presentados a su consideración, que la solicitud está en conflicto con el interés público de Puerto Rico, que el negocio solicitante no ha sido organizado como negocio *bona fide* con carácter permanente, o en vista de la reputación moral o financiera de las personas que lo constituyen, los planes y métodos para obtener financiamiento, o cualquier otro factor que pueda indicar que existe una posibilidad razonable de que la concesión de exención resultará en perjuicio de los intereses económicos y sociales de Puerto Rico.

(2) El peticionario, luego de ser notificado electrónicamente de la denegación, podrá solicitar al Secretario del DDEC, una reconsideración de conformidad con las disposiciones de la Sección 6020.01(h) de este Código.

(Julio 1, 2019, Núm. 60, sec. 6020.05)

Sección 6020.06- Limitación de Beneficios - Producción para Exportación de Negocios de Manufactura (13 L.P.R.A. sec. 48526)

(a) El Secretario del DDEC, de tiempo en tiempo, podrá designar de los Productos Manufacturados elegibles, aquéllos a los cuales se les concederá los beneficios de este Código solamente para la producción destinada a la exportación, cuando determine la existencia de los siguientes factores:

(1) Que la producción en Puerto Rico de los mismos para el mercado local ya satisface la demanda existente y que la capacidad de dicha producción local puede satisfacer la demanda que se prevé para dentro de un período de cinco (5) años; o,

(2) Que existe en Puerto Rico una competencia activa en la producción y mercadeo del producto en particular. Se considerarán como Productos Manufacturados distintos y que requieren una designación separada, aquéllos que aunque sean similares en nombre, apariencia y uso, se

diferencien entre sí por su calidad, tamaño, precio u otros factores que afecten el mercado del producto y consecuentemente, su demanda.

(3) Cuando las condiciones mencionadas dejen de existir, el Secretario del DDEC podrá, previa consulta con las agencias que rinden informes sobre las solicitudes de exención contributiva, cesar la imposición de dicha limitación o reanudar su designación cuando las referidas condiciones reaparezcan.

(4) Esta limitación aplicará a las solicitudes de exención contributiva que no hayan sido otorgadas a la fecha de la efectividad de este Código.

(Julio 1, 2019, Núm. 60, sec. 6020.06)

Sección 6020.07- Transferencia de Negocio Exento (13 L.P.R.A. sec. 48527)

(a) Regla General- Previo a la transferencia de una concesión de exención contributiva, o de las Acciones, propiedad u otro interés de propiedad en un Negocio Exento que posea un Decreto otorgado bajo este Código, deberá ser aprobada por el Secretario del DDEC. Si ésta se lleva a cabo sin la aprobación previa, la concesión de exención quedará anulada desde la fecha en que ocurrió la transferencia, excepto en los casos que se enumeran en el apartado (b). No obstante lo anterior, el Secretario del DDEC podrá aprobar retroactivamente cualquier transferencia efectuada sin su aprobación previa, cuando a su juicio, las circunstancias del caso así lo ameriten, tomando en consideración los mejores intereses de Puerto Rico y los propósitos de desarrollo económico de este Código.

(b) Excepciones-

(1) Las siguientes transferencias se autorizarán sin necesidad de consentimiento previo:

(i) La transferencia de los bienes de un causante a su haber hereditario o la transferencia por legado o herencia.

(ii) La transferencia dentro de las disposiciones de este Código.

(iii) La transferencia de Acciones cuando tal transferencia no resulte directa o indirectamente en un cambio en el dominio o control de un Negocio Exento que posea un Decreto concedido bajo este Código.

(iv) La transferencia de Acciones de una Entidad que posea u opere un Negocio Exento que posea un Decreto otorgado bajo este Código, cuando la misma ocurra después que el Secretario del DDEC haya determinado que se permitirán cualquier transferencia de Acciones sin su previa aprobación.

(v) La prenda, hipoteca u otra garantía con el propósito de responder de una deuda *bona fide*. Cualquier transferencia de control, título o interés en virtud de dicho contrato estará sujeta a las disposiciones del procedimiento establecido en la Sección 6020.01 de este Código.

(vi) La transferencia por operación de ley, por orden de un tribunal o por un juez de quiebra a un síndico o fiduciario. Cualquier transferencia subsiguiente a una tercera persona que no sea el mismo deudor o quebrado anterior estará sujeta a las disposiciones del procedimiento establecido en esta Sección.

(c) Notificación-

(1) Toda transferencia incluida en las excepciones del apartado (b) de esta Sección será informada, por el Negocio Exento que posea un Decreto concedido bajo este Código, al Secretario del DDEC dentro de los treinta (30) días de efectuada la transferencia, excepto las incluidas bajo el inciso (iii) del apartado (b) que no conviertan en accionista un tenedor de diez por ciento (10%) o más del capital emitido de la corporación, la cual deberá ser informada por el Negocio Exento al Secretario del DDEC, previo a la fecha de la transferencia.

(Julio 1, 2019, Núm. 60, sec. 6020.07)

Sección 6020.08- Naturaleza de las Concesiones (13 L.P.R.A. sec. 48528)

(a) En General- Las concesiones de beneficios contributivos bajo este Código se considerarán un contrato entre el Concesionario, sus Accionistas y el Gobierno de Puerto Rico, y dicho contrato será la ley entre las partes. Por lo cual, será la obligación de toda agencia o instrumentalidad gubernamental, corporación pública o municipio, honrar y respetar tales obligaciones contractuales en todo foro administrativo o judicial. Dicho contrato se interpretará liberalmente, de manera cónsona con el propósito de este Código de promover el desarrollo socioeconómico de Puerto Rico. El Secretario del DDEC tiene discreción para incluir, a nombre de y en representación del Gobierno de Puerto Rico, aquellos términos y condiciones, concesiones y exenciones que sean consistentes con el propósito de este Código y que promuevan la creación de empleos mediante el desarrollo socioeconómico de Puerto Rico, tomándose en consideración la naturaleza de la petición o acción solicitada, así como los hechos y circunstancias relacionadas de cada caso en particular que puedan ser de aplicación.

(b) Obligación de Cumplir con lo Representado en la Solicitud- Todo Negocio Exento que posea un Decreto concedido bajo este Código, llevará a cabo sus operaciones exentas sustancialmente como las representó en su solicitud, excepto cuando las mismas han sido variadas mediante enmiendas que a petición del Concesionario el Secretario del DDEC le autorice de acuerdo a las disposiciones de este Código.

(Julio 1, 2019, Núm. 60, sec. 6020.08)

Sección 6020.09- Procedimiento para Revocación Permisiva o Mandatoria (13 L.P.R.A. sec. 48529)

(a) En la medida en que el Secretario del DDEC le haya delegado esta función, el Director de Incentivos podrá suspender la efectividad y los beneficios de cualquier Concesión, por un período determinado o podrá revocar cualquier Concesión permanentemente bajo cualquiera de los siguientes casos:

(1) Suspensión y Revocación Permisiva-

(i) Se entenderá una revocación permisiva cuando:

(A) el Concesionario no cumpla con cualquiera de las obligaciones que le hayan sido impuestas por este Código u otras leyes aplicables y sus reglamentos, o por los términos de la Concesión de Incentivos;

(B) el Concesionario no comience operaciones dentro del período fijado para esos propósitos en la Concesión, tomando en consideración el tipo de actividad que se está fomentando en este Código; o

(C) el Concesionario deje de cumplir con su responsabilidad contributiva bajo el Código de Rentas Internas de Puerto Rico y este Código.

(2) Revocación Mandatoria-

(i) El Secretario del DDEC revocará cualquier Concesión concedida cuando el Negocio Elegible no posea un Certificado de Cumplimento vigente y se le haya concedido el tiempo razonable al concesionario para lograr su obtención.

(ii) El Secretario del DDEC revocará retroactivamente cualquier Concesión concedida cuando la misma haya sido obtenida por representaciones falsas o fraudulentas sobre la naturaleza del Negocio Elegible, o la naturaleza o extensión de la actividad elegible, o cualesquiera otros hechos o circunstancias que, en todo o en parte, motivaron la Concesión. En caso de esta revocación, todo el ingreso neto previamente informado como Ingreso Exento, haya sido o no distribuido, se recalculará y quedará sujeto a las contribuciones impuestas bajo las disposiciones del Código de Rentas Internas de Puerto Rico. El Concesionario, además, será considerado como que ha radicado una planilla falsa o fraudulenta con intención de evitar el pago de contribuciones y, por consiguicntc, quedará sujeto a las disposiciones penales del Código de Rentas Internas de Puerto Rico. La contribución adeudada en tal caso, así como cualesquiera otras contribuciones hasta entonces exentas y no pagadas, quedarán vencidas y pagaderas desde la fecha en que tales contribuciones hubieren vencido y hubieren sido pagaderas a no ser por la Concesión, y serán imputadas y cobradas por el Secretario de Hacienda, los municipios, o las agencias pertinentes, de acuerdo con las disposiciones del Código de Rentas Internas y de otras leyes aplicables.

(b) En los casos de revocación de un Decreto concedido bajo este Código, el Concesionario tendrá la oportunidad de comparecer y ser oído en una vista ante un empleado del DDEC designado para ese fin, quien informará sus conclusiones y recomendaciones al Secretario del DDEC.

(Julio 1, 2019, Núm. 60, sec. 6020.09; Junio 30, 2022, Núm. 52, art. 32, enmienda el párrafo (2) del apartado (a).)

Sección 6020.10- Informes (13 L.P.R.A. sec. 48530)

(a) Informes Requeridos a Negocios Exentos y a sus Accionistas:

(1) Todo Negocio Exento que posea un Decreto bajo este Código, radicará anualmente ante el Secretario de Hacienda una planilla de contribución sobre ingresos, independientemente de la cantidad de su ingreso bruto o neto, separada de cualquier otra planilla que por otros motivos esté obligado a rendir con relación a las operaciones de la industria cubiertas por los beneficios provistos en este Código, y de acuerdo con el Código de Rentas de Puerto Rico. El Secretario de Hacienda podrá compartir con el Secretario del DDEC la información así recibida, siempre y cuando se proteja la confidencialidad de la información.

(2) Todo Accionista de un Negocio Exento que posea un Decreto concedido bajo este Código, deberá rendir anualmente ante el Departamento de Hacienda una planilla de contribución sobre ingresos conforme a las disposiciones del Código de Rentas Internas, siempre que bajo las disposiciones del Código de Rentas Internas tuviera la obligación de así hacerlo.

(3) Todo Negocio Exento que posea un Decreto bajo este Código o cualquier Ley de Incentivos Anteriores, anualmente radicará electrónicamente con la Oficina de Incentivos, no más tarde del quince (15) de noviembre siguiente al cierre del año natural, en el caso de Negocios Exentos con un año natural o el decimoquinto (15to) día del undécimo (11mo) mes siguiente al cierre del año contributivo, en el caso de Negocio Exento, un informe de cumplimiento.

(4) Todo Negocio Exento que posea un Decreto bajo este Código, anualmente radicará electrónicamente con la Oficina de Incentivos, no más tarde de treinta (30) días después de la fecha prescrita por ley para la radicación de la correspondiente planilla de contribución sobre ingresos, incluyendo las prórrogas concedidas para este propósito, un informe de cumplimiento.

(i) El informe deberá contener una relación de datos que reflejen el cumplimiento de las condiciones establecidas en el Decreto para el Año Contributivo inmediatamente anterior a la fecha de radicación, conforme a la naturaleza de su Negocio Exento y las actividades elegibles que éste realiza, incluyendo, sin que se entienda como una limitación, lo siguiente: empleo promedio, productos manufacturados o servicios rendidos, materia prima o productos manufacturados adquiridos en Puerto Rico, servicios profesionales, de consultoría, de seguridad y/o mantenimiento contratados con profesionales o empresas con presencia en Puerto Rico, la actividad bancaria a través de instituciones con presencia en Puerto Rico, lo que representa en actividad económica todo lo anterior, así como también cualquier otra información o documentación que se pueda requerir en el formulario que se establezca para estos propósitos o que se requiera por reglamento, carta circular o determinación administrativa.

(ii) Este informe deberá venir acompañado por los derechos que se dispongan por reglamento, y los mismos serán pagados mediante transferencia electrónica a través del Portal electrónico de la forma y manera que para estos propósitos establezca la Oficina de Incentivos. La información ofrecida en este informe anual será utilizada para propósitos de estadísticas y estudios económicos, así como para la evaluación que deberá realizar el Profesional de Cumplimiento cada dos (2) años para conceder o denegar el Certificado de Cumplimiento relacionado.

(iii) Este informe se radicará electrónicamente en el Portal electrónico que para estos propósitos establecerá la Oficina de Incentivos.

(iv) El Secretario del DDEC establecerá mediante reglamento, orden administrativa o cualquier otra comunicación de naturaleza similar, la información y documentación que se requiera para completar este informe.

(b) Los informes anuales que requiere este Código para Negocios Exentos bajo la Sección 2021.01 deberán estar acompañados con evidencia de una aportación anual mínima de diez mil dólares (10,000), que serán destinados a entidades sin fines de lucro operando en Puerto Rico bajo la Sección 1101.01 del Código de Rentas Internas de Puerto Rico, incluyendo al Fondo Especial para la Igualdad Social, que no sea controlada por la misma persona, ni por su descendientes o ascendientes, cónyuges o socios. Independientemente de la cantidad aportada sobre el mínimo dispuesto en este apartado, cinco mil dólares ($5,000) estarán destinados a entidades sin fines de lucro que tengan servicios dirigidos a atender la erradicación de la pobreza infantil, que operen en la jurisdicción de Puerto Rico bajo la Sección 1101.01 del Código de Rentas Internas, que no sea controlada por la misma persona, ni por su descendientes o ascendientes, cónyuges o socios, y que se encuentre en la lista que publicará la "Comisión Especial Conjunta de Fondos Legislativos para Impacto Comunitario" en o antes del 31 de diciembre de cada año de conformidad con las disposiciones de este Código. Nada impedirá que el cien por ciento (100%) de la aportación anual sea destinada a las entidades sin fines de lucro que se encuentren en la citada lista. Dos mil quinientos (2,500) dólares deberán ser destinados a cualquier otra entidad sin fines de lucro operando en Puerto Rico bajo la Sección 1101.01 del Código de Rentas Internas de Puerto Rico, incluyendo al Fondo Especial para la Igualdad Social, que no sea controlada por la misma persona, ni por su descendientes o ascendientes, cónyuges o socios y que no se encuentre en la lista publicada por la Comisión Especial de Fondos Legislativos para Impacto Comunitario. El Negocio Exento tendrá que evidenciarle a la Oficina de Exención que la entidad sin fines de lucro seleccionada es una entidad que brinda servicios directos a la comunidad. La aportación se realizará de forma directa a la entidad sin fines de lucro seleccionada por el Negocio Exento bajo la Sección 2021.01 que realiza la aportación anual. No obstante, la Oficina de Exención enviará, no más tarde de treinta (30) días a la Comisión Especial de Fondos Legislativos para Impacto Comunitario un informe detallado de las entidades sin fines de lucro que reciban la aportación. Los restantes dos mil quinientos (2,500) dólares deberán ser destinados al Fondo Especial para la Igualdad Social.

[(c) En lo que concierne al Individuo Residente Inversionista, deberá someter evidencia de haber adquirido, como único dueño, o en conjunto con su cónyuge, por compra, dentro de los dos (2) años después de la obtención del Decreto bajo las disposiciones de este Código, la titularidad de propiedad inmueble en Puerto Rico, adquiriendo de un dueño, sea una persona o empresa totalmente desvinculada y ajena a la persona con el Decreto bajo este Código, para que constituya su residencia principal en la jurisdicción de Puerto Rico y acreditar en el Informe anual, que mantiene el exclusivo y completo dominio de un bien inmueble como residencia principal, sea de forma exclusiva o junto a su cónyuge, durante toda la vigencia del Decreto.] [Véase notas abajo] [(d) La radicación de los informes anuales requeridos para Negocios Exentos bajo la Sección 2021.01 de este Código, o bajo la Ley 22-2012, según enmendada, conocida como la "Ley Para Incentivar el Traslado de Individuos Inversionistas a Puerto Rico", estará sujeta a un cargo anual de cinco mil (5,000) dólares, de los cuales trescientos (300) dólares serán pagaderos a favor del Secretario de Hacienda y nutrirán un Fondo Especial administrado por el DDEC, y cuatro mil setescientos (4,700) dólares serán pagaderos a favor del Secretario de Hacienda que serán destinados al Fondo General del Gobierno de Puerto Rico.] [Véase notas abajo]

[El Secretario del DDEC, luego de serle informado por la agencia concernida, podrá imponer una multa administrativa de hasta un máximo de diez mil (10,000) dólares a cualquier Negocio Exento que posea un Decreto concedido bajo este Código y que deje de radicar alguno de los informes que el Secretario de Hacienda, el Secretario del DDEC o el Comisionado de Seguros le requiera, o que radique los mismos después de la fecha de su vencimiento. La radicación de un informe incompleto se considerará como no radicado, si la agencia concernida notifica al Negocio Exento de alguna omisión en el informe requerido y dicho Negocio Exento no somete la información que falta dentro de quince (15) días de haber sido notificada, o no justifica razonablemente la falta de la misma.] [Véase Notas abajo]

(Julio 1, 2019, Núm. 60, sec. 6020.10; Abril 16, 2020, Núm. 40, sec. 89, enmienda el subinciso (a)(3), el inciso (b) y añade el inciso (d); Junio 30, 2022, Núm. 52. art. 33, enmienda el párrafo (4) del apartado (a) y elimina los apartados (c), (d) y último párrafo conforme al texto incluido en la ley; Enero 18, 2024, Núm. 32, art. 9, enmienda el apartado (b) en términos generales.)

Notas Importantes
-Enmiendas
-2022, ley 52- **Nota del Editor**- Esta ley 52, art. 33, enmienda el párrafo (4) del apartado (a) y elimina los apartados (c) y (d) y último párrafo conforme al texto incluido en la ley. Sin embargo, el título del artículo 33 lee lo siguiente: "Se enmiendan los párrafos número (1), (3) y (4) del inciso (a), se elimina y reemplaza el actual inciso (b) y se enmienda el inciso (d) de la Sección 6020.10 de la Ley 60-2019, según enmendada, para que lea como sigue:" lo cual no ocurrió según el texto del artículo. Por lo tanto, se integra el texto incluido en el artículo 33 y los apartados (c), (d) y último párrafo se dejan publicado entre corchete por si fue un error y no la intención legislativa.

Sección 6020.11- Regla Anti-Abuso (13 L.P.R.A. sec. 48531)

El Secretario de DDEC y el Secretario de Hacienda quedan facultados para dejar sin efecto cualquier Decreto, transacción o serie de transacciones que tenga como propósito evitar o evadir los requisitos y limitaciones establecidos en este Código. Además, se faculta al Secretario de DDEC y al Secretario de Hacienda a establecer mediante reglamento el alcance y limitaciones de esta Sección.

(Julio 1, 2019, Núm. 60, sec. 6020.11)

Sección 6020.12- Otras disposiciones respecto al Sistema de Compensaciones por Accidentes del Trabajo (13 L.P.R.A. sec. 48532)

Las exenciones y los beneficios contributivos dispuestos en este Código, en ningún caso se interpretarán en el sentido de comprender o cubrir contribución sobre ingresos o cuotas pagaderas por virtud de la Ley Núm. 45 de 18 de abril de 1985, según enmendada, conocida como "Ley del Sistema de Compensaciones por Accidentes del Trabajo".

(Julio 1, 2019, Núm. 60, sec. 6020.12)

CAPÍTULO 3-DISPOSICIONES ADMINISTRATIVAS APLICABLES AL SUBTÍTULO C

Sección 6030.01- Solicitud del Crédito Contributivo (13 L.P.R.A. sec. 48541)

(a) Cualquier Negocio Exento que cumpla con los requisitos establecidos para la concesión de Créditos Contributivos, podrá solicitar cualquier Créditos Contributivos de los que se establecen en el Subtítulo C de este Código, mediante la radicación de la solicitud correspondiente ante la Oficina de Incentivos, disponiéndose que cuando se soliciten créditos contributivos, el Negocio Exento deberá también radicar la solicitud de créditos contributivos al Secretario de Hacienda para el endoso u otorgación de los mismos.

(1) La solicitud del Créditos Contributivos que se requiere en este apartado (a) se radicará electrónicamente en el Portal que para estos propósitos establecerá la Oficina de Incentivos. El término para su presentación se establecerá mediante el Reglamento de Incentivos.

(2) De ser necesario que se certifique alguna partida que se incluya en la solicitud, el proponente deberá sustentar la misma presentando ante la Oficina de Incentivos un documento de Procedimientos Acordados (*Agreed Upon Procedures*) realizado por un Contador Público Autorizado con licencia vigente en Puerto Rico.

(3) El Secretario del DDEC establecerá mediante el Reglamento de Incentivos, orden administrativa o cualquier otra comunicación de naturaleza similar, la información y documentación que requerirá dicha solicitud.

(4) Al momento de la radicación, el Secretario del DDEC cobrará los derechos por concepto del trámite correspondiente, los cuales se pagarán mediante transferencia electrónica en el Portal establecido para tal propósito por la Oficina de Incentivos.

(5) El Secretario del DDEC establecerá mediante el Reglamento de Incentivos, los derechos que se cobrarán por concepto del trámite. El Reglamento deberá revisarse cada tres (3) años luego de su aprobación.

(Julio 1, 2019, Núm. 60, sec. 6030.01)

CAPÍTULO 4-DISPOSICIONES ADMINISTRATIVAS APLICABLES AL SUBTÍTULO D

Sección 6040.01- Solicitud de Beneficios (13 L.P.R.A. sec. 48551)

(a) El proponente deberá someter una propuesta al Secretario del DDEC, la cual deberá estar firmada por la persona autorizada mediante resolución corporativa o mediante Declaración Jurada en el caso de individuos. La propuesta indicará la Sección del Subtítulo D bajo la cual se solicitan beneficios y describirá en detalle el proyecto para el cual se utilizarán los fondos y como éste adelantaría los propósitos de este Código. El proponente acompañará la propuesta con evidencia sobre como planifica financiar el proyecto y sobre su capacidad económica.

(b) De ser necesario que se certifique alguna partida que se incluya en la propuesta, el proponente deberá sustentar la misma presentando ante la Oficina de Incentivos un documento de Procedimientos Acordados (*Agreed Upon Procedures*) realizado por un Contador Público Autorizado con licencia vigente en Puerto Rico.

(c) El Secretario del DDEC establecerá mediante el Reglamento de Incentivos, carta circular u orden administrativa la información y documentación que requerirá la propuesta.

(1) Al momento de la radicación, el Secretario del DDEC cobrará los derechos por concepto del trámite correspondiente, los cuales se pagarán mediante transferencia electrónica en el Portal que establezca la Oficina de Incentivos para tales propósitos.

(2) El Secretario dcl DDEC establecerá mediante el Reglamento de Incentivos los derechos que se cobrarán por concepto del trámite. El Reglamento se deberá revisar cada tres (3) años luego de su aprobación.

(Julio 1, 2019, Núm. 60, sec. 6040.01)

CAPÍTULO 5-DISPOSICIONES ADMINISTRATIVAS APLICABLES AL SUBTÍTULO E

Sección 6050.01- Solicitud de Fondos (13 L.P.R.A. sec. 48561)

(a) El proponente deberá someter una propuesta al Secretario del DDEC, la cual deberá ser firmada por la persona autorizada mediante resolución corporativa o mediante Declaración Jurada en el caso de individuos. La propuesta indicará la Sección del Subtítulo E bajo la cual se solicitan beneficios y describirá en detalle el proyecto para el cual se utilizarán los fondos, y como éste adelantaría los propósitos de este Código. El proponente acompañará la propuesta con evidencia sobre como planifica financiar el proyecto y sobre su capacidad económica.

(b) De ser necesario que se certifique alguna partida que se incluya en la propuesta, el proponente deberá sustentar la misma presentando ante la Oficina de Incentivos un documento de Procedimientos Acordados (*Agreed Upon Procedures*) realizado por un Contador Público Autorizado con licencia vigente en Puerto Rico.

(c) El Secretario del DDEC establecerá mediante el Reglamento de Incentivos, carta circular u orden administrativa la información y documentación que requerirá la propuesta.

(d) Al momento de la radicación, el Secretario del DDEC cobrará los derechos por concepto del trámite correspondiente, los cuales se pagarán mediante transferencia electrónica en el Portal que establezca la Oficina de Incentivos para tales propósitos.

(e) El Secretario del DDEC establecerá mediante el Reglamento de Incentivos, los derechos que se cobrarán por concepto del trámite. El Reglamento se deberá revisado cada tres (3) años luego de su aprobación.

(Julio 1, 2019, Núm. 60, sec. 6050.01)

CAPÍTULO 6- DISPOSICIONES COMPLEMENTARIAS Y TRANSITORIAS

Sección 6060.01- Aplicación del Código de Rentas Internas de Puerto Rico (13 L.P.R.A. sec. 48571)

El Código de Rentas Internas de Puerto Rico aplicará de forma supletoria a este Código en la medida en que sus disposiciones no estén en conflicto con las disposiciones de este Código.

(Julio 1, 2019, Núm. 60, sec. 6060.01)

Sección 6060.02- Reglamentos Bajo este Código (13 L.P.R.A. sec. 48572)

(a) El Reglamento de Incentivos dispondrá para la implementación de los objetivos y propósitos de este Código y será adoptado dentro de los seis (6) meses a partir de la fecha de aprobación de este Código. El Secretario del DDEC podrá solicitar al Gobernador extender dicho período por seis (6) meses adicionales.

(b) Mientras no se adopte el Reglamento de Incentivos, se mantendrán vigentes los reglamentos de la operación de la Oficina de Exención Contributiva Industrial y, en la concesión de los incentivos dispuestos en este Código, el Secretario podrá usar como guía los Reglamentos que operaban bajo las leyes análogas previas excepto en la medida en que sean incompatibles con este Código. Igualmente, continuarán vigentes los reglamentos o normativas del Departamento de Hacienda aplicables a la evaluación de las solicitudes de incentivos hasta tanto sean expresamente sustituidos, enmendados o derogados.

(c) El Secretario del DDEC, en consulta con las agencias o instrumentalidades que conforme a la materia reglamentada se requiera, adoptará aquellos reglamentos, cartas circulares, ordenes administrativas, guías u otros comunicados de carácter general que sean necesarios para hacer efectivas las disposiciones y propósitos de este Código. No obstante, toda reglamentación, determinación administrativa, carta circular, boletín informativo o publicación de carácter general sobre materias fiscales y contributivas, incluyendo, pero no limitado a, reconocimiento de ingresos y gastos, recobro de crédito, aplicación de créditos contributivos, cesión de créditos, compra de créditos aplazada, categorización de ingresos, deducibilidad de los gastos, métodos de contabilidad, determinación de periodo anual de contabilidad, contribuciones patronales, arbitrios e impuesto sobre ventas y uso y, asuntos relacionados con la responsabilidad como patrono o agente retenedor, será facultad exclusiva del Secretario de Hacienda.

(d) El Secretario del DDEC estará facultado para delegar aquellas funciones, según estime necesario, a otros funcionarios. No obstante, el Secretario del DDEC no podrá delegar la firma de aprobación de los Decretos de exención contributiva ni la concesión de Créditos Contributivos.

(e) El Secretario del DDEC tendrá la autoridad para crear incentivos o beneficios adicionales para fomentar el desarrollo económico de Puerto Rico sujeto siempre a que los fondos necesarios estén disponibles.

(f) El Secretario del DDEC podrá establecer mediante el Reglamento de Incentivos, orden administrativa o carta circular los cargos de servicio que entienda necesarios y apropiados para cualquier trámite relacionado con un incentivo que sea parte de este Código.

(g) Sin perjuicio de los poderes y facultades que tiene el Secretario de Hacienda al amparo del Código de Rentas Internas, el DDEC tendrá jurisdicción excluisva para examinar cualquier controversia que pueda surgir en la aplicación de este Código. A esos fines, aplicará, de forma supletoria, la Ley 38-2017, según enmendada, conocida como "Ley de Procedimiento Administrativo Uniforme del Gobierno de Puerto Rico". El DDEC consultará con el Departamento de Hacienda aquellas controversias en las cuales sea necesaria su pericia. Así mismo, se podrá consultar a los jefes de agencia con pericia particular sobre la industria que se pretende examinar.

(Julio 1, 2019, Núm. 60, sec. 6060.02; Abril 16, 2020, Núm. 40, sec. 90, enmienda el inciso (c).)

Sección 6060.03- Derechos y obligaciones existentes- (13 L.P.R.A. sec. 48573)

a) La derogación de cualquier ley, artículo o disposición mediante este Código no afectará actos realizados o cualquier derecho adquirido al amparo de la misma ni cualquier procedimiento o demanda que haya comenzado en cualquier causa civil, antes de tal derogación.

b) Todos los derechos y obligaciones adquiridos mediante Decreto o Certificación de Agricultor Bonafide y/o Certificados de Cumplimiento de Agricultor *Bonafide* conferido previo a la vigencia de este Código, continuarán siendo honrados por el Gobierno de Puerto Rico, sus agencias y municipios. En cuanto a Decretos otorgados previo a la vigencia de este Código, mientras no se emita un nuevo Decreto bajo este Código, las disposiciones de la ley previa seguirán siendo de aplicación como si la derogación no se hubiese hecho.

Sección 6060.04- Decretos Otorgados bajo Leyes Anteriores- (13 L.P.R.A. sec. 48574)

(a) Los Decretos u otros beneficios otorgados bajo las Leyes de Incentivos Industriales o Contributivos, según se define dicho término en el párrafo (41) de la Sección 1020.01 de este Código, o leyes similares anteriores, podrán ser enmendados y/o mantenidos de conformidad con sus respectivas disposiciones. Las solicitudes de Decretos nuevos u otros beneficios que se hayan radicado bajo dichas leyes y que, a la fecha de efectividad de este Código, no se hayan concedido o aprobado, podrán tramitarse, a elección del solicitante, bajo las disposiciones equivalentes de este Código.

(Julio 1, 2019, Núm. 60, sec. 6060.04)

Sección 6060.05.- Ley de Transición del Programa Impulso a la Vivienda (13 L.P.R.A. sec. 48575)

(a) Las disposiciones de la Ley 216-2011, según enmendada, conocida como "Ley de Transición del Programa Impulso a la Vivienda", se hacen formar parte integral de este Código.

(b) Los beneficios dispuestos por la Ley 216-2011, según enmendada, incorporada a este Código, conocida como "Ley de Transición del Programa Impulso a la Vivienda", tendrán vigencia hasta el 31 de diciembre de 2030. No obstante lo anterior, los beneficios dispuestos en los artículos 5 (a) y 5 (b) no podrán ser disfrutados luego del 31 de diciembre de 2025, indistintamente de la fecha en que los haya solicitado.

(c) Los beneficios dispuestos bajo el Programa de Impulso de la Vivienda, creado originalmente mediante la Ley 2016-2011, según enmendada, conocida como "Ley de Transición del Programa Impulso a la Vivienda", no serán aplicables ni reconocidos cuando el reclamante, adquiriente, dueño, comprador o solicitante del beneficio sea, a su vez, beneficiario de los incentivos provistos bajo la Sección 2022.1 de este Código". propiedades adquiridas por un precio de compraventa que exceda el 150% de límite de la *Federal Housing Administration* (FHA), aplicable al municipio donde ubique dicha unidad.

(Julio 1, 2019, Núm. 60; Diciembre 30, 2020, Núm. 169, sec. 1, añade esta nueva sección 6060.05; Junio 30, 2022, Núm. 52, art. 35, añade los apartados (b) y (c); Enero 10, 2024, Núm. 1, sec. 4, enmienda el apartado (c).)

Notas Importantes
-Enmienda

-2020, ley 169- Esta ley 169, añade esta nueva sección 6060.05 e incluye las siguientes secciones de aplicación:

Sección 2.- El Departamento de Desarrollo Económico y Comercio emitirá una carta circular u orden administrativa, para hacer valer lo dispuesto en la presente Ley. Asimismo, deberá adoptar lo aquí dispuesto en la reglamentación correspondiente a la Ley 60-2019, según enmendada, conocida como "Código de Incentivos de Puerto Rico", dentro del término de noventa (90) días siguientes a la aprobación de esta Ley, según lo dispuesto en la Ley 38-2017, según enmendada, conocida como "Ley de Procedimiento Administrativo Uniforme del Gobierno de Puerto Rico".

Sección 3.- La exención temporera sobre la contribución de la propiedad inmueble, aquí dispuesta, será por un término de cinco (5) años, a partir del otorgamiento de la escritura de compraventa, y será de aplicación a toda vivienda elegible bajo las disposiciones de esta Ley.

Sección 4.- Esta Ley entrará en vigor inmediatamente después de su aprobación.

CAPÍTULO 7- DISPOSICIONES FINALES

Sección 6070.01.- Leyes de Incentivos Industriales o Contributivos sustituidas por este Código (13 L.P.R.A. sec. 48581)

A partir del 1ro de enero de 2020, no se aceptarán solicitudes de decretos al amparo de las leyes que se mencionan en las Secciones 6070.02 a 6070.21 de este Código.

(Julio 1, 2019, Núm. 60, sec. 6070.01)

Sección 6070.02.- [Enmienda]

Se añade una nueva Sección 5 a la Ley Núm. 135 de 9 de mayo de 1945, según enmendada, conocida como la "Exención Contributiva a Porteadores Públicos de Servicios de Transporte Aéreo". [Véase Ley Núm. 135 de 1945, según enmendada.]

Sección 6070.03.- [Enmienda]

Se enmienda el Artículo 8 de la Ley Núm. 7 de 4 de marzo de 1955, según enmendada, conocida como la "Exención Contributiva de Zonas Históricas". [Véase Ley Núm. 7 de 1955, según enmendada.]

Sección 6070.04.- [Enmienda]

Se enmienda el Artículo 6 de la Ley Núm. 72 de 21 de junio de 1962, según enmendada, conocida como la "Exención de Contribuciones a la Corporación Industria Lechera de Puerto Rico, Inc.". [Véase Ley Núm. 72 de 1962, según enmendada.]

Sección 6070.05.- [Enmienda]

Se enmienda el Artículo 9 de la Ley Núm. 126 de 28 de junio de 1966, según enmendada, conocida como la "Ley de Transportación de Carga por Mar". [Véase Ley Núm. 126 de 1966, según enmendada.]

Sección 6070.06.- [Enmienda]

Se enmienda la Sección 8 de la Ley Núm. 54 de 21 de junio de 1971, según enmendada, mejor conocida como la "Exención Contributiva a la Producción Comercial de Flores y Plantas Ornamentales". [Véase Ley Núm. 54 de 1971, según enmendada.]

Sección 6070.07.- [Enmienda]

Se enmienda el Artículo 12 de la Ley Núm. 47 de 26 de junio de 1987, según enmendada, conocida como la "Ley de Coparticipación del Sector Público y Privado para la Nueva Operación de Vivienda". [Véase Ley Núm. 47 de 1987, según enmendada.]

Sección 6070.08.- [Enmienda]

Se enmienda el Artículo 8 a la Ley 165-1996, según enmendada, conocida como el "Programa de Alquiler de Vivienda para Personas de Edad Avanzada con Ingresos Bajos". [Véase Ley Núm. 165 de 1996, según enmendada.]

Sección 6070.09.- [Enmienda]

Se añade un nuevo Artículo 7 a la Ley 213-2000, según enmendada, mejor conocida como la "Vivienda de Interés Social para Personas con Impedimentos o de Edad Avanzada". [Véase Ley Núm. 213 de 2000, según enmendada.]

Sección 6070.10.- [Enmienda]

Se enmienda el Artículo 2.3 de la Ley 140-2001, según enmendada, conocida como la "Ley de Créditos Contributivos por Inversión en la Construcción o Rehabilitación de Vivienda para Alquiler a Familias de Ingresos Bajos o Moderados y de Créditos Contributivos por Inversión en la Adquisición, Construcción o Rehabilitación de Vivienda Asequible para Alquilar a las Personas de Edad Avanzada". [Véase Ley Núm. 140 de 2001, según enmendada.]

Sección 6070.11.- [Enmienda]

Se añade un nuevo Artículo 23 a la Ley 244-2003, según enmendada, conocida como la "Ley para la Creación de Proyectos de Vivienda de "Vida Asistida" para Personas de Edad Avanzada en Puerto Rico". [Véase Ley Núm. 244 de 2003, según enmendada.]

Sección 6070.12. [Enmienda]

Se enmienda la Sección 5 de la Ley 73-2008, según enmendada, conocida como la "Ley de Incentivos Económicos para el Desarrollo de Puerto Rico". [Véase Ley Núm. 73 de 2008, según enmendada.]

Sección 6070.13.- [Enmienda]

Se enmienda la Sección 20 de la Ley 73-2008, según enmendada, conocida como la "Ley de Incentivos Económicos para el Desarrollo de Puerto Rico". [Véase Ley Núm. 73 de 2008, según enmendada.]

Sección 6070.14.- [Enmienda]

Se enmienda la Sección 15 de la Ley 74-2010, según enmendada, conocida como la "Ley de Desarrollo Turístico de Puerto Rico de 2010", para que lea como sigue: [Véase Ley Núm. 74 de 2010, según enmendada.]

Sección 6070.15- [Enmienda]

Se enmienda el Artículo 3.6 de Ley 83-2010, según enmendada, conocida como la "Ley de Incentivos de Energía Verde de Puerto Rico". [Véase Ley Núm. 83 de 2010, según enmendada.]

Sección 6070.16.- [Enmienda]

Se enmienda el Artículo 19 de la Ley 118-2010, conocida como la "Ley de Incentivos para el Desarrollo Económico y Turístico Municipal". [Véase Ley Núm. 118 de 2010, según enmendada.]

Sección 6070.17.- [Enmienda]

Se enmienda el Artículo 9.7 de la Ley 27-2011, conocida como la "Ley de Incentivos Económicos para la Industria Fílmica de Puerto Rico", para que lea como sigue: [Véase Ley Núm. 27 de 2011, según enmendada.]

Sección 6070.18.- [Enmienda]

Se enmienda el Artículo 20 de la Ley 20-2012, según enmendada, conocida como la "Ley para Fomentar la Exportación de Servicios". [Véase Ley Núm. 20 de 2012, según enmendada.]

Sección 6070.19.- [Enmienda]

Se enmienda el Artículo 12 de la Ley 22-2012, según enmendada, conocida como la "Ley Para Incentivar el Traslado de Individuos Inversionistas a Puerto Rico", para que lea como sigue: [Véase Ley Núm. 22 de 2012, según enmendada.]

Sección 6070.20.- [Enmienda]

Se enmienda el Artículo 17 de la Ley 135-2014, según enmendada, conocida como "Ley de incentivos y financiamiento para jóvenes empresarios". [Véase Ley Núm. 135 de 2014, según enmendada.]

Sección 6070.21.- [Enmienda]

Se enmienda el Artículo 20 de la Ley 14-2017, según enmendada, conocida como "Ley de Incentivos Para La Retención y Retorno de Profesionales Médicos". [Véase Ley Núm. 20 de 2017, según enmendada.]

Sección 6070.22.- Derogaciones.-

(a) Se deroga:

(1) El Artículo 61.240 de la Ley Núm. 77 de 19 de junio de 1957, según enmendada, conocida como "Código de Seguros de Puerto Rico"; [Véase Ley Núm. 77 de 1957, art. 61.240]

(2) La Ley Núm. 42 de 19 de junio de 1971, según enmendada, conocida como la "Ley del Bono Anual a los Trabajadores Agrícolas". [Véase Ley Núm. 42 de 1971, derogada]

(3) La Ley Núm. 46 de 5 de agosto de 1989, según enmendada, conocida como la "Ley Para Establecer el Programa de Subsidio Salarial a los Agricultores Elegibles". [Véase Ley Núm. 46 de 1989, derogada]

(4) La Ley 225-1995, según enmendada, conocida como "Ley de Incentivos Contributivos Agrícolas de Puerto Rico". [Véase Ley Núm. 225 de 1995, derogada]

(5) La Ley 325-2004, según enmendada, conocida como "Ley para el Desarrollo de Energía Renovable". [Véase Ley Núm. 325 de 1995, derogada]

(6) La Ley 464-2004, según enmendada, conocida como "Ley del Programa JUVEMPLEO". [Véase Ley Núm. 464 de 2004, derogada]

(7) La Ley 26-2008, según enmendada, conocida como "Ley del Programa para el Financiamiento de la Investigación y el Desarrollo de Tecnología Agrícola y de Alimentos". [Véase Ley Núm. 26 de 2008, derogada]

(8) La Sección 1033.12 de la Ley 1-2011, según enmendada, conocida como "Código de Rentas Internas para un Nuevo Puerto Rico". [Véase Ley Núm. 1 de 2001, sección 1033.12- derogada]

(9) La Ley 159-2011, según enmendada, conocida como "Ley de Incentivos Contributivos para la Inversión en Facilidades de Reducción Disposición y/o Tratamientos de Desperdicios Sólidos". [Véase Ley Núm. 159 de 2011, derogada]

(10) La Ley 1-2013, según enmendada, conocida como "Ley de Empleos Ahora". [Véase Ley Núm. 1 de 2013, derogada]

(11) La Ley 95-2013, según enmendada, conocida como "Ley del Programa de Incentivos de Incubadoras de Negocios". [Véase Ley Núm. 95 de 2013, derogada]

(12) Los Artículos 5, 6 y 7 de la Ley 73-2014, según enmendada, y se renumeran los restantes Artículos de conformidad. [Véase Ley Núm. 73 de 2004, artículos 5, 6, y 7 derogados]

(13) El Artículo 5, 6 y 7 de la Ley 171-2014, según enmendada, y se renumeran los restantes Artículos de conformidad. [Véase Ley Núm. 171 de 2014, arts. 5, 6 y 7 derogados]

(14) La Ley 185-2014, según enmendada, conocida como "Ley de Fondos de Capital Privado"; y [Véase Ley Núm. 185 de 2-14, derogada]

(15) Los Artículos 1, 2, 3, 4, 5, 6, 7, 8, 9, 10, 11, 12 y 13 de la Ley 187-2015, según enmendada, conocida como "Ley del Portal Interagencial de Validación para la Concesión de Incentivos para el Desarrollo Económico de Puerto Rico", y se renumeran los restantes Artículos de conformidad. [Véase Ley Núm. 187 de 2015, artículos derogados]

(16) La Ley 21-2019, según enmendada conocida como "Ley de Desarrollo de Zonas de Oportunidad de Desarrollo Económico de Puerto Rico 2019". [Véase Ley Núm. 21 de 2019, derogada]

(Julio 1, 2019, Núm. 60, sec. 6070.22.)

Sección 6070.23.- [Enmienda]

Se enmienda el Artículo 8 de la Ley Núm. 74 de 21 de junio de 1956, según enmendada, conocida como la "Ley de Seguridad de Empleo de Puerto Rico". [Véase Ley Núm. 74 de 1956, (29 L.P.R.A. sec. 701 et. seq).]

Sección 6070.24.- [Enmienda]

Se enmienda el Artículo 24 de la Ley 272-2003, según enmendada, conocida como la "Ley del Impuesto sobre el Canon por Ocupación de Habitación del Estado Libre Asociado de Puerto Rico". [Véase Ley Núm. 272 de 2003]

Sección 6070.25.- [Enmienda]

Se enmienda el apartado (b) de la Sección 2 de la Ley 132-2010, según enmendada, conocida como la "Ley de Estímulo al Mercado de Propiedades Inmuebles". [Véase la Ley Núm. 132 de 2010]

Sección 6070.26.- [Enmienda]

Se enmienda la Sección 1023.10 de la Ley 1-2011, según enmendada, conocida como "Código de Rentas Internas para un Nuevo Puerto Rico". [Véase la Ley Núm. 1 de 2001, sec. 1023.10]

Sección 6070.27.- [Enmienda]

Se enmienda la Sección 1031.02 de la Ley 1-2011, según enmendada, conocida como "Código de Rentas Internas para un Nuevo Puerto Rico". [Véase la Ley Núm. 1 de 2001, sec. 1031.02]

Sección 6070.28.- [Enmienda]

Se enmienda la Sección 1031.06 de la Ley 1-2011, según enmendada, conocida como "Código de Rentas Internas para un Nuevo Puerto Rico". [Véase la Ley Núm. 1 de 2001, sec. 1031.06]

(Julio 1, 2019, Núm. 60, sec. 6070.53, vigencia será retroactiva al 7 de noviembre de 2018.)

Sección 6070.29.– [Enmienda]

Se enmienda el párrafo (5) del apartado (b) de la Sección 1033.14 de la Ley 1-2011, según enmendada, conocida como "Código de Rentas Internas para un Nuevo Puerto Rico". [Véase la Ley Núm. 1 de 2001, sec. 1033.14]

Sección 6070.30.- [Enmienda]

Se enmienda la Sección 1033.15 de la Ley Núm. 1-2011, según enmendada, conocida como "Código de Rentas Internas para un Nuevo Puerto Rico". [Véase la Ley Núm. 1 de 2001, sec. 1033.15]

Sección 6070.31.– [Enmienda]

Se añade un párrafo (11) al apartado (u) de la Sección 1034.04 de la Ley 1-2011, según enmendada, conocida como "Código de Rentas Internas para un Nuevo Puerto Rico". [Véase la Ley Núm. 1 de 2001, sec. 1034.15]

Sección 6070.32.- [Enmienda]

Se enmienda el apartado (d) de la Sección 1040.02 de la Ley 1-2011, según enmendada, conocida como "Código de Rentas Internas para un Nuevo Puerto Rico". [Véase la Ley Núm. 1 de 2001, sec. 1040.02]

Sección 6070.33.– [Enmienda]

Se enmienda el apartado (e) de la Sección 1040.05 de la Ley 1-2011, según enmendada, conocida como "Código de Rentas Internas para un Nuevo Puerto Rico". [Véase la Ley Núm. 1 de 2001, sec. 1040.02]

Sección 6070.34.- Reservada

(Julio 1, 2019, Núm. 60, sec. 6070.34)

Sección 6070.35.- [Enmienda]

Se añade un nuevo párrafo (4) y se reenumera y enmienda el párrafo (4) como el párrafo (5) del apartado (a) de la Sección 1061.20 de la Ley 1-2011, según enmendada, conocida como "Código de Rentas Internas para un Nuevo Puerto Rico". [Véase la Ley Núm. 1 de 2001, sec. 1061.20]

Sección 6070.36.- [Enmienda]

Se enmienda el apartado (c) de la Sección 1062.03 de la Ley 1-2011, según enmendada, conocida como "Código de Rentas Internas para un Nuevo Puerto Rico". [Véase la Ley Núm. 1 de 2001, sec. 1062.03]

Sección 6070.37.- [Enmienda]

Se añade el inciso (A) al párrafo (1) y se añade un párrafo (3) al apartado (a) de la Sección 1062.05 de la Ley 1-2011, según enmendada, conocida como "Código de Rentas Internas para un Nuevo Puerto Rico". [Véase la Ley Núm. 1 de 2001, sec. 1062.05]

Sección 6070.38.- [Enmienda]

Se enmienda el apartado (a) de la Sección 1062.07 de la Ley 1-2011, según enmendada, conocida como "Código de Rentas Internas para un Nuevo Puerto Rico". [Véase la Ley Núm. 1 de 2001, sec. 1062.07]

Sección 6070.39.- [Enmienda]

Se enmienda el apartado (a) de la Sección 1063.01 de la Ley 1-2011, según enmendada, conocida como "Código de Rentas Internas para un Nuevo Puerto Rico". [Véase la Ley Núm. 1 de 2001, sec. 1063.01]

Sección 6070.40.- [Enmienda]

Se añade la Sección 1063.16 a la Ley 1-2011, según enmendada, conocida como "Código de Rentas Internas para un Nuevo Puerto Rico". [Véase la Ley Núm. 1 de 2001, sec. 1063.16]

Sección 6070.41.- [Enmienda]

Se enmienda el apartado (c) y se añade un nuevo apartado (e) a la Sección 1071.02 de la Ley 1-2011, según enmendada, conocida como el Código de Rentas Internas para un Nuevo Puerto Rico. [Véase la Ley Núm. 1 de 2001, sec. 1071.02]

Sección 6070.42.– [Enmienda]

Se añade la Sección 1071.10 a la Ley 1-2011, según enmendada, conocida como el "Código de Rentas Internas para un Nuevo Puerto Rico", para que lea como sigue: [Véase la Ley Núm. 1 de 2001, sec. 1071.02]

Sección 6070.43.– [Enmienda]

Se añade un Subcapítulo G al Capítulo 7 del Subtítulo A de la Ley 1-2011, según enmendada, conocida como el Código de Rentas Internas para un Nuevo Puerto Rico.: [Véase el Código de Rentas Internas del 2011]

Sección 6070.44.– [Enmienda]

Se enmiendan los apartados (a) y (c) de la Sección 1082.01 de la Ley 1-2011, según enmendada, conocida como el "Código de Rentas Internas para un Nuevo Puerto Rico". [Véase la Ley Núm. 1 de 2011, sec. 1082.01]

Sección 6070.45- [Enmienda]

Se enmienda el apartado (d) de la Sección 1082.02 de la Ley 1-2011, según enmendada, conocida como el Código de Rentas Internas para un Nuevo Puerto Rico. [Véase la Ley Núm. 1 de 2011, sec. 1082.01]

Sección 6070.46.- [Enmienda]

Se enmienda la Sección 1114.16 de la Ley 1-2011, según enmendada, conocida como el "Código de Rentas Internas para un Nuevo Puerto Rico", para que lea como sigue: [Véase la Ley Núm. 1 de 2011, sec. 1114.16]

Sección 6070.47.- [Enmienda]

Se añade una Sección 1115.11 a la Ley 1-2011, según enmendada, conocida como el Código de Rentas Internas para un Nuevo Puerto Rico, para que lea como sigue: [Véase la Ley Núm. 1 de 2011, sec. 1115.11]

Sección 6070.48.-[Enmienda]

Se enmienda la Sección 4010.01 de la Ley 1-2011, según enmendada, conocida como "Código de Rentas Internas para un Nuevo Puerto Rico". [Véase la Ley Núm. 1 de 2011, sec. 4010.01]

Sección 6070.49.-[Enmienda]

Se enmienda la Sección 4050.09 de la Ley 1-2011, según enmendada, conocida como "Código de Rentas Internas para un Nuevo Puerto Rico", para que lea como sigue: [Véase la Ley Núm. 1 de 2011, sec. 4050.09]

Sección 6070.50.- [Enmienda]

Se enmienda el apartado (a) de la Sección 6030.25 a la Ley 1-2011, según enmendada, conocida como "Código de Rentas Internas para un Nuevo Puerto Rico". [Véase la Ley Núm. 1 de 2011, sec. 6030.25]

Sección 6070.51.- [Enmienda]

Se enmienda la Sección 6041.11 de la Ley 1-2011, según enmendada, conocida como "Código de Rentas Internas para un Nuevo Puerto Rico". [Véase la Ley Núm. 1 de 2011, sec. 6041.11]

Sección 6070.52.- [Enmienda]

Se enmienda la Sección 1081.05 de la Ley Núm. 1-2011, según enmendada, conocida como "Código de Rentas Internas para un Nuevo Puerto Rico". [Véase Ley Núm. 1 de 2011, sec. 1081.05]

Sección 6070.53.- [Enmienda]

Se enmienda y se renumera el Artículo 115 como el Artículo 102, de la Ley 187-2015, según enmendada, conocida como "Ley del Portal Interagencial de Validación para la Concesión de Incentivos para el Desarrollo Económico de Puerto Rico", para que lea como sigue: [Véase Ley Núm. 187 de 2015]

(Julio 1, 2019, Núm. 60, sec. 6070.53, vigencia será retroactiva al 17 de noviembre de 2015.)

Sección 6070.54.- Declaración de Política Pública aplicables a las Zonas de Oportunidad. (13 L.P.R.A. sec. 48583)

(a) Será la política pública del Gobierno de Puerto Rico:

(1) Convertir a Puerto Rico en un destino de inversión de Fondos de Zonas de Oportunidad que inviertan en Proyectos Prioritarios en zonas de oportunidad.

Proveer el ambiente para la continua formación de capital local y extranjero para su inversión en Proyectos Prioritarios en zonas de oportunidad.

(3) Establecer el marco contributivo, legal y reglamentario que incentive, agilice y fomente la inversión en Proyectos Prioritarios en zonas de oportunidad.

(Julio 1, 2019, Núm. 60, sec. 6070.54)

Sección 6070.55.- Definiciones aplicables a las Zonas de Oportunidad.- (13 L.P.R.A. sec. 48584)

(a) Para los fines de este Capítulo los siguientes términos y frases tendrán el significado que a continuación se expresa:

(1) "Actividad Elegible"- significa un Proyecto Prioritario en Zonas de Oportunidad.

(2) "Chief Financial Officer"- significa el principal oficial de finanzas públicas creado en virtud de la Orden Ejecutiva OE-2013-007.

(3) "Chief Investment Officer"- significa el principal oficial de inversiones creado en virtud de la Orden Ejecutiva OE-2018-035.

(4) "Código de Rentas Internas"- significa la Ley 1-2011, según enmendada, conocida como el "Código de Rentas Internas para un Nuevo Puerto Rico, o cualquier ley sucesora.

(5) "Código de Rentas Internas Federal"- significa el Código de Rentas Internas Federal de 1986, Pub. Law 99-514, 68A Stat. 3, según enmendado, o cualquier ley posterior que la sustituya.

(6) "Comisionado"- significa el Comisionado de Instituciones Financieras creado por la Ley Núm. 4 de 11 de octubre de 1985, según enmendada.

(7) "Comité"- significa el "Comité de Proyectos Prioritarios en Zonas de Oportunidad", adscrito a la Oficina del Gobernador, con las facultades dispuestas en este Capítulo, y compuesto por el Principal Oficial Financiero (Chief Financial Officer), quien lo presidirá, el Principal Oficial de Inversiones (Chief Investment Officer), el Director Ejecutivo de la Autoridad de la Asesoría Financiera y Agencia Fiscal de Puerto Rico, el Director Ejecutivo de la Autoridad para las Alianzas Público Privadas de Puerto Rico, el Secretario del Departamento de Desarrollo Económico y Comercio, un miembro nombrado por el Senado de Puerto Rico y un miembro nombrado por la Cámara de Representantes de Puerto Rico, o sus respectivos designados de tiempo en tiempo quienes tendrán los mismos derechos y obligaciones de los funcionarios que representan, incluyendo la asistencia a las reuniones por aquellos medios y/o tecnología que sea autorizada y, por tanto, utilizada por el Comité para llevar a cabo las mismas. A solicitud del Presidente del Comité, el Gobernador podrá nombrar otros miembros al Comité para atender solicitudes específicas, conforme a la naturaleza del negocio solicitante. El Comité adoptará las normas, procedimientos y reglamentos que sean necesarios para los propósitos de las funciones asignadas en este Capítulo sin sujeción a las disposiciones de la Ley 38-2017, conocida como la "Ley de Procedimiento Administrativo Uniforme del Gobierno de Puerto Rico". Disponiéndose que cinco (5) de los siete (7) o una mayoría de los miembros del Comité constituirán *quorum* para las reuniones de dicho Comité. No obstante, solo se reconocerá *quorum* si un representante de los Cuerpos Legislativos participa de las reuniones y así se certifica, salvo que existan incomparecencias inexcusadas a dos o más reuniones consecutivas, en cuyo caso se certificará el *quorum* con los demás cinco (5) miembros presentes.

(8) "Decreto"- significa el decreto emitido de conformidad con la Sección 6070.60 de este Código, mediante la cual se notifica la aprobación de una solicitud debidamente radicada y las condiciones impuestas a la misma.

(9) "Crédito por inversión elegible"- significa los créditos según el apartado (i) del 6070.56 de este Código.

(10) "Director" - significa el Director de la Oficina de Exención Contributiva Industrial.

(11) "Distribución de ingresos neto de desarrollo de zonas de oportunidad"- significa cualquier distribución de dividendos o ganancias de un negocio exento o una distribución en liquidación de un negocio exento de las utilidades y beneficios provenientes de los ingresos netos de zonas de oportunidad.

(12) "Entidad ignorada"- significa una entidad que es tratada como un "disregarded entity" para propósitos del Código de Rentas Internas Federal.

(13) "Fondo"- significa una entidad que cumple con los siguientes requisitos:

(A) no más tarde de la fecha de comienzo de operaciones en conformidad con el apartado (e) de la Sección 6070.59 de este Código y durante el periodo de designación establecido en la Sección 1400Z-1(f) del Código de Rentas Internas Federal, la entidad es un "Opportunity Zone Fund" conforme a la Sección 1400Z-2(d) (1) del Código de Rentas Internas Federal;

(B) durante el periodo que comienza al día siguiente de la expiración de la designación establecida en la sección 1400Z-1(f) del Código de Rentas Internas Federal y que termina el día de la expiración del decreto, la entidad de otro modo calificaría como un "Opportunity Zone Fund" conforme a la Sección 1400Z-2(d)(1) del Código de Rentas Federal, si dicha designación todavía estuviera vigente.

(14) "Gobernador"- significa el Gobernador de Puerto Rico.

(15) "Ingreso neto de zonas de oportunidad" - significa el ingreso neto de un negocio exento generado en la operación de una actividad elegible, según determinado bajo el Código de Rentas Internas.

(16) "Inversión elegible"- significa el efectivo que haya sido aportado a:

(A) un Fondo que es un negocio exento a cambio de acciones emitidas por el Fondo (si el Fondo es una corporación) o a cambio de una participación en el Fondo (si el Fondo es una sociedad, compañía de responsabilidad limitada, sociedad o empresa en común);

(B) un Fondo a cambio de acciones emitidas por el Fondo (si el Fondo es una corporación) o a cambio de una participación en el Fondo (si el Fondo es una sociedad, compañía de responsabilidad limitada, sociedad o empresa en común) y el Fondo invierte dichas aportaciones al capital de una corporación que es un negocio exento o una sociedad que es un negocio exento a cambio de acciones emitidas por la corporación o a cambio de una participación en la sociedad (si la sociedad es una compañía de responsabilidad limitada, sociedad o empresa en común) y dicha inversión por el Fondo es en cumplimiento con la Sección 1400Z-2(d)(2) del Código de Rentas Internas Federal; o

(C) a una corporación que es un negocio exento a cambio de acciones emitidas por la corporación, o a una compañía de responsabilidad limitada, sociedad o empresa en común que es un negocio exento a cambio de una participación en una compañía de responsabilidad limitada, sociedad o empresa en común, siempre y cuando un Fondo invierta en dicha corporación o compañía de responsabilidad limitada, sociedad o empresa en común y dicha inversión por el Fondo es en cumplimiento con la Sección 1400Z-2(d)(2) del Código de Rentas Internas Federal.

(17) "Inversionista"- significa cualquier persona natural o jurídica que haga una inversión elegible, según definida en el párrafo (16) de este apartado.

(18) "Ley de Patentes Municipales"- significa la Ley Núm. 113 de 10 de julio de 1974, según enmendada.

(19) "Negocio"- significa una corporación, sociedad, compañía de responsabilidad, sociedad o empresa en común.

(20) "Negocio elegible"- significa un negocio que cumple con los siguientes requisitos:

(A) la actividad del negocio es llevada a cabo en su totalidad en una zona elegible;

(B) la actividad llevada a cabo por el negocio no es elegible para una concesión de exención contributiva bajo Leyes de Incentivos Anteriores, tales como: la Ley 20-2012, según enmendada, conocida como la "Ley para Fomentar la Exportación de Servicios", la Ley 73-2008, según enmendada, conocida como la "Ley de Incentivos Económicos para el Desarrollo de Puerto Rico", la Ley 74-2010, según enmendada, conocida como "Ley de Desarrollo Turístico de Puerto Rico de 2010", la Ley 83-2010, según enmendada, conocida como la "Ley de Incentivos de Energía Verde de Puerto Rico", la Ley 27-2011, según enmendada, conocida como la "Ley de Incentivos Económicos para la Industria Fílmica de Puerto Rico" o cualquier ley sucesora o análoga a las anteriormente descritas;

(C) el negocio es llevado a cabo por el Fondo o una entidad en la cual invierte el Fondo bajo la Sección 1400Z-2(d)(2) del Código de Rentas Internas Federal;

(D) la actividad llevada a cabo por el negocio es un Proyecto Prioritario en zona de oportunidad.

(21) "Negocio exento"- significa un negocio elegible al que se le ha concedido un decreto de exención contributiva bajo este Capítulo.

(22) "Oficina de Exención"- significa la Oficina de Exención Contributiva Industrial.

(23) "Proyecto Prioritario en Zonas de Oportunidad"- significa una industria o negocio u otra actividad de producción de ingresos que aportará a la diversificación, recuperación o transformación social y económica de la comunidad de la zona elegible.

(24) "Proyecto Prioritario Residencial Elegible"- significa un Proyecto Prioritario en zonas de oportunidad que tenga un componente importante de vivienda.

(25) "Secretario"- significa el Secretario o la Secretaria del Departamento de Hacienda de Puerto Rico.

(26) "Secretario de Desarrollo Económico"- significa el Secretario o la Secretaria del Departamento de Desarrollo Económico y Comercio.

(27) "Zona elegible"- significa un área de Puerto Rico que ha sido designada como zona de oportunidad bajo la Sección 1400Z-1(b) (3) del Código de Rentas Internas Federal, según delineadas en el mapa mantenido por el Departamento del Tesoro Federal y que ha sido designada como una zona elegible por el Comité mediante reglamentación, carta circular, determinación administrativa o boletín informativo de carácter general.

(b) Definiciones de otros términos.- Los demás términos aplicables a las Zonas de Oportunidad que se emplean en este Capítulo, a menos que específicamente se disponga lo contrario, tendrán el mismo significado que tienen en el Código de Rentas Internas y sus reglamentos.

(Julio 1, 2019, Núm. 60, sec. 6070.55)

Sección 6070.56.- Contribución Sobre Ingresos aplicables a las Zonas de Oportunidad. (13 L.P.R.A. sec. 48585)

(a) Ingreso neto de zonas de oportunidad. - Un negocio exento estará sujeto a una tasa fija de contribución sobre ingresos sobre su ingreso neto de zonas de oportunidad de dieciocho punto cinco (18.5) por ciento en lugar de cualquier otra contribución impuesta por el Código de Rentas Internas.

(b) Tratamiento de entidades ignoradas ("disregarded entities") y sociedades.

(1) Si un negocio exento es una entidad ignorada, ésta será tratada para propósitos del Código de Rentas Internas de la misma manera que es tratada bajo el Código de Rentas Internas Federal y las disposiciones del Capítulo 7 del Subtítulo A del Código de Rentas Internas no serán aplicables.

(2) Si un Fondo o negocio exento es una entidad que de otro modo estaría sujeta a las disposiciones del Capítulo 7 del Subtítulo A del Código de Rentas Internas, el Fondo o el negocio exento será tratado como una corporación para propósitos del Subtítulo A del Código de Rentas Internas.

(3) El Secretario publicará las planillas, formularios, y declaraciones que deben ser radicadas por el Fondo o el negocio exento cubierto por este apartado y emitirá cualquier reglamento, determinación administrativa, carta circular o boletín informativo de carácter general que sea necesario para propósitos de este apartado.

(c) Regalías, Rentas o Cánones ("Royalties") y Derechos de Licencia. - No obstante, lo dispuesto por el Código de Rentas Internas, en el caso de pagos efectuados por un negocio exento a corporaciones, sociedades o personas no residentes, no dedicadas a industria o negocio en Puerto Rico, por concepto del uso o privilegio de uso en Puerto Rico de propiedad intangible relacionada con la operación declarada exenta bajo este Capítulo, y sujeto a que dichos pagos sean considerados de fuentes dentro de Puerto Rico, se observarán las siguientes reglas:

(1) Contribución a Corporaciones, Sociedades Extranjeras o Personas No Residentes No Dedicadas a Industria o Negocio en Puerto Rico: Imposición de la Contribución. - Se impondrá, cobrará y pagará para cada año contributivo, en lugar de la contribución impuesta por las Secciones 1091.01 y 1092.02 del Código de Rentas Internas, sobre el monto de dichos pagos recibidos o implícitamente recibidos, por un individuo extranjero no residente, o toda corporación o sociedad extranjera no dedicada a industria o negocio en Puerto Rico, procedente exclusivamente de fuentes dentro de Puerto Rico, una contribución de dieciocho punto cinco (18.5) por ciento.

(2) Retención en el Origen y depósito de la Contribución. - Todo negocio exento que tenga la obligación de realizar pagos a personas no residentes por concepto de uso en Puerto Rico de propiedad intangible relacionada a la operación exenta bajo este Capítulo, deducirá y retendrá en el origen una contribución igual a aquella impuesta en el párrafo (1) de este apartado y

depositará la retención conforme a las normas de las Secciones 1062.08 y 1062.11 del Código de Rentas Internas, según aplicable.

(d) Deducción y Arrastre de Pérdidas Netas en Operaciones.-

(1) Deducción por Pérdidas Corrientes Incurridas en Actividades no Cubiertas por un Decreto de Exención.- Si un negocio exento incurre en una pérdida neta en operaciones que no sea en la operación declarada exenta bajo este Código de Rentas Internas, la misma podrá ser utilizada únicamente contra ingresos no cubiertos por un decreto de exención y se regirá por las disposiciones del Código de Rentas Internas.

(2) Deducción por Pérdidas Corrientes Incurridas en la Operación del Negocio Exento.- Si un negocio exento incurre en una pérdida neta en la operación declarada exenta bajo este Capítulo, podrá deducir dicha pérdida contra su ingreso neto de zonas de oportunidad que incurrió la pérdida o contra su ingreso neto de zonas de oportunidad de operaciones cubiertas por otros decretos de exención bajo este Capítulo.

(3) Deducción por Arrastre de Pérdidas de Años Anteriores.-Se concederá una deducción por arrastre de pérdidas incurridas en años anteriores, según se dispone a continuación:

(A) El exceso sobre las pérdidas deducibles bajo el párrafo (2) de este apartado podrá ser arrastrado contra el ingreso neto de zonas de oportunidad de años contributivos subsiguientes. Las pérdidas serán arrastradas en el orden en que fueron incurridas.

(B) Cualquier pérdida neta incurrida en un año en que la elección del apartado (b) de la Sección 6070.59 de este Código esté en vigor, podrá ser arrastrada solamente contra ingreso neto de zonas de oportunidad por el negocio exento, bajo el decreto bajo el cual se hizo la elección del apartado (b) de la Sección 6070.59 de este Código. Las pérdidas serán arrastradas en el orden en que fueron incurridas.

(C) Una vez expirado el periodo de exención para propósitos de contribución sobre ingresos, las pérdidas netas incurridas en la operación declarada exenta bajo este Capítulo, así como cualquier exceso de la deducción permitida bajo el inciso (B) de este párrafo que esté arrastrando el negocio exento a la fecha de expiración de dicho periodo, podrán deducirse contra cualquier ingreso tributable en Puerto Rico, sujeto a las limitaciones provistas en el Subtítulo A del Código de Rentas Internas. Dichas pérdidas se considerarán como incurridas en el último año contributivo en que el negocio exento que posea un decreto bajo este Capítulo disfrutó de exención contributiva sobre ingresos bajo el decreto.

(D) El monto de la pérdida neta en operaciones a ser arrastrada se computará conforme a las disposiciones de la Sección 1033.14 del Código de Rentas Internas.

(e) Distribuciones de dividendos o beneficios. –

(1) Exención. - Los accionistas o socios de una corporación o sociedad que es un negocio exento no estarán sujetos a contribución sobre ingresos sobre distribuciones de dividendos o beneficios de las utilidades y beneficios generados por su ingreso neto de zonas de oportunidad de dicho negocio exento. Las distribuciones subsiguientes de las utilidades y beneficios generadas por su ingreso neto de zonas de oportunidad que lleve a cabo cualquier corporación o sociedad también estarán exentas de toda tributación. Disponiéndose que, las disposiciones de la Sección 1062.13 del Código de Rentas Internas, relativa a la contribución sobre el dividendo implícito y la Sección 1092.02 del Código de Rentas Internas relativa a la contribución sobre monto equivalente a dividendo, no serán aplicables al negocio exento.

(2) Imputación de Distribuciones Exentas. - La distribución de dividendos o beneficios que hiciere un negocio exento, aun después de expirado su decreto de exención contributiva, se considerará hecha de las utilidades y beneficios generados por su ingreso neto de zonas de oportunidad si a la fecha de la distribución, ésta no excede del balance no distribuido de dichas utilidades y beneficios, a menos que dicho negocio exento, al momento de la declaración, elija distribuir el dividendo o beneficio, total o parcialmente, de otras utilidades o beneficios. La cantidad, año de acumulación y carácter de la distribución hecha de las utilidades y beneficios generados por el ingreso neto de zonas de oportunidad será la designada por dicho negocio exento mediante notificación enviada conjuntamente con el pago de la misma a sus accionistas o socios y al Secretario de Hacienda, mediante declaración informativa, no más tarde del 28 de febrero siguiente al año de la distribución.

(3) Otras exenciones. - Las distribuciones de dividendos o beneficios de las utilidades y beneficios generados por el ingreso neto de zonas de oportunidad de un negocio exento, no estarán sujetos a las siguientes contribuciones sobre ingresos:

(A) contribución alternativa mínima de la Sección 1022.03 del Código de Rentas Internas;

(B) contribución adicional a corporaciones y sociedades de la Sección 1022.05 del Código de Rentas Internas; y

(C) contribución básica alterna de individuos de la Sección 1021.02 del Código de Rentas Internas, o cualquier ley sucesora de naturaleza similar.

(f) Venta o Permuta de Activos.- Ninguna ganancia o pérdida será reconocida por un negocio exento en la venta o permuta de los activos que se efectúe durante su periodo de exención si el negocio exento invierte una cantidad igual al monto realizado en la venta o permuta en cumplimiento con lo requerido por la Sección 1400Z-2(d) (1) del Código de Rentas Internas Federal. Si la venta o permuta ocurre después de la expiración de designación de la Sección 1400Z-1(f) del Código de Rentas Internas Federal, los requisitos de la Sección 1400Z-2(d)(1) del Código de Rentas Internas Federal continuarán siendo aplicables para propósitos de este apartado.

(g) Permutas Exentas.- Las permutas de activos que no resulten en eventos tributables por tratarse de reorganizaciones exentas se tratarán de acuerdo a las disposiciones del Código de Rentas Internas, vigentes a la fecha de la permuta.

(h) Exención a Individuos, Sucesiones, Corporaciones, Sociedades, Compañías de Responsabilidad Limitada y Fideicomisos con Respecto a Intereses Pagados o Acreditados sobre Bonos, Pagarés u Otras Obligaciones de Ciertos Negocios Exentos. –

(1) Exención.- Cualquier individuo, sucesión, corporación, sociedad, compañía de responsabilidad limitada o fideicomiso, estará exento del pago de cualquier contribución impuesta por el Código de Rentas Internas y patentes impuestas bajo la Ley de Patentes Municipales sobre el ingreso proveniente de intereses recibidos con respecto a bonos, pagarés u otras obligaciones de un negocio exento para el desarrollo, construcción o rehabilitación de, o mejoras a un negocio exento bajo este Capítulo, condicionando que los fondos se utilicen en su totalidad para desarrollo, construcción, o rehabilitación de, o mejoras a, un negocio exento y/o al pago de deudas existentes de dicho negocio exento, siempre y cuando los fondos provenientes de esas deudas existentes se hayan utilizado originalmente para desarrollo, construcción o rehabilitación de, o mejoras a dicho negocio exento. Los gastos incurridos por una persona que lleve a cabo una inversión aquí descrita no estarán sujetos a las Secciones 1033.17(a) (5), 1033.17(a) (11), y 1033.17(f) del Código de Rentas Internas con respecto a dicha inversión, y los ingresos derivados de la misma.

(2) Relación directa.- El producto del bono, pagaré u otra obligación tiene que ser otorgado directamente a un negocio exento.

(i) Créditos.-

(1) Crédito por inversión.- Sujeto a las disposiciones del párrafo (3) de este apartado, todo inversionista tendrá derecho a un crédito por inversión igual al porciento elegible de su inversión elegible, hecha después de la fecha de efectividad de este Capítulo tomado en cuatro (4) plazos: el veinticinco (25) por ciento de dicho crédito en el año en que el negocio exento finalizó la construcción total del Proyecto Prioritario o, en caso que el Proyecto Prioritario no requiera construcción, cuando el negocio exento comience operaciones (según determinado bajo la Sección 6070.59 de este Código), lo que sea más tarde, y un veinticinco (25) por ciento del balance de dicho crédito en los próximos tres (3) años subsiguientes. Disponiéndose que en caso en que la Inversión Elegible se realice luego de finalizarse la construcción del Proyecto Prioritario en Zonas de Oportunidad o que el negocio exento haya comenzado operaciones, el crédito se tomará en los siguientes cuatro (4) plazos: el veinticinco (25) por ciento en el año en que se haya realizado una expansión significativa en el inmueble construido o en el negocio exento, según sea el caso, y según el Secretario de Desarrollo Económico defina dicho término por reglamento, determinación administrativa, carta circular o boletín informativo de carácter general que sea necesario para propósitos de este párrafo, y un veinticinco (25) por ciento del balance de dicho crédito en los próximos tres (3) años subsiguientes. En el caso de que el Fondo nunca realice el Proyecto Prioritario, no se concederá el crédito aquí dispuesto. Toda inversión elegible hecha durante el año contributivo del inversionista, calificará para el crédito contributivo de este apartado, en dicho año contributivo, siempre y cuando cumpla con todos los requisitos de este apartado. Dicho crédito por inversión podrá aplicarse contra cualquier contribución determinada del inversionista, según el Subtítulo A del Código de Rentas Internas incluyendo la contribución alternativa mínima de la Sección 1022.03; o la contribución básica alterna de la Sección 1021.02 del Código de Rentas Internas; o contra cualquier otra contribución impuesta por Leyes de Incentivos Anteriores, tales como: la Ley 20-2012, según enmendada, conocida como la "Ley para Fomentar la Exportación de Servicios", la Ley 73-2008, según enmendada, conocida como la "Ley de Incentivos Económicos para el Desarrollo de Puerto Rico", la Ley 74-2010, según enmendada, conocida como la "Ley de Desarrollo Turístico de Puerto Rico de 2010", la Ley 83-2010, según enmendada, conocida como la "Ley de Incentivos de Energía Verde de Puerto Rico", y bajo la Ley 273-2012, según enmendada, conocida como la "Ley Reguladora del Centro Financiero Internacional", la Ley 399-2004, según enmendada, conocida como la "Ley de Aseguradores y

Reaseguradores de Seguros Internacionales de Puerto Rico" o cualquier ley sucesora o análoga a las anteriormente descritas.

(2) Arrastre de crédito. — Todo crédito por inversión no utilizado en un año contributivo podrá ser arrastrado a años contributivos subsiguientes hasta tanto sea utilizado en su totalidad, sujeto a las disposiciones del apartado (h) de la Sección 1051.16 del Código de Rentas Internas de Puerto Rico, si aplican.

(3) Cantidad máxima de crédito.-

(A) Crédito por inversión. - La cantidad máxima del crédito por inversión que estará disponible por cada Fondo y negocio exento en el cual el Fondo invierta no podrá exceder el veinticinco (25) por ciento de la suma de las siguientes partidas:

(i) el efectivo aportado por los inversionistas a cambio de acciones o participaciones de un Fondo que es aportado por el Fondo al negocio exento a cambio de acciones o participaciones del negocio exento, más

(ii) el efectivo aportado por los inversionistas al negocio exento, cuando dicho negocio exento es llevado a cabo por el Fondo directamente, a cambio de las acciones o participaciones del negocio exento.

(B) Titularidad y Distribución de los Créditos. - La cantidad máxima del crédito por inversión disponible se distribuirá entre los inversionistas, en las proporciones deseadas por ellos. El Fondo notificará la distribución del crédito al Director, al Secretario, a sus accionistas y socios y los accionistas y socios del negocio exento, en o antes de la fecha provista por el Código de Rentas Internas para radicar la planilla de contribuciones sobre ingresos para el primer año contributivo del negocio exento, sin considerar prórrogas. La distribución elegida será irrevocable y obligatoria para el Fondo, negocio exento y los inversionistas.

(4) Ajuste de base y recobro de créditos. - La base de toda inversión elegible se reducirá por la cantidad tomada como crédito por inversión bajo este apartado, pero nunca podrá reducirse a menos de cero. La base de una inversión elegible que estará sujeta a la reducción de este párrafo, será la base, según determinada considerando cualquier elección que se haya efectuado bajo la Sección 1031.06 del Código Rentas Internas con respecto a dicha inversión. En el caso de que el crédito por inversión tomado por los inversionistas, exceda el crédito por inversión computado por el Director, basado en la inversión total hecha por el inversionista en el Fondo o el negocio exento, dicho exceso se adeudará como contribución sobre ingresos a ser pagada por los inversionistas, en dos plazos, comenzando con el año contributivo donde se descubrió y notificó el exceso antes

mencionado, y el remanente del balance en el año subsiguiente. El Director notificará al Secretario del exceso de crédito tomado por los inversionistas.

(5) Informes y Penalidad bajo la Sección 1400Z-2(d)(1) del Código de Rentas Internas Federal. - El negocio exento deberá rendirle un informe anual al Director y al Secretario, desglosando el total de la inversión realizada en el negocio exento a la fecha de dicho informe anual, el cumplimento con los requisitos de la Sección 1400Z-2(d)(1) del Código de Rentas Internas Federal y si el Fondo está sujeto a la penalidad de la Sección 1400Z-2(f)(1) de dicho Código. En el caso de que un Fondo esté sujeto a la penalidad de la Sección 1400Z-2(f)(1) del Código de Rentas Internas Federal, el Fondo adeudará al Secretario, como una penalidad, una cantidad igual a la penalidad impuesta al Fondo bajo la Sección 1400Z-2(f)(1) del Código de Rentas Internas Federal y será pagadera con la planilla de contribución sobre ingresos correspondiente al año contributivo en que se impuso la penalidad. En el caso de que un Fondo no esté sujeto a la penalidad de la Sección 1400Z-2(f)(1) del Código de Rentas Internas Federal por la expiración de la designación bajo la Sección 1400Z-1(f) de Código de Rentas Internas Federal, el Fondo adeudará al Secretario, como una penalidad, una cantidad igual a la penalidad que de otro modo sería impuesta al Fondo bajo la Sección 1400Z-2(f)(1) del Código de Rentas Internas Federal si dicha designación todavía estuviera vigente y será pagadera con la planilla de contribución sobre ingresos correspondiente al año contributivo en que de otro se impondría la penalidad.

(6) Cesión del crédito. –

(A) Crédito por inversión. –

(i) Después de la fecha de notificación de la distribución del crédito por inversión que dispone el párrafo (3) de este apartado, el crédito por inversión provista en este Artículo podrá ser cedido, vendido o de cualquier modo traspasado, en su totalidad o parcialmente, por un inversionista, a cualquiera otra persona.

(ii) En el caso del crédito por inversión, la base de la inversión elegible se reducirá por el valor del crédito por inversión cedido pero nunca podrá reducirse a menos de cero (0). La base de una inversión elegible que estará sujeta a la reducción establecida en esta cláusula, será la base, según determinada considerando cualquier elección que se haya efectuado bajo la Sección 1031.06 del Código de Rentas Internas con respecto a dicha inversión.

(B) El dinero o el valor de la propiedad recibida a cambio del crédito por inversión estará exento de tributación bajo el Código de Rentas Internas, hasta una cantidad que sea igual al monto del crédito por inversión cedido.

(C) El crédito por inversión podrá ser cedido, vendido o de cualquier modo traspasado únicamente por un Inversionista, excepto en los siguientes casos:

(i) Un Inversionista podrá ceder, vender, o de cualquier modo transferir un crédito por inversión a través de un corredor-traficante ("broker-dealer") que esté inscrito como tal con el Comisionado en las circunstancias a ser establecidas mediante reglamento por el Secretario de Desarrollo Económico.

(ii) Un suscriptor ("underwriter") que, habiendo actuado como tal, hubiese adquirido un crédito por inversión al momento del cierre para el financiamiento de un Proyecto Prioritario en Zonas de Oportunidad, podrá ceder, vender, o de cualquier modo transferir cualquier crédito por inversión a un tercero. Dicha cesión, venta o transferencia se considerará como hecha por un Inversionista si cumple con los requisitos establecidos mediante reglamento por el Secretario de Desarrollo Económico.

(D) El exceso del monto de un crédito por inversión bajo este apartado (i) sobre el dinero o el valor de la propiedad pagado por un adquirente de dicho crédito no constituirá ingreso bruto para propósitos del Código Rentas Internas.

(E) Las siguientes personas notificarán al Secretario de la cesión, venta o transferencia mediante declaración jurada a tales efectos que será incluida con su planilla de contribución sobre ingresos para el año en que se efectúe la cesión del crédito por inversión de este apartado (i):

(i) El Inversionista que haya cedido todo o parte de su crédito por inversión de este apartado (i);

(ii) El corredor-traficante ("broker-dealer"), suscriptor ("underwriter") o acreedor de la prenda que haya cedido todo o parte de su crédito por inversión de este apartado (i); y

(iii) El adquiriente del crédito por inversión bajo este apartado (i).

La declaración jurada contendrá aquella información que estime pertinente el Secretario mediante reglamento promulgado a tales efectos.

(7) Porciento elegible. –

(A) El término "porciento elegible" significa el porciento determinado por el Comité y no podrá exceder de veinticinco (25) por ciento. Excepto por lo dispuesto en el inciso (B) de este párrafo siete (7), el porciento elegible mínimo para todos los negocios exentos será de cinco (5) por ciento.

(B) El Comité podrá establecer un porciento elegible distinto, conforme al Artículo 8, al porciento elegible establecido en el inciso (A) de este párrafo (sujeto al máximo de veinticinco (25) por ciento) a negocios exentos que estén localizados en aquellas zonas elegibles que el Comité determine asignarle un porciento distinto y que cumplan con los criterios determinados por este Comité, tomando en consideración los siguientes factores:

(i) El potencial del negocio exento en crear empleos;

(ii) La aportación del negocio exento en las áreas de educación, salud, y viviendas; y

(iii) La inversión que podría realizar por el negocio exento en terrenos, edificios y maquinaria y equipo.

(iv) El potencial efecto en la economía y las necesidades del área geográfica.

(C) Los porcientos elegibles a ser determinados por el Comité y los criterios a ser determinados por el Comité conforme al inciso (B) de este párrafo siete (7), serán publicados en una carta circular, determinación administrativa u otra publicación general y tendrá la misma fuerza de ley que un reglamento. Disponiéndose, además, que las disposiciones contenidas en las publicaciones oficiales establecidas en este inciso, tendrán una vigencia de por lo menos un (1) año desde su publicación.

(j) Prioridad de créditos bajo este Código aplicables a las Zonas de Oportunidad.-

(1) En caso que otra legislación establezca un tope o cierta prioridad en la otorgación de créditos de inversión, la aprobación de los créditos de inversión solicitados bajo este Capítulo tendrán prioridad sobre la aprobación de solicitudes de créditos que sean presentadas después de la efectividad de este Código bajo cualquier otra ley que provea créditos por inversión, si así lo decide el Comité, exceptuando aquellos créditos por inversión establecidos en Leyes de Incentivos Anteriores, tales como: los apartados (c) y (f) de la Sección 5 de la Ley Núm. 73-2008 según enmendada, conocida como la "Ley de Incentivos Económicos para el Desarrollo de Puerto Rico" o bajo la Sección 3030.01 de este Código, exceptuando también aquellos créditos de inversión con un Retorno de Inversión fiscal positivo. El Secretario de Desarrollo Económico establecerá mediante reglamento, determinación administrativa, carta

circular o boletín informativo de carácter general, los criterios que se utilizarán para computar el estimado de Retorno de Inversión. Se entenderá que una solicitud de crédito ha sido presentada antes de la efectividad de este Código solamente si la agencia ante la cual se presentó la solicitud emite una certificación al Comité por escrito de que la solicitud se presentó antes de la fecha de efectividad de este Código y que la solicitud tenía toda la información requerida para ser tratada como una solicitud completa.

(2) Ninguna agencia ante la cual se presentan solicitudes de crédito de inversión solicitados bajo este Capítulo, podrá aprobar créditos sin la previa autorización del Comité.

(3) Las agencias antes las cuales se presentan solicitudes de crédito tienen que mantener un inventario de las solicitudes de créditos presentadas después de aprobada este Código, que contendrá la siguiente información:

(A) Ley de Incentivo Anterior o el Capítulo de este Código bajo la cual se solicita el crédito;

(B) Cantidad del crédito solicitado;

(C) Localización del proyecto que genera el crédito;

(D) Nombre del proponente del proyecto;

(E) Tipo de proyecto;

(F) Inversión total en el proyecto;

(G) Empleos directos a ser generados en el proyecto;

(H) Si el proyecto que solicita el crédito tiene capital aportado por un Fondo y la participación del Fondo en el mismo; y

(I) Cualquier otra información que se requiera por reglamento.

(4) Las agencias ante las cuales se presentan solicitudes de crédito, el Secretario de Hacienda y el Secretario de Desarrollo Económico someterán trimestralmente un reporte al Comité, y el primero de enero y el primero de julio de cada año un reporte a la Asamblea Legislativa, con la información contenida en el párrafo (3) de este apartado excepto que dichos reportes no contendrán la divulgación del nombre del proponente del proyecto ni la información confidencial de cada proyecto como, por ejemplo, información financiera, estados de situación y secretos de negocio.

(5) La reglamentación sobre este apartado será emitida en conjunto por el Secretario de Hacienda y el Secretario de Desarrollo Económico, en consulta con el Comité, salvo que el reglamento no requerirá la divulgación

del nombre del proponente del proyecto ni la información confidencial de cada proyecto como, por ejemplo, información financiera, estados de situación y secretos de negocio.

(Julio 1, 2019, Núm. 60, sec. 6070.56; Junio 30, 2022, Núm. 52, art. 36, enmienda el párrafo (2) del apartado (i).)

Sección 6070.57.- Contribuciones sobre la Propiedad Mueble e Inmueble aplicables a las Zonas de Oportunidad. (13 L.P.R.A. sec. 48586)

(a) En General.-

(1) La propiedad mueble de un negocio exento utilizada en el desarrollo, organización, construcción, establecimiento u operación de la actividad cubierta bajo el decreto, tendrá un veinticinco (25) por ciento de exención sobre las contribuciones municipales y estatales sobre la propiedad mueble durante el periodo de exención establecido en la Sección 6070.59 de este Capítulo. Igualmente, en el caso de un Proyecto Prioritario Residencial Elegible, la exención será de un veinticinco (25) por ciento.

(2) La propiedad inmueble del negocio exento utilizada en su desarrollo, organización, construcción, establecimiento u operación, tendrá un veinticinco (25) por ciento de exención sobre las contribuciones municipales y estatales sobre la propiedad durante el periodo de exención establecido en la Sección 6070.59 de este Capítulo.

(b) Propiedad en construcción o expansión. - La propiedad inmueble de un negocio exento estará un veinticinco (25) por ciento exenta durante el periodo autorizado por el decreto para que se lleve a cabo la construcción o establecimiento de dicho negocio exento y durante el primer año fiscal del Gobierno en que el negocio exento hubiese estado sujeto a contribuciones sobre la propiedad por haber estado en operaciones al 1ro. de enero anterior, al comienzo de dicho año fiscal, a no ser por la exención aquí provista. De igual manera, la propiedad inmueble de dicho negocio exento que esté directamente relacionada con cualquier expansión del negocio exento estará un veinticinco (25) por ciento exenta de contribución sobre la propiedad durante el periodo que autorice el decreto para realizar la expansión. Una vez expire el periodo de exención establecido en este párrafo, comenzará la exención parcial provista en este Artículo. Nada de lo dispuesto por este apartado se entenderá como una limitación a la aplicación de cualquier exención establecida por la "Ley de Contribución Municipal Sobre la Propiedad de 1991".

(c) Los municipios, utilizando su exclusivo criterio y tomando en consideración su salud fiscal y financiera, establecerán mediante ordenanza al efecto, no más tarde de noventa (90) días después de la vigencia de este Código y, posteriormente, no más tarde del 30 de junio de cada año, las exenciones adicionales por cada concepto de contribución municipal que ofrecerá de forma uniforme a todos los negocios exentos por encima de los porcentajes de exención dispuestos en este Artículo y hasta un máximo de setenta y cinco (75) por ciento. Disponiéndose, además, que una vez el Comité haya publicado la lista de actividades comerciales o área geográfica específica en conformidad con la Sección 6070.60 de este Código, los municipios quedan facultados, en cumplimiento con los requisitos de este apartado y sujeto al máximo de setenta y cinco (75) por ciento, para variar las exenciones adicionales, establecidas para todos los negocios exentos, mediante ordenanza municipal, siempre y cuando el municipio entienda beneficioso fomentar alguna de estas actividades comerciales o área geográfica específica. Será requisito que los municipios publiquen las ordenanzas municipales dispuestas en este apartado, las cuales tendrán una vigencia de por lo menos un (1) año desde su publicación.

(d) Los municipios antes las cuales se presentan solicitudes de exenciones de contribuciones municipales, facultadas en el apartado (c) de esta Sección, tienen que mantener un inventario de dichas solicitudes después de aprobado este Código, que contendrá la siguiente información:

(A) Ley de Incentivo Anterior o Capítulo de este Código bajo la cual se solicita la exención municipal;

(B) Exención solicitada;

(C) Copia de la Ordenanza Municipal, cuando aplique, otorgando la exención municipal.

(D) Localización o área geográfica del proyecto dentro del municipio que genera las exenciones;

(E) Nombre del proponente del proyecto;

(F) Tipo de proyecto o actividad comercial;

(G) Inversión total del proyecto en el municipio;

(H) Empleos directos a ser generados por el proyecto en el municipio;

(I) Cualquier otra información que se requiera por el municipio.

(e) Cada Negocio Elegible solicitante de exenciones de contribuciones municipales, facultadas en el apartado (c) de este Artículo 5, y los municipios ante las cuales se presentan dichas solicitudes, someterán en o antes del decimoquinto (15) día del mes al finalizar cada trimestre, un informe al Comité y al Secretario de Desarrollo Económico con la información contenida en el apartado (d) de este Artículo 5. El Secretario de Desarrollo Económico, a su vez, someterá un informe con la información contenida en el apartado (d) a la Asamblea Legislativa no más tarde del 31 de enero y del 31 de julio de cada año, excepto que dichos informes no contendrán la divulgación del nombre del proponente del proyecto ni la información confidencial de cada proyecto como, por ejemplo, información financiera, estados de situación y secretos de negocio.

(Julio 1, 2019, Núm. 60, sec. 6070.57; Abril 16, 2020, Núm. 40, sec. 91, enmienda el inciso (b).)

Sección 6070.58.- Patentes Municipales y otros Impuestos Municipales aplicables a las Zonas de Oportunidad. (13 L.P.R.A. sec. 48587)

(a) Los negocios exentos tendrán un veinticinco (25) por ciento de exención sobre las patentes municipales, arbitrios municipales y otras contribuciones municipales impuestas por cualquier ordenanza municipal, durante los periodos dispuestos en el apartado (e) de la Sección 6070.59 de este Código. Igualmente, en el caso de un Proyecto Prioritario Residencial Elegible, la exención será de un veinticinco (25) por ciento.

(b) La porción tributable bajo el apartado (a) de esta Sección estará sujeta, durante el término del decreto, al tipo contributivo que esté vigente a la fecha de la firma del decreto, independientemente de cualquier enmienda posterior realizada al decreto para cubrir operaciones del negocio exento en uno o varios municipios.

(c) El negocio exento tendrá un veinticinco (25) por ciento de exención sobre las contribuciones municipales o patentes municipales aplicables al volumen de negocios de dicho negocio exento durante el semestre del año fiscal del Gobierno en el cual el negocio exento comience operaciones en cualquier municipio, a tenor de lo dispuesto en la Ley de Patentes Municipales. Además, el negocio exento que posea un decreto otorgado bajo este Capítulo, estará un veinticinco (25) por ciento exento de las contribuciones o patentes municipales sobre el volumen de negocios atribuible a dicho municipio durante los dos (2) semestres del año fiscal o años fiscales del Gobierno, siguientes al semestre en que comenzó operaciones en el municipio.

(d) Los negocios exentos y sus contratistas y subcontratistas estarán un veinticinco (25) por ciento exentos de cualquier contribución, impuesto, derecho, licencia, arbitrio (incluyendo los arbitrios de construcción), tasa o tarifa impuesta por cualquier ordenanza municipal sobre la construcción de obras a ser utilizadas por dicho negocio exento dentro de un municipio, sin que se entienda que dichas contribuciones incluyen la patente municipal impuesta sobre el volumen de negocios del contratista o subcontratista del negocio exento durante el término que autorice el decreto de exención contributiva.

(e) Los municipios, utilizando su exclusivo criterio y tomando en considerando su salud fiscal y financiera, establecerán mediante ordenanza al efecto, no más tarde del 30 de junio de cada año, las exenciones adicionales por cada concepto de contribución municipal que ofrecerá de forma uniforme a todos los negocios exentos por encima de los porcentajes de exención dispuestos en este Artículo y hasta un máximo de setenta y cinco (75) por ciento. Disponiéndose, además, que una vez el Comité haya publicado la lista de actividades comerciales o área geográfica específica en conformidad con la Sección 6070.60, los municipios quedan facultados, en cumplimiento con los requisitos de este apartado y sujeto al máximo de setenta y cinco (75) por ciento, para variar las exenciones adicionales, establecidas para todos los negocios exentos, mediante ordenanza municipal, siempre y cuando el municipio entienda beneficioso fomentar alguna de estas actividades comerciales o área geográfica específica. Será requisito que los municipios publiquen las ordenanzas municipales dispuestas en este apartado, las cuales tendrán una vigencia de por lo menos un (1) año desde su publicación.

(f) Los accionistas o socios de una corporación o sociedad que es un negocio exento no estarán sujetos a patentes municipales sobre distribuciones de dividendos o beneficios de las utilidades y beneficios generados por el ingreso neto de zonas de oportunidad de un negocio exento.

(g) Los municipios antes las cuales se presentan solicitudes de exenciones de contribuciones municipales, facultadas en el apartado (e) de esta Sección 6070.58, tienen que mantener un inventario de dichas solicitudes después de aprobada esta Ley, que contendrá la siguiente información:

(A) Ley de Incentivo Anterior o Capítulo de este Código bajo la cual se solicita la exención municipal;

(B) Exención solicitada;

(C) Copia de la Ordenanza Municipal, cuando aplique, otorgando la exención municipal;

(D) Localización o área geográfica del proyecto dentro del municipio que genera las exenciones;

(E) Nombre del proponente del proyecto;

(F) Tipo de proyecto o actividad comercial;

(G) Inversión total del proyecto en el municipio;

(H) Empleos directos a ser generados por el proyecto en el municipio;

(I) Cualquier otra información que se requiera por el municipio.

(h) Cada Negocio Elegible solicitante de exenciones de contribuciones municipales, facultadas en el apartado (e) de esta Sección y los municipios ante las cuales se presentan dichas solicitudes someterán en o antes del decimoquinto (15) día del mes al finalizar cada trimestre, un informe al Comité y al Secretario de Desarrollo Económico con la información contenida en el apartado (g) de esta Sección. El Secretario de Desarrollo Económico, a su vez, someterá un informe con la información contenida en el apartado (g) a la Asamblea Legislativa no más tarde del 31 de enero y del 31 de julio de cada año, excepto que dichos informes no contendrán la divulgación del nombre del proponente del proyecto ni la información confidencial de cada proyecto como, por ejemplo, información financiera, estados de situación y secretos de negocio.

(Julio 1, 2019, Núm. 60, sec. 6070.58)

Sección 6070.59.- Periodos de Exención Contributiva aplicables a las Zonas de Oportunidad. (13 L.P.R.A. sec. 48588)

(a) Exención.- Un negocio exento disfrutará de exención contributiva por un periodo de quince (15) años.

(b) Exención Contributiva Flexible.- Los negocios exentos tendrán la opción de escoger los años contributivos específicos a ser cubiertos bajo sus decretos en cuanto a su ingreso neto de zonas de oportunidad siempre y cuando lo notifiquen al Secretario y al Director no más tarde de la fecha dispuesta por ley para rendir su planilla de contribución sobre ingresos para dicho año contributivo, incluyendo las prórrogas concedidas para este propósito. Una vez dicho negocio exento opte por este beneficio, su periodo de exención en cuanto a su ingreso neto de zonas de oportunidad se extenderá por el número de años contributivos que no haya disfrutado bajo el decreto de exención.

(c) Establecimiento de Operaciones en otros Municipios.- Un negocio exento podrá establecer operaciones cubiertas por un decreto de exención vigente, en el mismo municipio donde esté establecida la oficina principal, o en cualquier otro municipio de Puerto Rico, siempre y cuando notifique a la Oficina de Exención dentro de los treinta (30) días anteriores a la fecha de comienzo de las operaciones en el otro municipio; y siempre y cuando el Comité haya designado que la actividad comercial a establecerse dentro de un área geográfica del mismo municipio donde ubique la oficina principal o en cualquier otro municipio, es un Proyecto Prioritario en Zonas de Oportunidad, conforme a la Sección 6070.60 de este Código. Las operaciones adicionales disfrutarán de las exenciones y beneficios dispuestos por este Capítulo por el remanente del periodo de exención del decreto vigente, siempre y cuando las mismas sean cónsonas con la operación cubierta por el decreto de exención y las operaciones en el nuevo municipio estén localizadas en una zona elegible.

(d) Interrupción del Periodo de Exención. - Un negocio exento que haya cesado operaciones y posteriormente desee reanudarlas, el tiempo que estuvo sin operar no le será descontado del periodo de exención correspondiente que le corresponda y podrá gozar del restante de su periodo de exención mientras esté vigente su decreto de exención contributiva, siempre y cuando el Director determine que dicho cese de operaciones fue por causas justificadas y que la reapertura de dicho negocio exento redundaría en los mejores intereses sociales y económicos de Puerto Rico.

(e) Fijación de las Fechas de Comienzo de Operaciones y de los Periodos de Exención.-

(1) El negocio exento podrá elegir la fecha de comienzo de operaciones para fines de la Sección 6070.56 de este Código mediante la radicación de una declaración jurada ante la Oficina de Exención, con copia al Secretario, expresando la aceptación incondicional de la concesión aprobada al negocio exento al amparo de esta Ley. La fecha de comienzo de operaciones para fines de la Sección 6070.56 de este Código podrá ser la fecha de la primera nómina para adiestramiento o producción del negocio exento que posea un decreto otorgado bajo este Capítulo, o cualquier fecha dentro de un periodo de dos (2) años posterior a la fecha de la primera nómina.

(2) El negocio exento podrá posponer la aplicación de la tasa de contribución fija provista en la Sección 6070.56 de este Código por un periodo no mayor de dos (2) años desde la fecha de comienzo de operaciones fijada bajo el inciso (1) de este apartado. Durante el periodo de posposición, dicho negocio exento estará sujeto a la tasa contributiva aplicable bajo el Subtítulo A del Código de Rentas Internas.

(3) El periodo de exención provisto en el apartado (a) la Sección 6070.57 de este Código para la exención sobre la propiedad mueble e inmueble, comenzará el primer día del año fiscal del Gobierno de Puerto Rico subsiguiente al último año fiscal en que el negocio exento que posea un decreto concedido bajo este Capítulo estuvo parcialmente exento, según las

disposiciones del apartado (b) de la Sección 6070.57 de este Código. La exención parcial, provista en el apartado (a) de la la Sección 6070.57 de este Código, para dicho año fiscal corresponderá a la contribución sobre la propiedad poseída por el negocio exento el primero de enero anterior al comienzo de dicho año fiscal.

(4) El periodo de exención parcial provista en el apartado (a) de la Sección 6070.58 de este Código, para fines de la exención de patentes municipales y cualquier otra contribución municipal, comenzará el primer día del primer semestre del año fiscal del Gobierno de Puerto Rico, subsiguiente a la expiración del periodo de exención parcial dispuesto en el apartado (c). Disponiéndose que, en el caso de negocios exentos que hayan estado operando en escala comercial antes de solicitar acogerse a los beneficios de este Código, la fecha de comienzo de operaciones para efecto de patentes municipales comenzará el primer día del semestre siguiente a la fecha de radicación de la solicitud de exención contributiva.

(5) En el caso de negocios exentos que hayan estado operando en escala comercial antes de solicitar acogerse a los beneficios de este Capítulo, la fecha de comienzo de operaciones para fines de la tasa fija de contribución sobre ingresos provista en la Sección 6070.56 de este Código será la fecha de radicación de una solicitud con la Oficina de Exención, pero la fecha de comienzo podrá posponerse por un periodo no mayor de dos (2) años a partir de esa fecha.

(6) El negocio exento deberá comenzar operaciones en escala comercial dentro del término de un (1) año a partir de la fecha de la firma del decreto, cuyo término podrá prorrogarse a solicitud de dicho negocio por causa justificada para ello, pero no se concederán prórrogas que extiendan la fecha de comienzo de operaciones por un término mayor de cinco (5) años desde la fecha de la aprobación de la concesión.

(Julio 1, 2019, Núm. 60, sec. 6070.59)

Sección 6070.60.-Procedimientos aplicables a las Zonas de Oportunidad. (13 L.P.R.A. sec. 48589)

(a) Procedimiento Ordinario para Proyectos Prioritarios en Zonas de Oportunidad bajo esta Ley. –

(1) El Comité emitirá una lista designando todas aquellas actividades comerciales o negocios elegibles por área geográfica, las cuales se reconocerán como Proyectos Prioritarios en Zonas de Oportunidad. La primera de dicha lista deberá ser emitida en o antes del 31 de julio de 2019. Cada lista tendrá una vigencia de por lo menos un (1) año desde su publicación. No obstante, nada de lo aquí dispuesto limitará el poder del

Comité para enmendar la lista, incluyendo la lista de actividades o áreas geográficas que surja en virtud de los párrafos (2) y (3) de este apartado, con el fin de añadir actividades comerciales o áreas geográficas adicionales, las cuales tendrán vigencia desde su aprobación hasta el fin del término de un (1) año de la lista original.

(A) Al momento de determinar cuáles actividades se considerarán elegibles, así como las áreas geográficas en las que aplicará la lista, el Comité deberá tomar en consideración:

La necesidad de la actividad comercial en Puerto Rico o un área geográfica.

Impacto económico de la concesión de decretos en la región.

Los mejores intereses del pueblo de Puerto Rico.

(B) Al emitir la lista, el Comité no podrá imponer requisitos adicionales a los dispuestos en esta Capítulo.

(2) Actividades Que No Estén Publicadas por el Comité como Prioritarias:

(A) Cualquier persona interesada en que una actividad sea considerada como un Proyecto Prioritario en Zonas de Oportunidad bajo este Capítulo, y que no esté designada como tal por el Comité en la lista publicada mencionada en el párrafo uno (1) de este apartado, solicitará tal designación mediante carta dirigida al Comité, y radicará copia de esta solicitud ante el Secretario de Desarrollo Económico. En dicha solicitud, cualquier persona interesada en que se establezca una actividad económica en una región geográfica, incluyendo los alcaldes de los Municipios, explicará y presentará una descripción de la actividad o actividades que se proponen llevar a cabo, la localización de la actividad, los méritos de la actividad propuesta como un Proyecto Prioritario en Zonas de Oportunidad y cualquier otra información que el Comité pueda requerir por reglamentación u orden administrativa. El Comité, dentro de los treinta (30) días siguientes a la fecha de solicitud, aprobará o denegará la designación de la actividad como Proyecto Prioritario en Zonas de Oportunidad, o solicitará por escrito información adicional que entienda necesaria para ayudar a tomar una determinación o solicitará una reunión para discutir el proyecto propuesto dentro de los treinta (30) días siguientes a la fecha de dicha solicitud. El Comité tomará su decisión dentro de los treinta (30) días subsiguientes al recibo de la información adicional o de efectuada la reunión. Además, el Comité podrá prorrogar, a su entera discreción, por un término no mayor de quince (15) días la decisión sobre si la actividad propuesta constituye un Proyecto Prioritario en Zonas de

Oportunidad. El Comité evaluará la información presentada por el solicitante y bajará a votación, dentro de los términos aquí dispuestos, para aprobar o denegar la designación de la actividad propuesta como un Proyecto Prioritario en Zonas de Oportunidad y/o expandir el área geográfica a una actividad ya aprobada en otra región. En caso de que se apruebe la solicitud, se publicará una lista enmendada de Proyectos Prioritarios, la cual incluya dicha actividad. En caso de que el Comité no cumpla con los términos aquí dispuestos, la solicitud se entenderá no aprobada y la persona interesada podrá solicitar nuevamente que su actividad sea considerada como un Proyecto Prioritario en Zonas de Oportunidad bajo este Capítulo.

(B) El Comité podrá delegar al Secretario de Desarrollo Económico que realice evaluaciones para determinar si una actividad puede ser considerada como un Proyecto Prioritario en Zonas de Oportunidad bajo este Capítulo, e incluirla en la lista publicada mencionada en el párrafo uno (1) de este apartado. El Secretario de Desarrollo Económico completará su análisis, dentro de los términos dispuestos en el inciso (A) de este párrafo, y emitirá un informe al Comité, el cual determinará si la actividad propuesta constituye un Proyecto Prioritario en Zonas de Oportunidad. El Comité, dentro de los términos dispuestos en el inciso (A) de este párrafo, mediante votación, aprobará o denegará la designación de la actividad propuesta emitida por el Secretario de Desarrollo Económico.

(3) Solicitudes de Exención Contributiva.-

(A) Cualquier persona que ha establecido, o propone establecer en Puerto Rico un negocio elegible y que ha recibido una designación como Proyecto Prioritario en Zonas de Oportunidad por parte del Comité podrá solicitar del Director los beneficios de este Capítulo mediante la radicación de la solicitud correspondiente debidamente juramentada ante la Oficina de Exención.

(B) Al momento de la radicación, el Director cobrará los derechos por concepto del trámite correspondiente, los cuales serán pagados mediante cheque certificado, giro postal o bancario a nombre del Secretario. Tales derechos se dispondrán mediante reglamentación, carta circular, determinación administrativa o boletín informativo de carácter general.

(C) El Secretario de Desarrollo Económico establecerá mediante reglamento, los derechos a cobrarse por concepto del trámite. Disponiéndose que, luego de su aprobación, dicho reglamento deberá ser revisado cada tres (3) años.

(4) Consideración Interagencial de las Solicitudes.-

(A) Una vez recibida cualquier solicitud bajo este Capítulo por la Oficina de Exención, el Director enviará, dentro de un periodo de cinco (5) días contados desde la fecha de radicación de la solicitud, copia de la misma al Secretario, al municipio concerniente, y al Secretario de Desarrollo Económico para que éste rinda un informe de elegibilidad sobre la actividad a ser llevada a cabo y otros hechos relacionados con la solicitud. Al evaluar la solicitud, el Secretario y el municipio concerniente verificarán el cumplimiento de los accionistas o socios del negocio solicitante con su responsabilidad contributiva bajo las leyes que administran. Esta verificación no será necesaria en el caso de accionistas no residentes de Puerto Rico que no hayan sido residentes de Puerto Rico anteriormente o posean una participación, directa o indirecta, en el Fondo menor del diez (10) por ciento, o corporaciones cuyos valores se cotizan públicamente. La falta de cumplimiento con dicha responsabilidad contributiva será base para que el Secretario no endose la solicitud de exención del negocio solicitante.

(B) Luego que el Secretario de Desarrollo Económico someta su Informe de Elegibilidad y recomendación, el Director enviará copia del proyecto de decreto dentro de cinco (5) días laborables de haber recibido la documentación necesaria para la tramitación del caso, a las agencias concernidas, incluyendo al municipio concerniente y al Centro de Recaudación de Ingresos Municipales (CRIM), para su evaluación y recomendación, de no haberse sometido alguna solicitud de oposición al mismo. Cualquier recomendación desfavorable sobre el proyecto de decreto tendrá que incluir las razones para ello.

(i) Las agencias y municipios consultadas por el Director tendrán diez (10) días para someter su informe o recomendación al proyecto de decreto que le fuera referido. En caso de que la recomendación de la agencia o municipio sea favorable, o que la misma no se reciba por la Oficina de Exención durante el referido término de diez (10) días, se estimará que dicho proyecto de decreto ha recibido una recomendación favorable y el Secretario de Desarrollo Económico podrá tomar la acción correspondiente sobre dicha solicitud.

(ii) En el caso de que el municipio levantara alguna objeción con relación al proyecto de decreto que le fuera referido, la Oficina de Exención, procederá a dar consideración a dicha objeción, según entienda necesario, por lo que la Oficina de Exención notificará a las partes y a las agencias correspondientes, para la acción administrativa o revisión del proyecto de decreto que se estime pertinente. Una vez dilucidada la controversia planteada, el Director hará la determinación que entienda procedente y someterá el caso al Secretario de Desarrollo Económico para su consideración final.

(C) En caso de enmiendas a concesiones aprobadas al amparo de este Capítulo, el periodo para que las agencias y municipios concernidos sometan un informe u opinión al Director será de diez (10) días.

(D) Una vez se reciban los informes, o que hayan expirado los términos para hacer dichos informes, el Director deberá someter el proyecto de decreto y su recomendación, a la consideración del Secretario de Desarrollo Económico, dentro de los siguientes cinco (5) días.

(E) El Director podrá descansar en las recomendaciones suministradas por aquellas agencias o municipios que rinden informes u opiniones y podrá solicitarles que suplementen los mismos.

El Secretario de Desarrollo Económico deberá emitir una determinación final, por escrito, dentro de un término no mayor de cinco (5) días desde la fecha de sometido el proyecto de decreto a su consideración.

(G) El Secretario de Desarrollo Económico, podrá delegar al Director las funciones que a su discreción estime convenientes, a fin de facilitar la administración de este Capítulo, excepto la función de aprobar o denegar concesiones originales de exención contributiva.

(H) El Secretario de Desarrollo Económico ni el Director podrán imponer requisitos adicionales no dispuestos en este Capítulo de este Código a los negocios exentos. Tampoco podrá limitar el área geográfica más allá de los establecidos por el Comité.

(b) Renegociaciones y Conversiones.-

Renegociación de Decretos Vigentes.-

(A) Cualquier negocio exento podrá solicitar del Secretario de Desarrollo Económico que considere renegociar su decreto vigente si dicho negocio exento demuestra que aumentará el empleo promedio que ha tenido durante los tres (3) años contributivos anteriores a la fecha de la radicación de la solicitud en un veinticinco (25) por ciento o más; o que realizará una inversión sustancial en su operación existente que ayudará a mantener la estabilidad económica y laboral y que represente un aumento de veinticinco (25) por ciento o más en la inversión de propiedad utilizada en el negocio exento que sea terrenos, edificios o estructuras, maquinaria o equipo.

(i) Si dicho negocio exento demostrare a satisfacción del Secretario de Desarrollo Económico que no puede cumplir con los requisitos de aumento en emplco promedio o inversión antes descritos, someterá la evidencia necesaria a la Oficina de Exención. El Secretario de Desarrollo Económico, previa la recomendación favorable del Secretario de Hacienda, y previa la recomendación de las agencias que rinden informes sobre exención contributiva, podrá en su discreción, considerar la renegociación tomando en cuenta cualquier otro factor o circunstancia que razonablemente demuestre que la renegociación de su decreto redundará en los mejores intereses sociales y económicos de Puerto Rico.

(ii) Para propósitos de este Artículo, el empleo del referido negocio exento consistirá del número de individuos residentes de Puerto Rico que trabajen de forma permanente en jornada regular a tiempo completo en el negocio exento prestando servicios como empleado, aunque no estén directamente en la nómina del negocio exento (tales como personas provistas por contrato de arrendamiento de personal, pero no incluirá personas tales como consultores ni contratistas independientes).

(iii) Para propósitos de este Artículo, la inversión del negocio exento en su operación existente se computará de acuerdo al valor en los libros de la propiedad, computado con el beneficio de la depreciación admisible bajo el método de línea recta, tomando en cuenta la vida útil de dicha propiedad determinada de acuerdo con el Subtítulo A del Código de Rentas Internas, en lugar de cualquier otra depreciación acelerada permitida por ley.

(iv) De acceder a realizar la renegociación solicitada, el Secretario de Desarrollo Económico, previa recomendación de las agencias que rinden informes sobre exención contributiva, tomará en consideración el número de empleos del negocio exento, el lugar en que esté ubicado, la inversión y empleo adicional, así como el remanente del periodo de su decreto, los beneficios contributivos ya disfrutados y su capacidad financiera, a los efectos de que el negocio exento pueda obtener un nuevo decreto con beneficios contributivos ajustados bajo este Capítulo.

(v) El Secretario de Desarrollo Económico establecerá los términos y condiciones que estime necesarios y convenientes a los mejores intereses de Puerto Rico, dentro de los límites dispuestos en este Capítulo, y podrá en su discreción, previa recomendación de las agencias que rinden informes sobre exención contributiva, imponer requisitos especiales de empleo, limitar el periodo y el porciento de exención, limitar las contribuciones a ser exentas, y requerir y disponer cualquier otro término o condición que sea necesario para los propósitos de desarrollo económico que propone este Capítulo.

(vi) Cuando el negocio exento, que interese renegociar su decreto, no cumpla con los requisitos de aumento en empleo o inversión dispuestos en este apartado, el Secretario de Desarrollo Económico podrá, previa la recomendación favorable del Secretario, y de las agencias que rinden informes sobre exención contributiva, imponer una tasa fija de contribución sobre el ingreso mayor a la impuesta en el decreto del negocio exento.

(c) Denegación de Solicitudes.-

(1) Denegación si no es en Beneficio de Puerto Rico. — El Secretario de Desarrollo Económico denegará cualquier solicitud cuando determinare que la concesión no resulta en los mejores intereses económicos y sociales de Puerto Rico, luego de considerar la naturaleza de las facilidades físicas, el número de empleos, el montante de la nómina y la inversión, la localización del proyecto, su impacto ambiental, u otros factores que a su juicio ameritan tal determinación, así como las recomendaciones de las agencias que rinden informes sobre exención contributiva.

(A) El peticionario, luego de ser notificado de la denegación, podrá solicitar al Secretario de Desarrollo Económico una reconsideración, dentro de los sesenta (60) días de recibida la notificación, aduciendo los hechos y argumentos respecto a su solicitud que entienda a bien hacer, incluyendo la oferta de cualquier consideración en beneficio de Puerto Rico que estime haga meritoria su solicitud de reconsideración.

(B) En caso de reconsiderar la solicitud, el Secretario de Desarrollo Económico podrá aceptar cualquier consideración ofrecida a beneficio de Puerto Rico y podrá requerir y disponer cualquier otro término o condición que sea necesario para asegurar que dicha concesión será para los mejores intereses de Puerto Rico y los propósitos de desarrollo económico que propone este Capítulo.

(2) Denegación por Conflicto con Interés Público.- El Secretario de Desarrollo Económico denegará cualquier solicitud cuando determinare, a base de los hechos presentados a su consideración y después que el solicitante haya tenido la oportunidad de ofrecer una presentación completa sobre las cuestiones en controversia, que la solicitud está en conflicto con el interés público de Puerto Rico porque el negocio solicitante no ha sido organizado como negocio *bona fide* con carácter permanente, o en vista de la reputación moral o financiera de las personas que lo constituyen, los planes y métodos para obtener financiamiento para el negocio solicitante, la naturaleza o uso propuesto de los productos o servicios del negocio solicitante, o cualquier otro factor que pueda indicar que existe una posibilidad razonable de que la concesión de exención resultará en perjuicio de los intereses económicos y sociales de Puerto Rico.

Sección 6070.61.- Transferencia del negocio exento aplicables a las Zonas de Oportunidad. (13 L.P.R.A. sec. 48590)

(a) Transferencia de Negocio Exento. –

(1) Regla General. - La transferencia de un decreto, o de las acciones, propiedad u otro interés de propiedad en un negocio exento deberá ser previamente aprobada por el Director. Si la misma se lleva a cabo sin la aprobación previa, el decreto quedará anulado desde la fecha en que ocurrió la transferencia, excepto en los casos que se enumeran en el párrafo (2) de este apartado. No obstante, lo anterior, el Director podrá aprobar retroactivamente cualquier transferencia efectuada sin su aprobación previa, cuando a su juicio, las circunstancias del caso así lo ameriten, tomando en consideración los mejores intereses de Puerto Rico y los propósitos de este Capítulo.

(2) Excepciones.- Las siguientes transferencias serán autorizadas sin necesidad de consentimiento previo:

(A) La transferencia de los bienes de un finado a su haber hereditario o la transferencia por legado o herencia.

(B) La transferencia dentro de las disposiciones de este Capítulo.

(C) La transferencia de acciones o cualquier participación social cuando tal transferencia no resulte directa o indirectamente en un cambio en el dominio o control de un negocio exento que posea un decreto concedido bajo este Capítulo.

(D) La transferencia de acciones de una corporación que posea u opere un negocio exento, cuando la misma ocurra después que el Secretario de Desarrollo Económico haya determinado que se permitirán cualesquiera transferencias de acciones de tal corporación sin su previa aprobación.

(E) La prenda, hipoteca u otra garantía con el propósito de responder de una deuda *bona fide*. Cualquier transferencia de control, título o interés en virtud de dicho contrato estará sujeta a las disposiciones del apartado (a) de este Artículo.

(F) La transferencia por operación de este Capítulo, por orden de un tribunal o por un juez de quiebra a un síndico o fiduciario. Cualquier transferencia subsiguiente a una tercera persona que no sea el mismo deudor o quebrado anterior estará sujeta a las disposiciones del apartado (a) de esta Sección.

(G) La transferencia de todos los activos de un negocio exento que posea un decreto otorgado bajo este Capítulo a un negocio afiliado. Para fines de este párrafo, negocios afiliados son aquellos cuyos accionistas o socios poseen en común el ochenta (80) por ciento o más de las participaciones, o de las acciones con derecho al voto, emitidas y en circulación de dicho negocio exento.

(3) Notificación.- Toda transferencia incluida en las excepciones de este apartado será informada por el negocio exento que posea un decreto concedido bajo este Capítulo al Director, con copia al Secretario de Desarrollo Económico y al Secretario, dentro de los treinta (30) días siguientes, excepto las incluidas bajo el inciso (D) del párrafo (2) que no conviertan en accionista en un tenedor de diez por ciento (10%) o más del capital emitido de la corporación, y las incluidas bajo el inciso (G) del párrafo (2), las cuales deberán ser informadas por el negocio exento al Director, con copia al Secretario, previo a la fecha de la transferencia.

(Julio 1, 2019, Núm. 60, sec. 6070.61)

Sección 6070.62.- Revocación Permisiva y Mandatoria aplicables a las Zonas de Oportunidad. (13 L.P.R.A. sec. 48591)

(a) Revocación Permisiva.- Un decreto puede ser revocado por el Secretario de Desarrollo Económico:

(1) Cuando el negocio exento no cumpla con cualesquiera de las obligaciones que le hayan sido impuestas por este Capítulo de este Código o sus reglamentos, o por los términos del decreto de exención.

(2) Cuando el negocio exento no comience, o no finalice la construcción de las instalaciones necesarias para las actividades que propone llevar a cabo, o la prestación de los servicios que se propone prestar, o cuando no comience la actividad dentro del periodo fijado para esos propósitos en el decreto.

(3) Cuando el negocio exento suspenda sus operaciones por más de treinta (30) días sin la autorización expresa del Secretario de Desarrollo Económico. Disponiéndose que el Secretario de Desarrollo Económico podrá autorizar tales suspensiones por periodos mayores de treinta (30) días cuando las mismas sean motivadas por circunstancias extraordinarias.

(b) Revocación Mandatoria.-

(1) El Secretario del DDEC revocará cualquier Concesión concedida bajo este Capítulo cuando el negocio exento no posea un Certificado de Cumplimento vigente y se le haya concedido el tiempo razonable al concesionario para lograr su obtención.

(2) Será motivo de revocación bajo este párrafo, además, cuando cualquier persona cometa, o trate de cometer, por sí o a nombre de cualquier otra persona, una violación de las disposiciones referentes a los negocios sucesores o negocios exentos antecesores.

(3) Cuando el negocio exento deje de cumplir con su responsabilidad contributiva bajo el Código de Rentas Internas y otras leyes impositivas de Puerto Rico, cuando el incumplimiento sea debidamente certificado por el Secretario.

(c) Procedimiento.- En los casos de revocación de un decreto concedido bajo este Capítulo, el concesionario tendrá la oportunidad de comparecer y ser oído ante el Director o ante cualquier Examinador Especial de la Oficina de Exención designado para ese fin, quien informará sus conclusiones y recomendaciones al Secretario de Desarrollo Económico, previa la recomendación de las agencias que rinden informes de exención contributiva.

(d) Efecto de la Revocación.- En caso de revocación, todo el ingreso neto computado, previamente informado como ingreso neto de zonas oportunidad, que haya o no sido distribuido, así como todas las distribuciones del mismo, quedarán sujetos a las contribuciones impuestas bajo las disposiciones del Código de Rentas Internas. El contribuyente, además, será considerado como que ha radicado una planilla falsa o fraudulenta con intención de evadir el pago de contribuciones y, por consiguiente, quedará sujeto a las disposiciones penales del Código de Rentas Internas. La contribución adeudada en tal caso, así como cualesquiera otras contribuciones hasta entonces exentas y no pagadas, quedarán vencidas y pagaderas desde la fecha en que tales contribuciones hubieren vencido y haber sido pagaderas a no ser por el decreto, y serán imputadas y cobradas por el Secretario, de acuerdo con las disposiciones del Código de Rentas Internas.

(Julio 1, 2019, Núm. 60, sec. 6070.62; Junio 30, 2022, Núm. 52, art. 37, enmienda el párrafo (1) del apartado (b).)

Sección 6070.63.-Naturaleza de los Decretos, aplicables a las Zonas de Oportunidad. (13 L.P.R.A. sec. 48592)

(a) En general.- Los decretos emitidos bajo este Capítulo se considerarán un contrato entre el negocio exento, sus accionistas, socios o dueños y el Gobierno de Puerto Rico, y dicho contrato será la ley entre las partes. Dicho contrato se interpretará liberalmente, de manera cónsona con el propósito de este Capítulo de promover el desarrollo socioeconómico de Puerto Rico. El Secretario de Desarrollo Económico tiene discreción para incluir, a nombre de y en representación del Gobierno de Puerto Rico, aquellos términos y condiciones, concesiones y exenciones que sean consistentes con el propósito de este Capítulo y que promuevan la creación de empleos mediante el desarrollo socioeconómico de Puerto Rico, tomándose en consideración la naturaleza de la petición o acción solicitada, así como los hechos y circunstancias relacionadas de cada caso en particular que puedan ser de aplicación.

(b) Obligación de Cumplir con lo Representado en la Solicitud. - Todo negocio exento que posea un decreto concedido bajo este Capítulo, llevará a cabo sus operaciones exentas sustancialmente como las representó en su solicitud, excepto cuando las mismas han sido variadas mediante enmiendas autorizadas por el Secretario de Desarrollo Económico de acuerdo a las disposiciones de este Capítulo.

(Julio 1, 2019, Núm. 60, sec. 6070.63)

Sección 6070.64.- Decisiones Administrativas aplicables a las Zonas de Oportunidad- Finalidad. (13 L.P.R.A. sec. 48593)

(a) Todas las decisiones y determinaciones del Comité, en cuanto a la designación de una actividad como Proyecto Prioritario en Zonas de Oportunidad, o del Secretario de Desarrollo Económico, en cuanto a la concesión del decreto y su contenido, serán finales y contra las mismas no procederá revisión judicial o administrativa u otro recurso, a menos que específicamente se disponga de otra forma. Disponiéndose que, una vez concedido un decreto bajo este Capítulo, ninguna agencia, instrumentalidad pública, subdivisión política, corporación pública, o municipio, sea este autónomo o no, del Gobierno de Puerto Rico que no sea el Secretario de Desarrollo Económico o el Gobernador, podrá impugnar la legalidad de dicho decreto o cualquiera de sus disposiciones.

(b) Cualquier concesionario adversamente afectado o perjudicado por cualquier acción tomada por el Secretario de Desarrollo Económico, revocando y/o cancelando un decreto de exención de acuerdo con el apartado (b) de la Sección 6070.54 de este Código, tendrá derecho a revisión judicial de la misma mediante la presentación de un recurso de revisión ante el Tribunal de Apelaciones de Puerto Rico, dentro de treinta (30) días después de la decisión o adjudicación final del Secretario de Desarrollo Económico. Durante la tramitación de la revisión judicial, el Secretario de Desarrollo Económico queda autorizado, cuando a su juicio la justicia lo requiera, para posponer la fecha de efectividad de cualquier acción tomada por él bajo aquellas condiciones que se requieran y en los extremos que sean necesarios para evitar daño irreparable. Cuando se solicite tal posposición y se deniegue, el tribunal ante el cual se solicite la revisión, incluyendo el Tribunal Supremo de Puerto Rico, mediante recurso de certiorari, podrá decretar cualquier proceso necesario y apropiado para posponer la fecha de efectividad de cualquier acción tomada por el Secretario de Desarrollo Económico para conservar el status o derecho de las partes hasta la terminación de los procedimientos de revisión, previa prestación de fianza a favor del Secretario de Hacienda por el montante de las contribuciones no pagadas hasta entonces, más intereses y penalidades, más intereses computados por el periodo de un (1) año al tipo legal prevaleciente. Cualquier decisión o sentencia del Tribunal de Apelaciones de Puerto Rico quedará sujeta a revisión por el Tribunal Supremo de Puerto Rico mediante certiorari solicitado por cualquiera de las partes en la forma dispuesta por ley.

(c) Los miembros del Comité y las empleadas y los empleados con funciones relacionadas al Comité, no incurrirán en responsabilidad civil por cualquier acción u omisión en el desempeño de sus deberes bajo este Capítulo de este Código, excepto cuando medie conducta constitutiva de delito o medie negligencia crasa.

(Julio 1, 2019, Núm. 60, sec. 6070.64)

Sección 6070.65.- Informes Periódicos al Comité aplicables a las Zonas de Oportunidad. (13 L.P.R.A. sec. 48594)

(a) En General.- Anualmente, e independientemente de cualquier otro informe requerido por ley, el Director, en consulta con el Secretario, el Secretario de Desarrollo Económico y la Junta de Planificación, rendirá un informe al Comité sobre el impacto económico y fiscal de este Capítulo. Dicho informe deberá ser sometido dentro de los ciento ochenta (180) días después del cierre de cada año fiscal. El referido informe contendrá la información que el Comité publique mediante carta circular u otra publicación de circulación general.

(Julio 1, 2019, Núm. 60, sec. 6070.65)

Sección 6070.66.-Informes Requeridos a Negocios Exentos y a sus Accionistas o Socios aplicables a las Zonas de Oportunidad. (13 L.P.R.A. sec. 48595)

(a) Todo negocio exento radicará anualmente ante el Secretario una planilla de contribución sobre ingresos, independientemente de la cantidad de su ingreso bruto o neto, separada de cualquier otra planilla que por otros motivos esté obligado a rendir con relación a las operaciones de la industria cubiertas por los beneficios provistos en este Capítulo, y de acuerdo con el Código de Rentas Internas para un Nuevo Puerto Rico. El Secretario podrá compartir con la Oficina de Exención Contributiva la información así recibida, siempre y cuando se proteja la confidencialidad de dicha información.

(b) Todo accionista o socio de un negocio exento que posea un decreto concedido bajo este Capítulo, deberá rendir anualmente ante el Departamento de Hacienda una planilla de contribución sobre ingresos conforme a las disposiciones del Código de Rentas Internas, siempre que bajo dicho Código tuviera la obligación de así hacerlo.

(c) El negocio exento tendrá la obligación de mantener en Puerto Rico, de forma separada, la contabilidad relativa a sus operaciones, así como los récords y expedientes que sean necesarios, además de prestar y someter aquellas declaraciones juradas y cumplir con las reglas y reglamentos en vigor para el debido cumplimiento de los propósitos de este Capítulo y que el Secretario pueda prescribir de tiempo en tiempo con relación a la imposición y recaudación de toda clase de contribuciones.

(d) Todo negocio exento radicará anualmente en la Oficina de Exención, con copia al Secretario, no más tarde de treinta (30) días después de la fecha prescrita por ley para la radicación de la correspondiente planilla de contribución sobre ingresos, incluyendo las prórrogas concedidas para este propósito, un informe autenticado con la firma del Presidente, socio administrador, o su representante autorizado. Dicho informe deberá contener una relación de datos que reflejen el cumplimiento de las condiciones establecidas en el decreto, incluyendo, sin que se entienda como una limitación, lo siguiente: empleo promedio, productos manufacturados o servicios rendidos, materia prima o productos manufacturados adquiridos en Puerto Rico, servicios profesionales, de consultoría, de seguridad y/o mantenimiento contratados con profesionales o empresas con presencia en Puerto Rico, la actividad bancaria a través de instituciones con presencia en Puerto Rico, lo que representa en actividad económica todo lo anterior, con la información que se pueda requerir en el formulario que se promulgue para estos propósitos o que se requiera por Reglamento. Este informe deberá venir acompañado por los derechos que se dispongan por Reglamento y los mismos serán pagados con un giro postal o bancario o cheque certificado o por medios electrónicos a nombre del Secretario de Hacienda. La información ofrecida en este informe anual será utilizada para propósitos de estadísticas y estudios económicos, así como para la evaluación que deberá realizar el Profesional de Cumplimiento cada dos (2) años para conceder o denegar el Certificado de Cumplimiento relacionado.

(e) El Director podrá imponer una multa administrativa de diez mil (10,000) dólares a cualquier negocio exento que deje de radicar alguno de los informes que el Secretario o el Director le requiera, a tenor con lo dispuesto en los apartados (a) al (e) de este Artículo, o que radique los mismos después de la fecha de su vencimiento. La Oficina de Exención podrá iniciar una acción civil para el cobro de dicha multa administrativa en el Tribunal General de Primera Instancia de Puerto Rico, Sección Superior, Sala de San Juan, el cual tendrá jurisdicción exclusiva para entender en ese procedimiento. La radicación de un informe incompleto se considerará como no radicado, si la agencia concernida notifica al negocio exento de alguna omisión en el informe requerido y dicho negocio exento no somete la información que falta dentro de quince (15) días de haber sido notificada, o no justifica razonablemente la falta de la misma.

(Julio 1, 2019, Núm. 60, sec. 6070.66; Junio 30, 2022, Núm. 52, art. 38, enmienda el apartado (d).)

Sección 6070.67.- Reglamentos aplicable a las Zonas de Oportunidad. (13 L.P.R.A. sec. 48596)

Para hacer efectivas las disposiciones y propósitos de este Capítulo, el Secretario de Desarrollo Económico, en consulta con el Secretario de Hacienda, aprobará aquellos reglamentos que sean necesarios para regir todo lo concerniente a la forma y manera en que se solicitarán y concederán los decretos aquí contemplados. El Secretario de Hacienda aprobará reglamentación, en consulta con el Secretario de Desarrollo Económico, con relación a la concesión y cesión o venta de los créditos contributivos bajo la Sección 6070.56 de este Código. Estos reglamentos estarán sujetos, además, a las disposiciones de la Ley 38-2017, conocida como la "Ley de Procedimiento Administrativo Uniforme del Gobierno de Puerto Rico".

El Secretario podrá emitir reglamentos, determinaciones administrativas, cartas circulares o boletines informativos de carácter general sobre todo lo relacionado al cumplimento del negocio exento y el Fondo con las disposiciones del Código de Rentas Internas y de este Código.

(Julio 1, 2019, Núm. 60, sec. 6070.67)

Sección 6070.68- Aplicación del Código de Rentas Internas de Puerto Rico. (13 L.P.R.A. sec. 48597)

El Código de Rentas Internas aplicará de forma supletoria en la medida en que sus disposiciones no estén en conflicto con las disposiciones de este Código.

(Julio 1, 2019, Núm. 60, sec. 6070.68)

Artículo 6070.69.- Proceso Especial para la Evaluación y Concesión de Permisos. (13 L.P.R.A. sec. 48598)

(a) Proceso Especial.- Las agencias gubernamentales con injerencia en la tramitación de los permisos, consultas, licencias, franquicias, o certificaciones para Proyectos Prioritarios en Zonas de Oportunidad, se regirán por lo establecido en este Capítulo y se les dispensará del cumplimiento de los términos y procedimientos establecidos en la Ley 161-2009, según enmendada, conocida como la "Ley para la Reforma del Proceso de Permisos de Puerto Rico", la Ley Núm. 75 de 24 de junio de 1975, según enmendada, conocida como "Ley Orgánica de la Junta de Planificación de Puerto Rico", la Ley 81-1991, conocida como "Ley de Municipios Autónomos del Estado Libre Asociado de Puerto Rico de 1991", y la Ley 38-2017, según enmendada, conocida como "Ley de Procedimiento Administrativo Uniforme del Gobierno", y los reglamentos promulgados al amparo de las mismas. Los requisitos sustantivos aplicables a los permisos, consultas, licencias, franquicias, consultas o certificación serán los que establece la ley o reglamento que rige el referido trámite.

(b) Jurisdicción.- Independientemente de lo dispuesto en cualquier otra ley, toda solicitud de permiso para un Proyecto Prioritario en Zonas de Oportunidad será evaluada por la Oficina de Gerencia de Permisos (OGPe), indistintamente de la ubicación del mismo y de cualquier convenio de transferencia de jerarquías que exista con el municipio donde ubica. Disponiéndose, sin embargo, que la OGPe vendrá obligada a solicitar al municipio donde ubique el Proyecto Prioritario en Zonas de Oportunidad, comentarios sobre la propuesta.

(c) Plazo para Comentarios.- Las agencias o municipios a los cuales la OGPe les solicite comentarios, tendrán el término improrrogable de diez (10) días laborables desde la petición de comentarios para presentar los mismos. De no recibir contestación, transcurrido dicho término de diez (10) días laborables, se entenderá como favorable la propuesta.

(d) Plazo para Tramitar Documentos Ambientales.- Se establece un término de veinte (20) días laborables, desde el momento en que se radique el documento ambiental para un Proyecto Prioritario en Zonas de Oportunidad para que la OGPe exprese su conformidad u objeción de acuerdo a las disposiciones del Artículo 4(B)(3) de la Ley 416-2004, según enmendada, conocida como "Ley sobre Política Pública Ambiental". Este término podrá ser prorrogado por la OGPe cuando el documento ambiental presentado esté incompleto, cuando haga falta información adicional o por otras razones meritorias.

(1) La evaluación y determinación final en cuanto al documento ambiental se llevará a cabo por un Subcomité Interagencial de Cumplimiento Ambiental a ser creado por el Gobernador mediante Orden Ejecutiva, cuyos representantes tendrán facultad para evaluar y adjudicar los posibles impactos ambientales que podrían tener los proyectos a desarrollarse. En situaciones extraordinarias, el voto mayoritario del Subcomité Interagencial podrá extender el término para evaluar y adjudicar los posibles impactos ambientales hasta un periodo no mayor de treinta (30) días. De no haberse creado el Subcomité Interagencial de Cumplimiento Ambiental, se autoriza al Subcomité Interagencial de Cumplimiento Ambiental que haya sido creado por el Gobernador conforme la Ley 76-2000, según enmendada, a efectuar los trámites autorizados bajo este Artículo.

(e) Plazo para evaluar Consulta de Ubicación.- Una vez el Proyecto Prioritario en Zonas de Oportunidad haya obtenido la certificación de cumplimiento ambiental conforme al Artículo 4(B)(3) de la Ley 416-2004, según enmendada, la OGPe tendrá veinte (20) días laborables para evaluar la consulta de ubicación presentada para dicho proyecto, si alguna.

(f) Plazo para otros Permisos de Desarrollo.- Los permisos para urbanización, construcción, segregación (lotificación) y otros para desarrollo del Proyecto Prioritario en Zonas de Oportunidad, que no sean una consulta de ubicación y los otros permisos individuales, generales o consolidados bajo la jurisdicción de OGPe, serán evaluados por la OGPe, la cual tendrá diez (10) días laborables para evaluar los mismos una vez sea radicada satisfactoriamente la solicitud del permiso correspondiente.

(g) Notificaciones.- En todo procedimiento en el que se requiera notificar a partes interesadas, será suficiente la publicación de un solo aviso en dos (2) diarios de circulación general. Se colocará, además, un rótulo en un lugar con exposición prominente que indique, entre otras cosas, el objeto de la obra o proyecto, la dirección en el Internet y el número de teléfono de la agencia pertinente.

(h) Reglamentos y Órdenes Administrativas.- Se faculta a la Oficina de Gerencia de Permisos (OGPe) a establecer procedimientos alternos para expedir la concesión de permisos, licencias, endosos, consultas o certificaciones relacionadas con los Proyectos Prioritarios en Zonas de Oportunidad, cónsonas con los requisitos de este Capítulo. Durante el periodo que no se hayan establecidos tales procedimientos, la OGPe está autorizada a aplicar los procedimientos establecidos en los reglamentos que haya adoptado conforme a la Ley 76-2000, según enmendada, aplicándosele los plazos establecidos en esta Ley. Se autoriza, además, a las agencias gubernamentales a emitir las órdenes administrativas que sean necesarias para poner en vigor y cumplir con los propósitos de esta Ley.

(i) Prioridad.- Los proyectos que se vayan a llevar a cabo bajo las disposiciones de esta Ley tendrán prioridad en la programación de todas las agencias gubernamentales. No obstante, los proyectos que cualifiquen como de emergencia conforme a la Ley 76-2000, según enmendada, tendrán prioridad sobre los Proyectos Prioritarios en Zonas de Oportunidad de ser presentados contemporáneamente.

(j) Solicitud de Revisión y Orden de Paralización.- La parte adversamente afectada por cualquier resolución u orden emitida por OGPe o alguna otra agencia con injerencia tendrá como único remedio presentar una solicitud de revisión ante el Tribunal de Apelaciones. Cualquier solicitud de revisión judicial de la agencia administrativa concernida deberá presentarse ante dicho tribunal, dentro del término jurisdiccional de veinte (20) días naturales, contados a partir de la fecha en que se archive en autos copia de la notificación de la resolución u orden final de la agencia. La parte recurrente notificará la presentación de la solicitud de revisión a la agencia recurrida y a todas las partes interesadas dentro del término establecido; disponiéndose, que el cumplimiento con dicha notificación será de carácter jurisdiccional.

(1) Si el Tribunal de Apelaciones así lo solicita, la agencia administrativa en cuestión, elevará al Tribunal de Apelaciones los autos del caso, dentro de los diez (10) días naturales siguientes a la orden del Tribunal. El Tribunal de Apelaciones atenderá la revisión según se dispone en los Artículos 13.1(b) y 13.1(c) de la Ley 161-2009, según enmendada.

(2) La expedición de un auto de revisión no paralizará la autorización o la realización de una obra ni la implantación de una regla, reglamento, orden, resolución, determinación, tramitación, concesión o vigencia de cualquier permiso, licencia, endoso o certificación de una agencia o funcionario; la adjudicación de una subasta o el otorgamiento de un contrato emitido o surgido en torno a los proyectos que vayan a llevarse a cabo, a menos que el tribunal lo ordene expresamente para prevenir un daño irreparable, luego de considerar una moción en auxilio de jurisdicción a tales efectos. Para que el tribunal emita dicha orden, la parte recurrente deberá probar que la misma es indispensable para proteger la jurisdicción del tribunal; que tiene una gran probabilidad de prevalecer en los méritos; que la orden de paralización no causará daño sustancial a las demás partes; que no perjudicará el interés público; que no existe una alternativa razonable para evitar los alegados daños; y que el daño no se podrá compensar mediante la concesión de un remedio monetario o cualquier otro remedio adecuado en

derecho, todo ello de conformidad con lo dispuesto en el Código de Enjuiciamiento Civil de 1933.

(3) Cualquier orden del tribunal sólo podrá afectar aquel componente o componentes del proyecto que sea objeto de controversia en el caso y en donde esté envuelto un daño sustancial.

(k) Para propósitos de esta Sección, el término Proyectos Prioritarios en Zonas de Oportunidad incluirá proyectos acordados en un Contrato de Alianza de conformidad con la Ley 29-2009, según enmendada, conocida como la "Ley para las Alianzas Público Privadas de Puerto Rico".

(Julio 1, 2019, Núm. 60, sec. 6070.69)

Sección 6070.70- Supremacía de este Código (13 L.P.R.A. sec. 48599)

Las disposiciones de este Código y los reglamentos o las normas que se adopten de conformidad prevalecerán sobre cualquier otra disposición de ley, reglamento o norma que no estuviera en armonía con los primeros, excepto por las disposiciones de la Ley 26-2017, según enmendada, conocida como "Ley de Cumplimiento con el Plan Fiscal".

(Julio 1, 2019, Núm. 60, sec. 6070.70)

Sección 6070.71.- Separabilidad

Si cualquier cláusula, párrafo, subpárrafo, oración, palabra, letra, artículo, disposición, sección, subsección, título, capítulo, subcapítulo, acápite o parte de esta Ley fuera anulada o declarada inconstitucional, la resolución, el dictamen o la sentencia dictada a tal efecto no afectará, perjudicará, ni invalidará el remanente de esta Ley. El efecto de tal sentencia quedará limitado a la cláusula, párrafo, subpárrafo, oración, palabra, letra, artículo, disposición, sección, subsección, título, capítulo, subcapítulo, acápite o parte de ésta que así hubiera sido anulada o declarada inconstitucional. Si la aplicación a una persona o a una circunstancia de cualquier cláusula, párrafo, subpárrafo, oración, palabra, letra, artículo, disposición, sección, subsección, título, capítulo, subcapítulo, acápite o parte de esta Ley se invalidara o se declarara inconstitucional, la resolución, el dictamen o la sentencia dictada no afectará ni invalidará la aplicación del remanente de esta Ley a aquellas personas o circunstancias a las que se pueda aplicar válidamente. Es la voluntad expresa e inequívoca de esta Asamblea Legislativa que los tribunales hagan cumplir las disposiciones y la aplicación de esta Ley en la mayor medida posible, aunque se deje sin efecto, anule, invalide, perjudique o declare inconstitucional alguna de sus partes o, aunque se deje sin efecto, invalide o declare inconstitucional su aplicación a alguna persona o circunstancia. Esta Asamblea Legislativa hubiera aprobado esta Ley sin importar la determinación de separabilidad que el Tribunal pueda hacer.

(Julio 1, 2019, Núm. 60, sec. 6070.71)

Sección 6070.72.- Vigencia

Esta Ley comenzará a regir a partir del 1ro de julio de 2019. Disponiéndose que la vigencia de la Sección 6070.28 de este Código será retroactiva al 7 de noviembre de 2018. Disponiéndose, además, que la vigencia de la Sección 6070.53 de este Código será retroactiva al 17 de noviembre de 2015.

El Secretario del DDEC podrá tomar medidas transicionales entre la fecha de vigencia antes dispuesta y el 31 de diciembre de 2019, incluyendo pero sin limitarse a poner en vigor nuevos incentivos dispuestos en este Código mediante reglamento, para asegurar la consecución de los objetivos dispuestos en esta Ley. Se dispone, además, que toda solicitud de incentivos y beneficios contributivos que esté debidamente presentada y pendiente al 31 de diciembre de 2019 será procesada al amparo de la ley anterior bajo la cual fue presentada, sin perjuicio de que el solicitante pueda elegir acogerse a los beneficios dispuestos en esta Ley. Asimismo, se dispone que a partir del 1ro de enero de 2020, toda solicitud de incentivos y beneficios contributivos deberá ser presentada al amparo de las disposiciones de esta Ley.

(Julio 1, 2019, Núm. 60, sec. 6070.72)

Notas Importantes
-**2019, ley 60** –Véase la Exposición de Motivos en www.LexJuris.com
-Todas las leyes enmendadas y derogadas por este código las puede ver en www.LexJuris.com originales- (gratis) o en www.LexJuris.net actualizadas –(solo socios y suscriptores.)

LexJuris de Puerto Rico
Hecho en Puerto Rico
Febrero 5, 2024